개정신판

New Tourism

관광학의 이해

김광근 · 서철현 · 김형섭
장경수 · 고계성 · 여창원 공저

백산출판사

개정신판 서문

우리나라는 2012년에 외국인 관광객 1,000만명 시대에 진입한 이후 2013년에 한국을 방문한 외래관광객은 1,200만명을 넘어서면서 역대 최대 규모를 기록하였으며, 2014년에 들어와서는 1,400만명의 외래관광객이 한국을 방문하여 또다시 역대 최대 규모를 기록하였다. 이는 우리나라가 세계 관광대국으로 진입하고 있음을 알리는 쾌거인 동시에, 우리나라 관광산업이 이제 양적 성장 못지 않게 질적 성장을 동반해야 한다는 과제를 안겨주었다. 이에 문화체육관광부를 비롯한 모든 관광 관련 단체들은 외래관광객 2천만명 시대를 앞당기기 위해 이에 걸맞은 관광수용태세를 완비하고, 국민 삶의 질을 높일 수 있는 여건을 조성하기 위해 다양한 정책과 사업을 추진하고 있다.

지난 2,3년여 동안에는 우리 사회에 만연된 양극화를 해소하고 관광을 통한 국민복지를 실현하기 위하여 관광관련 법제도 등에 많은 변화가 있었다. 그중에서 주목할 만한 몇 가지를 살펴보면, 국가 또는 지방자치단체가 장애인 및 저소득층 등 관광취약계층에게 여행이용권을 지급할 수 있는 법적 근거를 마련하였고, 외국인관광 도시민박업의 특례를 인정하여 내국인 관광객에게도 숙식등을 제공할 수 있도록 하였으며, 호텔업의 등급제도가 기존의 무궁화 등급제도에서 국제적 관례에 맞는 별(星) 등급제도로 변경됨으로써 외국인 관광객의 호텔선택에 편의를 도모하고 등급결정 신청을 의무화하였다. 이상의 일련의 조처들은 모두가 외래관광객 2천만명 시대를 앞당기기 위한 특단의 조처로 이해되며, 이번 개정판에서는 이를 대부분 반영하였다.

언제나 그랬듯이 개정작업을 하면서 최대한의 노력을 기울였지만, 아직도 충분히 정리되지 못한 내용들이 많다고 생각된다. 이에 대하여는 애독자들의 끊임 없는 조언과 질책을 받아 앞으로 계속 수정·보완하겠음을 약속드린다.

그리고 이번 개정판이 완성되기까지에는 많은 분들의 도움이 있었지만, 특히 관련 자료 수집과 편집체재 구성 및 개정 법규 참조 등에서 조진호(전 백산출판사 전무)님의 도움이 컸음을 밝히고 이 자리를 빌어 감사의 말씀 드린다.

끝으로 경제적 여건이 어려운 현시점에서 개정판 출판을 흔쾌히 승낙해주신 백산출판사 진욱상 회장님께 깊은 감사의 말씀 드린다.

2016년 12월

저자 일동

Preface

21세기의 새로운 천년이 시작된 지 11년이 흘러 2012년으로 접어들었다. 이젠 상투적인 말이 될 정도로 세계 주변 환경은 매우 유동적이며 급변하고 있다. 그리고 이러한 환경 속에서 편안하게 안주할 수 없도록 주변의 여건들이 뛰도록 재촉하고 있다. 이제 글로벌 경쟁사회에서 관광기업들이 살아남기 위해서는 관광시장의 마인드를 바탕으로 관광객에게 최대의 가치를 제공하려는 전략적인 방안도 세워야 한다. 이러한 때에 관광현상에서 적절하고도 타당한 관광이론을 사회과학의 한 학문으로 어떻게 체계화할 것인가 하는 것은 관광을 하나의 학문으로 승화시키는데 가장 중요한 연구과제이며, 또한 그 존재 목적이라고 할 수 있다.

관광이론이 과연 어느 정도 관광현실을 본질적으로 파악하고 과학적으로 설명할 수 있느냐 하는 것이다. 그리고 관광문제들을 얼마만큼 효과적으로 해결할 수 있으며, 또 해결될 수 있는 길을 예측할 수 있을 것인가 하는 점이다. 실로 어떤 이론이나 주장이든 그것이 학문으로서 가치를 부여받기 위해서는 그 내용이 합리적이고 포괄적이며 본질적일 뿐만 아니라 반드시 체계적이어야 하는 것이다.

관광환경은 많은 변화를 세계 여러 곳에서 보이고 있다. 주5일제 실시에 따른 여가시간의 증대, 고령화에 따른 노년층의 증가, 교통기관의 발달과 정보통신의 획기적 발전은 관광현상에 있어서도 과거에 가늠해보지 못한 현상들을 나타내고 있다.

오늘날 세계 각국은 관광산업을 국가전략산업으로 육성하고 경쟁적 우위를 선점하기 위해 치열한 경쟁을 벌이고 있는 것이 사실이다. 세계 각 나라마다 정부차원에서 깊은 관심과 배려를 가지고 접근하고 있고, 또한 각 지방의 자치단체들도 관광을 통한 지역 알리기와 일자리 창출에 집중되고 있다. 이에 따라 최근 관광시장의 환경은 점점 더 복잡해지고 있으며, 이제 더 이상 관광은 선택적 소비가 아니라 현대인의 필수적 생활양식으로 자리잡아가고 있다고 할 수 있다. 또한 삶의 가치가 여가・문화・관광 등 체험 및 감성소비를 중요시하는 패러다임으로 변화함에 따라 관광산업은 체험경제시대의 신성장 동력산업으로 발돋움하고 있다. 이러한 상황에서 지금의 관광은 중앙정부나 지방정부의 노력에 따라 크게 발전하기도 하고 성장하기도 한다.

무엇보다도 본서는 관광학을 종합학문으로 발전시키려는 데 그 역점을 두었다. 즉 모든 학문이 인류의 번영을 위해 현실문제에 기여할 수 있어야 한다면, 관광학도 이에 상응하는 조정적 또는 창조적 역할을 수행할 수 있게 하자는 것이다.

이를 위해 본서에서는 기존의 책들과는 다른 관점에서 새롭게 관광학을 이해하는데 도움을 주려는 의도로 관광학의 체계를 세워보고자 하였다. 본서를 구성해 가면서 앞부분에서는 관광학의 기초를 중심으로 다루었고, 다음으로 관광의 영향요인들을 검토하였으며, 마지막으로 관광학의 새로운 지평선을 찾기 위한 새로운 작업으로 관광의 미래에 대하여 기술하였다. 이를 담아내기 위하여 많이 고민하고 노력하였다.

새롭게 「신판 관광학의 이해」의 대학교재를 출간할 수 있도록 물심양면으로 도와주신 진욱상(秦旭相) 사장님께 감사드린다.

2013년 2월

경산캠퍼스 연구실에서

저자 일동

Contents

Chapter_3 | 관광학의 연구

Chapter_4 | 관광객과 관광행동

Chapter_5 | 관광자원

Chapter_6 | 관광개발

Chapter_7 | 관광사업

Chapter_8 | 관광마케팅과 관광상품

Chapter_9 | 관광정책과 관광행정

Chapter_10 | 관광과 경제

Chapter_12 | 관광과 문화

Chapter_13 | 관광과 환경

관광의 개념 1

1 CHAPTER 관광의 개념

현대사회에서 '관광'이라는 사회현상이나 인간행동이 매우 보편화되었지만, 관광이 경제적, 사회적, 문화적 제 현상의 여러 가지 복합적인 요소와 각 시대의 사회적 성격 및 배경에 따라 달리 반영되어 있어서 그 의미를 명확하게 설명한다는 것은 매우 어려운 일이다. 또한 '관광학'이라고 하는 학문은 관광이라는 사회현상을 연구대상으로 하기 때문에, 관광학은 "관광현상에 관한 체계적인 지식의 총체(總體)"라고 말할 수 있다. 따라서 관광현상을 연구하는 관광학을 이해하기 위해서는 먼저 '관광'이 무엇인가에 대한 명백한 이해가 필요하다.

제1절 관광의 어원

1. 동양에서의 관광의 어원

관광(觀光)의 어원은 기원전 8세기경 중국의 주(周)나라 시대에 편찬된 「역경(易經: 五經의 하나로서 周易이라고도 부른다)」의 20괘(卦)인 풍지관(風地觀)이며, 여행과 관련이 있는 것은 56괘인 화산여(火山旅)이다. 풍지관의 64효(爻)의 관괘(觀卦)에 "관국지광 이용빈우왕(觀國之光 利用賓于王)"이 있는데, 이는 "나라의 광명을 보는 것은 임금님의 손님 노릇하기에 이로우니라"라는 뜻으로 후한 대접을 받은 신하가 국가의 문물제도를 살핀다는 의미이다. 또 「상전(象傳)」에 따르면 "관국지광 상빈야(觀國之光 尙賓也)"라고 하여 "나라의 광명함을 살펴보는 것은 국빈이기를 희망한다"는 뜻이다.

위의 '관국지광(觀國之光)'에서 관광(觀光)의 어원이 유래되었다. 당시 위정자가 타국의 문물제도와 풍속 등을 시찰하고 견문확대를 위해 대현(大賢), 양재(良材)로 하여금 순회 여행을 하도록 하였고, 제국의 왕은 이를 영빈·환대하였다. 견문확대의 목적과 치국대도의 행정목적상의 여행으로 위락이나 자기 후생적 성격은 약하다고 할 수 있으나 오늘날의 동양에서는 관광이라 사용하고 있다.

현재까지 발견된 문헌으로는 「맹호연집(盟浩然集)」이 관광이라는 용어를 사용한 최고(最古)의 것이라고 할 수 있는데, "하행우휴명 관광래상경(何幸遇休明 觀光來上京)"이란 구절에서 "어찌 다행히 시간(休明)을 얻어 관광차 서울에 올라 왔다"에서 보면 그 당시는(688~907) 관국지광의 형태를 벗어나 관광이란 말이 사용되었음을 알 수 있다. 북송의 대학자인 정이(程頤 : 1033~1107)의 「이천문집(伊川文集)」 가운데 "신제칭 사방인사원관광객 장의열입 유람당사 관례의 청현송 유불득입제(新制稱 四方人士願觀光者 掌儀列入 遊覽堂舍 觀禮儀 聽絃誦 唯不得入齊)"라는 구절이 있는데, 이는 "새로 지은 궁궐을 둘러보려고 많은 사람이 구경 와서 건물, 예의, 음악을 접견하였다"는 것으로 관광과 유람의 두 가지 용어가 등장하였으며, 계속적으로 사용되어 왔음을 예견할 수 있다. 야율초재(耶律楚材 : 1190~1275)의 시 가운데 "여민관앙덕 만국희관광(黎民觀仰德 萬國喜觀光)"이라는 구절이 있다. 즉 "여민(백성)들이 덕(덕있는 자)을 기쁘게 맞이하고 온 나라 사람들이 기쁜 마음으로 그를 구경하였네(맞아들였네)"라는 뜻으로 관광은 덕자(德者)가 업적을 구경하는 것으로 볼 수 있다. 원(元)나라(1271~1368)의 진부(陣孚)는 「관광고(觀光稿)」라는 기행시집을 저술하였다.

일본의 경우는 안정(安政) 2년(1855년) 당시 도쿠가와바쿠후(德川幕府)가 네덜란드로부터 기증받은 해군연습함의 명칭을 '강꼬마루(觀光丸)'로 명명한 것이 관광이란 용어 사용의 효시이며, 오늘날의 의미로 사용된 것은 일본의 메이지(明治)시대 중엽(1880년경) 이후의 일이다.

2. 한국에서의 어원

우리나라에서는 관광이라는 용어의 등장은 신라시대 고운 최치원의 시문집인 「계원필경(桂苑筆耕)」에서 '관광육년(觀光六年)'이란 용어가 나오는데, 여기서 사용된 관광이란 말은 '과거(科擧)'라는 의미로 해석되고 있으며, 오늘날의 관광으로 보면 "과거를 볼 목적의 관광"으로 해석할 수 있다.

신라 진흥왕시대(540~576)의 화랑도가 명산대천(名山大川)을 순례한 기록이 발견되고 있다. 즉 "혹상마이도의 혹상열이가락 유오산수 무원부지(或相磨以道義 或相悅以歌樂 遊娛山水 無遠不至)"라는 구절 중 "유오산수 무원불지(遊娛山水 無遠不至)"에서 볼 수 있듯이 "산수를 찾아 유람하면서 먼 곳이라도 다니지 않은 데가 없었다"는 기록이 있다.

고려시대에 관광이란 용어가 사용된 문헌은 고려 예종 11년(1115) 송나라에 갔던 사신의 조서(詔書)에 있는 기록으로 국역 「고려사절요(高麗史節要)」 제8권에 "유고유풍 내유제생 관광상국 진손숙습 욕견천지지전 어변화풍…(有古遺風 乃遺諸生 觀光上國 盡損宿習 欲見天地之全 於變華風…)"이라는 구절을 발견할 수 있는데, 그 중에서 "관광상국 진손숙습(觀光上國 盡損宿習)"이란 "상국(上國)을 관광케 하여 구습을 다 버리고…"란 뜻으로, 관광이란 어휘가 최초로 사용된 첫 공식기록이라고 할 수 있다. 관광이란 "선진국을 관광하여 문물제도를 시찰하는 것"이라고 하였으며, 「해행총재(海行總載)」 및 일부 시문에서도 언급이 있었다. 최해(1272~1340)의 칠언율시(七言律詩)에 사용된 관광이란 과거(科擧)의 뜻과 같이 사용되어진 것으로 여겨진다. 그 후 1385년 정도전의 「삼봉집(三峰集)」에는 중국 북경에 하정사(賀正使: 신년 하례 단장)로 갔다 귀국한 그의 친구인 이숭인(李崇仁)의 견문록 제목을 '관광집(觀光集)'으로 하였다고 소개하고 있다. 이 무렵의 표현으로 볼 때 관광은 외국의 제도, 문물을 살펴보는 것이라 할 수 있다. 조선건국 직후인 1396년 태조(太祖)는 도읍을 개성으로부터 한양으로 옮기면서 행정구역을 5부 52방으로 방명표를 세우면서 서울의 북부에 지금의 동에 해당되는 10개 방(坊) 중에 한 방을 '관광방(觀光坊)'으로 정한 것에서 관광이란 단어를 찾아볼 수가 있다. 성현(1439~1504)이 1473년, 1475년, 1485년 3차에 걸쳐 중국을 다녀왔는데, 「관광록(觀光錄)」은 1차로 북경을 다녀오면서 도중에 지은 기행시집으로, 오늘날 의미와 같은 내용으로 관광이란 용어가 사용된 최초의 문헌이다.

그리고 「관광록」의 기록으로 보아 여행 도중에 술 마시고 노래 부르며 지나는 곳마다 경치를 노래한 것으로 오늘날의 관광과 매우 가깝다고 할 수 있다.

조선시대에 있어서 관광에 관련 있는 것은 「태조실록(太祖實錄)」의 "광화양덕가회안국관광(廣化陽德嘉會安國觀光)"과 「세종실록(世宗實錄)」에서 관광이라는 용어는 알 수 없으나, 「중종실록(中宗實錄)」의 을사제(乙巳祭)에 "명엄금 사여부녀관광객 종경정관지언야(命嚴禁 士旅婦女觀光者 從經筵官之言也)"라 하여 양반 부녀자의 관광을 엄히 금지하였다고 하였는데 이때가 중종 6년(1511)이었다. 어떤 의미이건 이를 통해 1511년 이전에 양반과 부녀자들이 관광을 많이 하였음을 알 수 있다.

정조 4년(1780)에 연암 박지원(1837~1805)이 지은 「열하일기(熱河日記)」에서 사용된 관광은 "위관광지상국래(爲觀光之上國來)"에서 보듯이 "上國(중국)의 문물, 제도 등을 보고 배우러 왔다"는 뜻과 명승지와 자연경관을 구경하러 갔었다는 의미를 내포하고 있다.

헌종 10년(1844)에는 작자 미상인 「한양가(漢陽歌)」에 '관광'과 '구경'이라는 말이 나오는데 두 용어가 혼용되고 있으며, 남녀노소가 급제행렬을 구경한다는 것이고 또한 한양에 구경가자는 것으로 관광과 구경이 같은 의미로 사용되고 있다.

유길준(1856~1914)이 지은 「관광약기(觀光略記)」는 1910년 4월 일본 나고야 박람회를 살펴보고 쓴 견문기로서, 관광의 주최와 목적 등 20일간 일본을 방문한 일지로서 당시 일본의 실정 등을 소개하고 관광단원들의 시찰소감 등을 기록하였다. 또한 유길준이 미국을 여행하고 지은 「서유견문(西遊見聞)」은 미국인들의 관광을 자세히 설명하고 관광의 필요성을 역설하였다. 이외에도 일제강점기에 기록된 여행기를 보면 관광객, 관광지 등과 같은 말이 등장하고 있으며, "관광지 개발하여 외화 유치하자(독립신문, 1897. 9. 23.)" 등의 사례가 있어 일제강점기에도 관광이란 말이 쓰였음을 보여주고 있다.

3. 서양에서의 관광의 어원

우리가 사용하고 있는 관광이라는 말은 영어의 tourism 또는 travel, tour에 해당되는데, 옥스퍼드 사전에 의하면 "관광이란 쾌락을 목적으로 하는 관광과 여행의 이론과 실행"이라고 정의하고 있다.

'tour'는 원래 라틴어의 'tornus'(도르레, 원, 돌다, 순회하다의 뜻)에서 유래된 tour라는 용어가 사용되었고, 이의 파생어인 'tourism' 또는 'tourist'라는 어휘는 1811년 영국잡지 중 하나인 「The Sporting Magazine」에 소개되었으며, 이후 tour 뿐만 아니라 sightseeing 또는 travel이라는 용어도 혼용되었다.

여행을 뜻하는 'travel'은 trouble(걱정, 고생, 노고)나 toil(고통, 힘 드는 일)과 같은 어원인 불어의 'travail(업무)'에서 파생되었다.

한편, 독일어로 관광을 뜻하는 용어는 'Fremdenverkehr'를 사용하고 있는데, '외국의' 또는 '외국인'의 뜻을 가진 'Fremden'과 '왕래' 및 '교통'이라는 의미를 가진 'Verkehr'의 합성어로 외래 관광객의 왕래를 의미하는 것으로 최근에는 'Tourismus'이라는 용어도 같이 사용하고 있다. 프랑스도 'tourisme', 'touriste'를 사용하고 있다. 관광과 관련된 유사 용어로는 sightseeing, trip, excursion, journey, jaunt 등이 사용되고 있다.

제2절 관광의 정의

관광의 정의는 나라에 따라 또는 학자에 따라 서로 다르게 정의되고 있으나 내용에 있어서는 상호간에 유사하면서도 상이한 면을 나타내고 있다.

서양에 있어서 기존 자료를 통하여 검토할 수 있는 관광의 개념적 정의 가운데 1911년 독일 슐레른(Schulern)의 "일정한 지역, 주 또는 타국을 여행하며 체재하고, 다시 돌아가는 외래객의 유입·체재 및 유출이라는 형태를 취하는 모든 현상과 그 현상에 직접 관련된 모든 현상, 그 가운데서도 특히 경제적인 모든 현상"이라는 정의가 가장 오래되었다.

이후 이탈리아의 마리오티(Mariotti, 관광경제학강의), 독일의 보르만(Bormann, 관광론), 영국의 오길비(Ogilvie, 관광이동론), 독일의 그뤽스만(Glücksmann, 일반관광론), 스위스의 훈지커와 크랍프(Hunziker & Krapf, 일반관광론개요), 오스트리아의 베르네커(Bernecker, 관광원론), 독일의 페셜(A. E. Pöschl, 관광과 관광정책), 프랑스의 메드상(Médecin) 등의 개념정의가 이루어졌다.

특히 보르만(Bormann)과 메드상(Médecin)은 관광행동의 관점에서, 오길비(Ogilvie), 슐레른(Schulern), 훈지커와 크랍프(Hunziker & Krapf), 페셜(Pöschl) 등은 경제학 및 재정학적 관점에서, 그리고 그뤽스만(Glücksmann)은 지역주민과 외래객 간의 상호작용과 교류에 중점을 둔 사회학적 관점에서 관광을 파악하고 있다.

이 외에도 카로네(Carone), 건(Gunn), 코헨(Cohen), 레이퍼(N. Leiper), 매킨토시(R. W. McIntosh), 자파리(J. Jafari), 맥커넬(MacCannell), 세싸(A. Sessa) 등의 관광의 정의도 있다.

일본에서는 이노우에 마스조(井上万壽藏, 관광교실)가 "관광이란 사람이 다시 돌아올 예정으로 일상생활권을 떠나 레크리에이션을 얻기 위하여 이동하는 것"으로 정의한 이후, 쓰다 노보루(津田昇, 국제관광론), 스즈키 타다요시(鈴木忠義, 현대관광론), 그리고 일본관광정책심의회 보고서「관광의 현대적 의의와 그의 방향」등에서 관광의 정의를 내리고 있다.

이러한 학자들의 관광의 정의를 종합적으로 살펴보면 '관광'이란 관광객들의 욕구를 충족시키는 행위로서, 일상생활영역을 떠나는 일시적인 공간이동과 시간적 범위, 경제적 소비 그리고 목적지에서의 활동 등의 요소를 포함하고 있다.

따라서 관광은 생활환경의 변화를 바라는 인간의 기본욕구를 충족시키기 위하여 자유시간 내에 일상생활권을 떠나서 다른 나라 또는 다른 지역으로 영리추구와 관계없이 일시적으로 공간을 이동하면서 그 곳의 문물·제도·풍습 등을 관찰하고 풍광을 감상·유람함으로써 휴식·기분전환·자기계발을 통하여 정신적·육체적 상태를 새롭게 향상시키는 인간행동의 총체이다.

관광에 관한 공통점을 다시 정리해 보면 ① 일상생활권을 떠난다는 것, ② 다시 일상생활권으로 돌아온다는 것, ③ 일시적인 것, ④ 자유의지의 여행으로 생활에 어떠한 구속을 받지 않는다는 것, ⑤ 오락적인 요소와 함께 지식적 요소가 있고, 정신적 만족감을 추구한다는 것, ⑥ 소비경제적 행위라는 것, ⑦ 기타 지역의 풍물, 풍습, 자연 등을 감상하는 행위라는 것 등이다.

이러한 관광의 개념은 일시적 이동의 시간적 범위와 활동이 수반되는 공간적 범위에 기초하여 이동거리적 측면, 시간적 측면, 경제적 측면, 목적지에서의 활동 등의 조건이 성립되어야 한다.

표 1-1 관광의 정의

학 자	정 의
슐레른 (Schulern. H, 1911)	일정한 지역, 주 또는 타국을 여행하며 체재하고, 다시 돌아가는 외래객의 유입·체재 및 유출이라는 형태를 취하는 모든 현상과 그 현상에 직접 관련된 모든 현상, 그 가운데서도 특히 경제적인 모든 현상
마리오티 (Mariotti. A, 1927)	관광이란 외국인 관광객의 이동을 의미함.
보르만 (Bormann. A, 1931)	휴양의 목적이나 기분전환, 유람·상용 또는 특수한 행사에 참여, 기타 사정 등에 의하여 거주지에서 일시적으로 떠나는 여행
오길비 (Ogilvie. F.W, 1933)	일시적으로 거주지를 떠나지만, 그러나 1년 이상을 초과하지 않고, 여행 중 소비하는 금전은 거주지에서 취득한 것이어야 함.
그뤽스만 (Gl cksmann. R, 1935)	체재지에서 일시적으로 머무르고 있는 사람과 그 지역 주민들과의 모든 관계의 총체
훈지커와 크랍프 (Hunziker. W & Krapf. K, 1942)	체재 중에 주된 영리활동을 목적으로 정주하지 않는 한, 그 외국인의 체재로부터 발생되는 모든 관계나 현상의 총체
베르네커 (Bernecker. P, 1962)	상업활동 혹은 직업상의 여러 이유에 관계없이 일시적 또는 자유의사에 따라 타 지역으로 이동한다는 사실과 결부된 모든 관계 및 결과
페셜 (P schl. A. E, 1962)	관광의 정의를 내리지 않고, 또 일반적인 여행과도 구별하지 않고 '전체 인류의 이동현상' 자체
메드상 (Medecin. J, 1966)	인간이 기분전환을 위해 휴식을 취하며 또한 인간활동의 새로운 모든 국면이나 미지의 자연풍경을 접함으로써 경험과 교양을 넓히기 위하여 여행을 한다든가, 정주지를 떠나 체재하게 됨으로써 성립되는 여가활동의 일종
매킨토시 (McIntosh. R. W, 1986)	관광객과 다른 방문자들을 유치·접대하는 과정에서 관광객, 관광사업자, 정부, 지역사회 간의 상호작용으로 야기되는 현상과 관계의 총체
자파리 (Jafari. J, 1989)	관광학이란 일상주거지를 떠나 있는 인간에 관한, 그리고 그 인간의 욕구에 대응하는 산업에 관한 또 그 인간과 산업이 관광대상지의 사회적, 문화적, 경제적 및 물리적 환경에 미치는 영향에 관한 연구
이노우에 마스조 (井上万壽藏, 1961)	관광이란 사람이 다시 돌아올 예정으로 일상생활권을 떠나 레크리에이션을 얻기 위하여 이동하는 것
쓰다 노보루 (津田昇, 1969)	일상생활권을 떠나 귀환예정으로 타국, 타지역의 문물, 제도 등을 시찰하거나 풍광을 관상, 유람할 목적으로 여행하는 것
스즈키 타다요시 (鈴木忠義, 1984)	사람이 일상생활권으로부터 떠나, 다시 돌아올 예정으로 이동하여, 영리를 목적으로 하지 않고, 풍물을 가까이 하는 것이며, 이와 같은 행위에 의하여 나타나는 사회현상의 총체
시오다 세이지 (鹽田正志, 1987)	좁은 뜻의 관광이란 사람이 일상생활에서 떠나서 다시 돌아올 예정으로 이동하고, 영리를 목적으로 삼지 않고, 풍물을 가까이 하여 즐기는 것이며, 넓은 뜻의 관광이란 앞에 말한 행위에 의하여 일어난 사회현상의 총체

학 자	정 의
AIEST (국제관광전문가협회, 1951)	관광이란 생업과의 계속적인 관련 없이 돌아올 예정으로 외지에 여행하고 체재함에 따라 일어나는 모든 관계 또는 현상의 총체
세계관광기구 (WTO, 1982)	즐거움, 위락, 휴가, 스포츠, 사업, 친구, 친척방문, 업무, 회합, 회의, 건강, 연구, 종교 등을 목적으로 하여 방문국을 적어도 24시간 이상 1년 이내 체류하는 행위
일본관광정책심의회 (1969~1970)	자유시간 중에서 감상, 지식, 체험, 활동, 휴양, 참가, 정신의 고무 등 생활의 변화를 추구하는 인간의 기본적 욕구를 충족시키기 위한 행위를 일상생활권을 떠나 다른 자연, 문화 등의 환경 속에서 행하는 일련의 행동
김진섭	자기의 자유시간 가운데서 생활의 변화를 추구하는 인간의 기본적 욕구를 충족하기 위한 행위 중 일상생활로부터 떠나 다른 자연, 문화 등의 환경아래서 행하려고 하는 일련의 행동
김광근	관광이란 시스템의 개념으로 볼 때 서브시스템인 관광객과 관광대상과 관광매체 간의 상호 역동성에 의해서 일어나는 현상의 일체로 볼 수 있는데 여기서 관광에 용이한 요소(enabling factor)와 동기요소(motivating factor)에 의해 관광이 활성화되기 때문에 자유시간 중에 생활의 활력을 얻고자 관광대상지역에 관광객이 거주지를 떠나 여행하고 체류하면서 이러한 요소들을 통한 일련의 활동들을 말한다.

제3절 관광과 유사개념

현대에 이르러 관광과 유사한 용어들과 개념들이 자주 사용되고 있지만, 이러한 용어들의 개념규정과 이들 용어들 간에 차이점에 대한 명확한 기준에 대한 이해 없이 사용되고 있는 것이 사실이다. 따라서 여기에서는 관광과 유사한 용어들과 인접개념들의 명확한 개념과 특성을 살펴보고자 한다.

1. 유사용어

관광과 유사용어들을 동양과 서양으로 구분하여 살펴보면 〈표 1-2〉, 〈표 1-3〉과 같다.

표 1-2 동양의 관광유사용어

용 어	정 의
구경	• 어떤 대상을 흥미 있게 보는 일 • 경치, 흥미물 따위를 흥미를 가지고 보는 일
기행(紀行)	• 여행하며 보고 느낀 것의 기록
나들이	• 곧 돌아올 생각을 하고 가까운 곳으로 잠시 나가는 일
답사(踏査)	• 그곳에 가서 실제로 보고 조사하는 일
만유(漫遊)	• 한가로이 이곳저곳을 두루 다니며 여행함
방랑(放浪)	• 정처 없이 떠돌아다님
소요(逍遙)	• 슬슬 거닐어 돌아다님, 마음을 속세 간 밖에 유람하게 함
소풍(逍風)	• 풍경이나 자연의 관찰을 겸하여 야외 등의 먼 길을 걷는 일 • 학교에서 자연관찰이나 역사유적 등의 견학을 겸하여 먼 길을 다녀오는 일
순람(巡覽)	• 여러 곳으로 돌아다니며 봄
순례(巡禮)	• 종교의 발생지, 성인의 묘와 거주지 등 종교적으로 의미 있는 장소를 차례로 방문하여 참배하는 일
순유(巡遊)	• 각처로 돌아다니며 놂
야영(野營)	• 야외에서 진영을 마련하여 숙박하거나 생활함
여가(餘暇)	• 겨를이나 틈 • 일하는 중에 해방하여 갖는 스포츠활동
여행(旅行)	• 볼 일이나 유람을 목적으로 다른 고장이나 외국에 가는 일
여유(旅遊)	• 놀고 다니며 구경함(중국에서는 관광의 의미로 사용됨)
위락(慰樂)	• 위안과 즐거움
유관(遊觀)	• 놀고 다니며 구경함
유락(流樂)	• 놀며 즐기는 것을 일컬음
유람(遊覽)	• 두루 돌아다니며 구경함
유랑(流浪)	• 정처 없이 떠돌아다님
원유(遠遊)	• 멀리 가서 놂
원정(遠征)	• 먼데로 경기나 조사, 답사, 탐험 따위를 하러 감
탐상(探賞)	• 경치 좋은 곳을 찾아서 즐기며 구경함
탐승(探勝)	• 좋은 경치를 찾아다님
탐방(探訪)	• 탐문하여 찾아 봄
탐춘(探春)	• 봄의 경치를 찾아다니며 구경함
탐험(探險)	• 위험을 무릅쓰고 미지의 세계를 찾아다니며 살핌
피서(避暑)	• 시원한 곳으로 옮겨 더위를 피함
피한(避寒)	• 추위를 피해 따뜻한 곳으로 옮김

용 어	정 의
천렵(川獵)	• 냇물에서 놀이로 하는 고기잡이
행락(行樂)	• 레크리에이션으로서 관광지 등에 가서 놀며 즐김
회유(回遊)	• 두루 돌아다니며 유람함
휴양(休養)	• 편히 쉬면서 마음과 몸을 건강하게 함

표 1-3 서양의 관광유사용어

용 어	정 의
Camping	• 야외에서 천막을 치고 지냄
Cruise	• 유람선들의 순항, 순향
Excursion	• 당일의 짧은 여행
Expedition	• 전쟁, 탐험, 학술연구 등 일정한 목적을 가진 여행
Exploration	• 탐사, 답사, 탐험여행
Hiking	• 장거리 보행여행
Jaunt	• 놀이를 위한 짧은 여행, 위안여행
Journey	• 비교적 장기간에 걸친 육로 여행, 여정
Junket	• 공금으로 하는 호화유람여행
Leisure	• 일이나 의무로부터 해방된 자유로운 시간
Picnic	• 야외에서 식사를 함께 하며 즐기는 소풍, 들놀이
Pilgrimage	• 순례, 성지여행
Ramble	• 소요, 산책
Recreation	• 휴양, 기분전환, 오락에 의한 원기회복
Rove	• 유랑, 방랑
Sightseeing	• (명승지) 구경, 관광, 관람
Tour	• 시찰 따위를 위한 여행
Tramp	• 장거리 도보여행(소풍)
Travel	• 나라나 지방 따위를 여행
Traverse	• 횡단여행
Trip	• 일반적으로 짧은 여행
Vagrancy	• 방랑, 유람
Voyage	• 장거리의 선박여행, 항공여행
Wandering	• 장거리 여행(만유, 방랑)

2. 인접개념들

1) 여행(Travel)

여행이란 출발지점으로 되돌아오든 그렇지 않든 어떤 목적을 위해 또는 어떤 수단에 의해 한 곳에서 다른 곳으로의 이동행위 또는 일상생활을 제외한 어떤 목적을 위해 그들의 생활권 밖으로 이동하는 행동이나 활동 등으로 정의하고 있는 것에서 볼 수 있듯이, 여행이란 이동과 비일상성을 전제로 한다.

이처럼 여행의 기본적 개념은 '움직임'이다. 즉 여행이란 움직임이기 때문에 이동현상만을 특징으로 삼고 있지 목적이나 동기를 전제로 하지 않는다는 점이다.

하지만 외형적으로는 관광과 잘 구분되지 않으며, 오늘날 관광과 비슷한 개념으로 인식되기도 한다.

그림 1-1 여행과 관광의 관계

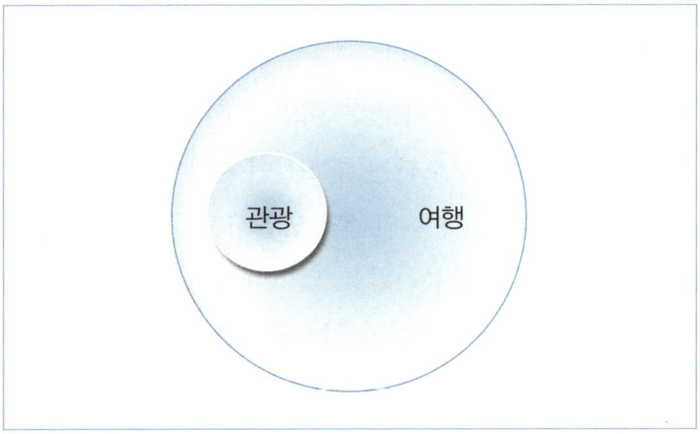

2) 여가(Leisure)

여가의 어원은 그리스어의 'Scole', 로마어의 'Otium', 라틴어의 'Licere'에서 어원적 의미가 비롯되었다. 먼저 Scole는 '정지, 중지, 평화, 평온'을 의미하고, Otium은 '아무것도 하지 않은 것(doing nothing)'을 의미한다. 그리고 라틴어의 Licere는 '자유스러워지다(to be free)'의 의미이다. 당시의 귀족계급은 일을 할 필요가 없었으며 따라서 그들이 지적·문화적 및 예술적 활동을 할 자유를 부여받고 있었다는 의미를 함축하고 있다.

그림 1-2 스콜레와 오티움의 특징

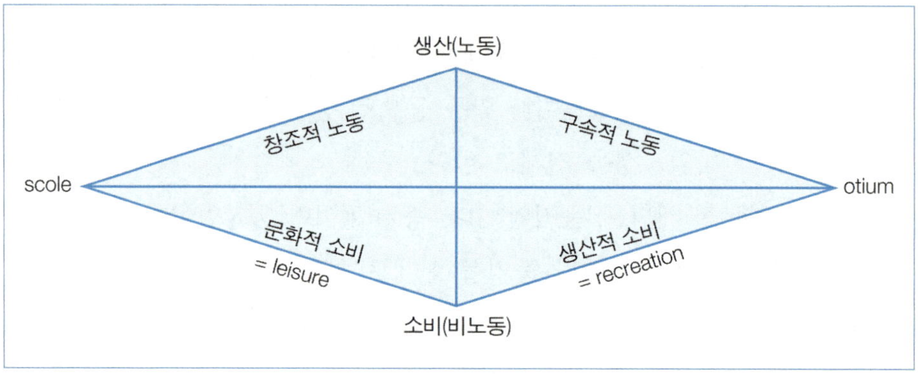

흔히 여가라는 말은 '남는 시간', '여유 있는 시간', '한가한 시간', '소일하는 시간' 등 여러 가지로 표현되고 있으나, 엄격히 말하면 정확한 표현은 아니다. 여가는 일상적인 용어로서 시간적 의미가 강조되어 해석되는데, 그 사전적 의미로는 허용된 자유시간, 혹은 스스로 처리할 수 있는 시간을 의미한다. 이와 같은 차원에서 '여가시간' 등과 같은 용어 역시 여가의 시간적 의미가 강조되는 대표적인 사례라고 할 수 있다. 따라서 이러한 관점에서 볼 때 여가라고 하는 것은 인간의 생활시간 중 노동과 생명유지를 위한 생리적 필요시간을 제외한 완전한 자유시간을 의미하고 있다.

또한 여가라는 단어와 함께 '여가활동'이라는 단어를 자주 사용하게 되는데, 이 경우 여가는 시간만을 의미하는 것이 아닌 그 시간동안에 이루어지는 활동까지 포함하고 있다고 할 수 있다. 그러나 이러한 해석은 다양한 측면을 가지고 있는 여가의 단편적인 부문이 강조된 것이라고 할 수 있다. 즉 여가에 대한 논의는 지금까지 수많은 학자들에 의해 시도되어 왔으며, 여가에 대한 정의 역시 수없이 제시되어 왔다. 시대에 따라 국가에 따라 생활환경, 문화, 생활양식에 따라 여가에 대한 인식의 차이가 있음을 알 수 있다.

파커(Parker)는 여가를 "일과 생존을 위한 기초적인 욕구가 충족되고 남는 잔여시간"으로 정의하였고, 사회학 사전에 의하면 여가를 "1일 24시간 중에서 노동, 수면, 기타 필수적인 것에 쓰여진 시간을 제외한 잉여시간"으로 규정하고 있다. 이와는 달리 브라이트빌(Brightbill)은 여가를 "개개인의 판단과 선택에 의해 갖게 되는 자유재량적 시간"으로, 머피(Murphy)도 "개인이 자기결정적 상황 하에서 재량껏 이용할 수 있는 시간"을 여가로 보고 있다. 이들의 정의는 여가를 하루 24시간 중 일과 생활시간을 제외한 남는 시간, 즉 잔여시간의 개념으로 또한 자유 및 재량적 시간으로 정의하고 있는데, 여가의 효용이나 기능을 볼 때 이러한 단편적인 견해로는 여가의 일부밖에는 이해하지 못한다.

이와는 달리 여가를 개인의 제반활동과 연결지어 정의하는 학자들도 있는데, 듀마즈디에(Dumazedier)와 같은 학자는 여가를 "개인의 노동, 가족, 그리고 사회의 의무로부터 벗어나 휴식, 기분전환, 혹은 지식의 확대, 자발적 사회참여, 그리고 자유로운 창의력의 발휘를 위하여 이용되는 임의적 활동의 총체"라고 하였으며, 윌슨(Whylson)은 여가를 활동과 기회요소의 결합으로 인식하여 "노동, 가정, 사회 및 기타 의무가 실현되고 난 후에 자신의 의사대로 할 수 있는 활동일 뿐만 아니라 휴식, 회복, 오락, 자기실현, 정신적 재생, 지식의 향상, 기술의 개발, 사회활동의 참여를 제공해 주는 기회"로 정의하고 있다. 이들의 정의는 앞에서 언급한 시간적 여가개념의 바탕 위에서 여가를 활동적 속성으로 이해하려고 하고 있다.

그리고 그리스의 철학자 아리스토텔레스(Aristoteles)에 의하여 대표되는 고전적 여가의 정의는 여가를 '존재의 상태(state of being)'로 보고 삶의 목적으로써 여가 그 자체를 영위하여야 한다고 주지시키고 있다. 여가에 대하여 심리학적 접근을 시도한 네울링거(Neulinger)는 여가를 인간이 일에 종사하든지 그렇지 않든지를 불문하고 시간과 별개의 존재로 인식하면서, 의식의 상태(state of consciousness)로 해석하는 견해와 함께 더 나아가 '실존의 상태(state of existence)'로 파악하고 있다. 경험 및 마음의 존재상태임을 강조하고 있다. 이러한 점에서 여가는 시간도 아니고 활동도 아닌 마음의 상태(state of mind)라고 할 수 있겠다.

더불어 베블렌(Veblen)은 여가를 "상류사회 계급의 상징"으로 이해하고 있다. 즉 그들의 여가는 시간의 비생산성적 소비, 금전의 과시적 소비로 볼 수 있다는 것이다.

카플란(Kaplan)은 여가를 "경제적으로 자유시간의 영역에 속하며, 심리적으로 자발적이고 유쾌하고, 잠재적으로는 모든 영역의 의무와 노력을 포함하여 자기계발을 하게 되며, 타인에 대한 기여를 하게 되는 자율적 활동경험"이라 하였는데, 이러한 정의는 여가의 본질을 노동, 결혼, 교육, 정치, 경제 등 사회제도의 상태나 가치패턴과 관련하여 이해하려고 하고 있다.

이상의 개념들을 종합하여 보면 결국 여가는 생리적 필요, 개인·사회적 의무와 책임으로부터 벗어나 자유로운 시간동안 자유의사에 의해 이루어지는 활동이라고 할 수 있으며, 일상생활에서는 노동과 상반되는 개념으로 파악되며, 대체로 네 가지 측면에서 정의가 이루어지고 있다. 즉 여가의 시간, 활동, 상태, 제도적인 관점이다.

즉 여가란 개인이 노동과 가사활동, 생리적 필수 활동 및 기타 사회적 의무와 책임으로부터 자유로운 상황 아래에서(시간적, 정신적 상태 모두 포함) 휴식, 기분전환, 자아실현은 물론이며 사회적 성취를 위해 이루어지는 모든 활동과 시간이라고 할 수 있다.

표 1-4 여가의 개념 분류와 내용

분 류	내 용
시간적 개념	인간에게 주어진 하루 24시간 속에서 생명유지와 노동에 필요한 시간을 제외한 나머지 시간, 즉 잉여시간 혹은 자유재량적 시간의 관점에서 여가를 이해하고자 하는 것
활동적 개념	시간적 토대 위에서 여가를 이해하고자 하는 관점으로, 개인의 생활만족과 삶의 질을 추구하고자 선택하는 활동으로 규정되며 여기에는 수면, 식사, 노동과 같은 정례화된 활동이 아닌 것을 의미
상태적 개념	정신·영적 상태를 의미하며, 자유정신, 자유의지로서의 여가를 강조한 개념으로 이는 매우 주관적인 개념
제도적 개념	여가의 본질을 노동, 결혼, 교육, 정치, 경제 등의 사회제도의 상태나 가치관의 맥락에서 규명하고자 하는 개념
통합적 개념	여가는 복합적이어서 다양한 면을 가지고 있으며, 어느 한쪽 측면으로는 여가의 본질을 충분히 설명할 수가 없다. 즉 여가는 시간적·활동적·상태적·제도적 요소가 적절히 배합된 통합적인 속성을 갖는다. 여가란 개인이 노동이나 그 밖의 의무로부터 자유로운 상태에서 휴식, 기분전환, 사회적 성취, 자기발전을 위해 자발적으로 참여·수행하는 활동시간으로 정리할 수 있다.

특히 여가활동에는 다양한 내용이 포함되는데, 즉 휴식적인 것, 교양·취미에 관한 것, 스포츠와 야외활동, 사교와 사회봉사활동, 관광여행 등이 모두 포함된다고 할 수 있다.

관광은 개인의 욕구충족이나 기대를 자극한다는 점에서 가장 중요한 여가활동이라고 할 수 있다. 즉 일상생활권으로부터 벗어나 이질적인 자연·문화 환경에서 이루어지는 여가활동으로 변화욕구를 충족시켜 줄 수 있다는 점과 어느 정도의 시간의 여유와 비용을 필요로 하지만, 휴식·기분전환·자기실현과 같은 여가의 기능 내지 목적을 일시에 모두 달성할 수 있다는 점에서 매우 복합적인 활동으로서 시간과 돈이 있으면 누구나 하고 싶어 하는 여가활동이고, 가장 바람직한 여가활동으로 인식되고 있다.

표 1-5 여가기능과 관광의 기능

여가기능	관광의 기능
• 휴식 (공간이동이 이루어지지 않는 경우도 있음) • 기분전환 • 자기계발	• 여행(공간이동)을 수반한 휴식·휴양 • 비일상적인 환경에서 해방감과 기분전환 • 지식과 견문확대 • 자기확대와 자기실현으로 이어지는 자기계발기능

그리고 특히 여가의 사회적 의미는 시대와 더불어 변화되었으며, 근대사회의 여가에서는 휴식이나 기분전환보다는 자기계발에 더욱 큰 의미를 두었다.

그림 1-3 여가와 관광의 관계

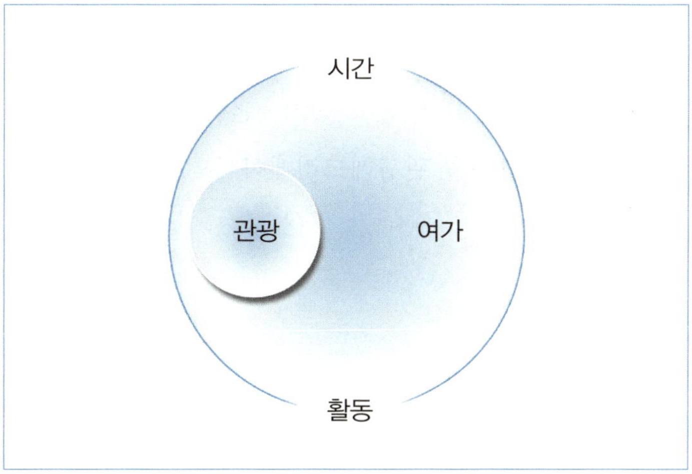

※ 자료 : 김홍운, 관광자원론, 일신사, 1994.

3) 레크리에이션(Recreation)

레크리에이션은 원래 라틴어 'recretio'에서 유래된 말로 새로운 것을 창조하고 나아가서 회복과 재생이라는 의미를 담고 있으며, 일상에서의 의무(노동)에 의해 지친 심신을 오락활동을 통해, 또는 신체적 운동과 활동 등으로 회복하는 것 혹은 그러한 것을 위한 제 활동을 총칭하며, 삶을 즐겁게 하는 자기표현의 활동이다.

댄포드(Danford)는 "개인욕구에 대한 만족과 인간관계를 통하여 생활을 풍족하게 하고 개인능력에 따라 자유롭게 선택한 활동이다"라고 레크리에이션 개념을 정의하고 있으며, 버틀러(Butler)는 "개인만족과 기쁨을 위하여 자유로운 모든 경험과 활동의 형식이다"라고 하고 있다. 이러한 레크리에이션은 여가보다는 좀 더 구체적인 행위개념으로서 활동이라는 측면이 부각되며, 반면에 스포츠와 같은 신체단련의 의미를 갖고 있지 않다. 특히 레크리에이션이 일상생활권에서 이루어지느냐, 아니면 비일상생활권에서 이루어지느냐에 따라 관광과 구분될 수 있다.

일반적으로 여가가 시간적 개념이 중요시되는 반면 레크리에이션은 여가시간, 즉 자유시간에 이루어지는 재생 및 사회적 편익을 증진하고자 하는 자발적 활동, 즉 활동적 개념이 강한 데서 그 차이점을 규명할 수 있다. 이러한 차원에서 볼 때 레크리에이션은 여가의 한 기능이라고 볼 수 있으며, 레크리에이션은 정신적·육체적 그리고 감정의 활동이 모두 포함되므로 이러한 차원에서 단순한 휴식과는 구별된다.

한편, '관광레크리에이션'이란 용어를 종종 접하게 되는데, 이는 레크리에이션의 활동적인 측면을 강조하였다고 볼 수 있다. 즉 다양한 레크리에이션 활동 중에서도 특히 비일상생활권에서 이루어지는 활동을 관광레크리에이션으로 해석할 수 있겠다.

표 1-6 레크리에이션과 관광의 차이점

구 분	레크리에이션	관 광
대상선택	거주지로부터 시·공간적 범위의 제약	공간적 이용대상의 선택범위가 광범위(전세계적)
시 간	비교적 단기적	중·장기적 (대개의 경우 1일 이상 소요)
시설의 질 및 제약정도	시설의 제약을 받으나 시설에 대한 품질의 요구정도는 낮음	시설의 제한성은 비교적 낮으나 시설의 질이 비교적 고급
주요 성격	후생적 대상 사회적 목적이 우선 재생, 사회편익이 우선	경제적 행위의 대상 자유, 내적 만족 개인의 목적이 강조
일상생활권의 여부	일상생활권 내에서도 이루어짐	일상생활권에서 탈피

그림 1-4 레크리에이션과 관광의 관계

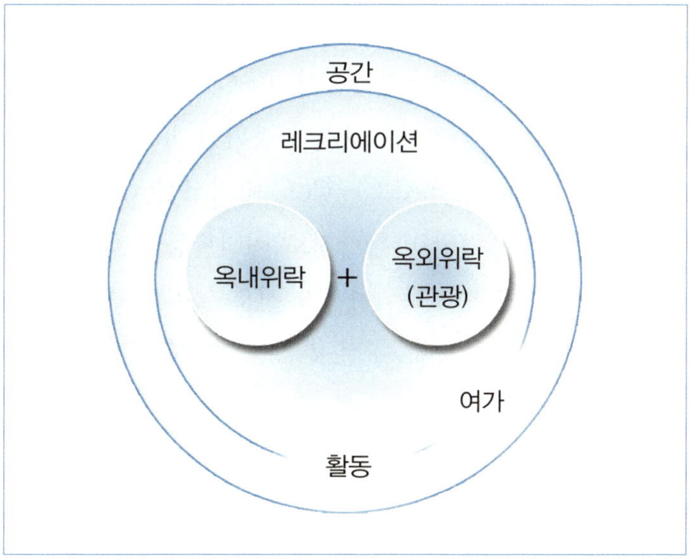

※ 자료 : 김홍운, 관광자원론, 일신사, 1994.

이러한 레크리에이션은 심신의 휴식을 위한 스포츠나 놀이라는 기존 개념과 1960년대 이후 교통·통신수단의 발달에 따라 당일관광권이 확대되고, 또한 관광지에서도 야외 레크리에이션이 성행하게 되면서 이 두 가지 개념을 합쳐서 관광레크리에이션이라 할 수 있다. 특히 레크리에이션 활동이 육체적·정신적 회복과 관련된다면, 관광은 육체적·정신적 발전을 통한 자기계발과 관련된다고 할 수 있겠다.

4) 놀이(Play)

놀이는 갈증을 뜻하는 라틴어 'plaga'와 독일어 'Spiel'에서 유래된 말로 인간의 본능적이며 무조건적인 욕구를 반영하는 행동을 뜻한다. 놀이는 관광을 규정하고 관광현상을 이해하는데 유용한 개념으로서 '놀이하는 인간(Homo Ludens)'으로 인간의 본질을 규정한 호이징하(Huizinga)에 따르면 놀이는 인간의 자유를 찾는 것이고, 창작의 자유에 호감을 부여하는 것으로 자유에 기초하고 있다.

호이징하는 놀이를 "일상적인 인간생활의 외부에서 의식적으로 존재하는 동시에 놀이하는 사람이 마음 속 깊이까지 강하게 흔들어주는 자유로운 행위"라고 정의한다.

카이요와(Caillios)는 놀이를 "인간의 본능이며 동시에 문화의 근원"으로 규정하면서 그 특징을 6가지로 제시하고 있다(한국관광공사, 1985). ① 자유로운 활동(free), ② 일상생활과 격리된 활동(separate), ③ 과정 및 결과의 불확실성(uncertain), ④ 비생산적 활동(unproductive), ⑤ 규칙의 지배(governed by rule), ⑥ 가상성(make-believe) 등이다

여가와 관련해서는 놀이도 위락과 마찬가지로 여가활동의 하나로서 인식되고 있다. 모든 놀이가 여가의 한 형태이지만 모든 여가가 전부 놀이의 범주 속에 포함되지는 않는다. 그러나 결국 여가와 놀이는 모두 내적 만족을 추구하기 위한 자유선택적 활동이라는 점에서 공통점을 보이고 있다.

놀이는 인간의 역사 속에서 사회화의 원동력으로 여겨졌고, 가치·관습·전통 및 사회적 규범을 전달하는 매개체로 간주되고 있다. 최근에는 놀이행위가 문화적 가치의 전승이라는 개념으로 사용되어, 국제관광과 국내관광 수요를 증대시키는 상품으로서의 역할을 하고 있다.

그림 1-5 놀이와 관광의 관계

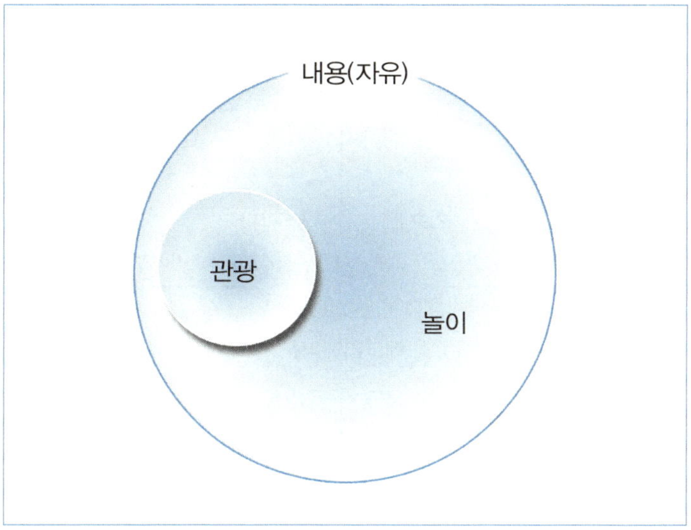

※ 자료: 김홍운, 관광자원론, 일신사, 1994.

3. 관광과 인접개념 간의 관계

여가는 인접개념 중에서 가장 포괄적이고 다의적이며 강한 시간적 개념을 내포하고 있다. 관광, 레크리에이션, 여가, 여행, 스포츠 등은 여가 중에 이루어지는 활동으로 여가에 포함되는 하위개념이라 할 수 있다.

이를 바탕으로 여가활동을 정신·육체, 발전·회복이라는 두 개의 기능적 축으로 구분하여 '관광', '레크리에이션' 및 '스포츠'의 개념을 구분하여 살펴보면 [그림 1-6]과 같이 그 위치를 설정해 볼 수 있다. 즉 여가라는 큰 영역 내에 레크리에이션 그리고 관광 및 스포츠의 일부가 포함된다. 그 성격을 보면 레크리에이션은 발전보다는 신체적·정신적 회복의 성격을 가지고 있으며, 반면 스포츠는 육체적 발전, 관광은 정신적 발전의 성격을 가진다.

그림 1-6 관광과 인접개념 간의 상관관계

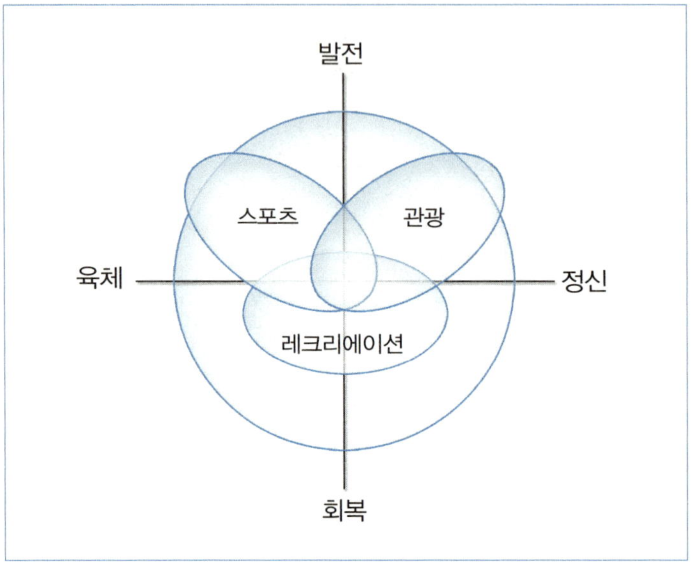

※ 자료: 日本交通公社, 餘暇社會の旅, 1974.

또 다른 학자는 [그림 1-7]과 같이 여가·레크리에이션·관광·여행의 상호관련성을 제시하고 있다.

그림 1-7 관광의 개념도식

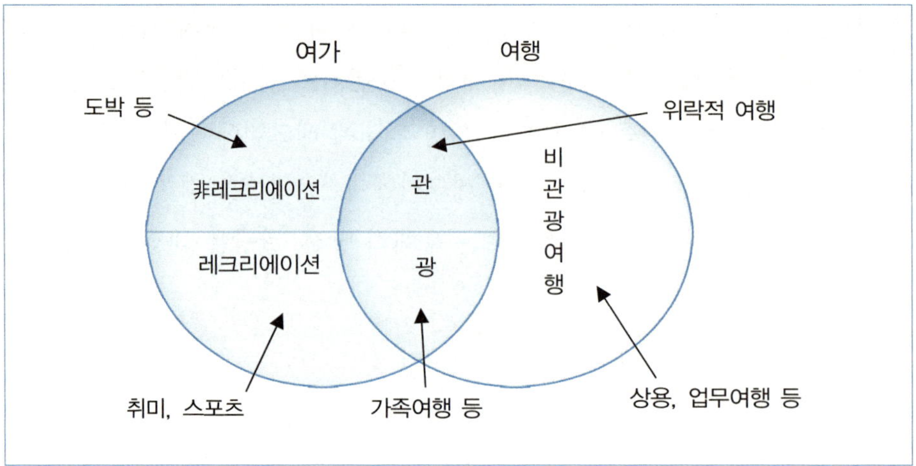

※ 자료: 稲垣勉, 觀光産業の知識, 1981.

관광은 여가와 여행의 공유부분으로 이루어지고, 레크리에이션(recreation)과 비레크리에이션(non-recreation)에 따라 관광을 다시 구분하기도 한다.

제4절 관광의 분류

1. 국적과 국경에 의한 분류

일반적으로 관광의 분류는 크게 국내관광(domestic tourism)과 국제관광(international tourism)으로 나누고 있는데, 이는 국적과 국경을 기준으로 하여 구분한 것이다.

국내관광(domestic tourism)을 "관광객의 이동 공간이 자국의 영토 내에서 이루어지는 관광현상"을 말한다면, 국제관광(international tourism)은 "관광객의 이동 공간이 특정국의 국경을 넘어 이루어지는 관광현상"으로 규정할 수 있다.

그림 1-8 국적과 국경에 따른 관광의 분류

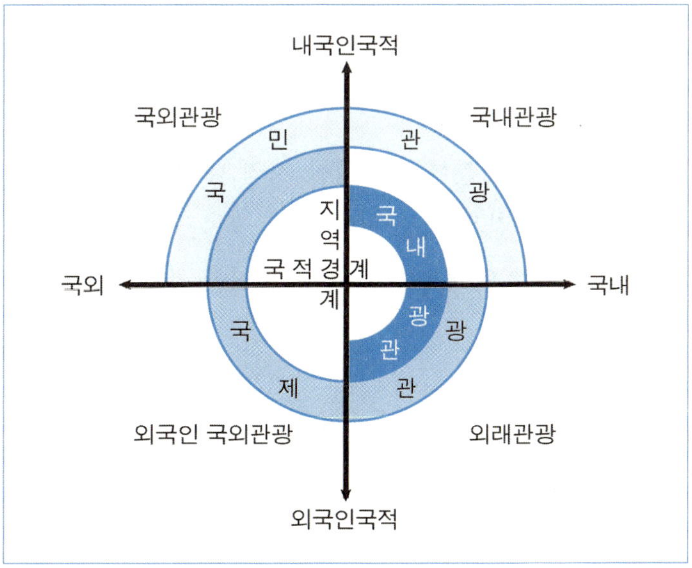

※ 자료: 김사헌, 관광경제학, 백산출판사, 2001.

특히 국제관광은 "한국인이 외국을 방문하는 관광행위"인 국외관광(outbound tourism) 뿐만 아니라, "외국인이 또다른 외국을 방문하는 관광현상"인 외국인의 해외관광(overseas tourism), "자국의 영토 내에서 이루어지는 외국인의 관광현상"인 외래관광(inbound tourism)을 모두 포함한다.

2. 관광목적에 의한 분류

관광현상은 순수한 관광을 목적으로 여행하는 경우와 두 가지 이상의 목적을 가지고 여행을 하는 경우가 있다.

순목적 관광(pure object tourism)은 자유로운 관광으로서 개인의 오락, 휴양, 레크리에이션, 견문확대 등의 관광목적행위로 여행을 하는 것을 말한다. 겸목적 관광(combined object tourism)은 출장, 업무, 방문, 귀성, 가사 등의 일상적인 이동에서 관광을 하는 여행으로, 두 가지 이상의 목적을 가지고 관광활동을 하는 것으로서 '사업+관광', '회의+관광', '스포츠+관광', '종교+관광', '친지방문+관광', '쇼핑+관광' 등과 같이 다양한 복적을 가지고 여행을 하는 것을 말한다.

3. 지역구분에 의한 분류

지역구분에 의한 관광현상의 분류는 일정한 지역 내에서 이루어지는 역내관광(intra-regional tourism) 행위와 지역 간을 이동하여 관광을 하는 역외관광(inter-regional tourism)으로 구분할 수 있으나, 관광지역에 대한 이러한 일정한 공간적 범위는 가변적으로 변할 수 있다.

세계관광기구(UNWTO)는 지역구분에 따라 관광을 구분하고 있는데, 대륙을 지역기준으로 하여 분석하여 보면, 역내관광은 "특정지역에 속해 있는 관광객이 그 지역 내의 다른 국가로 이동하는 여행형태"라고 정의하였다. 역외관광은 "특정대륙 내 속해 있는 국가의 관광객이 다른 지역 내 다른 국가로 이동하는 여행행태"를 말한다.

4. 관광활동 유형에 의한 분류

관광객이 활동하는 관광유형에 따라 유동형 관광, 목적형 관광, 체재형 관광으로 구분할 수 있다.

유동형 관광은 자연탐방, 드라이브 등과 같이 자연관찰이나 역사·문화자원을 대상으로 하는 관광활동이고, 목적형 관광은 해수욕·피크닉·골프·등산 등 구체적인 목적을 가지고 관광하는 활동유형이며, 체재형 관광은 휴양·보양·수련캠프 등 숙박시설이 완비된 종합휴양지를 대상으로 하는 숙박형태의 관광활동을 말한다.

5. 여행기간에 의한 분류

여행기간에 따라서는 당일관광과 숙박관광으로 구분된다. 당일관광은 '관광목적지에서 1박을 하지 않고 출발 당일에 거주지로 되돌아오는 형태의 여행'으로 가장 단순한 관광코스를 선택한다.

숙박관광은 관광지에서 최소한 1박 이상을 체류하는 형태로 단기숙박관광과 장기숙박관광으로도 분류할 수 있다. 일반적으로 장기숙박관광은 일주일 이상의 숙박관광을 말하는 것으로, 여행기간이 길어짐에 따라 다양한 관광코스를 선택하며, 많은 경비가 필요하다.

이외에 관광의 사회적 현상을 나타내는 대중관광(mass tourism), 소셜 투어리즘(social tourism), 국민관광(national tourism), 그리고 보상관광(incentive tour), 생태관광(eco-tourism), 녹색관광(green tourism) 등이 있다.

관광객의 수에 따라 개별관광(F.I.T : Foreign Independent Tour, 가족단위여행자 포함, 또는 개인관광)과 단체관광(G.I.T : Group Inclusive Tour, 단체포괄여행)가 있으며, 여행상품 특성에 따라 패키지관광(package tour), 주문관광(order made tour), 크루즈관광(cruise tour) 등으로 구분되기도 한다. 출입국절차(C.I.Q : Customs, Immigration, Quarantine)와 관련하여 기항지 상륙여행(shore excursion), 통과상륙여행(over land tour) 등이 있다.

참고문헌

강덕윤 외, 현대관광학개론, 백산출판사, 2012.
김사헌, 관광경제학, 백산출판사, 2013.
김용상 외 7인, 관광학, 백산출판사, 2013.
김태영, 현대관광학개론, 백산출판사, 2001.
박호표, 신관광학의 이해, 학현사, 2004.
위정주 외, 최신관광학의 이해, 백산출판사, 2014.
윤대순, 관광경영학원론, 백산출판사, 2015.
이병연 외, 현대 관광학의 이해, 백산출판사, 2002.
최태광, 관광경영학, 백산출판사, 2000.
長谷政弘, (社)韓國國際觀光開發研究員 譯, 觀光學辭典, 백산출판사, 2000.
稲垣勉, 觀光産業の知識, 1981.
日本交通公社, 餘暇社會の旅, 1974.
鈴木忠義, 現代觀光論, 有斐閣雙書, 1984.
Bammel. G & Burrus-Bammel. L. L, Leisure and Human Behavior, Wm. C. Brown Company Publishers, 1983.

2 관광의 발전

제1절 | 관광의 발전단계
제2절 | 세계관광의 발전과정
제3절 | 우리나라 관광의 발전과정

2 CHAPTER 관광의 발전

관광은 사람의 이동을 바탕으로 인류의 발전과 더불어 다양한 형태로 발전되어 온 사회현상 중의 하나이다 사회현상이 다양화·복잡화되면서 인간은 일상생활로부터의 변화욕구를 충족시키기 위하여 관광과 더욱 밀접한 관계를 가지게 되면서 사회현상의 한 부분인 관광현상을 독립적 학문으로 정립하여 왔다. 그러므로 관광학은 관광현상을 과학적으로 규명하는 사회과학의 한 분야가 되었다.

특히 현대사회에서의 관광현상이란 기업적 관광사업의 토대가 되는 관광의 모든 움직임을 말한다. 그러나 이러한 관광현상은 인류의 출현과 더불어 지속적으로 변화·발전되어 왔다고 볼 수 있기 때문에, 생활 그 자체를 위해서 이동하게 된 원시인의 소박한 생활형태에서부터 그 근원을 찾아볼 수 있다.

따라서 관광현상의 변천과정을 통한 관광의 발전과정을 살펴봄으로써 한층 더 관광의 본질에 접근할 수 있을 것이다.

제1절 관광의 발전단계

관광은 인류의 이동으로부터 시작된 활동으로 인간의 즐거움과 기분전환 및 변화욕구를 충족시키기 위하여 여행을 하였다는 기록은 오래 전부터 존재해 왔다. 이러한 의미에서 관광은 인류와 함께 오랜 역사를 갖고 있다고 말할 수 있다.

관광현상은 환경에 크게 변화하는 특색을 보이고 있는데, 이는 관광이 외부환경에 의해서 끊임없이 영향을 받아왔으며, 외부환경의 영향은 시대에 따라 다르고, 특정한 사회적 분위기에 따라서도 다르게 나타나기 때문이다.

고대에는 오늘날의 관광과는 비교할 수 없을 만큼 제약이 많았고, 관광에 참여할 수 있었던 계층이 매우 한정이 될 정도로 그 범위가 협소하였으나 관광현상이 존재했던 것은 틀림없는 사실이다.

특히 관광의 발전 정도는 기술적 진보와 함께 이루어졌다. 산업의 발달은 여기에 종사하는 사람들에게 노동의 시간을 감소시켜 줌으로써 대부분의 사람들이 임의로 활용할 수 있는 자유재량적 시간을 상대적으로 많이 갖게 되었고, 이는 곧 관광에 참여하게 되는 직접적인 영향을 미치게 되었다.

이러한 관광현상의 변천과정을 살펴봄으로써 인류의 오랜 역사 중에서 관광의 개념을 규정지을 수 있는 현상들을 찾아볼 수 있다. 역사적으로 관광의 범위 안에 속하는 사회현상을 살펴보고 그 차이점과 유사점을 함께 밝혀냄으로써 한층 더 관광의 본질에 접근할 수 있을 것이다. 그러나 관광이 인류역사와 함께 오랜 세월 동안 지속되어 온 인간의 생활양식임에도 불구하고 역사적 자료의 양과 질적인 측면에서 많은 한계점을 드러내고 있다. 학자에 따라서 관광의 역사를 나누는 시각이 약간의 차이는 보이고 있다. 첫째, 고대의 관광에 고대 그리스와 로마시대를, 둘째, 근대유럽과 미국의 관광을 다루고, 셋째, 현대사회와 관광을 다루었다. 또한 세계관광의 발전사를 첫째, 고대관광을 이집트와 그리스, 로마시대로 나누고, 둘째, 중세시대를 나누고, 셋째, 근대시대를 1840년에서 1945년까지를 문예부흥과 계몽시대 그리고 산업혁명시대, 제1차 세계대전 이후를 나누고, 넷째, 현대관광을 1945년 이후로 보고 다루었다. 그러나 여기서는 관광현상은 인류의 출현과 때를 같이 한다고 보고, 관광현상의 발전단계를 크게 Tour의 시대, Tourism의 시대, Mass Tourism의 시대, New Tourism의 시대 등 4단계로 구분하여 기술하였다.

1. Tour의 시대

Tour의 시대는 여행의 자연발생적 단계로서 석기시대로부터 1830년대까지를 포함할 수 있다. 관광객의 층은 주로 귀족이나 성주, 부호, 승려, 기사 등의 특권층이 중심을 이루었다. 이러한 관광활동들은 이들 특권층의 종교 및 신앙심의 향상을 위한 교회중심의 개인활동으로서 관광의 형태는 자연발생적인 특징을 들 수 있다. 이 시기는 원시적인 관광의 시대라 할 수 있다.

2. Tourism의 시대

Tourism시대는 1840년대부터 제2차 세계대전 이전까지를 포함한다. 산업혁명 이후 영국에서 토마스 쿡(Thomas Cook)의 여행업의 출현을 기점으로 하고 있으며, 서비스를 통한 관광사업의 토대를 마련한 시기이다. 관광객층은 주로 특권층과 부유층에 의하여 행하여졌고, 주된 관광동기는 고대, 중세와는 달리 종교적 동기보다는 지식욕이나 호기심이 주된 동기였다.

이 시대는 이윤추구를 목적으로 하는 기업이 등장하게 되어 중간매체적인 서비스사업이 태동하게 되었다. '근대 관광산업의 아버지'라 불리는 토마스 쿡이 1841년에 단체전세열차를 운행하면서 단체관광을 처음으로 도입하였는데, 이것은 모객(募客)에 의한 단체관광으로 여행업의 시초가 되었다. 이후 교통·통신의 발달로 기차, 자동차, 선박여행이 시작되었으며, 이는 향후 관광의 대중화를 구축하는 중요한 시초가 되었다.

학자에 따라서 Tourism이라는 용어를 개별적인 Tour와 구별하고 역사적이고 집단적인 사회현상으로 보는 이가 있는데, 그러한 관점에서 본다면 토마스 쿡 이전의 시대를 우리는 Tour의 시대, 토마스 쿡 이후 제2차 세계대전에 이르는 시대를 우리는 Tourism의 시대라 부를 수 있다.

3. Mass Tourism의 시대

Mass Tourism의 시대는 제2차 세계대전 이후부터 현대에 이르기까지의 시대로, 대중관광, 대량관광시대를 말한다. 관광은 중산층 서민대중을 포함하는 전 국민 전 계층이 여가선용과 자기창조의 활동으로 폭넓은 동기에 의해서 이루어지는 사회현상으로 받아들여지는 시대이다.

기업뿐만 아니라 정부·공공단체가 국민후생의 증대를 위하여 관광을 개발·육성하는 시기이기도 하다. 또한 여행할 만한 여유가 없는 계층을 위해 정부나 공공기관이 적극 지원함으로써 국민복지증진이라는 목적을 위해 'Social Tourism'이 실시됨으로써 관광객층은 중산층 서민대중을 포함한 전 국민으로 확대되었으며, 관광동기 또한 여가선용과 자기창조활동, 휴양과 위락지향적이다.

이 시기에는 철도와 선박만이 교통수단이었던 이전에 비하여 항공, 관광용 대형버스, 자가용 자동차, 렌터카 등이 등장하고, 또한 기존의 교통기관도 설비와 능력이 대폭 개량되고 대량수송의 조건이 갖추어져, 빠르고 안락하고 저렴한 여행이 가능해졌다.

또한 매스미디어의 발달은 사람들에게 미지의 세계에 관한 정보를 이전보다 대량으로 신속하게 알려주어 관광에 대한 자극이 되었다.

이러한 현상들로 인하여 조직적이고 대규모적인 관광으로 변해갔고, 일반대중에게도 관광이라는 형태가 폭넓은 사회현상으로 받아들여지는 시기였다.

관광의 효과로 인하여 정부는 관광개발에 적극적·직접적으로 개입하여 관광발전의 주도적 역할을 담당하면서 오늘날 관광은 각 국가의 전략산업으로 육성되고 있다.

4. New Tourism의 시대

New Tourism의 시대는 20세기 말부터 등장한 관광의 개념이다. Mass tourism과 Social Tourism의 등장으로 관광은 더 이상 특권층만의 전유물이 아니라, 전 국민 모두의 생활에서 보편적인 여가활동이 되었다.

대중들의 관광경험이 풍부해지면서 기존의 Mass Tourism이 가지는 단체 위주의 몰개성적이며 파괴적인 부분을 인식하고 이를 보완하려는 새로운 형태의 관광, 즉 New Tourism이 등장하였다.

대가족사회에서 핵가족사회로 변모하면서 관광의 단위 역시 단체 위주의 관광에서 개인이나 가족위주의 단위로 변해가고 있다. 관광의 추구성향도 개성추구나 특정한 주제를 가지고 관광하는 방향으로 발전하고 있으며, 보는 관광보다는 체험을 중요시하는 형태로 전환되고 있다.

전 세계적으로 디지털 경제가 급속하게 확산되어 시·공간의 제약이 사라지고 있으며, 이를 반영하여 인터넷을 통한 관광산업 간 및 관광산업과 개인 간의 거래장벽 해소에 따라 IT를 기반으로 하는 신관광산업이 계속 등장하고 있다.

21세기 관광의 주류는 지역화, 자유관광, 특별목적관광, 재방문의 증가, 정보수집방법의 다양화 등 관광행태에 있어서 변화가 지속될 것이며, 향후 발전가능한 미래 관광시장은 자연추구형, 모험추구형, 문화체험형, 테마추구형, 건강추구형, 스포츠관람형 등의 다양한 체험을 할 수 있는 관광형태가 될 것으로 전망되고 있다.

표 2-1 관광의 발전단계

	Tour	Tourism	Mass Tourism	New Tourism
시기	고대~ 1830년대 말	1840년대 초~ 제2차 세계대전	제2차 세계대전 이후	1990년대 이후
관광객층	귀족, 승려, 기사 등의 특권계급과 일부 평민	특권계급과 일부 평민 (부르주아)	대중을 포함한 전국민	일반대중과 전국민
관광동기	종교심	지식욕	보양, 오락	관광의 생활화
조직자	교회	기업	기업, 국가, 공공단체	개인, 가족
조직동기	신앙심 향상	이윤추구	이윤추구와 국민후생 증대	개성추구와 특정한 주제
사업성격	자연발생적 관광단계	매개사업적 관광단계	개발육성적 관광단계	
관광요소	시장+대상	시장+기업+대상	시장+대상+기업+행정+교통	
정부역할	무의미	자유방임적	주도적	
정부개입	무개입	간접·소극적 개입	직접·적극적 개입	

제2절 세계관광의 발전과정

1. 고대의 관광

1) 고대 이집트와 그리스

고대 이집트에서는 신전(神殿)에 대한 순례를 위한 관광이 존재하고 있었다는 것이 고문서에 기술되어 있다고 하며, 기원전 5세기에 살았던 역사가 헤로도투스(Herodotus)도 이집트인들의 관광현상에 대해 기술하고 있다.

특히 대상(隊商)이 여행하는 도중에 그 일부가 루트(route)를 벗어나서 오지(奧地)를 탐색하여, 그곳의 아름다운 계곡이나 진귀한 식물을 발견하면 그것이 입소문을 통하여 사람들에게 전해진 것이 관광의 기원이라 할 수 있으나, 관광이 유럽에서 본격적인 형태로 나타난 것은 그리스시대였다.

여러 문헌에 나타나 있는 그리스의 관광은 체육, 보건, 종교의 세 가지 동기에서 비롯되었다. 문헌에 의하면 기원전 776년 이후 올림피아(Olympia)에서 열렸던 경기대회에는 많은 사람들이 여러 곳에서 참가하여 이를 즐겼다고 한다. 그리고 에게해(Aegean Sea)에 여기저기 흩어져 있는 여러 섬 중에서도 델로스(Delos)에는 요양을 위하여 머물렀다고 전하여지고 있으며, 즐거움을 위한 여행의 목적이 된 최초의 것은 스포츠와 그 관람이었음을 알 수가 있다.

또한 그리스의 여러 신의 신전이 각지에 건축되어서 참배자가 많았다는 것도 알려져 있다. 특히 델포이(Delphi)의 아폴로(Apollo)의 신전이나 아테네(Athens)의 제우스(Zeus)나 헤파이스토스(Hephaistos) 신전이 유명했다고 하며, 중세 이후에는 그리스도교의 성지가 이를 대신하게 된다.

그리스시대의 관광발전요인은 다음과 같다.

① 신전참배 등 종교적인 축제나 수학여행의 성행
② 도시국가의 성장

③ 화폐의 교환

④ 지중해 연안 국가의 그리스어의 상용

⑤ 보양관광 등의 성행

특히 로마와는 다르게 그리스에서는 도시국가의 성장이 관광발전에 큰 요인이 되었다. 도시국가의 형성에 따라 쇼와 무녀(舞女) 및 도박 등이 성행하여 관광유인 요인으로 작용하였을 뿐만 아니라, 오늘날의 관광안내원(tour guide)이나 상담역(consultant)과 같은 역할을 하는 프록스모스 제도(proxemos system)와 현대의 명예영사와 같은 프록세노스(proxenos)가 생겨 시민들의 해외여행과 관용 업무여행에 도움을 주었고 여행을 한 차원 높이는 계기가 되었다.

또한 이 시대의 여행자는 민가에서 숙박하는 것이 일반적이었으며, 여행자는 '신의 보호를 받는 신성한 사람'으로 여기며 환대했던 관습이 있었고, 이와 같은 환대의 정신은 'hospitalitas'로서 최고의 미덕 가운데 하나로 여겨졌다.

역사가 토인비(Toynbee)의 말에 따르면 그리스의 기원전 4세기 중엽 이후는 이른바 헬레니즘시대로서 인간존중의 정신이 지배하고 있었는데 이때부터 환대가 여행자를 접대하는 기본정신으로 생각되어 온 것이라 말할 수 있다. 이 시기에 있어서는 관광사업의 형태를 거의 찾아볼 수 없다. 현대의 관광에서 그 당시의 의미를 구태여 찾는다면 민박과 민박을 통한 환대의 정신이라고 할 수 있다.

2) 고대 로마

고대 로마시대에 와서는 종교, 요양, 식도락, 예술감상, 등산 등의 다양한 동기 내지 목적으로 관광현상이 한층 더 번성하였다는 것이 기록에 나타나 있다.

로마신화의 여러 신의 신전은 본토는 물론 여러 섬의 곳곳에 여기저기 세워졌고, 사람들은 각각의 목적에 따라서 '주피터(Jupiter)', 미의 여신 '비너스(Venus)', 농업의 신 '사탄(Satan)' 등의 신전에 참배했다.

로마 사람들은 그리스 사람들보다 훨씬 미식가였으며, 그 때문에 각지의 포도주를 마셔가며 식사를 즐기는 식도락은 'gastronomia'라 불렸고 관광현상의 한 형태가 되었다. 가을에는 술의 신인 바커스(Bacchus)를 주신(主神)으로 하는 제례가 행해지고 많은 사람들이 몰렸다고 한다. 이와 같이 미식(美食)으로 인해 많은 비만인이 생기면서 온천요양을 필요로 하는 병자가 많이 생김으로써 '요양관광'이라고 하는 새로운 관광현상을 낳게 되었으며, 그에 따라 요양객을 위한 연극이 공연되었고, 또한 카지노(casino)도 설치되었다.

카프리 섬의 티베리우스 황제의 별장, 알프스의 산베르나르도(San Bernardo)에 있는 주피터 신전 참배 등과 같은 각지의 명승고적을 탐방하는 예술적 욕구와 시실리 섬의 에트나(Etna) 활화산을 찾는 과학적 욕구 등은 관광의 새로운 욕구로 나타났다.

로마시대에 이와 같은 관광현상이 가능했던 배경으로는 다음과 같다.

① 육상·해상 교통수단의 발전
② 도로의 정비
③ 치안의 유지
④ 화폐제도의 발달
⑤ 숙박시설의 증가
⑥ 여행자에 대한 환대정신
⑦ 학문의 발달에 따라 지식수준의 향상
⑧ 미지의 세계에 대한 동경의 증대

그러나 A.D. 476년에 이르러 서로마제국이 붕괴되면서 치안은 문란해졌고, 도로는 황폐해졌으며, 화폐경제는 다시 실물경제로 되돌아감으로써 관광에 있어서는 악조건이 겹쳤기 때문에 오랜 관광의 공백시대로 빠져들게 되었던 것이다.

2. 중세 유럽의 관광

A.D. 476년 서로마제국이 몰락하면서 기존의 정치·경제적 구조가 파괴되어 화폐경제에서 실물경제로 역행되고, 치안이 불안하고, 로마시대에 건설되었던 도로도 거의 파괴

되었으며, 중산층이 몰락하여 상업이 침체되었다. 또 도시가 쇠퇴하여 사람들의 이동이 감소되면서 수백년 동안 관광의 암흑기를 맞게 된다. 번성했던 종교관광의 열기도 식어서 예루살렘을 찾는 기독교인들의 성지순례여행 정도만이 고작이었다. 관광이 침체되었던 이 시대에도 바이킹(Viking)족들의 해상여행과 아랍인들의 실크로드(Silk Road)를 통한 대상(隊商)들의 동서무역을 위한 여행이 명맥을 유지하였다. 따라서 이 시대의 여행자는 주로 대상인(隊商人), 행정가, 그리고 로마제국의 병사 정도였다.

다시 관광이 부활하게 되는 요인이 된 것은 1096년부터 1270년까지 계속된 십자군전쟁이었다. 십자군전쟁은 종교심과 함께 귀국하는 병사들에 의하여 소개된 귀향담 또는 병사들의 귀로에 갖고 들어온 인도의 향료나 페르시아의 카펫 등은 동방에 대한 호기심과 모험심을 불러일으켰다.

또 십자군이 예루살렘을 탈환하지는 못했지만 그래도 이슬람교도들로 하여금 기독교도의 예루살렘 순례를 인정케 할 수 있었으므로 중세를 통해서 예루살렘은 종교관광의 최고의 목적지가 되었다.

중세 후기 유럽 전역에서의 도시 부활은 무역과 제조업의 성장을 가져왔고, 봉건제도의 퇴색과 장원제도의 붕괴는 중산층의 폭이 확대되면서 여행을 촉진시켰다.

3. 근세의 관광

중세 말기부터 시작된 르네상스 시대를 정점으로 하여 유럽에서 관광현상에 커다란 변화가 있었다.

15~16세기에 걸쳐 세계에서 신대륙발견이 앞 다투어 성황을 이룬 시기를 '대항해 시대'라 부르고 있는데, 스페인, 포르투갈, 영국이 주도권을 장악하고 있었다. 유럽인들의 해외진출에 의하여 아시아, 남·북 아메리카의 여러 나라에 식민지가 조성되면서 이 시대에는 여행이 쉬워진데다가 문예부흥기를 맞아 괴테(Goethe), 셸리(Shelley), 바이런(Byron) 등의 저명한 문호, 사상가, 시인 등이 잇달아 대륙을 여행하였고, 그 뒤 발표한 그들의 작품은 미지에 대한 동경과 호기심을 가져왔고 관광여행의 커다란 자극제가 되었다.

엘리자베스 여왕시대로 접어들면서 귀족층의 자녀들은 여행을 통하여 배우고 인격을 수양시키기 위한 해외여행이 성행하였는데 이 시대를 '교양관광의 시대' 또는 'grand tour 시대'라 부르고 있으며, 부유층과 귀족층 관광객을 환대하기 위하여 환대시설들이 개발되었다. 특히 상류층의 자제들이 국제감각을 익히고 교양을 높일 목적으로 문화의 선진지인 프랑스, 이탈리아로 여행을 했던 그랜드 투어가 국제관광의 시초가 되었다고 볼 수 있다.

이 시대에는 일반대중의 관광참여가 없다고 하지만 사람들이 자유로이 이동하는데 필요한 기초적인 조건은 구비되어 있었다.

중세에서 산업혁명에 이르기까지 쇠퇴했던 관광열기는 산업혁명의 진전에 따른 교통기관의 발달과 경제활동의 활성화에 의한 소득의 증대 및 인적 교류의 확대, 그리고 이에 따른 숙박시설의 정비로 사람들의 경제적 동기에 따른 여행, 즉 상용여행을 급증시켰고, 봉건제도의 붕괴로 인한 여행자유화 등에 의하여 관광은 다시 부흥하였고, 그 결과 관광과 관광사업은 본격적인 발달을 보였다.

특히 산업혁명은 경제적·사회적 구조변화는 물론 세계를 서로 긴밀하게 접촉시키는 하나의 구성체로 만들었고, 농촌사회에서 도시사회로의 이동은 생활양식과 여행형태를 변모시켰고, 산업혁명을 거치면서 관광현상은 소수 특권층에서 벗어나 중산층으로까지 확대되었다.

산업혁명이 가져온 기술혁신의 하나인 철도의 발달은 여행업을 출현시켰다. 1841년 영국의 토마스 쿡(Thomas Cook)은 광고를 내어 관광단을 모집하고 단체 전세열차의 운행을 시도하여 성공을 거둔 데서 여행사가 등장하게 되었다.

당시 영국에서는 금주운동이 전국적으로 확산되어 갔는데 당시 개통된 지 얼마 되지 않은 철도는 적자에 허덕이고 있었고, 다른 한편으로 책정된 정규 운임을 지급하고 열차를 이용하는 승객이 1/4에도 미치지 못하는데 착안하여 토마스 쿡은 철도의 위력으로 금주운동을 성공적으로 이끌기 위해 단체 전세열차의 운행을 실현시켰던 것이다. 이 때 단체요금의 적용뿐만 아니라 빵과 오후의 차를 제공하는 여행상품이 등장하게 되었다.

이런 소문이 퍼져나가면서 여러 곳에서 단체관광을 의뢰해 왔고 토마스 쿡은 그의 아들과 함께 'Thomas Cook & Son Co.'라는 여행사를 설립하였는데 이것이 여행업의 시초이며, 현대관광에 있어서 지극히 중요한 변화를 가져왔다. 'Thomas Cook & Son Co.'는 파리산업박람회 참관 관광단을 모집하여 대성공을 거두고, 1872년에는 기선을 이용한 22일 간의 세계일주 관광을 실시하여 세상을 놀라게 하기도 했다.

따라서 토마스 쿡과 그의 회사는 영국국민 사이에는 관광의 대명사처럼 불려졌다. 또한 역사상 최초로 영리를 목적으로 단체관광단을 조직했다는 점에서 '근대 관광산업의 아버지'라는 칭호를 듣기도 했다.

이러한 근세의 관광현상은 고대나 중세와는 달리 종교적인 동기보다는 지식욕, 식견, 호기심이 주된 동기가 되었다. 유럽과 신대륙 간의 왕래도 신세계에 호기심을 가진 유럽 사람들과 선조들의 고향에 대한 동경심을 지니고 유럽의 문물에 대하여 왕성한 지식욕을 지닌 미국인들과의 교류가 주된 특징이라 할 수 있다.

4. 현대의 관광

현대관광은 관광동기, 관광형태, 관광활동의 내용 및 인원 등에서 이제까지 찾아볼 수 없었던 비약적인 발전으로 관광사업의 현대화와 동시에 촉진되었다.

변화와 발전이라는 의미는 첫째, 지역문화 및 예술의 발달에 의하여 관광활동의 내용이 풍부해졌다는 것, 둘째, 관광사업의 발달과 사업활동으로 인간의 잠재적인 관광욕구에 자극을 주어 대중관광을 더욱 촉진시켰다는 것, 셋째, 교통기관 등의 발달에 따라 이전과는 비교도 할 수 없을 만큼 여행이 안전, 신속, 편리, 쾌적한 이동행위가 가능해졌다는 것, 넷째, 정치·경제 및 사회문화의 향상·발전으로 관광여행의 목적이 다양화되었다는 것을 의미한다.

철도와 선박만이 교통수단이었던 제2차 세계대전 이전과는 달리 전후의 관광현상은 민간항공, 대형 관광버스, 자가용 승용차, 렌터카 등의 등장과 교통기관의 급속한 발달에 의한 대량수송, 경제성장으로 인한 개인의 가처분소득의 증가, 여가의 증가, 매스컴의 발달, 도시의 인구집중과 그로 인한 도시생활의 갈등과 긴장고조, 인간성 상실, 공해문제 등으로 인하여 제2차 세계대전 이후 Mass Tourism시대를 맞게 되었다.

특히 현대관광의 커다란 특징 중에 하나인 통신과 교통의 지속적인 발달은 산업혁명으로 인하여 생겨난 중산층을 세계 구석구석으로 비교적 쉽고 안전하게 이동하고 접근할 수 있도록 세계를 하나의 지구촌으로 변모시켰다는 점이다. 이러한 이동과 접근은 많은 사람들로 하여금 자신들과 상이한 문화·인종·환경과 접할 수 있게 하였다.

20세기 후반에 들어서면서 생산성 향상, 노동시간의 감축, 노동운동의 확산 등은 노동자의 여가시간을 증가시켰고, 1960년대부터는 유급휴가가 세계적으로 보편화되었다. 또한 부유한 생활, 다양한 생활양식, 가치관의 변화로 인하여 관광이 생활의 필수품으로 중요성을 더해가고, 각 나라마다 국민복지 차원에서 국민의 여행을 기본권으로 보장하게 되었다.

또한 관광이 미치는 국내적 효과, 즉 국민후생의 증대와 지역개발의 촉진, 국가전략산업화, 정부와 지방공공단체의 적극적인 관광지원정책의 추진 등으로 이루어진 관광현상을 우리는 일명 'Social Tourism'이라 부르고 국민의 복지차원에서 정부나 지방공공단체에서 적극적으로 지원하는 복지차원의 관광이 이루어지고 있다.

그러나 1980년 이후 관광의 세계적 추세가 대중관광에서 벗어나 개인적·소집단적·특정목적의 관광형태가 주를 이루면서 관광의 대중화에서 야기된 관광지의 자연이나 문화재의 파괴, 조화되지 못한 관광시설 등에 따른 환경을 보다 더 이해하고 보존하는 방향으로 전개되고 있으며, 이에 대안관광(alternative tourism)이라는 새로운 개념이 등장하고 있다.

즉 대안관광은 대중관광(mass tourism)에 대한 또 하나의 관광 내지 다른 형태로서의 관광을 말하는 것으로 관광의 대중화에 따라서 관광지에서 생겨나는 폐해(자연·문화재·경관 등의 훼손, 소음, 교통체증 등)를 될 수 있는 대로 적게 하여, 관광의 효과를 그 지역에 미치게 함으로써 관광객도 충분히 만족할 수 있는 관광형태의 총칭으로 사용되고 있다.

제3절 우리나라 관광의 발전과정

관광의 발전단계별로 우리나라의 관광현상을 Tour의 시대, Tourism의 시대, Mass Tourism의 시대, New Tourism의 시대로 구분하는 데는 여러 가지 이론이 있을 수 있다. 그것은 우리나라의 여행이나 관광의 역사와 환경이 서양의 그것과는 많은 차이점을 보이고 있기 때문이다.

특히 관광발전의 초석이 되는 교통수단과 대중 숙박시설의 발달 그리고 국민의 시간적·경제적 여유가 1970년대까지 뒤따르지 못하였고, 특히 낮은 소득수준으로 정부는 국민국외여행을 연령에 따라 제한을 두어왔다. 이점을 고려할 때 우리나라에서 대중관광시대의 개막은 1989년 1월 1일부로 실시된 국민국외여행 연령제한의 폐지가 그 기점이 된다고 할 수 있다.

따라서 우리나라의 관광현상 발전과정을 논할 때에는 서양의 관광사를 논할 때와 같이 Tour의 시대, Tourism의 시대, Mass Tourism의 시대, New Tourism의 시대로 구분하는 것보다는 연대별로 구분해 보는 것이 우리나라 관광현상의 발전을 이해하는 데 유익할 것이다.

1. 해방이전까지의 관광

서양에서와 마찬가지로 고대에도 넓은 의미의 관광행위가 이루어졌을 것으로 추측되나 관광에 관한 문헌상의 기록이 거의 남아 있지 않다.

삼국시대에는 불교가 전래되면서 사찰의 참배나 유명사찰의 순례라는 단순한 형태의 관광이 이루어졌다. 관광에 참여할 수 있는 계층은 경제적으로 여유가 있고 신분적으로 지위가 높은 왕, 귀족, 승려 등과 같은 특권층과 그들의 자녀들이 국내의 명승지나 국외에까지 여행할 수 있었는데, 이들의 관광현상은 주로 정기적이고 공식적인 것으로 주로 정치·외교·군사적 목적이 주종을 이루었다.

불교가 우리나라에 들어와 정착하면서 전국 각지에 많은 사찰이 건축되었고, 많은 신도들이 연중 각종 불교 봉축행사에 참가·참배가 많았다. 사찰이 거의 도심지에 있지 않았기 때문에 참배자는 산중의 사찰을 찾는 종교적 목적의 여행이 생성되었다고 할 수 있으며, 이는 서구식 순례여행과 흡사한 점을 발견할 수 있다.

종교적 의미에서의 사찰 참배와 유명사찰 순례는 고대 유럽에서의 신전과 성지순례와 유사한 성격을 띠는 원시관광형태라 하겠다. 또한 대외적으로는 유학생 및 승려들은 중국뿐만 아니라 인도, 일본 등 해외로의 빈번한 왕래가 있었다. 백제는 중국의 남북조 문화와의 교류가 있었고 일본으로 불교를 전하는 과정에서 일본과의 교류도 있었다. 신라시대의 원효와 의상이 바닷길을 통한 당나라 유학을 갔다. 혜초는 당나라를 거쳐 인도까지 다녀와 「왕오천축국전(往五天竺國傳)」을 지었다.

통일신라 후기에 해상무역에서 신라인이 패권을 장악하고 활약했던 당시 청해진은 신라, 당나라, 일본의 중계무역항이며, 바닷길의 중심지로서 관광의 요충지이기도 하였다. 당시 청해진에는 수 개소의 청해관이 설치되어 있어서 무역관으로서의 기능을 맡아 한 것은 물론 3국의 무역선이 상인들을 유숙시키고 접대하는 숙박시설로서의 기능을 충분히 발휘한 것은 역사를 미루어 보아 확실하다. 이것은 중국의 산둥반도 등에 신라와 발해의 사신들을 유숙시키고 접대하던 신라관, 발해관이 운영되었던 시기와 비슷하다.

고려시대에는 철저한 신분제도 때문에 이주의 자유가 없었으므로 여행은 특권층을 제외하고는 거의 이루어지지 않았다. 당시의 젊은 귀족 자제들은 명산, 사찰 등의 국내 여행은 물론 국외에까지 여행을 하였다. 전국 명산대천(名山大川)을 찾아 낭만을 즐기던 시인·묵객들의 풍류여행, 신라 화랑도의 심신수양을 위한 전국 명소 순례여행, 부산에서 신의주까지의 국도를 따라 설치 운영되었던 역참을 이용한 관민의 여행, 지역마다 매년 정기적으로 개최되는 그 지역 특유의 민속행사(씨름대회, 줄다리기 등) 참가, 천렵, 뱃놀이 등은 우리 고유의 여행이면서 관광현상이라고 할 수 있다.

근세 조선이전까지 관광성격을 띤 여행은 종교적·민속적인 내용이 많았다. 조선시대 초기에는 관광유형 역시 삼국시대나 고려시대의 관광유형과 흡사하였으나, 조선시대 후기의 쇄국정책 그리고 일본 및 구미(歐美) 열강들의 침략과 일본의 통치로 말미암아 관광의 발달은 보지 못하였다. 또한 근세에 이르기까지 스스로 국제사회에 활로를 개척하지 못하고 은둔의 나라로 감추어진 채 남아 있었기에 국제교류는 활발하지 못하였으며,

유럽처럼 인접국과의 자유스러운 관광도 이루어지지 못하였다.

조선시대의 사회계급은 양반, 중인, 평민, 천민의 4계층의 봉건적 신분제도로 구분되어 있었으며, 이 시대는 고려시대와는 달리 유교를 숭상하였으므로 양반인 사대부들은 낙천적인 성품으로 시와 풍류를 즐기면서 학문적 교양의 확대를 위한 단체관광에 참여하였다. 또 하나는 특이한 현상으로 평민계층의 관광과 여가활동이 부분적으로 나타나기 시작하였다는 것이다.

조선시대의 평민계층의 관광은 「동국세시기(東國歲時記)」에서도 볼 수 있듯이 보름날 저녁에 행하여졌던 다리밟기(踏橋), 초파일의 연등행사, 5월의 단오, 6월의 유두일 등 특정일에 한하여 이루어졌는데, 이들은 대부분 풍년을 기원하고 자신과 가족의 재앙을 방지하려는 목적으로 일시적인 여행도 행해졌던 것으로 나타났다. 그에 반하여 나랏일이나 외국에서 오는 사신들의 숙식을 해결하기 위하여 태평관, 북평관, 왜관 등을 세웠으며, 관리들을 위하여 교통의 요지나 인가가 드문 지역에 숙박시설로 원(院)을 세웠는데, 사리원이나 조치원이 그 예가 될 수 있다.

2. 일제강점기

일제강점기인 20세기 초에는 우리나라 관광현상에 큰 변화가 있었다. 일본이 만주대륙 진출을 위해 병참지원 목적으로 한반도에 철도를 부설하였고, 여행형태가 철도여행이 대부분을 이루게 되었으며 철도여객을 숙박시키기 위해 주요 철도역에 철도호텔을 세웠다(1912년 부산, 신의주에 철도호텔 건립). 그리고 1912년 일본여행협회(JTB) 조선지사가 개설되어 일본인의 여행편의를 제공하였다.

그러나 이 시기에는 일본인과 외국인을 위한 것이었을 뿐, 우리 국민의 관광여행은 극도로 제한되어 있었고, 관광사업 역시 일본인이 독점하고 있었기에 참된 의미에서 우리의 관광사업이라 말할 수 없고, 일제강점기에서는 일본인을 위한 관광이었을 뿐 우리 민족 관광으로서는 암흑기였다.

3. 해방 이후에서 1960년대 말까지의 관광

일본 식민통치가 종식되고 우리 정부가 수립되면서 일본과의 국교가 사실상 단절되고, 미국을 비롯한 서구제국과 외교관계를 맺으면서 서양인들의 한국여행이 시작되었지만, 해방 이후 1950년대는 6·25전쟁으로 국토공간의 파괴 그리고 정치·경제적 악순환으로 인하여 관광은 국가적으로 중요한 정책사항이 되지 못하였으며, 또한 관광부문의 수용태세가 갖추어지지 않아 관광객 유치를 할 수 있는 단계에는 이르지 못하였다.

대한민국 정부가 수립되면서 1945년 9월 미군정청에 육운국(陸運局)이 발족된 이래 1954년 교통부에 관광과가 설치되어 본격적인 관광행정을 수행할 수 있는 체제를 갖추게 되었으며, 1953년에는 노동자들에게 연간 12일의 유급휴가를 실시하도록 보장한 「근로기준법」이 제정·공포되었다. 그리고 1958년에는 대통령령에 의하여 중앙에 교통부 자문기관으로 중앙관광위원회, 그리고 지방에 도지사 자문기관으로 지방관광위원회가 설치 및 운영되어 관광행정의 자문역할을 하였다. 1950년대 말에 가서 정부가 관광사업진흥 5개년계획을 수립하여 민간호텔 건설에 정부가 재정융자를 해주었으며 모범관광지 개발을 추진하였다.

1960년대는 한국에 있어서 관광에 대한 개념이 생겨나고 관광산업의 기반조성과 국제관광객 유치를 위한 체제정비기로서 관광진흥 및 관광자원의 개발에 의미를 부여하기 시작한 시기다.

특히 5·16군사정변 이후 국가의 경제개발정책에 따라 전국 대도시에 산업시설이 건설되고, 농어촌의 잉여노동력이 대규모로 도시에 집중되기 시작하고, 도시민들은 공업화과정에서의 정신적 스트레스와 도시의 혼잡을 피하려는 관광형태를 보이게 되고, 이것은 일상생활을 탈피하여 기분전환이라는 욕구와 생활의 변화를 추구하려는 욕구가 싹트게 되었다.

1961년 8월 관광객의 유치 및 접대와 관광에 관한 시설 및 홍보, 관광발전에 필요한 사항을 규정함을 목적으로 하는 「관광사업진흥법」이 처음으로 제정·공포되어 실시되기에 이르렀고, 그 당시 우리나라의 외래관광객은 11,108명으로 외화는 135만 달러 획득, 관광호텔은 18개소로 객실 수는 580여실에 불과했다. 1962년 6월 국제관광공사(현, 한국관광공사)가 국책회사로 발족하여 한국관광의 해외선전, 관광객 편의 제공 및 관광객 유치업무 등 해외진흥사업을 본격적으로 개시하였다. 또 유능한 안내원을 확보하기 위하여 통역안내원 시험제도를 처음으로 실시하였다. 1963년 교통부 육운국 관광과는 관광국으로 승격되어 늘어나는 관광행정수요에 대처하게 되었다. 같은 해 국제관광공사는 도쿄·뉴욕에 처음으로 해외관광선전사무소를 설치하여 운영하였고, 대한관광협회(현, 한국관광협회)를 발족시켜 관광업계의 결속과 관광발전에 이바지하게 하였다. 1965년 3월에는 국무총리소속하에 '관광정책심의위원회'가 설치되었다.

4. 1970년대

1960년대에 다져 놓은 한국관광사업의 기반조성과 국제관광객 유치를 위한 체제의 정비는 1970년대의 관광발전에 큰 밑거름이 되었다. 1970년대는 성공적인 경제발전에 따라 어느 정도 물질생활의 풍요는 삶의 질을 추구하는 국민의식과 욕구를 자극하게 되었고, 이에 따라 관광의식과 관광활동이 정착되는 시기라 할 수 있다. 즉 지속적인 경제성장에 따른 소득향상, 도로망 확충, 농촌생활수준의 향상, 새마을운동의 확산 등은 결국 도시민의 야외 행락의 기회를 증가시킴과 동시에 농어촌의 단체관광과 시찰여행 그리고 가족 또는 친구들 간의 야영과 같은 활동이 새로운 현상이 나타나면서 오락 및 사교적 형태의 관광이 주를 이루었다.

1970년 7월 7일 경부고속도로의 개통이 계기가 되어 전국적으로 관광지개발을 촉진시켰고, 외래관광객의 체재기간 연장에도 기여하였다. 1972년 정부는 「관광진흥개발기금법」을 제정·공포하게 되었다.

1975년 12월에는 「관광사업진흥법」을 폐기하고 「관광사업법」으로 개편하여 개정·공포하였고, 또한 우리나라 관광의 비전을 제시하고 골격을 다룬 「관광기본법」을 제정·공포하게 되었다. 「관광기본법」의 제정을 통해 관광지개발에 박차를 가하였으며, 이 법은 우리나라가 이제까지 관광을 외화획득의 유효한 수단으로만 인식하여 국제관광진흥에만 힘을 기울여왔던 것을 국민관광의 육성·발전에도 정부가 적극적으로 대처해 나가게 되었다. 또한 관광진흥에 관한 기본적이고 종합적인 계획을 수립하여 실시하고 관광진흥에 관한 시책과 동향을 매년 국회에 보고하게 되었다. 특히 이 시기에는 외국인관광객을 유치하기 위한 외국인전용의 관광시설지구를 조성하는 대규모 국제관광단지의 개발방식을 채택하여 경주보문단지와 제주중문단지의 기반시설 정비작업에 착수하였다.

1978년 11월에 한국관광 사상 처음으로 외래관광객 100만 명선을 넘어서게 되고, 관광수입 4억 달러를 획득함으로써 관광입국의 기틀을 다졌으며, 중진국 상위권의 관광국가로 부상하여 관광선진국으로서의 가능성을 보여주었다.

해방 이후 1970년대까지의 전반적인 관광현상을 정리해보면, 관광현상은 자연발생적 수준에 불과했지만 국제관광을 발전시키기 위한 정부주도의 관광정책이 중심이 되었고, 이에 따른 관광행정조직 및 관광관련 법규의 정비, 국제관광공사(현, 한국관광공사)의 설립 및 해외지사 설치, 국립공원의 지정 및 확대, 관광단지의 개발, 국민관광지의 지정, 관광진흥개발기금의 설치, 관광시설의 저변 확대 등을 통하여 국제관광의 진흥과 1980년대 대중화된 관광현상을 위한 기반을 구축하게 되었다.

5. 1980년대

1980년대 초반에는 제2차 석유파동과 국내 정치의 불안 등으로 관광활동이 위축되기도 하였지만, 국민의 의식구조는 양적인 물질충족단계에서부터 생활전반의 질적 향상추구로 변화되고, 전국의 1일 생활권, 교양과 문화적 욕구의 증가, 가족단위의 여행, 개개인의 개성과 취향을 살릴 수 있는 활동적 레크리에이션의 보급, 법정 공휴일의 증가, 휴가제도, 개인소득의 증대, 관광여건의 개선 등 다양한 사회·문화·경제적 변화를 맞으면서 다양한 개개인의 욕구를 충족시키기 위한 국민의 관광활동이 점차 확대되게 되었다.

따라서 1980년대에 들어서는 복지행정의 차원에서 국민복지를 향상시키고 건전한 국민관광을 정착시키기 위하여 국민관광진흥시책을 적극 펴나가게 되었고, 국제관광과 국민관광의 조화 있는 발전을 이루기 위한 정책이 추진되게 되었다.

특히 1981년부터 해외여행의 부분적 허용과 50세 이상의 관광목적 해외여행에 대한 자유화(1981년 1월 1일)는 우리나라 관광의 대중화가 시작되는 분기점이라 할 수 있다.

그리고 1983년 ASTA총회, 1985년 IBRD/IMF총회, 1986년 ANOC총회와 아시안게임, 1988년

서울올림픽 개최와 같은 대규모 국제행사의 성공적 개최와 관광정책은 관광산업의 비약적인 발전과 해외시장에서 한국여행에 대한 관심을 고조시키고 한국관광의 수요를 촉진시키는데 크게 기여하였다.

1989년 1월 1일부터 내국인의 해외관광이 완전히 자유화됨으로써 관광분야에서도 양방향 관광(two-ways tourism)이 활발하게 이루어지게 되었다.

6. 1990년대

1980년대에 이어 1990년대는 우리나라 관광의 재도약기라 할 수 있다. 1991년 7월 1일부터 관광여권과 친지방문여권도 일률적으로 5년 복수여권으로 발급되고, 1993년에 열린 대전 엑스포는 세계에 우리나라의 저력을 과시한 이벤트축제였다. 이는 우리가 참가국이 아닌 엑스포 개최국이 되었다는 것을 전 세계에 알렸고 국제적 뿐만 아니라 내국인들에게도 과학적인 지식을 일깨워준 커다란 행사였다. 1994년에는 한국방문의 해(Visit Korea)를 통하여 외국인들의 방한을 촉진하고 우리나라의 전통문화를 세계에 알리고 국민관광의 제도약과 세계화 계기를 삼은 해이기도 하다. 1998년 중국인 단체관광객에 대한 제주도 무비자 입국과 러시아 관광객에 대한 무비자 입국 및 복수비자 허용 등 한국의 관광이 선진국으로 진입되었다고 할 수 있다.

7. 2000년대

우리나라는 21세기 아시아 관광중심국으로 도약하고, New Tourism의 시대에 대응하기 위해서 장기적인 비전을 바탕으로 전략적 마케팅, 대규모 관광자원 개발, 관광수용태세 개선과 함께 국민관광 활성화를 통한 생산적 복지 확대 등 다양한 분야의 관광산업 육성 정책을 마련하여 추진해오고 있다. 특히 21세기 관광진흥을 위한 관광산업 육성기반을 구축하기 위한 관광진흥 5개년계획(1999~2003), 즉 '관광비전 21'을 확정하여 1999년부터 2003년까지 5년간 한국 관광산업 육성을 위한 각종 발전계획을 수립·추진했었다. 2001년 한국방문의 해와 2002년에는 일본과 월드컵대회를 공동으로 개최하여 성공적으로 치루어 냄으로써 세계 각국에 한국의 이미지를 높여 '관광한국'의 토대를 이루는데 기여를 하였다. 2004년에는 우리나라도 고속철도가 개통이 되어 아시아에서 일본 다음으로 고속철도 시대를 맞이하게 되었으며, 주5일 근무제 실시로 관광부문에도 많은 변화가 있을 것으로 본다. 또한 관광비전 21의 후속인 관광진흥5개년계획(2004~2008)이 수립되었다. 그리고 2005년에는 그동안 노력의 결과로 외래관광객 600만 명을 돌파하였다.

2006년에 들어와서는 관광산업 경쟁력 강화대책으로 관광산업에 대한 조세부담 완화, 신규투자 및 창업촉진을 위한 제도개선, 해외 관광시장의 획기적 확대여건 조성, 국민국내관광 활성화, 관광자원의 품격과 부가가치 제고 등 다섯 개 분야에 걸쳐 총 62개 과제 추진 등 획기적인 범정부적 대책을 발표하였다.

2007년 4월에는 한국 고유의 관광브랜드 'Korea, Sparkling'을 선포하고 홍보를 다각화하는 한편, 중저가 숙박시설인 '굿스테이(Goodstay)'와 중저가 숙박시설 체인화 모델인 '베니키아(BENIKEA)' 체인화 사업 운영을 위한 기반을 구축하였다.

2008년도에 들어와서는 관광산업의 국제경쟁력 강화를 위해서 2008년을 '관광산업의 선진화 원년'으로 선포하고, '서비스산업 경쟁력 강화 종합대책' 등 범정부 차원의 대책을 본격적으로 추진하였다.

2009년도에는 전 세계 대다수 국가가 관광산업의 침체상태를 면치 못하였으나, 우리나라는 환율효과 등 외부적 환경을 바탕으로 삼아 적극적 관광정책 추진으로 관광객이 증가하여 9년만에 관광수지 흑자로 전환하는 데 성공하였다. 특히 가시적 성과로는 2011년 UNWTO 총회 유치(2009.10.), 의료관광 활성화 법적 근거 마련(2009.3.), MICE·의료·쇼핑 등 고부가가치 관광여건을 개선한 것 등이다.

2010년도는 환율하락, 신종플루 및 구제역 발생, 경기침체 지속이라는 대내외적인 위협요인을 극복하고 관광산업의 장기적인 경쟁력 확보에 주력하였다.

또한 2010~2012 한국방문의 해를 계기로 국격 제고와 관광 목적지로서의 매력도 향상을 위한 지역 맞춤형 마케팅을 전개하였고, MICE, 의료관광, 공연관광 등 고부가가치 관광산업을 육성하는 등 외래관광객 유치 마케팅을 강화하였다. 그리고 외래관광객 수용태세 개선을 위해 환대서비스 제고, 안전한국 캠페인 실시, 관광안내 서비스 품질 확보 등을 추진하였고, 관광숙박시설 확충 대책, 쇼핑관광 활성화 방안 등을 마련하였다.

여기서 주목할 것은 2012년에 한국을 방문한 외국인 관광객이 1,114만명을 기록하면서 드디어 외래관광객 1,000만명 시대가 개막되었다. 외래관광객 1,000만명 달성은 우리나라가 세계 관광대국으로 진입하고 있음을 알리는 쾌거인 동시에, 우리나라 관광산업이 이제 양적 성장만이 아니라 질적 성장까지도 함께 이룩해야 한다는 과제를 안겨주었다.

2013년에 들어와서는 외래관광객 1,200만명을 돌파하여 역대 최대 규모를 기록하였으며, 2014년에는 전년 대비 16.6% 증가한 1,420만명의 외래관광객이 한국을 방문하여 또다시 역대 최대 규모를 기록하였다. 외래관광객 1,400만명 돌파라는 성과는 더욱 수준 높은 서비스를 제공하기 위해 힘써온 관광업계의 노력과 관광분야를 5대 유망 서비스산업으로 선정하여 집중적으로 육성해온 정부의 지원이 어울어진 결과라 할 수 있다.

이에 문화체육관광부를 비롯한 관광관련 단체들은 외래관광객 2천만명 시대를 앞당기기 위해 이에 걸맞은 관광수용태세를 완비하고, 국민의 삶의 질을 높일 수 있는 여건을 조성하기 위해 다양한 정책과 사업을 추진하고 있다.

표 2-2 8·15 광복 이후 우리나라의 주요 관광사

연 대	연 도	주요내용
1940년대	1945	미군정청에 육운국(陸運局) 발족
1950년대	1950	국내알선업체(서울교통공사) 설립
	1953	PATA 설립
	1954	교통부 육운국에 관광과 설치
	1957	교통부 국제관설 관광기구(IUOTO : 당시 WTO, 현 UNWTO) 가입
1960년대	1961	「관광사업진흥법」 제정·공포
	1962	국제관광공사 창립, 통역안내원자격시험 실시
	1963	교통부 관광과가 관광국으로 승격
	1965	제14차 PATA 총회, '관광정책심의위원회 규정' 공포
	1967	국내 최초로 '지리산'을 국립공원으로 지정
1970년대	1970	경부고속도로 개통
	1972	「관광진흥개발기금법」 제정, 「국토이용관리법」 제정
	1975	「관광단지개발촉진법」 제정·공포
	1975	「관광기본법」 제정·공포, '국민관광'이란 용어의 공식화 교통부 WTO(세계관광기구) 가입

연 대	연 도	주요내용
1970년대	1975	「관광사업법」 제정·공포
	1978	'관광호텔등급심사제' 도입, 외래관광객 100만명 돌파
	1979	제28차 PATA 총회, 경주 보문관광단지 개장
	1979	'한국관광진흥 장기종합계획' 보고서 발간
1980년대	1980	제주도를 입국사증(VISA) 면제지역으로 지정
	1982	국제관광공사를 한국관광공사로 명칭 변경
	1983	ASTA총회 개최
	1986	'86 아시안게임 개최, 「관광진흥법」 제정·공포
	1988	'88 서울올림픽 개최, 외래관광객 200만명 돌파
	1989	국민해외여행 전면자유화
1990년대	1990	관광권역개발을 5대 관광권 24개소권으로 확정
	1991	여행업 해외시장 개방, 외래관광객 300만명 돌파
	1993	대전엑스포 개최
	1994	'한국방문의 해(Visit Korea)' 선포
	1998	외래관광객 400만명 돌파
	1999	'관광비전 21' 확정, '7대문화관광권'개발사업 추진
2000년대	2000	외래관광객 500만명 돌파
	2001	'한국방문의 해(Visit Korea)' 선포
	2002	한·일 월드컵 축구대회, 부산 아시안게임 '제2차 관광개발기본계획' 수립(16개 시·도관광권역)
	2003	금강산 육로관광 개시, 대구 유니버시아드 대회
	2004	'관광진흥5개년계획' 수립, 주5일근무제 실시, 제53차PATA 총회
	2005	외래관광객 600만명 돌파
	2006	내나라여행함께가꾸기 사업을 추진
	2007	관광브랜드 'Korea, Sparkling' 선포, 개성관광 시행
	2008	국제경쟁력강화를 위한 '관광산업 선진화 원년' 선포
	2009	외래관광객 700만명 돌파
	2010	G20서울 정상회의 개최, 한국방문의 해(2010~2012)
	2011	관광인프라 활동을 위한 제도개선과 규제개혁으로 선진형 관광산업 도약 기반 마련
	2012	외래관광객 1,000만명 시대 개막으로 세계관광 대국 진입 쾌거
	2013	외래관광객 1,200만명 돌파 역대 최대규모 기록
	2014	외래관광객 1,400만명 돌파로 역대 최대규모 기록 갱신

참고문헌

김사헌, 관광경제학, 백산출판사, 2012.

강덕윤 외, 현대관광학개론, 백산출판사, 2012.

김용상 외 7인, 관광학, 백산출판사, 2013.

김종은 외 3인, 현대관광현상의 이해, 삼광출판사, 2000.

문화체육관광부, 관광동향에 관한 연차보고서, 2005~2015.

윤대순, 관광경영학원론, 백산출판사, 2005.

위정주 외, 최신관광학의 이해, 백산출판사, 2014.

최기종, 관광학개론, 백산출판사, 2014.

長谷政弘, (社)韓國國際觀光開發研究員 譯, 관광학사전, 백산출판사, 2000.

稲垣勉, 觀光産業の知識, 1981.

日本交通公社, 餘暇社會の旅, 1974.

鹽田正志, 觀光學研究 I, 學術選書, 1974

鈴木忠義, 現代觀光論, 有斐閣雙書, 1984.

3 관광학의 연구

3 CHAPTER 관광학의 연구

관광학은 관광현상을 연구대상으로 하는 학문으로, 관광현상에 대한 연구는 1899년 이탈리아의 보디오(Bodio)가 「이탈리아에 있어서 외래객의 이동 및 소비액에 관하여(Sul movimento de forestieri in Italiae sul denaro che vispendono)」라는 논문에서부터 단편적인 연구가 시작되었고, 그 후 역시 이탈리아의 마리오티(Mariotti)가 「관광경제학 강의(Lezioni di economia turistica, 1927, 관광흡인중심지의 이론과 관광균형의 이론이 중심)」란 저서를 내놓으면서 체계적으로 연구가 이루어지게 되는데, 현대사회로 들어서면서 인간의 욕구가 보다 확대되고 가치관이 변하면서 여행에 대한 호기심이 증대되자 관광현상 역시 확대일로에 있다.

제1절 관광학 연구의 발전

산업화 이후 노동시간의 감소, 여가시간의 증대, 경제발전에 따른 개인 가처분소득의 증대, 가치관의 변화 등으로 인하여 관광현상이 인간의 중요한 사회현상의 하나로 정착되었다.

또한 각국마다 관광의 여러 효과에 기초해 관광진흥에 많은 노력을 기울이게 되자 관광현상을 규명하려는 관광학이 하나의 새로운 학문으로 등장하였고, 또한 많은 학자들에 의하여 연구되어지면서 관광학에 대한 학문적 발전이 이루어지고 있다.

관광이라는 사회현상의 체계적 연구로서 스위스의 훈지커(Hunziker)는 관광연구의 명칭을 '관광론'(Fremdenverkehrslehre)－'과학적 관광론'(Wissenschaftliche Fremdenverkehrslehre)－'관광학'(Fremdenverkehrs-wissenschaft) 등으로 변천시켜 왔는데, 관광학은 보통 "관광의 기초, 원인, 수단, 영향 등을 광범위하게 걸쳐 연구하는 사회과학" 또는 "일상 거주지를 떠나있는 인간, 인구의 욕구에 대응하는 산업, 인간과 산업이 관광대상지의 사회문화적·경제적·물리적 환경에 미치는 영향에 대한 연구"로 정의된다.

관광학의 연구대상도 과거 관광의 경제적 현상에 대한 연구뿐만 아니라 사회적·심리적·지리적·문화적·환경적 현상에 대한 연구 등에 이르기까지 그 범위가 확대되어 종합과학으로서의 위치를 굳혀가고 있다.

관광현상은 그 범위가 매우 광범위하므로 관광연구 또한 다양한 분야에 걸쳐 수행될 필요가 있다. 따라서 관광학은 이제 경제학, 경영학, 사회학, 심리학, 지리학 등 주변 학문의 응용분야로서 연구가 아니라, 각 개별 학문이 모두 관광현상을 규명하는데 포괄적으로 이용되고 있다.

특히 자파리(Jafari)와 리치(Ritchie), 그리고 매킨토시(McIntosh)도 관광학의 연구영역에 있어서 사회학, 경제학, 심리학, 지리학 그리고 인류학 등 5대 사회과학이 주요 학문적 분야임을 주장하고 있다, 물론 그밖에도 생태학, 교육학, 정치학 등이 관광학의 이론적 기반에 기여하고 있는 것이다.

1. 초기의 관광학

관광학은 제1차 세계대전 이후 관광객의 소비지출에서 산출되는 경제적 가치에 커다란 의미가 부여되면서 유럽 각국이 국가경제적 측면에서 관광을 정책적으로 육성하게 되는 시대적 배경을 바탕으로 관광학의 연구는 경제학적 측면에서의 접근이 이루어졌다.

일반적으로 최초의 관광학 연구는 이탈리아 보디오(Bodio)가 관광통계를 다룬 「이탈리아에 있어서 외래객 이동 및 그 소비액에 대하여(1899)」라는 논문과 니체훼로(Nicefero)의 논문 「이탈리아에서의 외국인 이동(1923)」, 그리고 마리오티(Mariotti)의 「관광경제학

강의(1927)」, 독일 보르만(Bormann)의 「관광학개론(1931)」, 그뤽스만(Glücksmann)의 「일반관광론(1935)」 등의 저서들이 초기 관광학의 연구물들이다.

2. 20세기 중엽의 관광학

제2차 세계대전 이후의 관광현상은 경제적인 측면보다 경제외적 측면의 영향을 더 많이 받고 있으므로 경제적 이념과 분석방법만으로는 더 이상 관광현상을 설명하거나 이해할 수 없는 다양하고 다면적인 속성을 가지는 것으로 인식되기 시작하였다.

베르네커(Berenecker)는 그의 「관광연구(1962)」에서 관광학을 개별과학에 기초를 두지 않고 종합학문으로서 체계화를 시도하였고, 일본의 시오다 세이지(鹽田正志)는 그의 「관광학 연구(1974)」에서 관광학은 일반사회학으로서의 접근과 응용사회학으로서의 접근을 병행해서 연구하는 것이 바람직하다고 주장하였다.

따라서 관광학의 연구는 경제적 접근이라는 개별학문적 측면에서 여러 학문이 종합된 종합사회과학적 측면에서의 접근이 이루어지기 시작하였다.

3. 20세기 후반의 관광학

현대관광의 현상은 국제관광객의 꾸준한 증가와 아울러 세계 각 나라마다 관광이 국민생활의 중요한 활동이 되고 있다. 또한 관광에 의한 파급효과가 다양해짐에 따라 종전의 관광경제적 효과에 대한 연구의 중요성과 함께 대량관광으로 인하여 발생되는 사회적·문화적인 영향과 더불어 개발에 따른 환경의 변화에 대한 관심이 고조되었다.

따라서 종래의 관광학을 단일학문적 차원에서 접근해 오던 관행에서 벗어나 학제적인 접근방법이 등장하여 바야흐로 관광학은 경제학·사회학·심리학·경영학·문화인류학·정치학·생태학 등의 종합과학으로서의 면모를 갖추게 되었고, 이러한 연구경향은 21세기까지 지속될 것으로 예상된다.

제2절 관광학 연구의 개념적 틀

1. 관광객을 중심으로 한 관점

초기 관광학에서 관광현상을 이해하던 주도적 관점으로서 베르네커(Bernecker)가 관광을 주체(관광욕구의 형성과 동기)와 객체(관광지)로 대별한 연구를 수행했는데, 여기에 관광개념 모형의 완성 측면에서 관광정보의 역할을 매체로 추가하면서 관광구조는 일반화되었다.

그림 3-1 베르네커의 연구

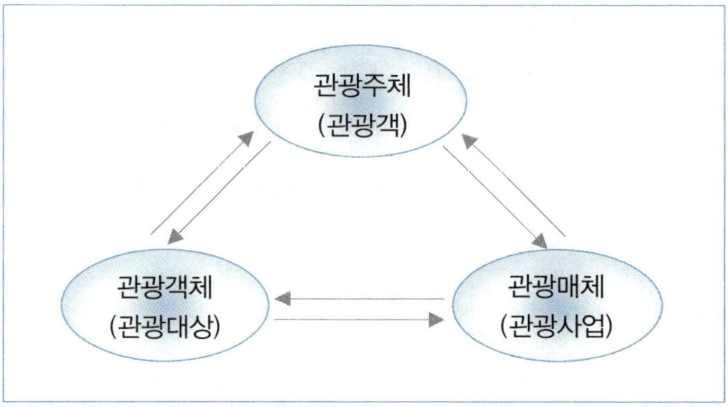

※ 자료 : Bernecker. P, Grundlagenlehre des Fremdenverkehr, 1962.

베르네커는 관광시스템의 중심을 관광주체론으로 보고 "관광의 주체는 인간이다. 인간이 관광의 욕구와 소망, 기대와 생각에 따라 관광객으로 참여하면서 관광이라는 총체적인 경제현상의 중심에 있게 된다"라고 주장하였다.

이러한 개념체계에서의 관광의 주체는 관광객으로서 관광현상에 있어서 가장 기초적인 위치에 있으며, 사회문화·경제적 배경에 영향을 받으며, 관광객 개인의 심리적 요인(욕구와 동기)에 따라 행동하게 된다.

관광객체는 관광객의 관광대상으로 자연, 풍습, 인정, 문화, 사적을 들고 있으며, 관광객의 욕구충족과 만족의 대상으로 관광자원과 시설로 구분될 수 있으며, 매력성 내지 유인력과 밀접한 관계가 있다.

관광매체는 관광의 주체와 객체를 결부 내지는 중계하는 역할을 가지고 있으며, 숙박시설 또는 식당과 같은 시간적 매체, 교통수단·도로·교통시설과 같은 공간적 매체, 그리고 관광안내·선전·홍보·여행사 등과 같은 기능적 매체로 구분하고 있다.

2. 관광계획을 중심으로 한 관점

특정 지역의 관광지 개발계획을 수립할 경우, 일반적으로 건(Gunn)의 개념체계를 그 원형으로 삼고 있다.

그림 3-2 건의 연구

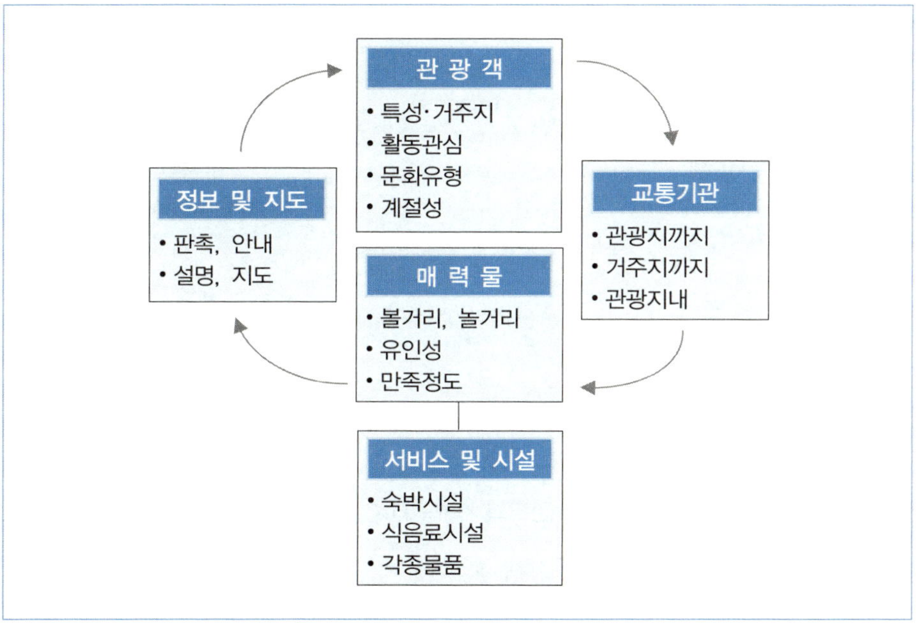

※ 자료 : Gunn. C. A, Vacationscope: Designing Tourist Regions, University of Texas, 1972.

건은 관광현상을 기능적 체계로 인식하고 체계의 구성요소로서 관광객, 교통기관, 매력물, 서비스 및 시설, 정보 및 지도라는 5가지 요인을 제시하고 있다. 특히 관광현상에 가장 큰 영향을 주는 요소로서 정부나 기업 등을 제시하고, 이들의 역할에 대해서 충분히 설명하고 있으나, 이들을 통해 발생하는 정치, 사회, 경제, 문화적 측면 등에 관한 상호관계는 간과하고 있는 것으로 보여진다. 즉 이러한 체계는 관광지 계획을 염두에 두고 개발되었다는 점에서 이해될 수 있다.

3. 관광산업의 경영을 중심으로 한 관점

관광현상을 관광시장, 관광목적지, 여행, 마케팅 등 4가지 요소로 구분한 체계로 밀과 모리슨(Mill & Morrison)에 의해 제안되었다.

그림 3-3 밀과 모리슨의 연구

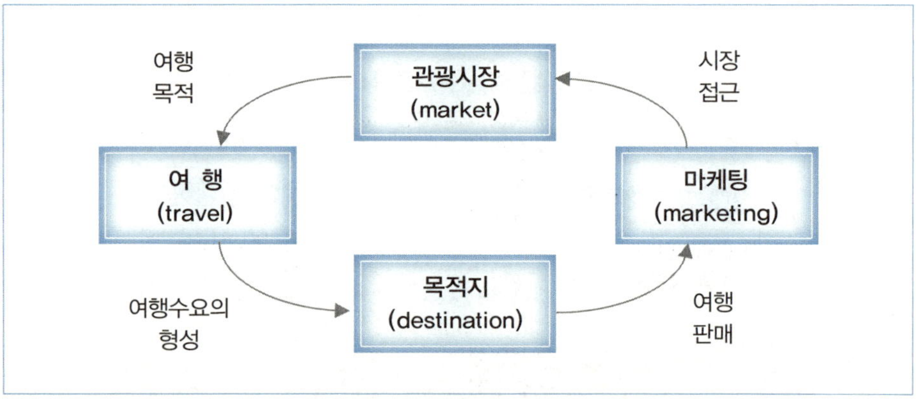

※ 자료 : Mill. R. C & Morrison. A. M, The Tourism System, 1985.

밀과 모리슨에 의해 제안된 체계의 특징은 시장분석, 시장세분화, 표적시장의 선정, 마케팅목표의 결정, 상품개발, 유통정책, 가격정책, 판촉전략의 구상 등 마케팅의 제 단계에 적정하게 이용할 수 있도록 현상을 모형화하였다.

또한 관광정책 및 관광행정을 목적지 요소에 포함시킴으로써 정책적 관점에서의 관광현상을 개념화하였다.

4. 지리적 영역을 중심으로 한 관점

레이퍼(Leiper)에 의해 제안된 모형으로서 기본적 체계는 관광배출지와 관광목적지의 양축을 중심으로 하고 있다. 관광요소 측면에서 양자의 입장은 레이퍼의 경우 관광배출지, 관광목적지, 관광객, 경유, 루트, 관광사업 등 5가지로 구분하는 동시에 이들 요소간 연계성을 인정하고 광역적 환경으로부터 물리, 사회, 경제, 정치, 기술부문 등의 영향을 비중있게 보고 있다.

그림 3-4 레이퍼의 연구

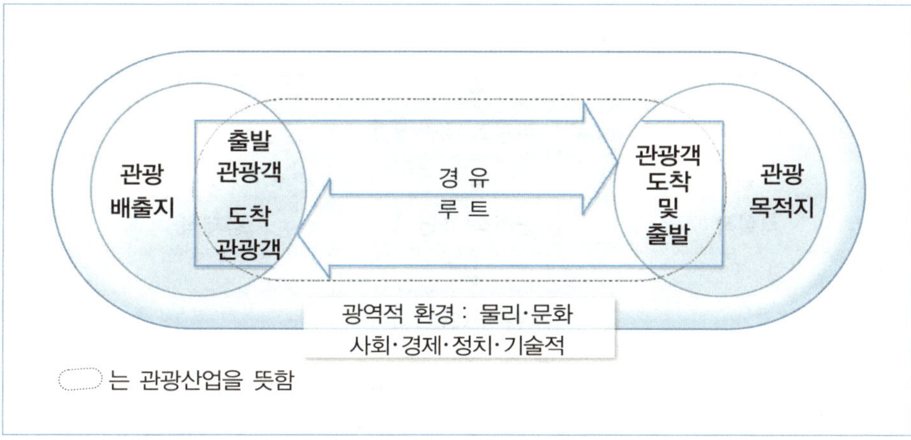

※ 자료 : Leiper.N, "The Framework of Tourism", Annals of Tourism Research, 6(4), 1979.

5. 구성요인을 중심으로 한 관점

매티슨과 월(Mathieson & Wall)은 관광현상의 개념적 틀을 동태적 요소·정태적 요소·결과적 요소 등으로 구분하고 있으며, 이 세 가지 요소들은 독립적으로 작용하는 것이 아니라 상호관련성을 가지고 하나의 시스템으로 이루어지는 하위시스템을 갖는다고 하였다.

그림 3-5 매티슨과 월의 연구

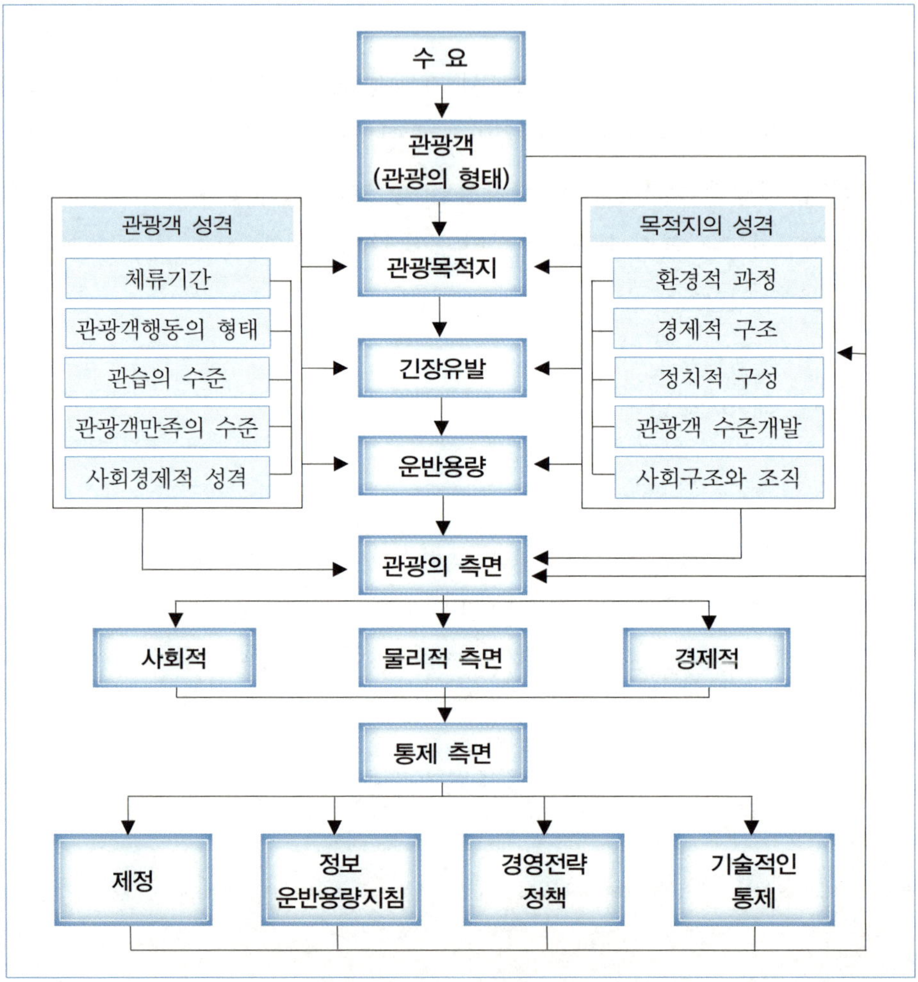

※ 자료 : Mathieson. A & Wall. G, Tourism; Economic, Physical and Social Impact, 1982.

동태적 요소는 관광목적지를 선정하는 의사결정과 관련된 관광객 특성으로 체류기간, 활동유형, 이용수준, 만족수준, 사회·경제적 특성 등을 들고 있다.

정태적 요소는 관광객이 목적지에서의 체류하는 것과 관련된 것으로 관광목적지의 환경변화, 경제구조, 정치조직, 관광개발수준, 사회구조와 조직 등이다.

그리고 결과적 요소는 관광으로 인해 직·간접적으로 영향을 받는 경제적·물리적·사회적인 효과와 더불어 사회의 하부시스템들이 받게 되는 결과라 할 수 있다.

제3절 관광학의 접근방법

관광현상은 범위가 매우 광범위하고, 복잡하며, 다양한 속성을 지니고 있으므로 관광현상을 정확하게 규명하고 이해하기 위해서는 많은 학문 간의 학제적 연구가 필요하다. 따라서 관광학 연구를 위해서는 어느 특정분야에 대한 학문적 접근이 필요하며, 또한 다양한 학문이 복합된 학제적 연구가 강조된다. 즉 개별과학의 응용분야인 단일학문체계로서의 관광학과 종합사회과학으로서의 관광학이다.

그러나 각 개별학문에 의한 단일학문체계의 장점을 살리고 관광의 광범위성과 복합성으로 인하여 제기된 문제점을 해결하기 위해서는 많은 학문 간의 학제적 연구가 필요하다. 따라서 관광학 연구를 위해서는 어느 특정분야의 학문적 접근이 필요한 것이 아니라 학제적 연구(interdisciplinary research)의 필요성이 강조되는 것이다.

1. 학문적 접근방식

다음은 미스(Meeth)가 학문적인 통합 정도에 따라 설명한 종합과학으로서의 학문적 연계방법을 제시한 것이다. 우리는 그의 제시를 통해 종합사회과학으로서 관광학이 성립됨에 있어서 학문적 연계방법이 어떻게 이루어지는가를 알 수 있다.

1) 교차학문적 접근방식(Cross-disciplinary Studies)

이는 어느 특정한 학문분야의 시각에서 어떤 사상이나 연구대상 학문을 관찰하는 접근방식이다. 이 방식은 두 학문을 상호 연계시켜 관찰하면서도 모(母)학문의 근간은 분명히 그대로 유지하는 특성을 가진다. 인구경제학, 법사회학, 사회심리학 등이 이런 분류방식에 속한다.

2) 다학문적 접근방식(Multi-disciplinary Studies)

어떤 연구대상을 놓고 여러 학문분야를 도입·적용하여 규명하고자 하는 방식으로 이 방식의 특징은 각 기초학문 간의 주체성 내지는 각 사상을 그대로 유지하면서 각 학문별로 그 분야의 지식만큼 기여하는 방식이다. 이 방식 하에서는 받아들이는 피교육자 스스로가 통합하여 소화하고 체계화하여야 한다.

3) 간학문적 접근방식(Inter-disciplinary Studies)

앞의 다학문적 연구방식이 각 학문의 독립성을 계속 유지하면서 필요한 지식을 대상 문제 해결을 위해 제공하는 것이라면 이 방식은 각 학문의 개념과 사상을 통합해 버렸기에 인접 학문의 독립성을 거의 찾아 볼 수 없는 성격을 지닌다.

그러므로 이 경우에 있어서는 피교육자가 주어진 지식을 다학문적 연구방식에서와 같이 스스로 통합해야 할 어려움은 없다. 왜냐하면 이미 지식 또는 교육 자체가 통합되어 제공되고 있기 때문이다. 그러나 이러한 지식을 통합하여 전수시킬 책임은 오로지 교육자에게 있기 때문에 교육자는 자신의 노력을 더하여야 한다.

4) 범학문적 접근방식(Trans-disciplinary Studies)

이 방식은 위의 어떤 방식보다도 강도로 볼 때 최고도로 통합된 방식으로서 문자 그대로 각 학문의 영역을 초월한 방식이다. 전술한 3번째 연구방식은 출발 자체가 학문적 사상으로부터 출발한 것인데 반해, 이 방식은 문제나 쟁점으로부터 출발하여 주어진 문제의 해결과정에 수용하는 방식이다. 에너지 연구, 교통학, 환경학, 조경학 등이 여기에 속한다.

매킨토시(McIntosh) 등은 관광학을 연구하기 위한 접근방법으로 제도적 접근방법, 관광상품적 접근방법, 역사적 접근방법, 경영적 접근방법, 경제적 접근방법, 사회학적 접근방법, 지리적 접근방법, 다학문적 접근방법, 시스템적 접근방법을 제시하고 있다.

2. 관광학 연구방법

1) 개별과학을 응용한 관광학

이 학문체계는 문제의식과 인식대상 및 방법론에서 기존학문의 틀을 그대로 도입, 응용하는 것을 말한다.

이러한 연구방법은 관광학에 관한 초기단계의 연구에서 나타난 것으로 마리오티(Mariotti) 등에 의해 사용된 연구방법으로 보르만(Bormann)이 대표적인 학자이다. 또한 [그림 3-6]에서 보듯이 시오다 세이지(鹽田正志)는 이러한 연구방법을 아래로부터의 관광학(하위개념의 관광학)이라고 하였다. 개별과학으로서의 관광학을 연구하기 위한 학문적 접근에 있어서 대표적인 학문으로는 경제학, 경영학, 사회학, 지리학, 인류학, 그리고 심리학이며, 이들 학문의 문제의식과 인식대상 및 발달된 연구방법 등이 관광학의 이론 형성에 근간이 되고 있다.

이러한 접근방식은 각각의 인접과학에 그 뿌리를 두고 있으므로 학문적으로 매우 세련되나 필요한 지식 자체가 산발적으로 이용되기 때문에 이용된 이론들이 마치 실에 구슬을 꿰듯 상호연결의 체계성을 확립하는 문제에 그 약점이 있다. 이러한 약점을 일컬어 마치 "나무를 보고서도 숲 전체를 보지 못한다"라는 말로 표현할 수 있다. 실제로 지금까지 관광학에 대한 연구는 종종 특정 학문분야를 지나치게 강조하기도 하고 과소평가하기도 하였다. 그러므로 관광의 본질적인 문제를 편향되게 볼 가능성이 커질 뿐만 아니라 하나의 독립적인 학문으로 발전시키는데 무리가 따른다.

2) 종합사회과학으로서의 관광학

1935년 그뤽스만(Glücksmann)이 관광을 지역주민과 관광객 간의 제관계의 총화라고 규정하면서 이제까지와는 전혀 다르게 종합적 측면에서 관광을 보는 연구방법을 제시했다.

이러한 연구방법은 시오다 세이지(鹽田正志)의 관광학 체계에서 위로부터의 관광학(상위개념의 관광학)이라는 개념과 일치한다고 하겠다. 즉 인접학문들을 종합적으로 응용하여 관광학의 이론을 정립한 것으로서, 이 접근방식은 인접학문들을 근간으로 하여 관광과 관련한 문제를 종합학문 내지는 범학문 지향적 접근에 의해 관광학을 하나의 독립적인 학문으로 정립하여 놓은 것이다. 그러나 이러한 접근방식의 문제점은 지식의 축적과 더불어 마치 숲 전체의 모습을 포착할 수는 있으나, 관광학으로서의 이론이 성립되기는 어려워 진정한 학문으로서의 관광학이라고 보기는 어렵다. 따라서 관광학이라는 명칭은 단지 편의적인 것에 지나지 않는다. 이는 특히 응용되는 각 학문분야의 제 법칙을 동일한 차원에서 파악할 수 없기 때문이다. 예를 들어 자연과학과 수학에서 같이 엄밀한 법칙이 적용되는 사회과학을 관광학과 동일하게 볼 수 없는 문제로 이는 사회과학의 법칙과 윤리학과 같은 정신과학의 법칙을 동일시 할 수 없는 것과 같다.

그러므로 이와 같은 방법은 전체로서의 관광학을 파악하는 데에는 유익할 수 있겠으나, 각각의 관광현상을 면밀히 탐구하지 못함으로써 지식의 깊이가 결여될 가능성이 크다고 할 수 있다.

그림 3-6 시오다 세이지의 관광학 체계

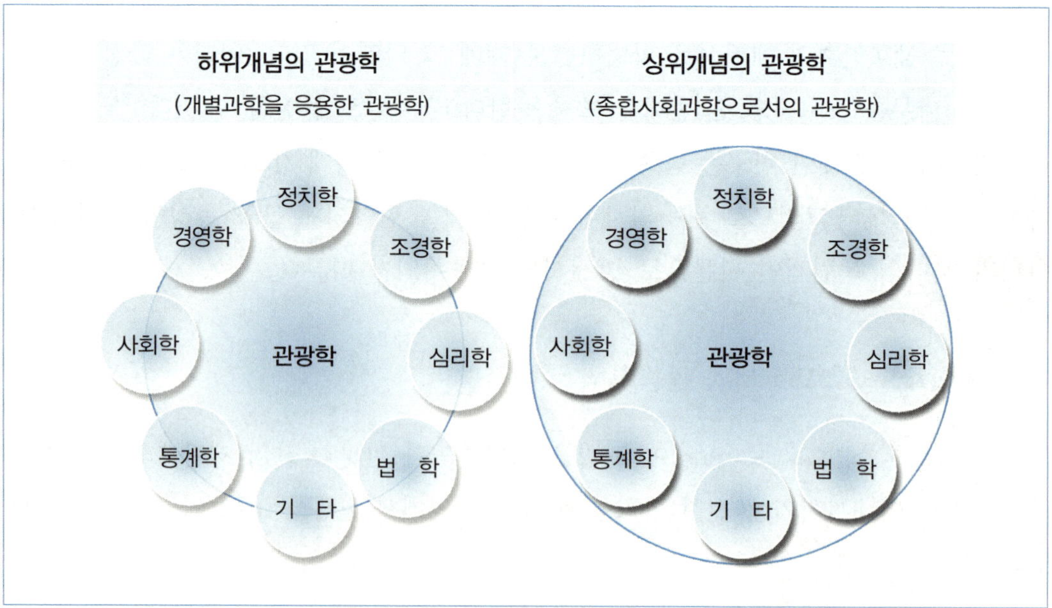

※ 자료 : 鹽田正志, 觀光學硏究 日本學術叢書, 1974.

제4절 관광과 관련된 제 학문

관광이라는 현상의 인간의 심리적 요인, 사회적 요인, 경제적 요인, 문화적 요인, 환경적 요인 등의 다양한 요인들과 상호영향을 주고받아 발생하는 것으로, 매우 복잡한 현상이라 할 수 있다. 그러므로 관광현상을 제대로 이해하기 위하여 여러 학문들과의 관련성을 가지게 된다. 관광과 관련된 학문으로는 심리학, 인류학, 사회학, 교육학, 법학, 행정학, 정책학, 지리학, 지역학, 생태학, 경제학, 경영학, 교통학, 조경학, 농학 등이 있다. 본서에서는 사회학, 심리학, 지리학, 인류학, 경제학, 경영학, 생태학에 관하여 설명하고자 한다.

1. 사회학(Sociology)

사회학은 조직화된 인간의 공동체적인 행동, 사회구조적인 상호작용, 그리고 그것의 변화에 관한 조직적인 연구라고 할 수 있다. 사회적 환경의 변화속도는 비교적 완만하나, 반면에 그것의 영향에 대한 범위는 매우 넓기 때문에 사회적 환경변화에 대한 적절한 인간의 대응은 관광사회에 긍정적인 영향을 미치지만 부적절한 대응은 부정적인 영향을 미칠 수 있다.

사회구조(인구수, 연령 및 성별의 분포, 가족의 규모, 지리적 인구분포 등)의 특성은 시간이 지남에 따라 변하게 되며 그것이 관광발생에 영향을 미치게 되는 것이다.

또한 하나의 사회는 또 다른 특징적인 하위사회들로 구성되고, 하위사회는 각각의 하위문화를 형성하여 이들 집단의 구성원들이 공유하는 가치관을 지니며 하위문화 속에 공유하는 가치관은 관광행태에 영향을 미치게 된다.

특히 관광현상이 복잡 다양해지고, 여가시간의 증대는 사회학적 측면에서 관광현상을 이해하려는 것이 오히려 당연한 일이라 하겠다.

관광학의 사회학적 연구는 1960년 독일의 크네벨(Kenebel)의 「근대관광에 있어서의 사회적 구조변화」와 독일의 페셜(Pöschl, 1962)이 발표한 「관광과 관광정책」에서 초기 연구를 찾아 볼 수 있다.

그림 3-7 관광학 연구의 관련학문

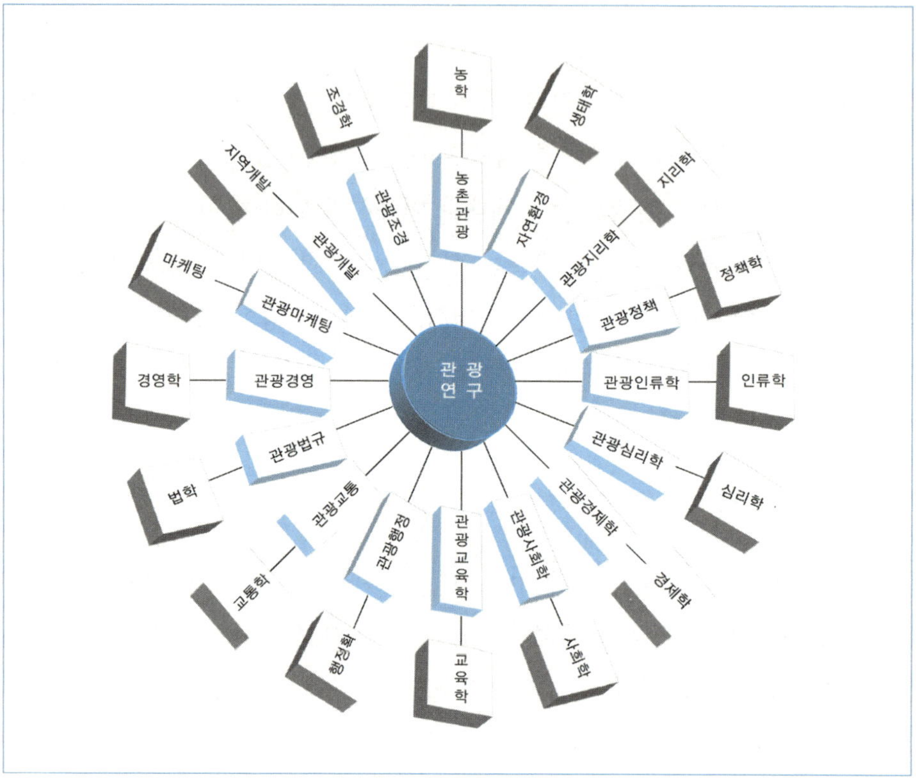

※ 자료 : Jafari. J & Ritchi. J. B. R, Toward a Framework for Tourism Education : Problem and Prospects, Annals of Tourism Research, Vol. 8, 1981.

2. 심리학(Psychology)

심리학은 개인이나 집단의 행동에 바탕이 되는 욕구와 실제 행동으로 표출되는 과정에서 학습, 지각, 태도 등 심리적 작용의 과정을 규명하려는 학문이다.

관광객행동에는 반드시 관광동기가 있고 또 그 행동의 양면에는 행위자의 태도, 기대. 열망, 가치, 욕구, 경험 등이 있다. 특히 태도·신념·의도는 관광객의 의사결정에 따라 달라질 수 있으며, 추구하는 방향도 다르게 나타날 수 있다.

관광객행동 연구에서 나타날 수 있는 변수는 많이 있으나 관광객 자신이 결정할 수 있는 것은 개인적·심리적 요인에 국한되며, 관광객행동은 항상 어떤 욕구와 욕망의 충족을 목적으로 전개된다. 그렇기 때문에 심리학적 접근에서는 관광객들이 표출하는 신체적 활동과 관광의사결정 과정에 작용하는 내면적 이유들을 이론적으로 설명하여 주고 있다. 그러므로 관광객들에 대한 심리학적 연구는 소비적인 관광객의 행동이유를 설명하는 데 있어서 우리에게 많은 통찰력을 제시하여 주고 있다. 특히 제품, 광고, 매체에 대한 외적 자극이 실질적으로 큰 차이를 보이지 못하는 상황에서 관광객의 실제행동이 매우 다르게 나타나는 것을 상당부분 설명할 수 있다.

3. 지리학(Geography)

지리학이란 장소와 환경, 그리고 이들 상호간의 관계를 주 연구대상으로 삼는 학문이다.

관광을 연구함에 있어서 지리학자들은 자신들의 학문적 관점에서 여타 학문의 연구자들보다 특히 관광이 지역적·공간적 불균형을 초래하는 이유를 설명하여 왔다.

지리학적 측면에서 환경은 목적지의 경관, 기후 등의 자연적 환경뿐만 아니라 정치, 문화 등 사회적 환경 등이 포함되며, 관광과 환경과의 관계에 있어서 관광지의 수용력 또는 관광지의 특성에 따라서 관광활동의 유형 및 패턴이 다를 수 있다.

특히 경제지리학의 부문에서의 성과는 관광입지론에서 찾아볼 수 있다. 그 중에서도 프랑스의 드페르(Defert, 1966)의 「관광입지론」과 독일의 도트(Todt, 1965)의 「여행목적지의 공간적 질서에 대하여」는 모두 초기의 실증적인 연구로서 주목할 만한 것이다.

한편, 지리학에서의 중력모델은 관광목적지까지의 공간적 이동거리가 관광효용을 체감시키는 요인으로 작용하지만 일정한 이동거리의 범위 내에서는 그것이 무차별하다고 보고 있다. 그러므로 일정한 범위를 벗어난 공간적 이동거리는 그것이 멀수록 관광을 제약하는 요인으로 작용하게 된다. 아울러 관광지의 공간적 규모와 매력도는 관광유발요인이 되며 관광지와 인접한 도시의 인구수는 관광수요의 원천이 된다.

4. 인류학(Anthropology)

인류학은 인간의 언어, 사회구조, 신앙, 풍속, 품성 등 인간사회의 지리·역사적 현상을 관찰대상으로 다루는 학문으로서 사회과학 중 가장 포괄적인 학문 중의 하나이다.

인류학적인 접근에서는 주로 관광으로 인하여 이를 수용하는 지역사회에서 미치게 되는 영향과 그리고 관광을 수용하는 지역사회에 의해서 관광객들이 받는 영향에 관한 연구와 관계되며 이는 관광학에 있어서 많은 시사점들을 제공하여 준다. 가령, 관광으로 인한 문화충격, 고정관념의 형성, 그리고 문화적 교류 등과 같은 주제에 대한 설명에 있어서 인류학적 접근은 관광학의 발전에 커다란 기여를 할 수 있는 것이다.

5. 경제학(Economics)

관광은 인간의 소비활동의 한 부문으로, 관광객의 관광행동은 '가치의 효용이론(utility theory of value)'에 근거하여 합리적, 의식적, 경제적 이해의 결과로 보는 것이다.

관광객의 소비지출에서 산출되는 경제적 가치에 커다란 의미를 부여하여 많은 국가들은 자국의 경제부흥을 위한 수단으로 국제관광객들의 유입에 다각적인 노력을 기울이기 위하여 국가전략산업으로 육성하고 있는데, 이는 외화획득원으로서 관광이 가지고 있는 잠재력을 높이 평가하기 때문이다.

관광의 경제적 효과는 여러 경제학자들에 의해 이미 축적된 경제이론들을 기초로 연구되고 있으며, 이제까지 많은 연구에서 관광이 경제적으로 외화획득, 고용창출, 지역간의 경제적 격차를 극소화하는 데 크게 기여하고 있음을 제시하고 있다. 경제학의 이론들을 토대로 이루어진 관광의 효과에 대한 분석의 주류들로는 무역수지의 효과, 승수효과, 고용창출효과 등을 들 수 있다.

특히 경제적 여러 요인들은 개인의 관광활동을 조장하거나 억제하는 요인으로 작용하지만, 관광연구에 대한 경제학적 접근은 관광수요 및 공급, 관광소비의 지출 등을 설명함에 있어서 매우 유효한 접근학문이 되고 있다.

6. 경영학(Management)

관광에서 경영학은 관광기업체를 운영하는데 필요한 계획, 조사, 가격결정, 광고, 통제 등과 같은 경영활동에 초점을 두어 관광학을 이해하려는 연구방법이다.

경영연구에서는 세 가지 접근법, 즉 ① 고전적 접근법, ② 행동론적 접근법, ③ 경영과학적 접근법이 확립되어 있다. 고전적 접근법에서는 주로 일, 작업, 작업방법에 대한 계획·조직·통제 등의 중요 경영관리과정 등에 초점을 둔다. 행동론적 접근의 초점은 노동과 소비에서 나타나는 인간행동에 대한 문제를 관리하는 관리자를 돕는 데 초점을 두고 있다. 경영과학적 접근법은 수많은 수학적·통계적 수단을 이용하여 효율적 방법으로 간결하게 문제를 해결하고, 이러한 수단을 통해 개발된 해결책을 실제적인 경영해결책으로 전환시키는데 초점으로 두고 있다.

관광분야에 있어서 관광사업의 영역이 점점 넓어지고 기업의 규모가 커짐에 따라 경영학적 접근의 비중의 더욱 증대되고 있다.

7. 생태학(Ecology)

생태학이란 각 식물군이나 동물군 혹은 그들과 환경 간의 관계에 대해 생물학적으로 연구하는 학문이다. 문화생태학은 인간과 그들의 환경을 다룬다. 관광객, 지역사회, 경영관리자, 개발자, 정책입안자들 상호간의 관계 및 특히 그들과 환경 간의 관계는 생태관광학뿐만 아니라 지속가능한 개발에 있어 매우 중요한 요소가 된다.

관광에서 생태에 관심을 두게 된 것은 자연환경이 그냥 주어지는 당연하게 공급되는 쾌적한 요소가 아니라 보존·보호하지 않으면 쉽게 파괴되는 중요한 관광대상임을 인식하게 되면서부터이다. 생태에 대한 연구는 관광연구 분야에서 상대적으로 뒤늦게 출발했으며, 예컨대 열대우림, 멸종의 위기에 처한 종들, 습지에 대해 관광과 환경이 상호이익을 도출하는 것이 생태관광에 관한 연구가 된다.

관광과 환경의 연계가 아직까지는 덜 구체적이고 학문적인 분과로서도 확실하게 자리잡고 있지는 못하고 있다 해도 중요한 현안문제를 이해하기 위해서는 앞으로 더욱 필요한 분야가 될 것이 틀림없다.

참고문헌

김용상 외 7인, 관광학, 백산출판사, 2013.

김태영, 현대관광학개론, 백산출판사, 2001.

윤대순, 관광경영학원론, 백산출판사, 2015.

최태광, 관광경영학, 백산출판사, 2000.

鹽田正志, 觀光學硏究 I, 學術選書, 1974.

鈴木忠義, 現代觀光論, 有斐閣雙書, 1984.

Gee. C. Y. & Fayos-Sola. E, International Tourism: A Global Perspective, ILSHIN Publishing Co., 1997.

Jafari. J & Ritchi. J.B.R, Toward a Framework for Tourism Education: Problem and Prospects, Annals of Tourism Research, 1981.

Mathieson. A & Wall. G, Tourism; Economic, Physical and Social Impact, 1982.

Leiper. N, "The Framework of Tourism," Annals of Tourism Research, 1979.

Mill. R.C & Morriosn. A,M, The Tourism System. 1985.

Gunn. C.A, Vacationscope: Designing Tourist Regions, University of Texas, 1972.

관광객과 관광행동 4

제1절 | 관광객의 정의와 유형
제2절 | 관광객행동의 이해
제3절 | 관광객 의사결정과정

4 CHAPTER 관광객과 관광행동

과학기술의 발달로 대량생산과 대량소비에 의한 인간활동은 번영과 행복을 누리고 있지만, 상대적으로 인간의 생활환경이 파괴되는 환경변화를 가져왔고, 이에 따라 인간은 생활환경이 오염되고 파괴되면 될수록 사람들은 반대로 자연을 동경하여 바다나 산을 찾게 된다.

또한 인간생활은 하루하루의 순환이라는 단조로운 반복에서 활동과 휴식, 긴장과 그 해소 등 서로 대응하는 변화로서 성립하고 있다. 따라서 인간은 의식적 혹은 무의식적으로 변화를 추구하려고 한다. 이같은 변화야말로 인간이 인간으로서 존재하기 위한 본질적인 욕구라 할 수 있다. 즉 활력의 유지, 창조성의 개발, 인간과 휴식, 인간성의 회복 등을 통해 인간은 변화욕구를 가지게 되고, 일상생활에서의 그 단조로움과 권태감을 극복하기 위한 변화욕구를 추구하게 된다. 관광은 이러한 이유로 발생하게 된다. 또한 관광은 각종의 여가활동 가운데 변화의 효과가 최고이며 또한 상기된 변화 욕구에 대한 모든 양상을 충족시킬 수 있다.

제1절 관광객의 정의와 유형

1. 관광객의 정의

관광의 구성요소로서 가장 중요한 것은 말할 것도 없이 관광을 하는 사람 그 자체의 존재이다. 관광을 행하는 주체 곧 관광주체를 관광객이라 말한다. 관광객이 관광을 하고 싶어하는 관광욕구와 관광동기로부터 관광은 시작된다. 관광객은 관광의 수요자인 동시에 소비자이며 관광시장을 형성하는 최대의 요소가 된다.

그러나 관광객에 대한 정의는 국내외 관광관련 기구나 단체에서 통계를 수립하기 위한 과정으로 관광객의 범위를 규정하고 있는데, 관광객에 대한 최초의 개념정의는 UN의 국제노동기구(International Labour Organization : ILO)에서 1937년에 개최한 국제회의에서 채택·작성된 보고서에서 "관광객(tourist)이란 24시간이나 또는 그 이상의 기간 동안 거주지가 아닌 다른 나라에 여행을 하는 사람을 의미한다"고 규정하였으며, 이후 국제기구의 실무적 성격 및 각 국가의 정책적 차원에 따라 경제협력개발기구(Organization for Economic Cooperation and Development : OECD)에서는 회원국의 통계방법을 통일하기 위해서 국제 또는 그 일시방문자로 분류하였고, UN에서는 관광의 역할과 중요성을 강조하면서 방문자(visitor), 관광객(tourist), 당일관광객(excursionist)으로 분류하고 있으며, 세계관광기구(United Nations World Tourism Organization : UNWTO)에서는 국제관광객을 국제여행자와 국제방문자와 그 외의 국제여행자로 구분하고 있다.

또한 관광객(tourist)과 여행자(traveler)도 일반적으로 동의어로 사용되고 있으나, 여행자는 순수관광목적 뿐만 아니라 사업상 여행, 회의참석, 스포츠 참관 등의 겸목적 관광의 의미를 포함하는 여행을 말하며, 관광객은 여가시간에 즐거움을 추구하기 위해 관광목적으로만 여행하는 순수여행자로 규정할 수 있으나, 일반적으로 여행자는 관광객이라는 동일한 범주에 속한다고 할 수 있다.

표 4-1 관광객의 개념규정

단 체	규 정
ILO (1937년)	■ **관광객** • 위락목적, 가정상의 이유, 건강상의 이유로 여행하는 자 • 회의참석을 위하여 여행하는 자 • 사업상의 목적으로 여행하는 자 • 해외여행 도중에 기항하는 자(24시간 이내의 체재자 포함) ■ **비관광객** • 직업을 구하거나 사업을 하기 위하여 입국하는 자 • 거주하기 위하여 입국한 자 • 기숙사 또는 기술학교에서 생활하는 유학생과 청소년 • 국경 또는 인접지역에 거주하면서 국경을 넘어 통근하는 자 • 여행이 24시간 이상을 소요하게 되더라도 체재하지 않고 통과하는 자
OECD (1960년)	■ **국제관광객** : 인종이나 성별·언어·종교에 관계없이 자국을 떠나 외국의 영토 내에서 24시간 이상 6개월 이내 체재하는 자 ■ **일시 방문객** : 24시간 이상 3개월 이내의 체재자
UN (1967년)	■ **방문객(visitor)** : 방문국 내에서 보수가 주어지는 직업에 종사할 목적과는 다른 이유로 일상적인 거주지가 아닌 다른 나라를 방문하는 자 ■ **관광객(tourist)** : 방문국에서 최소한 24시간을 체재하는 일시방문객으로 다음과 같은 내용의 어떤 목적으로 여행하는 자 • 여가, 위락, 휴가, 건강, 학습, 종교, 스포츠 • 사업, 가족, 친지, 회의, 사명(mission) ■ **당일관광객(excursionists)** : 해상여행자를 포함하여 방문국에서 24시간 이내를 체재하는 자
UNWTO (1984년)	• **방문객(visitor)** ■ **관광객(tourist)** : 국경을 넘어 유입된 방문객이 24시간 이상 체재하며 위락, 휴가, 스포츠, 사업, 친척·친지방문, 회의참가, 연수, 종교 등의 목적으로 여행하는 자 ■ **당일관광객(excursionist)** : 방문국에서 24시간 미만 체재하는 자(선박여행객, 낮에만 방문자, 선원, 승무원 등) ■ **통과관광객(overland tourist)** : 육로나 선박을 이용하여 입국한 외국인 승객으로 a지역에서 b지역으로 이동하는 사이에 임시 상륙하여 관광하는 자 • **비방문객(non-visitor)** 국경근로자, 통과객, 장기이주자, 단기이주자, 외교관·영사, 군인, 망명자, 유랑자, 무국적자

따라서 관광의 개념규정에 기초하여 관광객의 개념을 규정하면 "관광객이란 일상거주지를 일시적으로 떠나 다시 돌아올 예정으로 여행하는 자로서 그 여행목적이 여가이용(위락·휴가·건강·연구·신앙·스포츠 등)이나 사업·가족관계·임무수행·회합을 통해

정신적·육체적 즐거움을 추구하는 관광소비자"라고 규정할 수 있다.

2. 관광객의 유형과 특징

코헨(Cohen)은 관광객들이 추구하는 신기함과 친숙함을 기준으로, 플로그(Plog)는 관광객의 심리적 특성에 따라, 스미스(Smith)는 관광의 유형과 관광의 목적·인원·지역규범을 기준으로 관광객의 유형을 분류하였다.

1) 코헨(Cohen)의 관광객 유형과 특징

관광객들은 자신과 상이한 관습과 문화(가치관)에 흥미를 가지고, 신기하고 특이한 체험을 선호한다. 그러나 관광객들은 새로운 가치를 추구하지만 너무 특이한 체험일 때에는 움츠리게 되며, 친숙하거나 향수적인 어떤 관광대상을 요구한다.

따라서 관광은 신기함(novelty)과 친숙함(familiarity)이 조합되어 구성되고, 관광객은 가능한 한 신기함과 친숙함이 조합된 연속체 내에 존재하게 되는데, 코헨은 관광객 유형을 다음과 같이 구분하였다.

① 조직화된(제도화된) 관광객

- 조직화된 대량관광객 : 고국의 환경과 같은 것을 원하므로 친밀성은 최대화되고 신기함은 최소화된다.
- 개별적 대량관광객 : 여행일정에 어느 정도 재량권이 있고 신기함은 약간 커진다. 대량관광 수용국은 하부구조 및 관광시설에 막대한 자금이 필요해진다.

② 비조직화된(비제도화된) 관광객

- 탐험가 : 관광코스를 피하며 주민을 이해하려고 하나 완전히 몰입하지는 못한다.
- 표류자 : 현지 문화에 완전히 몰입, 신기함은 가장 커지고 친밀성은 거의 완전히 사라진다.

비조직화된 관광객은 일부 퇴폐적 영향을 줄 우려도 있다.

조직화된 대량관광객은 여행에서 최대한의 친숙함과 최소한의 신기함을 추구하는 행동이 특징이며, 상대적으로 표류자는 최대한의 신기함과 최소한의 친숙함을 추구한다.

그리고 이 두 관광객 유형 사이에는 개별적 대량관광객과 탐험가가 존재하는데, 개별적 대량관광객은 조직화된 대량관광객에 비해 신기함을 좀 더 추구하고 친숙함을 좀 덜 추구하는 행동적 특징을 나타낸다.

반면에 탐험가는 개별/조직 대량관광객보다는 신기함을 좀 더, 친숙함을 좀 덜 추구하며, 표류자보다는 신기함을 좀 덜, 친숙함을 좀 더 추구하는 것이 특징이다.

신기함/친숙함을 추구하는 행위는 여행의 형태, 숙박, 여행 서비스 활용방식에서 현지인들과의 사회적 접촉에 이르기까지 다양한 속성으로 설명될 수 있다.

2) 플로그(Plog)의 관광객 유형과 특징

플로그의 유형은 미국인들을 자기중심적이냐 타인중심적이냐의 심리적 특성에 따라 psychocentric-allocentric 연속체로 규정하고, 이 두 가지 성격유형 사이에는 여행에서 나타나는 모험성의 정도에 따라 psychocentric, mid-centric, allocentric으로 구분하고 있다.

psychocentric 유형은 잘 알려진 여행지, 활동수준이 낮은 평범한 여행, 친숙한 관광숙박시설, 레스토랑, 투어를 선호하는 데 반해, allocentric 유형은 새롭고 특이한 곳, 활동량이 많고, 특이한 숙박시설과 여행형태를 선호하고 낯선 문화의 사람들과 만나는 것을 즐기는 특성을 가지고 있다.

미국 관광객들은 psychocentric-allocentric 연속 그래프에서 대부분이 중앙 mid-centric으로 분류되고 상대적으로 소수의 여행자들만이 psychocentric이나 allocentric으로 양끝에 분포하면서 완만한 곡선형태를 보였다.

그림 4-1 플로그의 관광객 퍼스널리티 유형 분포

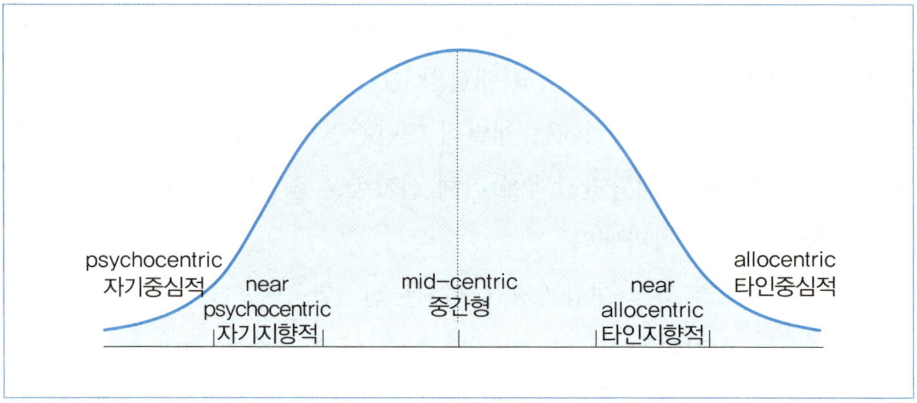

※ 자료 : Plog, S. C(1974). Why Destination Areas Rise And Fall In Popularity. Cornell Hotel And Restaurant Administration Quarterly, Vol. 14, Feb., pp. 55-58.

이 연구에서 좀 더 흥미로운 사실은, 하나의 관광지는 allocentric 목적지로 출발해서 소수의 여행자들, 즉 allocentric 유형의 여행자들의 방문을 받게 되고, 그 곳의 인기도가 올라가면 더욱 더 많은 관광객들이 몰리게 되면서, allocentric 여행자들 외에 다음으로 near allocentric 여행자들이 찾아가게 되고, 다음으로 관심을 보이기 시작하는 mid-centeric 여행자들이 찾게 되면서 점차적으로 psychocentric 여행자들까지 차례대로 새로이 발견된 관광지로 부각되면서 몰리게 되는 것이다.

결과적으로 하나의 관광지는 allocentric 끝점에서 시작하여 psychocentric 끝점으로 이동한다고 볼 수 있다. 따라서 관광상품 기획 단계에서 관광객을 유인할 수 있는 어떤 조치가 취해지지 않는다면, 유명한 관광지는 곧 소박한 관광객들만을 끌어당기는 관광 유적지가 될 것이며 새롭게 부각되던 여행지도 결국에는 사라져 버릴 것이다.

표 4-2 Allocentric 유형과 Psychocentric 유형의 비교

allocentric 유형	psychocentric 유형
• 여행을 자주한다.	• 여행을 자주 하지 않는다.
• 장기간의 여행을 한다.	• 단기간의 여행을 한다.
• 모험적인 여행을 한다.	• 안정지향적인 여행을 한다.
• 자신감을 가지고 있다.	• 자신감이 결여되어 있다.
• 외향적이다.	• 내성적이다.
• 불안, 걱정, 근심이 없다.	• 항상 근심 걱정이 많다.
• 다양한 수단을 이용하여 여행을 한다.	• 자가용을 이용하여 여행을 하는 편이다.
• 이국적인 관광지를 선호한다.	• 친숙하고 안전한 관광지를 선호한다.
• 여행하는 동안 평소보다 더 많은 지출을 한다.	• 여행하는 동안 최소한의 지출을 한다.

※ 자료 : Fridgen, J. D(1991). Dimensions of Tourism. p. 62.

3) 스미스(Smith)의 관광객 유형과 특징

인류학적 접근에서 스미스는 민족적 관광(ethnic tourism), 문화적 관광(cultural tourism), 역사적 관광(historical tourism), 환경적 관광(environmental tourism), 휴양적 관광(recreational tourism), 업무적 관광(business tourism) 등 6가지 형태의 관광유형을 들었다. 그리고 그와 더불어 인원과 목적, 지역규범에 대한 적응을 바탕으로 탐험가(explorer), 엘리트(elite)관광객, 자유(off-beat)관광객, 유별난(unusual) 관광객, 초기 대중(incipient mass)관광객, 대중(mass)관광객, 전세(charter)관광객 등 7개의 관광객 유형으로 분류·제시했다.

표 4-3 관광객 유형과 지역규범에 대한 적응

관광객 유형	관광객 수	지역규범에 대한 적응
탐험가	아주 제한적임	충분히 수용
엘리트관광객	드물게 보임	충분히 적응
자유관광객	일반적으로 보임	잘 적응
유별난관광객	이따금 보임	어느 정도 적응
초기대중관광객	점차적으로 유입	서구적 쾌적성 추구
대중관광객	계속적 유입	서구적 쾌적성 기대
전세관광객	대량도착	서구적 쾌락성 수요

탐험가 유형은 여러 사람들 사이에서 배우기를 원하고 체류지의 음식이나 생활양식 등 지역적 규범에 쉽게 적응하며 적극적으로 참여하고 관찰하기를 즐기며 생활하는 인류학자와 유사하다.

엘리트관광객 유형은 여행을 많이 하고 여행에 대한 상식과 지식이 풍부하여 여행할 때는 지역규범에 완전히 이해하고 적응하는 집단이다.

자유관광객 유형은 관광지가 어떠한 상태이든 수용하면서 이따금씩 찾아오는 관광객을 위해 제공되는 소박한 잠자리와 서비스를 기꺼이 인내하며 참을 수 있으나, 대중관광객들과 어울리는 것은 싫어하고, 규범과 규율에 얽매이기를 싫어하고 자유롭게 여행을 함으로써 여행의 흥분을 고조시키는데 관심을 가지는 집단이다.

유별난 관광객 유형은 패키지(package)나 가이드(guide) 여행을 하면서 원시적 문화에 흥미를 보이는 경향이 있지만, 원주민들이 먹는 그들의 성찬보다는 '안전한' 도시락을 선호하는 집단을 가리킨다.

초기 대중관광객 유형은 보통 개인적으로 여행하기도 하고 또는 소수 집단을 이루어서 여행하면서 그들은 가이드의 안내를 받기를 좋아하고, 여행 중에도 냉난방이 잘된 버스를 타고 현대식 호텔에서 체류하며 여행하는 집단이었으며 그들에게 여행비용은 중요하지 않았다.

대중관광객 유형은 중산층이 주류를 이루며, 여행의 가치에 관심을 두고 있으며, 많은 인원을 특징으로 한다. 그들이 즐겨 찾는 관광지는 주로 하와이, 유럽 휴양지, 멕시코 연안, 카리브해 등이다. 여행을 하면서 그들은 전문적이고 여러 나라 언어를 하는 호텔이나 여행사 직원들에게 신속하고 세심한 서비스를 제공받기를 원하고 기대한다.

전세관광객 유형은 자신의 이름표를 부착하고 자신이 타고 다닐 버스가 혼돈되지 않기를 바라며, 완벽한 패키지투어를 원하고 잘 개발된 여행지를 찾아가기를 즐긴다.

제2절 관광객행동의 이해

관광객의 관광행동은 종래에는 주로 경제적 요인에 초점을 맞추어 측정하고 분석되어 왔다. 그러나 복잡한 관광객의 행동은 비단 경제적 요인뿐만 아니라 사회적·심리적·생물적·환경적 요인에 의해서도 자극하고 반응한다는 사실이 점차 규명되어지고 있다.

또한 관광객과 관련된 관광정책을 수립하는 정부나 공공기관은 관광객의 행동에 매우 관심이 높다. 그리고 관광객을 상대로 하는 기업에서는 관광객의 행동이 어떠한지에 대해 특별한 관심을 가지고 있다. 특히 관광기업의 마케팅활동의 주안점은 관광객의 행동을 위시하여 그의 존재와 관광객의 욕구와 필요를 정확하게 파악하는 것이 무엇보다도 우선하며 이것을 무시하고서는 관광기업의 성공은 전혀 불가능하다는 것이 사실이다.

특히 마케팅을 "고객이 기본적인 욕구(needs)와 2차적 욕구(wants)를 충족시키려는 인간활동이다"라고 정의한다면 관광기업의 마케팅활동은 그들이 만나고 거래해야 하는 관광객의 욕구를 어떻게 정확히 파악하고 그들에게 최대의 만족을 주면서 적정의 이윤을 창출해 낼 수 있느냐 하는 것이 최대의 관심사인 것이다.

관광객의 행동은 항상 어떤 욕구충족을 목적으로 전개되고 있으며, 이러한 행동은 기본적으로 학습, 지각, 동기, 성격, 태도 등에 의해서 결정되어진다. 관광객 개개인의 심리적 특성은 주로 가족이나 친구뿐만 아니라 경제적, 사회적, 문화적인 전통이나 가치관념에 의해서 형성되어 있는 사회구조에 의해서도 크게 영향을 받아 형성된다.

그림 4-2 관광행동에 관련된 집단

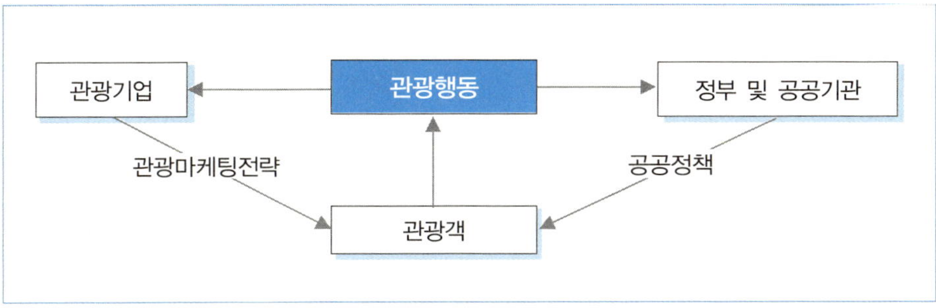

따라서 관광수요는 관광객의 경제적 구매력보다는 관광객의 심리적 내지 개인적 요인, 사회적 요인 및 문화적 요인에 의해서 좌우되기 때문에 관광객행동 연구도 경제적 측면에서보다도 행동과학적인 측면이 더 크게 강조되는 것이다.

이렇게 볼 때 오늘날의 관광객은 경제적 인간(economic man)이라기보다는 정서적 인간(emotional man)이라고 표현하는 것이 더 정확할 것 같다. 왜냐하면 관광객은 사회적 내지 사회·문화적 환경 속에서 행동하는 하나의 심리적 실체이기 때문이다. 따라서 관광객의 관광행동은 경제학적 관점에서보다 행동과학적 관점에서 하나의 전체적 시스템으로 이해되어져야 한다.

즉 첫째는 관광객을 상대로 하는 관광기업이며, 둘째는 관광객과 관련된 제반 관광정책을 수립하는 정부 및 공공기관이고, 셋째는 관광객 자신이다. 따라서 관광객행동의 이해는 관광객행동과 관련된 이들 세 집단이 당면하고 있는 다음과 같은 문제에 대한 해결방안을 제시하는데 필요성이 있다.

관광기업은 그들이 상대로 하는 관광객의 욕구와 필요를 어떻게 하면 정확히 파악해서 그들의 만족을 최대화할 수 있도록 하느냐 하는 것이 관심의 초점이 된다. 관광객이 왜, 그리고, 어떻게 개개인의 관광활동에 대한 의사결정을 내리는가를 파악하고 이해할 수 있다면, 보다 효과적인 마케팅전략을 수립할 수 있을 것이다.

또한 정부나 공공기관의 경우에는 관광객의 이익과 편익을 도모하기 위한 관광정책의 입안에 필요한 정보와 자료의 획득을 위하여 그리고 효율적인 관광정책을 수립하기 위해서는 관광객들의 행태를 올바르게 이해할 필요가 있는 것이다. 즉 정부나 공공기관은 관광객의 관광활동의 질적 향상을 위한 각종 관광관련 정책과 법규의 제정과 개정을 하며, 관광시설의 개발을 위하여 추진되어지는 모든 활동은 관광객 연구에 근거를 두고 진행된다.

그리고 관광객의 경우에는 어떻게 하면 자기의 욕구와 필요를 효과적으로 충족시키며 합리적인 관광활동을 할 수 있는가 하는 과제를 안고 있다. 이러한 관광객에게 합리적인 의사결정에 도움이 될 수 있도록 필요한 정보와 자료를 제시함으로써 관광객이 관광활동에 관한 여러 결정들을 하는 데에 판단력을 제공할 수 있다.

이 외에도 학자에 따라서 관광객행동 연구에 있어서 관광객 개개인의 관광활동에 영향을 미치는 내·외적 요인의 분석을 통하여 관광객행동의 전반적인 이해와 관광객의 성향, 관광지 선택행동, 관광객 의사결정과정에 대해 유용한 정보를 제공하고 있다.

1. 관광객행동의 개념

현대사회에는 '관광'이라는 관광객 관광행동과 사회현상이 있다. 즉 관광을 "인간의 욕구를 충족시키기 위한 일련의 레저활동"이라고 해석한다면, 이 행위는 기본적으로 인간 개인적 활동이고, 현상으로서의 관광은 개인적 행동의 집합으로 가처분소득, 여가시간, 정보 등의 증대와 그 위에 교통기관의 발달, 숙박시설의 정비 등의 조건으로 성립된 사회현상의 하나이다.

따라서 관광을 인간의 개인적 활동(즉 관광객이 목적지 또는 여정 중에서 경험하고 관찰하는 여러 가지 활동-관광활동)의 형태로 이해하는 입장에서 말한다면, 관광은 곧 관광객 관광행동이 되지만, 일반적으로 관광사업이 대상으로 하는 관광객의 이동, 체재, 레크리에이션 등의 활동을 총칭하여 관광행동이라 한다.

관광행동은 구체적인 여행일정(활동계획)의 설정, 예약, 준비물 구입과 같은 관광에 들어가기 위한 준비과정에서 실제 목적지로의 이동과 목적지에서의 제 활동 그리고 여행결과에 대한 평가(만족/불만족)에 이르는 일련의 과정이라고 할 수 있으며, 여기에는 개인행동, 집단행동, 일반행동, 특수행동 등으로 분류할 수 있다. 이러한 관광행동과 관련하여 관광객행동은 관광객이 관광활동을 계획하는 단계에서부터 그 활동 중에 실제로 행해지는 여러 가지의 행동을 포함하는 폭넓은 개념이다. 특히 관광행동의 주체인 관광객은 일정한 대가를 지급하고 특정한 편익이나 만족을 제공하는 판매와 구매과정에 개입한다는 측면에서 소비자행동이라 할 수 있으므로 관광객행동은 소비자행동의 하나로 규정할 수 있다.

하지만 관광은 일상생활권을 벗어나서 이루어지는 행동이므로 일상생활권에서 이루어지는 일반적인 소비행동과도 구별되어진다. 다만, 관광객이 기본적으로 무형의 서비스를 주로 구입하며, 동시에 이에 관련된 유형의 관광상품을 구입함으로써 일반소비자의 일반상품구입과는 다소 다른 상황에서 다소 다른 행동을 보일 것으로 예측할 수 있다. 왜냐하면 관광객 관광행동에서 관광객이 구입하는 것은 신체적 위안, 보고 듣는 지적정보, 참가에 따른 쾌감 등 다각적인 측면에 걸쳐 있기 때문이다.

이러한 관광객의 행동은 생활구조가 단순했던 과거보다 생활구조가 복잡해지고 있는 문명사회와 고도 발전사회로 이전해 갈수록 그 행동에 이르는 과정에는 관광객 내면의 심리적 요인은 물론 사회·문화적인 요인과 관광선전과 같은 설득커뮤니케이션 등의 외부 영향요인에 깊이 관련되어 있다.

2. 관광객행동에 영향을 미치는 요인(변수)

관광행동은 기본적으로 관광욕구를 원동력으로 하여 발생되는 것이다. 그러나 이러한 관광욕구가 실제로 관광행동으로 이어지기 위해서는 많은 변수들이 영향을 미치게 된다. 행동에 영향을 미치는 요인(변수)으로는 크게 개인적 차원에서 통제가능한 개인적 요인(변수)과 개인을 둘러싼 사회와 환경여건을 포함하는 환경적 요인(변수)을 들 수 있다.

그림 4-3 관광객행동에 영향을 미치는 요인

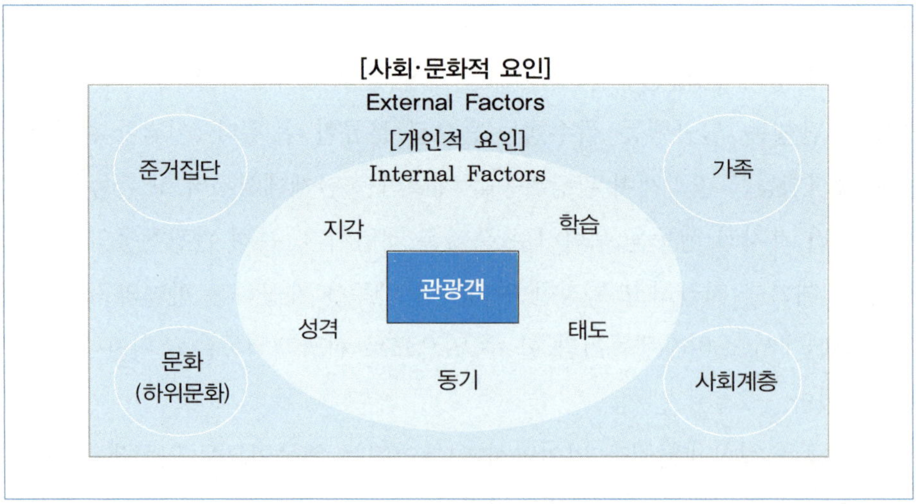

※ 자료 : Fridgen, J. D(1991). Dimensions of Tourism. p.32를 참고하여 저자가 재구성함.

특히 관광행동은 행동주체의 심리적·사회적 요인, 개인의 내적·심리적 요인(지각, 학습, 성격, 동기, 태도, 라이프스타일 등)과 사회·문화적 요인(가족, 준거집단, 문화, 사회계층, 하위문화 등)은 관광객 관광행동을 설명하는데 중요한 변수들이라 하겠으며, 관광객 관광행동에 영향을 미치는 요인이다.

1) 개인적 요인과 관광행동

관광객의 개인에 국한되어 관광행동에 영향을 주는 요인에는 지각, 학습, 성격, 동기, 태도 등이 있다.

(1) 지각과 관광행동

심리학자들은 지각과정이 모든 형태의 행동을 이해하는데 가장 중요한 변수로 인식하고 있는데, 지각(perception)이란 우리가 주변세계를 이해하는 과정으로 간주할 수 있다. 아울러 정보를 처리하는 과정으로 "감각기관을 통해 두뇌로 유입된 자극을 개인의 주관적 기준으로 해석하고 이해하는 과정"이라 할 수 있다. 여기서 중요한 관점은 '사실 있는 그대로'가 아니라 '주관적 기준'이라는 점이며, 주관적 기준은 개인의 경험, 성격, 욕구, 관심정도, 동기 등에 따라 다를 수 있다. 아울러 자극이 하나의 지각으로 형성되는 과정을 지각과정이라 하며 지각의 과정은 [그림 4-4]와 같다.

그림 4-4 지각의 과정

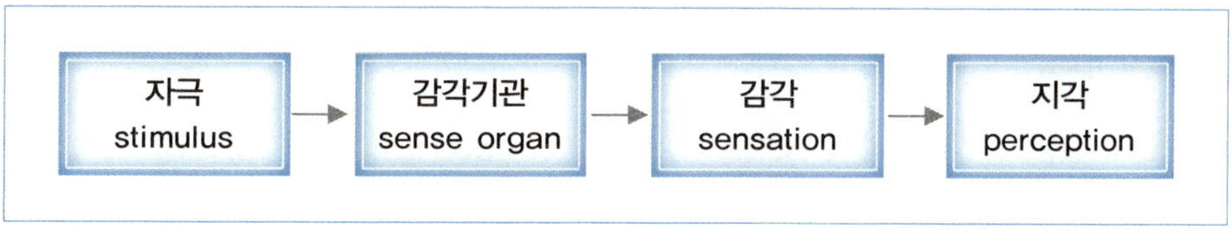

관광행동에 있어서도 관광객이 원하는 것과 관광서비스 제공자가 제공하는 서비스는 상황에 따라 다르게 나타날 수 있기 때문에 지각에 대한 인식은 필요하며, 또한 지각은 동일한 관광욕구나 관광동기를 가지고 있는 사람들일지라도 서로 다른 방법으로 그들

이 욕구를 충족시키는 이유를 설명해 준다.

특히 지각과정은 관광객의 관광의사결정과정에서 필수적인 것이기 때문에 관광객의 지각을 변화시킬 수 있다는 것은 관광객의 선호형태를 보다 유리한 쪽으로 변화시킬 수 있다는 것을 의미한다.

관광과 관련된 지각 중 거리에 대한 지각은 관광객의 참여 여부에 현격한 차이가 나기 때문에 중요한 부문을 형성한다. 관광객들은 많은 경험을 가능하게 해주는 일정한 거리를 관광하려 한다. 거리는 관광객들이 어떻게 지각하느냐에 따라 긍정적 또는 부정적 영향을 미친다. 거리가 멀수록 관광비용의 부담은 증대되고 지루함과 집으로부터 멀리 떨어진다는 불안감 때문에 거리는 제약요소로 작용한다. 반대로 장거리 관광을 위해 기울이는 노력이 즐거움으로 전환될 수도 있으며 미지의 세계에 대한 기대감은 관광욕구를 더 강하게 할 수 있다.

(2) 학습과 관광행동

심리학자들은 인간의 모든 행동이 어떤 형태의 학습과 관련이 있다는 견해를 가지고 있다. 시간이 지남에 따라 인간의 행동은 변화하며 이러한 변화는 학습과정에서 기인하는 경우가 있다.

인간의 자신과 주변 환경의 변화에 적응하는 학습과정은 관광행동을 결정하는데 중요한 영향을 미칠 수 있다. 즉 관광행동에 있어서 쉽고 빠른 의사결정이 이루어지는 것은 이미 경험에 의한 학습의 반복으로 볼 수 있기 때문이다. 이와 같은 학습의 연구방법에는 사고과정측면의 인지적 접근방법과 자극과 반응의 연결에 의해 일어난다는 행동주의적 접근방법이 있다.

학습(learning)은 동태적 과정이므로 독서·관찰·사고 등을 통해 새롭게 획득되는 지식이나 실제경험의 결과로서 계속적으로 진화되고 발전한다. 이처럼 새롭게 획득된 지식과 경험은 자신에게 반추되어 미래에 유사한 상황에서 행위를 시작·유지·수정하는 기초가 된다.

(3) 성격과 관광행동

성격(personality)이란 어떤 개인의 특징을 이루는 행동 또는 체험의 기반이 되는 특성으로서 학습, 지각, 동기, 감정과 역할의 복합적 현상이라고 할 수 있으며, 타인과 구별되는 개인의 고정적 행동특성이라 할 수 있다. 성격은 복잡한 심리적 현상이다. 그러나 분석방법을 잘 이용하면 관광행동에 어떤 형태로 영향을 미치는가에 대해 잘 알 수 있다.

개인이 나타내는 일상적인 행동, 가치, 관심, 욕구와 지각은 성격의 반영으로 볼 수 있고, 이것을 가리켜 라이프 스타일(life style) 또는 사이코그래픽스(psychographics)라 한다.

성격에 관한 이론에는 정신분석이론, 사회심리이론, 자질론, 자아개념이론 등이 있으며, 관광행동에 있어서도 성격에 대한 전반적 연구와 적용은 예외일 수 없다.

개개인의 성격에 따라 관광객은 유형화되며, 유형별 특성에 따라 마케팅활동의 전개에 유용한 자료가 되고, 또한 관광행동에 실제적으로 영향을 미친다.

(4) 동기와 관광행동

동기(motive)란 사람의 마음을 움직여 무엇인가 일하도록 한다는 의미를 담고 있다. 그러므로 동적인 의미를 갖는 개념으로 사람을 활성화(energizing)하고, 한 방향으로 나가도록(directing) 하며, 끝까지 지속시키는(maintaining) 것까지 포함하고 있다.

관광행동은 기본적으로 인간의 관광욕구로부터 기인된 결과이며, 관광은 관광욕구와 관광동기로부터 발생된다. 즉 관광객의 관광활동을 일으키게 하는 심리적 원동력을 일반적으로 관광욕구라 부르며, 관광욕구가 관광활동으로 나타나게 하는 힘을 관광동기라 칭한다.

따라서 인간의 본질적이고 기본적인 욕구에다 사회화된 관광욕구가 추가되고 여기에 관광동기가 부여되면 구체적인 관광행동이 일어나게 된다. 물론 여기에는 시간적, 경제적 조건과 관광사업체로부터 매스 미디어를 통한 자극도 포함되어야 한다.

특히 관광활동이 관광객의 사회화된 욕구에서 일어나는 것이고 경제적·시간적 조건, 관광사업자로부터 받는 각종 정보의 자극, 기타 사회·문화적 영향 등은 관광객의 관광활동을 구체적으로 성립시키기 위한 기본적인 조건이며, 관광욕구의 그 자체가 관광활동과 관계된 관광객행동을 결정하는 것이 아니고, 각종 자극과 결부되어서 관광활동이 구체화되기 위한 조건이 정비되고 여기에 동기가 부여됨으로써 관광객행동이 일어나게 되는 것이다.

① 관광욕구

욕구(wants)란 "사람이 추구하는 바람직한 상태와 실제 상태와의 차이"라고 할 수 있으며, '바람직한 상태'와 '실제상태'와의 차이(사회적 또는 심리적)에 따라 욕구의 강도가 결정되며, 이것은 행동을 유발하는 동기에 영향을 미친다.

관광욕구는 관광행동을 하고 싶어 하는 심리적 원동력이라 할 수 있으며, 특히 관광욕구에 따라 관광선호도 다르게 나타날 수 있다.

매슬로우(Maslow)는 인간의 욕구는 생리적 욕구, 안전의 욕구, 소속·애정의 욕구, 존경의 욕구, 자아실현의 욕구 등 5단계의 계층을 이루고 있음을 제시하였고, 이러한 욕구는 생리적 수준의 욕구(생리적 욕구, 안전의 욕구)가 충족되면 보다 고차적인 사회적 수준의 욕구(소속과 애정의 욕구, 존경의 욕구)가 현재화되고, 최종적으로 '자아실현의 욕구'수준의 욕구가 가장 강한 힘을 가지게 된다고 설명하고 있다. 하지만 매슬로우의 욕구이론에 따르면 낮은 단계의 욕구가 먼저 만족되어야 한다. 그러나 여행 장면에서는 예외인 경우가 많다. 대다수 사람에게 있어서 여행은 일상생활을 벗어나고자 하는 수단이다. 이 때문에 여행자들은 그들의 기본적인 욕구구조를 변화시키게 된다. 즉 집을 떠나 여행을 할 때에는 낮은 단계의 욕구가 충족되지 않더라도 일시적으로는 시급하지 않다. 지적 욕구가 중요하게 되어 다른 낮은 단계의 욕구보다도 우선하게 된다. 여행자들은 전에 보지 못한 것들을 보고 자기가 살고 있는 세상을 더 잘 이해하며 미적 욕구를 만족시키며 무언가를 배우고자 애쓴다. 사실 어떤 때는 미지의 세계를 여행하며 탐험하고자 하는 욕구가 생겨나 안전, 사랑 그리고 존경의 욕구만큼 기본적이고 강력한 경우도 있을 것이다. 다시 말해 모든 여행동기가 자아실현욕구에서 나온다는 것을 의미하지는 않는다. 즉 욕구는 소수의 여행자만을 동기화시킨다는 믿을 만한 근거가 있다. 아울러 여행을 하고자 하는 사람은 어떤 기본적인 욕구가 작용하는 것이 분명하다. 즉 신기하거나 잘 알지 못하는 것을 탐험하고자 하는 욕구가 그것이다. 그리고 그러한 욕구는 집에 있을 때에는 그렇게 강력하게 작용하지 않다는 것도 분명하다. 아울러 탐험에 대한 여행자의 욕구 또한 매슬로우 욕구단계설의 모델에서는 반영되지 않는다. 하지만 관광은 욕구의 각 단계에서 발생하며, 한 개인이 여러 개의 욕구를 동시에 가지고 있을 가능성이 높으며, 욕구수준도 개인에 따라 차이가 있다.

골드(Gold)는 매슬로우의 욕구 5단계설을 발전시켜 인간의 욕구를 생리, 안전, 귀속, 자존, 창조, 심미성, 자아실현 등 7단계로 구분하고 있으며, 또한 밀과 모리슨(Mill & Morrison)은 매슬로우의 욕구 5단계설에 기초하여 생리적 욕구, 안전의 욕구, 소속 및 애정의 욕구, 자존의 욕구, 자아실현의 욕구, 지적욕구, 심미적 욕구 등 7가지로 욕구를 세분화하고 있다.

그림 4-5 매슬로우의 욕구 5단계설

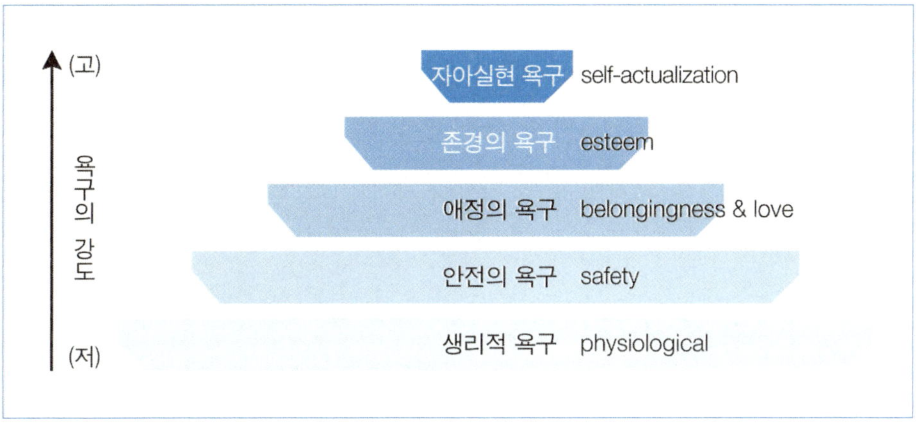

② 관광동기

동기(motivation)란 인간의 내부적 긴장을 줄이기 위한 적극적이고 강력한 추진력이라고 정의될 수 있으며, 여기서 '내부적 긴장상태'는 개인에 따라 달라질 수 있으며, 욕구로 인해 유발된 긴장을 해소하기 위한 행동을 유도하는 추진력이라 할 수 있다. 따라서 관광동기는 관광행동을 생기게 하는 심리적 원동력으로 욕구에 의거하여 특정한 행동에로 향하게 하는 심리적 에너지를 말한다.

이러한 관광동기는 관광객의 행동방향과 기준설정에 영향을 미치며, 관광객의 지각,

학습, 태도, 성격에 따라 다른 양상을 나타내기도 한다. 이러한 관광동기는 욕구, 기회, 능력, 노력 등으로 구성되고, 관광을 하고자 하는 욕구는 누구나 가지고 있으나 시간적 여유와 경제적 능력, 신체적 조건이 충족되어야 하며, 또한 이러한 조건이 충족되더라도 본인의 노력이 뒤따라야 한다.

이러한 관광동기를 매킨토시(McIntosh)는 신체적 동기(휴식, 스포츠, 해변 등지에서의 오락 등), 문화적 동기(문화, 예술, 언어, 종교 등), 대인적·사회적 동기(친지방문, 일상생활에서 탈피 등), 명예·지위·자존을 위한 동기(자기만족, 연수 등) 등으로 분류하고 있으며, 토마스(Thomas)는 교육·문화적 동기(명소감상, 특별행상 등), 휴식과 즐거움의 동기(일상 탈피, 낭만적 경험 추구 등), 종족지향적 동기(친지 등), 기타 동기(기후, 건강, 경제적, 종교적 동기 등) 등으로 구분하고 있으며, 다나카 기이치(田中喜一)는 심정적 동기, 정신적 동기, 신체적 동기, 경제적 동기 등으로 세분화하고 있다.

동기는 개인적 욕구에 따라 모든 행동의 방향을 제시하는 개념으로서 행동을 일으키는 추진력 또는 마음의 상태로써 관광객이 욕구를 충족시키기 위하여 선택하는 행동유형을 제시한다.

관광객 관광행동분야에 있어서 널리 알려진 동기이론에는 욕구계층이론과 배출요인(push factor)과 흡인요인(pull factor), 추동이론 등이 있다.

(5) 태도와 관광행동

태도에 대한 수많은 정의 중 "어떤 대상에 대해 호의적·비호의적으로 반응하려는 학습된 선호경향(learned predisposition)"으로 정의하는 알포트(Allport)의 정의가 많이 인용되고 있다. 즉 태도란 학습되어지는 것이며, 어떠한 방법으로 행동하려는 성향이나 경향을 말한다.

그림 4-6 자극에 대한 평가적 반응으로 추론된 태도

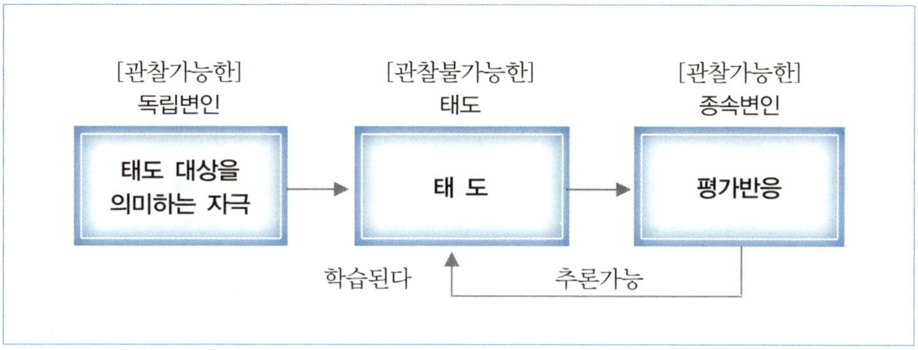

그러나 태도가 분명히 심리적 과정의 결과이기는 하지만 그것은 직접적인 관찰이 불가능하기 때문에 개인의 말이나 행동으로부터 유추될 수밖에 없다. 이와 같은 태도의 정의를 내리는데 있어서 모든 사회심리학자들이 완전히 일치하고 있지는 않으나, 일정 대상이나 사건에 대해 전반적이고 지속적으로 갖게 되는 긍정적 또는 부정적 느낌으로 보는 데는 대체로 이론의 여지가 없는 것 같다. 이러한 태도의 정의에 비추어 볼 때, 태도는 다음과 같은 중요한 특성을 가지고 있다.

첫째, 어떤 대상에 대한 태도는 직접 관찰할 수 없다. 태도는 겉으로 드러나는 것이 아니므로 적절한 방법에 의해서 추론되어져야 한다.

둘째, 태도는 학습을 통하여 형성된다는 것이다. 즉 태도는 가족, 동료집단, 친구나 이웃, 대중매체로부터 정보와 개인적 경험, 성격에 대한 영향을 받는 학습과정을 통해 시간이 경과함에 따라 형성된다. 따라서 태도를 창조하거나 변화시킬 수 있다.

셋째, 태도로부터 행동을 예측할 수 있다.

넷째, 특정 대상에 대한 태도는 여러 상황에서 일관성을 가진다.

이와 같은 태도는 두 가지 관점에서 개념화되었는데, 하나는 태도 그 자체는 여러 가지 구성요소로 이루어진다고 하였다. 즉 개인이 자신의 환경 내에 있는 다른 사람, 장소, 사건, 생각, 상황, 경험 가운데 어떤 측면에 대해 가지고 있는 신념이나 의견인 지식요소(knowledge component), 어떤 대상물에 대한 개인의 정서적인 판단인 감정요소(feeling component), 대상, 사람 혹은 상황에 대해 호의 내지 비호의적으로 반응하는 경향인 선

입관요소(predisposition component)로 구성된다. 이 세 가지 요소들은 상호 일치성을 가지면서 태도의 전반적인 결정에 영향을 주게 된다.

태도에 대한 이 견해는 개인이 대상에 대해 갖는 태도는 어떤 경우에도 이러한 세 가지 요소들로 구성된다고 개념화한다. 더욱이 이 견해는 태도 대상에 대한 개인의 호의성 혹은 비호의성은 일관성을 갖는 것으로 간주한다.

그림 4-7 태도의 구성요소

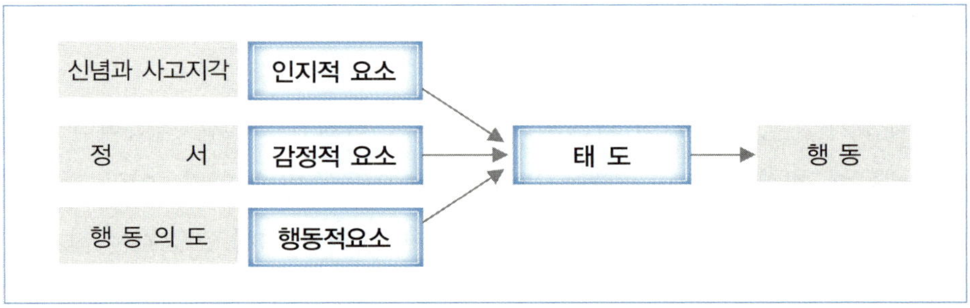

※ 자료 : Rosenberg, M. J. et al., Attitude Organization and Change(New Haven : Yale University Press, 1960), p.3.

다른 하나는 세 가지 차원의 태도에서 오직 감정적인 요소만이 태도로 간주되며, 인지적 요소와 행동적 요소는 태도로부터 이탈되어 각각 신념(beliefs)과 행동의도(behavioral intentions)로 개념화되는 것이다. 그러므로 이 견해에 의하면, 태도는 감정적인 요소만으로 구성되는 단일차원으로 간주되며, 인지적 요소와 행동적 요소는 태도의 구성요소가 아니라 각각 태도의 선행요인(antecedents)과 결과요인(consequences)이다. 따라서 [그림 4-8]과 같이 신념(인지적 요소)은 태도의 선행요인이며, 태도는 행동의도와 나아가 행동에 영향을 미치는 것으로 보는 것이다.

그림 4-8 단일요소 태도모델

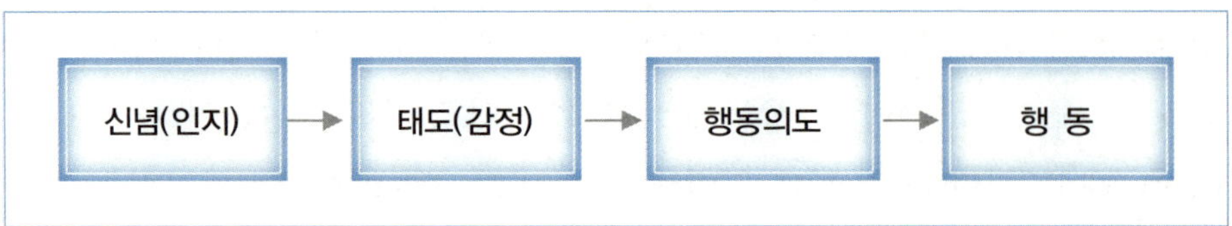

2) 사회 · 문화적 요인과 관광행동

관광행동에 영향을 미치는 사회·문화적 요인에는 가족, 사회계층, 준거집단, 문화, 하위문화 등이 있다.

(1) 가족과 관광행동

가족은 인간사회에서 가장 기본적인 사회단위로서 관광행동에 가장 광범위하고 지속적으로 영향을 주는 소집단이다. 가족의 의사결정과정에서는 부부의 상대적 영향력에 따라 다르게 나타나며, 의사결정의 단계도 다르게 나타난다. 또한 가족의 생활주기(family life cycle)에 따라서도 다르게 나타날 수 있다.

(2) 사회계층과 관광행동

사회계층은 소득이나 사회적 지위와 관련하여 어떤 사회에 작용하는 생활양식의 광범위한 차이이다. 즉 동일한 계층내의 구성원들은 서로 유사한 사고, 행동, 신념, 태도, 가치관 등을 지니게 된다. 따라서 행동양식도 동일한 형태를 띠게 된다.

사회계층에 따른 관광행동과의 관련성은 사회계층에 따라 관광할 수 있는 기반이 다르며, 동일한 계층내 구성원의 관광활동 지각에 강력한 영향을 미치고, 사회계층에 따라 관광경험에 대한 가치부여 정도가 다르다는 점이다.

또한 사회계층에 따라 관광태도에 차이가 발생되며, 관광동기도 다르다고 할 수 있다.

이와 같이 사회계층을 관광행동과 관련지어 생각할 때에는 동일한 사회계층에 속해 있는 사람들은 그 집단이 가치를 부여하는 것에 유의하여야 한다. 왜냐하면 동일한 가치, 태도, 규범 등은 같은 형태의 상품과 서비스에 대한 매력으로 이어지기 때문이다.

(3) 준거집단과 관광행동

준거집단은 인간의 행동에 가장 강하게 미치는 집단으로서 개인이 비록 그 구성원은 아니더라도 그가 귀속의식을 갖거나 귀속하기를 희망하는 집단을 말한다. 즉 일반적인 혹은 특정의 가치, 태도, 행동의 형성에 있어 개인의 비교점이 되는 개인이나 집단을 의미한다.

특히 관광객은 사회적 환경 속에서 준거집단을 통해 관광객으로서의 역할과 행동을 학습하게 되고, 관광객의 관광의사결정과 행동 역시 직·간접적으로 준거집단의 영향을 받는다. 또한 관광객의 정보원으로서의 역할을 한다.

(4) 문화와 하위문화 관광행동

문화는 사회구성원들이 공유하고 따르는 생활양식이고, 그들이 사회생활을 통해 배운 행위의 유형이며, 전통의 묶음이요, 의식과 믿음의 총체이다. 따라서 문화는 관광행동에 광범위하게 영향을 미치는 요소로서 개인의 욕구와 행동의 가장 근본적으로 영향을 미치는 변수가 된다.

하위문화란 한 문화권의 인구가 증가되어 그 가운데도 이질적 특성을 가진 세분화된 문화집단으로 국적, 종교, 인종, 지역 등의 요인에 의한 하위문화에 속해 있는 사람은 공통된 신념, 가치 태도, 습관, 전통 및 행위규범을 가지게 된다. 따라서 관광객의 관광행동은 그가 속한 하위문화집단의 규범에 영향을 받게 된다.

3. 관광객의 심리적 특성

관광객의 행동은 매우 다양하며 각기 다른 이유나 동기에 의하여 이루어지는 심리적 특성을 가진다.

관광객에게서 볼 수 있는 심리적 특성은 관광을 통해 인간은 일상에서 벗어났다는 '해방감'과 아울러 미지의 세계를 여행한다는 '긴장감'이라고 하는 상반된 두 가지 요소가 강하게 나타난다고 할 수 있다.

일상생활에서 떠나는 것은 인간을 해방시키는 것이고, 이 해방감은 인간을 육체적으로 그리고 정신적으로 편안하게 해 준다. 즉 여행에 의해서 육체적 피로뿐 아니라 정신적 피로를 느끼는 것은 긴장감 때문이며, 즐거움이 수반되는 것은 거기에 해방감이 있기 때문이다.

특히 해방감은 사람을 명랑하게 하지만 여행자의 익명성(匿名性)과 무책임으로 결부되어 "여행지에서는 아는 사람이 없으니 부끄러운 행위도 무방하다"라는 형태의 행동이 되기 쉽다. 이러한 해방감의 부정적인 면이 표출되었을 때는 그 내면적인 가치나 효과와는 관계없이 관광행동 자체가 비판의 대상이 된다는 것에 유의할 필요가 있다.

또한 관광객의 행동 이면에 나타나는 각성수준(覺性水準)과의 관련한 심리적 상태에 따라 '안락감'과 '쾌락감'을 가지게 된다.

제3절 관광객 의사결정과정

관광객은 자신의 다양한 욕구를 만족시키기 위하여 대상목적지 및 활동을 선택, 구매하는 의사결정자로서 사전에 방문해 본 적이 없는 목적지에 대하여 제한적 지식을 가지고 있으며, 이 지식들은 주변사람의 구전 혹은 TV, 브로슈어(brochure) 등을 통해 얻은 것들이다. 이러한 정보에 의하여 관광객들은 목적지에 대한 이미지를 구체화시키고 의사결정을 내리게 된다.

따라서 관광객의 관광행동은 관광객 자신이 가지고 있는 심리적 요인과 이용목적 그리고 사회적 영향요인에 따라 관광자원 및 관광시설이나 서비스를 선택하는 행동으로 정의한다면, 관광객 관광행동은 의사결정과정의 하나로 설명될 수 있다.

이러한 관광객 관광행동에 있어서 의사결정과정은 먼저 관광객이 관광욕구를 충족시키고자 하는 욕망이 일정수준으로 커져서 이것을 문제로 인식할 때부터 시작된다고 할 수 있다. 물론 이 문제의식의 수준은 개인의 지식, 경험 등과 개인을 둘러싸고 있는 가족이나 친구 등과 같은 환경적 요인 그리고 개인의 동기, 감정 등의 심리적 특성에 따라 다르다. 그리고 문제인식이 되었으면 문제를 해결하기 위한 다음 단계는 관련 정보를 탐색하게 되고, 정보의 탐색을 통하여 획득된 정보를 바탕으로 대안을 선택하게 된다. 관광객들은 여러 가지 대안에 대하여 평가기준을 가지고 비교·평가하게 되는데, 이 때 평가기준은 개인에 따라 환경적·사회적·상황적 요인에 따라 다양하게 나타날 수 있고,

관광객 각자의 태도도 달라질 수 있다. 대안평가 이후 관광객들은 여러 대안 중에서 자신이 가장 선호하는 대안을 선택해서 관광활동을 하게 된다. 대안선택이 이루어지고 관광활동이 끝난 후 의사결정의 마지막 단계는 관광경험을 평가하는 것이다. 이 단계는 관광객의 태도 형성에 영향을 미쳐 차후의 관광활동에 영향을 미치게 되며, 특히 관광객들은 동일한 관광경험 후에도 각기 다른 평가를 내리게 되는데, 그 이유는 개인의 사전 경험이나 전반적 인식체계, 그리고 각자가 놓여진 외부 환경적 상황의 차이에 기인한다고 할 수 있다.

관광행동 전후에 일어나는 일련의 인식체계를 의사결정과정이라 할 수 있으며, 의사결정과정은 문제인식-정보탐색-대안평가-선택-결과(만족/불만족) 등의 다섯 단계를 거치게 되며, 이러한 관광객행동의 의사결정과정을 단계별로 살펴보면 다음과 같다.

그림 4-9 Engel-Kollat-Blackwell모델

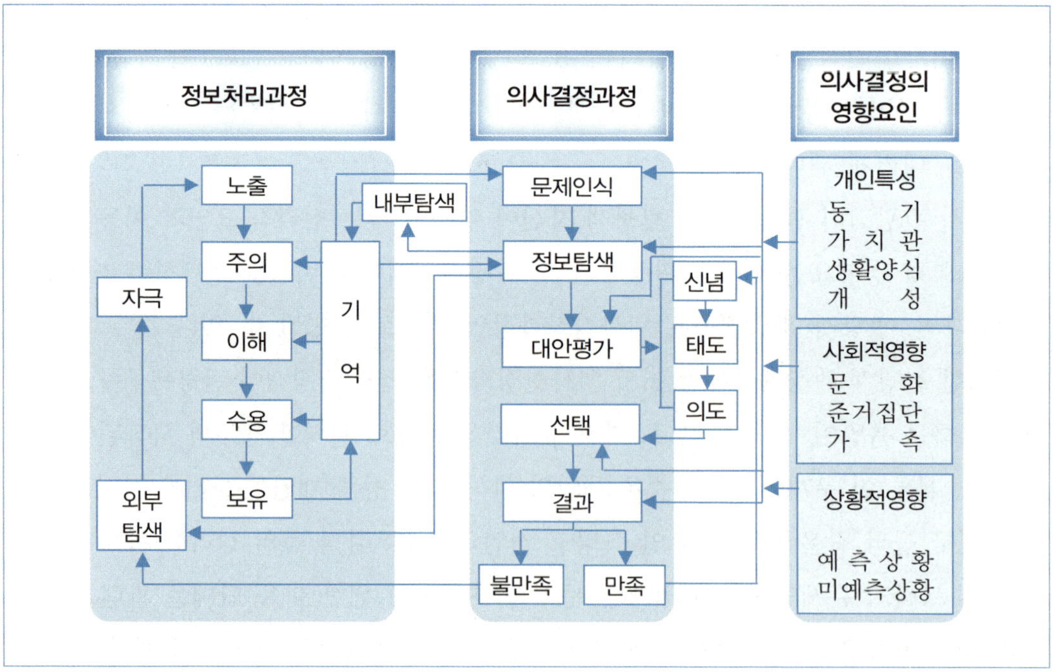

※ 자료 : Engel, J. F., Blackwell R. D. & Miniard, P. W. Consumer Behavior, 5th ed.(New York : The Dryden Press, 1986), p. 35.

1. 문제인식

의사결정의 첫 단계는 문제의 인식 또는 욕구발생단계이다. 관광목적지 선택결정을 내리기 전에 관광객은 먼저 관광을 해야겠다는 욕구 또는 문제를 인식해야 한다. 관광의 필요성도 인식하지 못하고 있는 상태에서는 의사결정과정이 이루어질 수는 없는 것이다. 따라서 문제인식은 관광객이 관광욕구를 인지하고 이것을 관광목적지 선택과 행동을 통하여 해결하고자 하는 동기를 갖게 되며, 또한 욕구를 충족시킬 잠재력을 갖는 여러 대체수단 중에서 가장 적절한 수단을 찾아내는 것이 의사결정이며, 이런 측면에서 욕구의 환기를 문제인식이라고 한다.

이러한 문제인식은 관광객의 과거경험, 관광객의 특성, 관광객의 동기, 환경적 상황의 변화, 마케팅의 자극 등에 의해 많은 영향을 받게 되며, 또한 본인 스스로 어떤 동기에 의하여 인식할 수도 있으며, 경우에 따라서는 다른 사람이 문제를 일깨워 줄 수도 있다.

2. 정보탐색

정보탐색이란 관광객이 관광목적지에 대해 더 많은 것을 알고자 하는 노력이라 할 수 있다. 즉 관광에 대한 욕구나 동기를 인식한 후, 관광객들은 의사결정과정에서 보다 만족스러운 결정을 내리기 위해 다양한 정보를 탐색하게 된다.

흔히 정보탐색은 의사결정을 보다 용이하게 하기 위한 심리적 활동으로서 크게 내부탐색과 외부탐색으로 구분할 수 있다. 내부탐색은 개인적인 경험이나 지식에 연결되며, 외부탐색은 환경적 요인에 의하여 영향을 받는다고 할 수 있다. 그러나 가장 신뢰할 만하고 접근이 용이한 정보원은 그들 자신의 경험과 지식으로 밝혀지고 있다.

관광객 의사결정과정에서 중요한 것은 정보탐색과정에서 관광객이 지각하는 정보의 종류, 정보의 역할, 그리고 정보의 중요성 파악 등이라 할 수 있다.

3. 대안평가

정보탐색을 탐색하고 나면 획득된 정보를 가지고 욕구충족의 방법으로 대안을 선택하게 된다. 관광객은 이러한 대안에 대해서 각자 나름대로의 평가기준을 가지고 비교·평가하게 된다. 이때 평가기준은 개인에 따라 환경적·사회적 요인에 의하여 다르게 나타날 수 있고, 관광객 각각의 태도에 따라 달라질 수 있다.

관광객의 대안평가과정에 관련되는 중요한 개념은 관광목적지의 속성, 중요성의 가중, 신념, 효용함수, 평가절차 등이 있으며, 선택이나 경험 후 바라는 결과를 나타내는 평가기준, 중요한 평가기준상에서 대안의 수행성과의 신념, 대안평가의 태도 그리고 선택행동에 취해질 수 있는 의도 등을 들 수 있다.

특히 관광목적지 선택행동에 있어서 관광객 욕구에 의해 목적지에 대한 태도가 형성되는 과정을 욕구결합(need association)이라 하는데, 이는 관광객이 자신의 욕구의 우선순위를 설정하고 이것에 목적지의 물리적 속성(product attribute)을 결합시키는 과정이다. 즉 욕구결합의 결과가 태도이므로 태도는 관광객의 욕구와 관광목적지의 물리적 속성이 결합된 관광목적지의 편익(product benefit)차원에서 이루어진다.

그림 4-10 대안의 평가과정

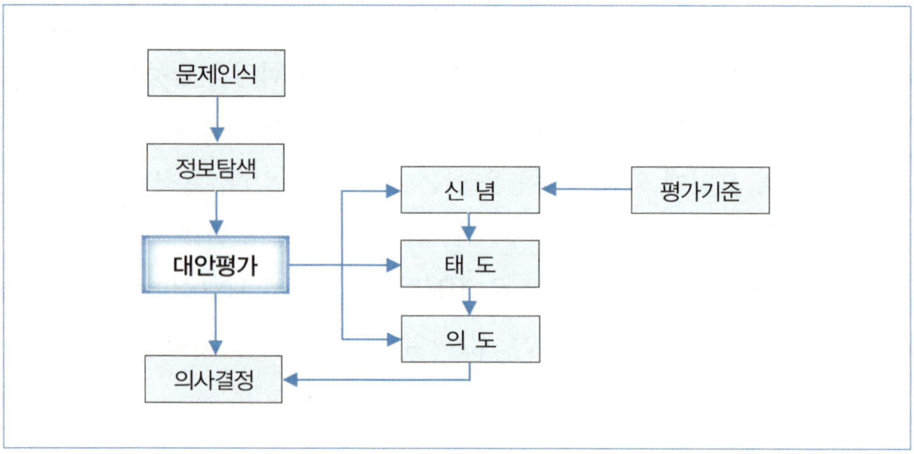

※ 자료 : Engel, J. F., Blackwell R. D. & Miniard, P. W. Consumer Behavior, 5th ed.(New York : The Dryden Press, 1986), p.92.

4. 의사결정

관광객행동의 의사결정은 문제인식-정보탐색-대안평가-의사결정-결과(만족/불만족)의 다섯 단계의 과정을 거치게 되는데, 관광목적지 선택과정은 의사결정과정의 하나로 정보탐색과정 및 대안평가과정이 중요한 과정으로 나타나게 된다.

정보탐색과 평가과정이 끝나면 관광객은 주어진 환경 하에서 최상의 대안을 선택하게 된다. 관광목적지 선택과정을 관광객의 인지도에 따라 연속적인 체계로 나타내면 [그림 4-11]과 같다.

그림 4-11 관광목적지 선택과정의 연속체계

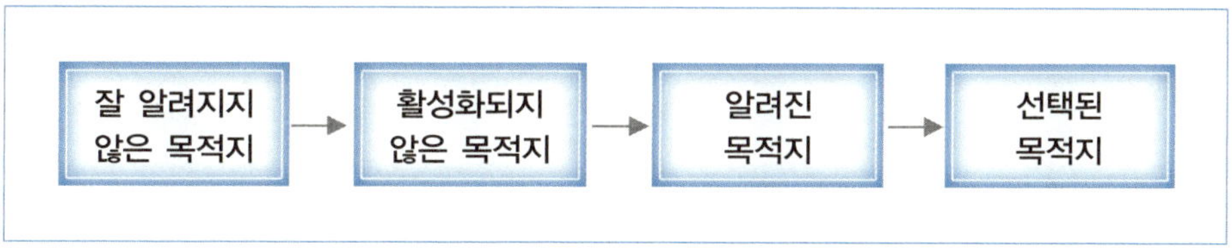

※ 자료 : Woodside, A. G. & Sherell, D., Traveler Evoked, Inept, and Inert Sets Vacation Destinations, Journal of Travel Research, Vol. 16, No. 1, 1977, pp. 14-18.

이러한 관광목적지 선택과정에는 수많은 상황변수가 작용하고 있으며 이들 또한 서로의 영향을 교환하고 있기 때문에, 이를 연구한다는 것은 복잡하고 어려운 작업이다. 이러한 문제를 극복하기 위하여 관광목적지 선택에 관한 여러 가지 모형이 개발되었는데, 엄서호와 크롬튼(Crompton)은 관광목적지 선정에 관한 의사결정이 일반적으로 연속적인 3단계를 거치게 된다고 보고 있다. 이러한 단계에서 관광객은 각각의 대안목적지들의 수를 줄여나가면서 최종 목적지를 선택하게 되는 목적지 선택과정의 모델을 제시하고 있다.

관광객은 사회·인구통계학적 요소와 가족적 요소 및 개인적 요소가 통합과정을 거치면서 관광경험-포괄적인 결정, 정보수집, 공동의사결정, 관광활동, 만족·불만족을 하게 된다고 기술하였다.

그림 4-12 여행목적지 선택과정 모델

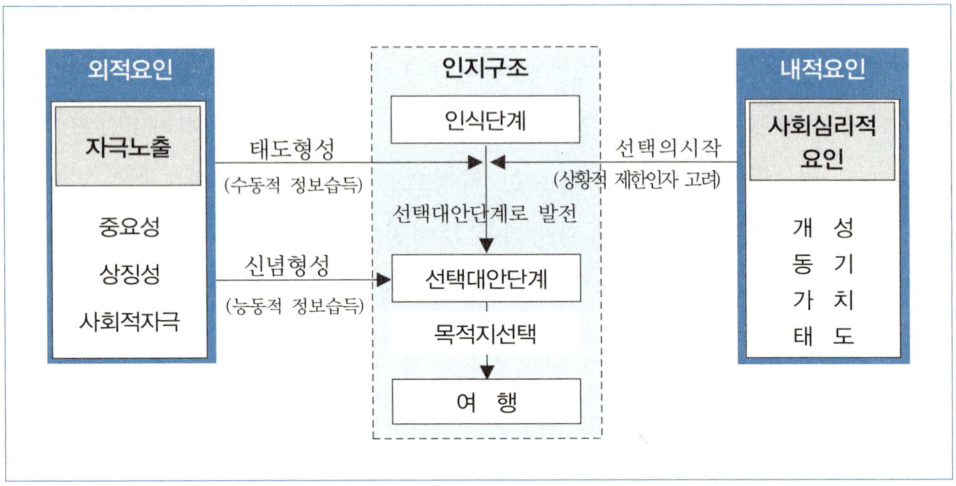

※ 자료 : Um, Seoho & Crompton, Attitude Determinants in Tourism Destination Choice, Annals of Tourism Research, Vol. 17, 1990. p. 432.

5. 만족/불만족

관광객은 대안선택이 이루어지고 관광여행이 끝난 후 관광객 의사결정과정의 마지막 단계는 관광경험을 평가하는 것이다. 대체로 관광경험 후 평가는 만족과 불만족으로 나타난다. 이러한 평가는 관광객들의 관광경험에 대한 심리적 과정을 가지게 되는데, 여기에는 기대불일치 모델(expectancy dis-confirmation model)과 인지부조화(cognitive dissonance) 이론 등이 있다. 관광객들은 관광활동에 앞서 특정의 기대감을 가지게 되는데 기대감은 관광활동의 특성이나 성과에 관한 것, 관광활동에 사용된 비용과 노력에 관한 것 또는 관광활동의 결과로서 관광객에게 발생하는 사회적 비용과 효익에 대하여 나타날 수 있다. 특히 관광객은 관광활동 결과인 관광경험을 바탕으로 다시 평가를 내리게 되는데, 관광경험이 자기의 기대수준에 이르거나 초과되면 만족할 것이고, 기대수준에 미치지 못하게 되면 불만족스러워 할 것이다.

참고문헌

손대현·장병권, 레저관광심리학, 백산출판사, 2003.

임원종 외, 소비자행동론, 경문사, 2004.

최태광, 관광경영학, 백산출판사, 2000.

鈴木忠義, 現代觀光論, 有斐閣雙書, 1984.

A. G. Woodside & D. Sherell, Traveler Evoked, Inept, and Inert Sets Vacation Destinations, Journal of Travel Research, 1977.

Ankomah & Cromption, Influence of congnitive distance in Vacation Choice, Journal of Tourism Research, 1996.

D. Lundberg, The Tourist Business, 4th Edition, 1980.

J. F. Engel, R. D. Blackwell & Paul W. Miniard, Consumer Behavior, 1986.

R. W. Belk, Situational Variables and Consumer Behavior, Journal of Consumer Research, 1975.

W. Fred Van Raaij & Dick A. Francken, Vacation Decisions, Activities and Satisfaction, Annals of Tourism Research, 1984.

Um. Seoho & Crompton, Attitude Determinants in Tourism Destination Choice, Annals of Tourism Research, 1990.

관광자원 5

제1절 | 관광자원의 이해
제2절 | 관광자원의 유형별 특징

CHAPTER 5 관광자원

관광대상이 되는 관광자원의 여하에 따라 관광지의 발전은 좌우되며, 각 관광지는 관광자원을 통하여 더 많은 관광객을 유치하기 위해 치열한 경쟁을 하고 있다. 따라서 지역의 특성을 나타내는 독특한 관광자원은 매우 중요하다고 할 수 있다.

특히 관광자원의 가치는 시대에 따라 변화한다. 최근에 이르러 '보는 관광'에 대한 가치에서 '참여하는 관광' 또는 '체험하는 관광'으로 그 가치가 변화됨에 따라 관광자원의 종류도 다양해지고 있다.

무엇보다도 중요한 것은, 관광대상으로서의 관광자원은 변화되는 관광객의 욕구와 동기에 따라 이해되고 개발·정비되어야 할 필요가 있다.

제1절 관광자원의 이해

관광현상은 주체(관광객), 객체(관광대상), 매체(관광사업)로 구성되어 있는 바, 이 세 가지 요소 중 주로 관광객체 즉 관광대상은 관광객이 보고자 하거나 그들을 끌어들여 욕구를 충족시켜 주고, 관광매체에 의해서 관광객과 연결되는 모든 대상이라고 할 수 있다.

그림 5-1 관광구조상에서 관광자원의 위치

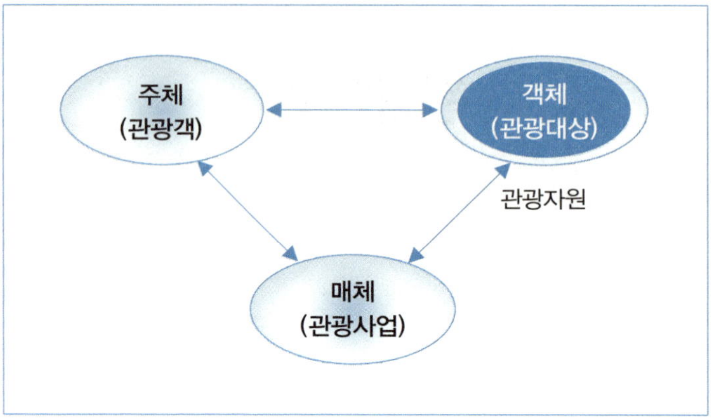

1. 관광자원의 정의

관광자원(tourism resources, tourism attraction)이라는 말은 1920년대 이래로 사용된 용이로 이는 관광객의 활동 근원이 되는 제반 현상을 의미한다. 넓은 의미에서 관광자원은 "인간을 중심으로 둘러싸고 있는 삼라만상의 총체"라고 볼 수 있다. 관광자원은 관광객의 주관에 의해서 관광가치가 결정되기 때문에 매우 다양 다종할 뿐만 아니라 광범위하다. 어떤 의미에서는 모든 대상이 관광자원으로서의 가치를 가지고 있다고 말할 수 있다.

더욱이 관광자원은 시대가 변하면서 자원으로서 가치가 새롭게 인식되는 것이 있는 반면, 가치를 점차 상실해 가기도 한다.

이처럼 관광자원의 범위가 매우 복잡·다양하기 때문에 명확한 정의를 내리기가 매우 어렵다. 국내외 학자들의 관광자원에 대한 정의를 정리하면 <표 5-1>과 같다.

표 5-1 관광자원의 정의

학자명	정 의
스에다케 나오요시 (末武直義)	관광의 매력물이 되는 자연, 인문상의 관광대상으로서 관광의 목적물 또는 관광재로서의 가치를 가진 모든 자원
쓰다 노보루 (津田昇)	관광객이 관광동기·관광욕구의 목적물로 삼는 관광대상
고다니 다쓰오 (小谷達男)	관광객의 관광동기나 의욕을 충족시키고 관광행동을 일으키게 하는 유·무형의 관광대상
김병문	관광객의 여행목적물로서 지역의 의식주, 생업, 신앙, 연중행사와 무형의 전통적 풍습이나 관습의 총칭, 곧 관광객을 주체로 생각할 때 주체가 장소이동의 목적물이 되는 객체인 대상물
김홍운	관광객 욕구나 동기를 일으키는 매력성을 갖고 있으며, 관광행동을 유발시키는 유인성과 개발을 통하여 관광대상이 되고 자연과 인간의 상호작용의 결과인 동시에 자원의 범위는 자연, 인문자원과 유·무형의 자원으로 범위가 넓으며 사회구조와 시대에 따라 가치가 달라져 보호 또는 보존이 필요한 것
이장춘	인간의 관광동기를 충족시켜 줄 수 있는 생태계내의 유·무형의 제 자원으로서 보호·보존하지 않으면 가치를 상실하거나 감소할 성질을 내포하고 있는 자원
박석희	관광객의 관광동기나 관광행동을 유발하게끔 하는 매력과 유인성을 지니고 있으면서 관광객 욕구를 충족시켜 주는 유·무형의 소재이며, 관광활동을 원활히 하기 위해 필요한 제반요소이며, 이것은 보전·보호가 필요하고, 관광자원이 지닌 가치는 시대에 따라 변화하며, 비소모성과 비이동성을 지님

이상의 정의를 바탕으로 관광자원의 개념적 특성을 일곱 가지로 정리할 수 있다.

① 관광자원은 관광객의 욕구나 동기를 일으키는 매력성을 지니고 있다.
② 관광자원은 관광객의 행동을 끌어들이는 유인성을 지니고 있다.
③ 관광자원은 개발이라는 인위적 행위를 통해서 관광대상이 되어진다.
④ 관광자원은 자연과 인간의 상호작용의 결과이다.
⑤ 관광자원의 범위는 자연자원과 인문자원, 유형자원과 무형자원 등 아주 다양하고 넓다.
⑥ 관광자원은 사회구조나 시대에 따라서 가치를 달리한다.
⑦ 관광자원은 보존 또는 보호를 하지 않으면 그 가치가 감소되거나 훼손된다.

2. 관광자원의 가치결정 요인

관광현상에 있어서 관광자원은 관광의 필수불가결한 요소로서 관광자원 없이는 관광이 성립될 수 없다. 버카트와 메드릭(Burkart & Medlik)은 관광자원의 가치를 결정짓는 요인으로 접근성, 매력성, 이미지, 관광시설, 하부구조를 들고 있다.

1) 접근성(Accessibility)

접근성은 관광객의 거주지에서 목적지까지의 근접성에 근거한 개념으로 관광객의 행동에 크게 영향을 준다. 보통 관광객은 물리적인 거리보다는 시간과 비용에 의한 경제적 거리, 나아가서는 관광동기에 따른 심리적 거리에 의해서 관광자원에 접근하게 된다.

2) 매력성(Attractiveness)

매력성은 관광객을 유인할 수 있는 흡인력으로 다양한 자원들이 집중되어 있을수록 매력성이 커지게 된다.

3) 이미지(Image)

이미지는 한 사람 또는 집단이 대상에 대해 갖고 있는 일련의 신념으로서 관광객의 관광지(자원)에 대한 이미지는 그들이 여행참여를 유도하는 커다란 동인의 역할을 하게 된다. 그리하여 관광객은 관광지에 의해 이미지를 확인하는 게 아니고 이미지에 근거하여 관광지를 확인하고자 여행하는 것이라 할 수 있다.

4) 관광시설(Tourism Facilities)

관광시설이란 숙박시설, 유원시설, 휴게시설, 식당시설, 관광안내시설 등으로 관광자원의 가치를 향상시키는 보조적인 역할을 한다. 그러나 경우에 따라 관광시설은 자체의 매력성을 가지고 독자적으로 관광객을 유인할 수도 있다. 관광시설은 중앙정부나 지방정부가 투자하는 하부구조와는 달리 영리를 추구하는 민간기업들이 주로 투자를 하게 된다. 이러한 관점에서 관광시설을 'super-structure'라고 부르기도 한다.

5) 하부구조(Infrastructure)

관광객이 관광지나 관광자원에 접근하는데 이용되는 교통수단과 시설, 그리고 관광지에서 관광편의를 제공하는 전기·통신시설, 상하수도 시설, 의료시설 등이 여기에 해당된다. 하부구조 역시 관광시설과 마찬가지로 관광여행의 주된 목적대상은 아니지만 관광객에게 가장 기초적인 편의를 제공하여 준다.

3. 관광자원의 분류

관광자원은 학자들의 학문적 관점에 따라 다양하게 분류되고 있다. 관광자원의 생성기원, 관광자원가치, 관광행동특성, 관광시장특성 등에 따라 분류하면 다음과 같다.

1) 관광행동특성에 따른 분류

건(Gunn)은 관광자원을 관광행동의 유형, 즉 주유형(touring type)과 체재형(destination type)에 기초하여 구분하고 있다. 구체적으로 살펴보면 첫째, 주유형 관광에는 숙박하지 않고 장소를 이동하며 보고 즐기는 자원을 중심으로 하고, 둘째, 체재형 관광자원은 숙박지역 내에서 또 그 주변에서 보고 즐길 수 있는 관광자원을 중심으로 한다.

그림 5-2 건의 관광자원 분류

주유형 관광자원 :	도로변 경관지, 수려한 경관지역, 자연야영장, 축제지역, 문화적 장소, 토속음식지역, 레크리에이션, 역사유물·유적지, 민속지역, 쇼핑지역, 공예전승지, 주제공원, 관광도시 등
체재형 관광자원 :	휴양지, 야영장, 집단야영장, 민박지역, 카지노, 낚시, 야영지역, 수상·동계스포츠지역, 관광목장, 농장, 회의지, 운동경기장 등

2) 관광시장특성에 따른 분류

크라우슨(Clawson)은 관광자원의 분류를 관광시장과 관광지와의 위치적 특성과 관광객 이용정도에 따라, 곧 관광활동이 일어나는 장소를 중심으로 한 이용자중심형(user-oriented areas), 중간형지역(intermediate areas), 자원중심형(resource-based areas)의 3가지로 구분하고 있다.

(1) 이용자중심형

일과 후에 쉽게 접근할 수 있는 소규모의 공간 또는 시설지역으로서 지역주민의 일상생활권에 위치하여 이용자활동이 중심이 되는 지역이다. 지역주민의 일상적 여가시간에 이용이 가능한 위치와 적절한 시설구비가 우선적으로 중요한 의미를 갖는 지역으로 놀이터와 근린도시공원, 인근 스포츠센터 등이다.

그림 5-3 크라우슨의 관광자원 분류

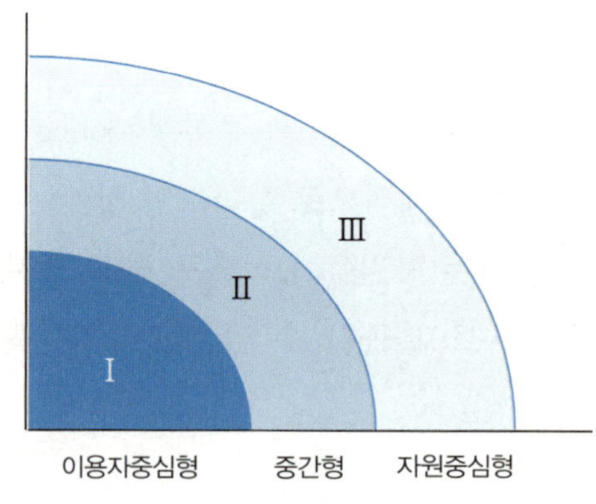

※ 자료 : Clawson. M, Held. R & Stoddard. C, Land for the Future, Johns Hopkins Press, 1960.

(2) 중간형

보통 거주지에서 1~2시간 정도 소요되는 거리에 위치하면서 이용자활동과 자연자원

매력도가 대등한 조건을 갖는 지역으로서 일일 또는 주말을 이용하여 야유회, 낚시·등산 등의 자연관광지나 볼거리, 즐길거리, 놀거리 등이 제공되는 놀이공원 등의 지역이다.

(3) 자원중심형

관광활동에 대한 주안점을 두기보다는 자원의 질(quality)을 우선적으로 고려하는 지역으로서 자원의 질적 가치와 매력의 보호·보존지역이다. 비교적 지역민 거주지와는 원거리에 위치하고 있으며, 주로 공원법으로 규정하여 보호하고 있는 산림·야생지 등이거나 주요 역사유물·유적지가 위치한 지역이다.

3) 자원의 가시성에 따른 분류

한국관광공사는 가시성에 따라 관광자원의 유형을 유형관광자원과 무형관광자원으로 구분하였다.

그림 5-4 한국관광공사의 관광자원 분류

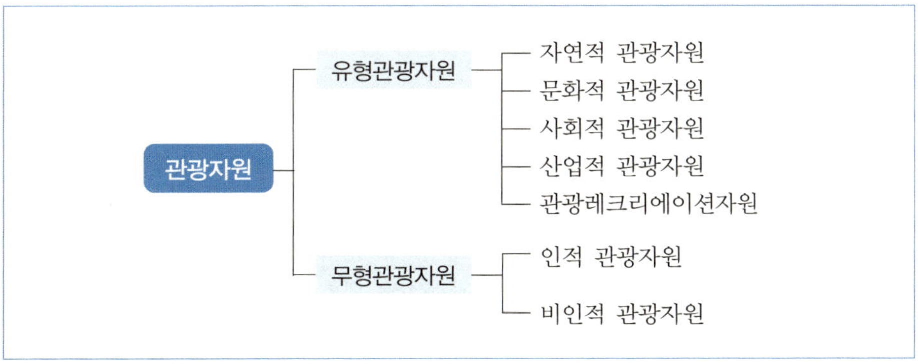

4) 자원의 생성기원에 따른 분류

관광자원은 생성기원에 따라 자연적 자원, 인공적 자원 그리고 혼합형 자원으로 나눌 수 있다. 그러나 순수한 자연적 자원이나 인공적 자원은 보기가 쉽지 않으며 대부분이 자연적 자원에다 인공자원이 가미된 혼합형 자원으로 볼 수 있다.

① 자연적 자원(natural resources) : 산, 바다, 계곡, 폭포 등

② 인공적 자원(man-made resources) : 테마파크, 민속촌 등

③ 혼합형 자원(natural and man-made resources) : 자연자원+인공적 시설

그림 5-5 자원의 생성기원에 따른 분류

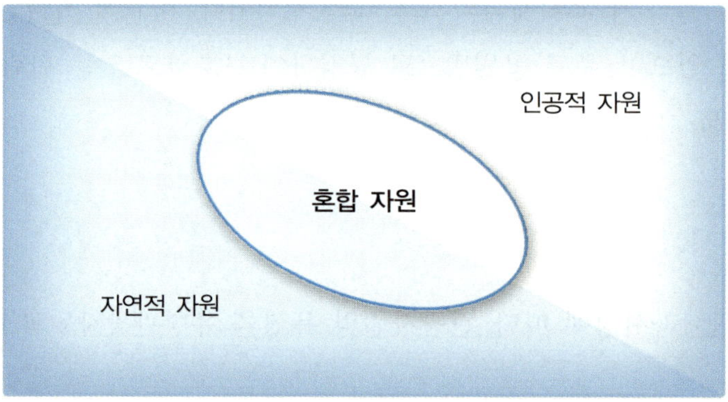

그림 5-6 우리나라의 일반적인 관광자원 분류

- 자연적 관광자원 : 산악, 구름, 호수, 하천, 계곡, 폭포, 평원, 산림, 해안, 지질, 동식물, 온천, 기후, 자연현상 등
- 문화적 관광자원 : 고고학적 유적, 사적, 사찰, 건축물, 유형문화재, 무형문화재, 기념물, 민속자료, 공원, 성역, 향토민속예술제, 박물관, 미술관 등
- 사회적 관광자원 : 풍속, 축제, 생활, 예술, 교육, 종교, 사상, 철학, 음악, 무용, 스포츠, 국민성, 음식, 사회형태, 인정, 예절 등
- 산업적 관광자원 : 공업단지, 유통단지, 관광목장, 백화점, 전시회, 사회공공시설, 농림어업관계시설 등
- 위락적 관광자원 : 야영장, 수영장, 어린이공원, 놀이시설, 여가시설, 수렵장, 낚시터, 쇼핑센터, 카지노, 보트장, 카누장, 승마장, 나이트클럽 등

또한 피어스(Pearce)는 자연관광자원, 인공관광자원, 인문관광자원으로 분류하였다. 일본의 스즈키 타다요시(鈴木忠義)는 자연관광자원, 인문관광자원, 관광시설로 분류하였

고, 쓰다 노보루(津田昇)는 자연관광자원, 문화관광자원, 사회관광자원, 산업관광자원으로 분류하였다. 일반적으로 우리나라에서는 이들의 견해를 바탕으로 [그림 5-6]과 같이 분류하고 있다.

제2절 관광자원의 유형별 특징

1. 자연적 관광자원

관광대상이 되는 자원은 다종다양하고 광범위하게 존재하나, 이 가운데서 자연환경의 모든 것을 대상으로 관광활동이 이루어지는 자연적 자원(natural resource)은 가장 큰 위치를 차지하고 있다. 그런데 이와 같은 자연환경은 지구상에서 골고루 일률적으로 분포되어 있는 것이 아니고, 기후적·지형적인 상태를 중심으로 복잡하게 결합되어 있는데, 그것이 각 지역의 독특한 경관(landscape)을 형성하고 있다.

이와 같이 자연의 지역차 등이 관광욕구와 연결될 때, 관광대상으로서의 자연적 자원이 되며, 그 존재는 교통·도로·숙박시설 등의 개발조건과 결부되어 자원가치를 발휘하게 된다. 더욱이 산업화와 도시화에 따른 대기와 수질오염 등으로 인한 생활환경의 악화는 현대인들의 도시와 일상생활에서의 탈출욕구와 자연환경에 대한 동경심을 증가시키고 있다.

자연적 관광자원은 주로 자연의 풍경미(동의어로 경관·풍광·산수 등이 있고, 풍경을 구성하는 요소로는 지형·지질·기후·풍토·동식물 등이 있다)를 중심으로 형성되나, 그 구성요소는 매우 다양하다. 이를 분류하면 다음과 같다.

1) 산지

산지는 본래의 풍경미와 삼림, 고산식물, 동물, 호수, 온천 등의 자원이 가미되고 고랭지의 맑은 공기와 천상이 아름답게 보이는 것도 포함해서 등산, 스키, 하이킹, 캠프, 오리엔티어링 등 스포츠대상으로서 뿐만 아니라 피서관광지의 대상이 된다.

우리나라는 수려한 자연 풍광지를 국립공원, 도립공원, 군립공원으로 지정하여 보전·이용하고 있는데, 대부분의 자연공원들이 산지에 기초하고 있다.

2) 해양

바다는 산지와 다른 경관이 전개된다. 대부분이 온난한 기후에 의한 푸른 바다와 사빈, 해안, 기암괴석의 암석해안과 섬이 조화된 경관을 이루고 있다. 관동팔경으로 불리는 총석정, 삼일포, 청간정 등은 이런 경우에 해당한다. 바다의 관광가치는 해수욕, 요트, 카누, 보트, 낚시 등의 관광행동을 즐길 수 있을 뿐만 아니라 피서·경관감상 등의 목적에도 합치되는 대상이다. 최근에는 해중공원설정 등도 함께 하여 새롭게 해중관광이 관심의 대상이 되고 있는데, 해중의 바위, 산호, 해초, 어류 등 아름다운 수중광경을 배 밑의 유리창에서 바라보는 방법을 채택하고 있다.

3) 하천 · 운하

하천은 유역면적이 넓고 수량이 풍부한 것에서부터 작은 하천, 인공운하까지 여러 가지가 있으나, 하천 그 자체보다는 산지 등, 연안의 풍경과 결합한 것이 많다.

하천 그 자체로서 가치를 가지는 것은 계곡이나 폭포 등의 주위 풍경과 함께 어우러져 아름다운 경관을 형성한다. 운하는 베니스와 같이 특수한 도시미의 구성요소가 된다.

4) 삼림

한국에는 산지가 많고 삼림은 산지의 일부로서 신비한 정서를 형성하고 있으며, 그 본래의 치수를 위한 보안림으로서보다도 관광대상으로서의 자원성이 중시된다. 설악산, 오대산 등의 국립공원은 침엽수림지가, 소백산·속리산·지리산 등에는 낙엽활엽수림이, 치악산일대는 활엽수와 침엽수의 혼합림, 그리고 한라산의 식물분포의 수직차이 등 삼림은 국립공원 지정의 중요한 요소가 되고 있다.

특히, 자연의 숲과 나무로부터 나오는 피톤치드(phytoncide)의 살균작용이 알려지면서 삼림욕을 중심으로 하는 휴양수요가 급증하고 있다. 따라서 정상적 산림경영을 유지하면서 휴양시설을 설치하여 관광객들에게 산림휴양공간을 제공함과 동시에 자연교육장의 역할과 산림소유자 소득향상에 이바지할 목적으로 자연휴양림을 지정하고 있다.

5) 동물

동물도 자연자원으로서의 관광대상이 되는데 관찰하는 것과 포획의 대상으로 하는 것(수렵, 낚시 등)이 있다. 물론 이들은 야생이고, 동물원 등에서 사육하고 있는 것은 관광자원이기는 하나, 자연자원의 관광대상은 되지 못한다.

그러나 최근에는 생태관광의 일환으로 철새 도래지에서 철새를 관찰하는 탐조(bird watching) 등 야생동물과 곤충들이 생태관광의 대상이 되고 있다. 동물은 전체적으로 자연감소의 추세에 있어 세계의 각국이 천연기념물로 지정한다든가, 조수보호구역 등을 설정하여 보호에 만반의 조치를 강구하고 있다.

6) 동굴

동굴은 땅속에 형성된 일정공간을 점유한 공동(空洞)이며, 생성원인에 따라 인공과 자연동굴로 구분한다. 인공동굴이란 인간목적에 의해 굴착된 동굴이며, 자연동굴은 자연의 힘에 의해 형성된다.

또한 자연동굴은 생성원인에 따라 석회동굴, 용암굴, 해식굴 등으로 나누어진다. 우리나라에는 약 1,000여개의 자연동굴이 분포하고 있으나 규모가 큰 것은 약 220여개로 파악된다. 이중 관광자원으로 개발되거나 일반에 잘 알려진 동굴들을 살펴보면, 석회동굴로는 영월의 고씨굴, 단양의 고수동굴, 울진의 성류굴, 삼척의 대이리 동굴지대(관음굴, 환선굴), 정선의 화암굴 등이, 용암굴로는 제주의 만장굴, 금녕굴, 협재굴이, 해식굴로는 홍도의 석화굴, 여수의 오동도굴, 제주도의 삼방굴 등이 유명하다.

7) 온천

온천이란 지하에서 용출하는 '따뜻한 샘'이란 의미로 우리나라 「온천법」에서는 지하에서 용출되는 25℃ 이상의 온수로 성분이 인체에 해롭지 아니한 것으로 규정하고 있다.

온천은 온도에 의해서 냉천(25℃ 이하), 미온천(25~34℃), 온천(34~42℃), 고온천(42℃ 이상)으로, 용출형태에 따라서는 용천(涌泉)과 간헐천(間歇泉)으로, 수소이온농도에 따라서는 산성(pH 3미만), 약산성(pH 3~6), 중성(pH 6~7.5), 약알칼리성(pH 7.5~8.5), 강알칼리성(pH 8.5이상)으로 구분할 수 있다. 또 광물질의 용해도에 따라 물 1ℓ 중에 1g 이상 고형물질이 용해되어 있으면 광천이라 하고 그 이하의 것은 단순천이라고 부르며, 용해물질의 종류에 따라 유황천, 탄산천, 염류천, 방사능천으로 분류하기도 한다. 우리나라 온천의 대부분은 단순천이며 약알칼리성이라고 할 수 있다.

온천은 휴양·요양의 효과가 크고, 수려한 풍경과 조화를 이루어 관광자원으로서의 가치를 발휘하고 있는 곳이 많다. 온천에는 휴양지·요양지로서의 온천, 관광지로서의 온천, 도시화해 가고 있는 온천지 등 3단계의 발전형태를 생각할 수 있는데, 도시화된 관광지에 있어서도 온천은 핵심적인 관광자원인 것에는 다를 바 없다. 영국의 배스(Bath), 독일의 바덴바덴(Barden Barden)이나 일본의 아타미(熱海)·벳푸(別府)와 같이 오래 전부터 관광지화된 온천도 있다.

2. 문화적 관광자원

문화적 관광자원이란 민족문화유산으로서 국민이 보존할 만한 가치가 있고 관광매력을 지니고 있는 자원을 말한다.

문화적 관광자원은 문화재자원과 박물관자원으로 대별할 수 있는데, 우리 조상들의 슬기와 예술성, 그리고 민족정신과 철학 등이 담겨진 역사의 실증자료로 다른 어떤 기록보다도 더 많은 의미를 함축하고 있는 것, 즉 민족지혜의 전통이 되기에 충분하고 민족문화 창조의 기반과 모체가 되는 것을 문화재자원이라고 한다.

한편, 박물관의 관광자원으로서 의미는 박물관의 건물시설뿐만 아니라 그 안에 소장

되어 있는 우리 조상들의 문화유산 속에서 세계문화의 역사의 흐름과 우리 민족의 위상을 알릴 수 있는 문화관광의 산 교육장으로서의 역할을 한다.

1) 문화재

문화재는 우리 민족의 유구한 자주적 문화정신과 지혜가 담겨 있는 역사적 소산이며, 우리의 전통문화를 소개할 수 있는 매력적인 관광자원이다.

우리나라는 문화재 보호를 위해 1962년에 「문화재보호법」을 제정하여 시행하고 있는데, 현행 「문화재보호법」(2016.2.3. 일부 개정) 제2조 제1항에 따르면, 문화재란 "인위적이거나 자연적으로 형성된 국가적·민족적 또는 세계적 유산으로서 역사적·예술적·학술적 또는 경관적 가치가 큰 ① 유형문화재, ② 무형문화재, ③ 기념물, ④ 민속문화재를 말한다. 문화재의 분류는 〈표 5-2〉와 같다.

표 5-2 문화재의 분류

분류	내 용
유형문화재	• 건조물, 전적(典籍), 서적(書跡), 고문서, 회화, 조각, 공예품 등 유형의 문화적 소산으로서 역사적·예술적 또는 학술적 가치가 큰 것과 이에 준하는 고고자료(考古資料)를 말함
무형문화재	• 여러 세대에 걸쳐 전승되어 온 무형의 문화적 유산 중 ① 전통적 공연·예술, ② 공예·미술 등에 관한 전통기술, ③ 한의약, 농경·어로 등에 관한 전통지식, ④ 구전 전통 및 표현, ⑤ 의식주 등 전통적 생활관습, ⑥ 민간신앙 등 사회적 의식(儀式), ⑦ 전통적 놀이·축제 및 기예·무예 등에서 어느 하나에 해당하는 것을 말한다.
기념물	㉮ 절터, 옛무덤, 조개무덤, 성터, 궁터, 가마터, 유물포함층 등의 사적지(史蹟地)와 특별히 기념이 될 만한 시설물로서 역사적·학술적 가치가 큰 것 ㉯ 경치 좋은 곳으로서 예술적 가치가 크고 경관이 뛰어난 것 ㉰ 동물, 식물, 지형, 지질, 광물, 동굴, 생물학적 생성물 또는 특별한 자연현상으로서 역사적·예술적 또는 학술적 가치가 큰 것
민속문화재	• 의식주·생업·신앙·연중행사 등에 관한 풍습이나 관습과 이에 사용되는 의복·기구·가옥 등으로서 국민생활의 변화를 이해하는 데 반드시 필요한 것을 말함

이러한 문화재 중 가치를 크게 지닌 것을 지칭하여 '지정문화재'라 하는데, 「문화재보호법」 제2조제2항에서는 지정문화재를 국가지정문화재, 시·도지정문화재, 문화재자료로 구분하여 규정하고 있다.

표 5-3 문화재의 유형분류

지정권자별 \ 유형별	유형문화재		무형문화재	기념물			민속문화재
국가지정문화재	국보	보물	주요 무형문화재	사적	명승	천연기념물	주요 민속문화재
시·도지정문화재	지방 유형문화재		지방 무형문화재	지방기념물			지방 민속문화재
문화재자료	문화재자료						

여기서 국가지정문화재는 문화재청장이 문화재위원회의 심의를 거쳐 지정한 문화재를 말하고, 시·도지정문화재는 시·도지사(특별시장·광역시장·특별자치시장·도지사 또는 특별자치도지사)가 관할구역에 있는 문화재로서 국가지정문화재로 지정되지 않은 문화재 중 보존가치가 있다고 인정되는 것을 시·도지정문화재로 지정된 것을 말한다. 또한 문화재자료는 시·도지정문화재로 지정되지 아니한 문화재 중 향토문화 보존상 필요하다고 인정되는 것을 시·도지사가 지정한 문화재를 말한다.

(1) 국가지정문화재의 종류

① 국보 : 보물에 해당되는 문화재 중에서 인류문화의 견지에서 그 가치가 크고 유례가 드문 것을 문화재위원회의 심의를 거쳐 국보로 지정하고 있다.

② 보물 : 건조물(목조건축물, 석조건축물, 분묘), 전적·서적·고문서, 회화, 조각, 공예품, 고고자료, 무구 등 유형문화재 가운데 중요한 것을 문화재위원회의 심의를 거쳐 지정한 것을 말한다.

③ 중요무형문화재 : 문화재는 석굴암이나 남대문처럼 언제나 그 자리에 고정된 형태를 갖추고 있는 '유형문화재'만 있는 것이 아니다. 춤이나 노래, 연극처럼 눈에

는 보이지 않으나 우리 민족의 흥과 멋이 살아 숨 쉬는 음악, 무용, 연극, 놀이와 의식, 공예기술 등의 전통문화예술도 보호하여야 할 소중한 '무형문화재'인 것이다. 중요무형문화재란 무형문화재중 역사상, 학술상, 예술상 가치가 크고 향토색이 현저한 것으로, 문화재위원회의 심의를 거쳐 지정한 것을 말한다.

④ 사적 : 기념물 문화재 중 선사유적, 성곽, 옛무덤, 가마터, 지석묘, 절터, 조개무텀 등과 역사적으로 특별히 기념될 만한 지역과 시설물을 함께 일컫는 것으로서 역사적, 학술적 가치가 큰 문화재를 가리킨다.

⑤ 명승 : 예로부터 경치가 좋기로 이름난 경승지로서 역사적, 예술적, 경관적 가치가 크며, 자연미가 빼어나게 아름다울 뿐만 아니라 그 형성과정에서 비롯된 고유성, 희귀성, 특수성이 큰 곳이다. 명승을 경관적 요소로 구분하면 산악경관, 계곡, 폭포, 경관, 하천경관, 호소경관, 도서경관, 해안경관, 수계경관, 고원·평원경관, 암벽경관, 식생경관, 온천·냉광천지 경관 등 다양한 형태가 있다.

⑥ 천연기념물 : 동물, 식물, 광물, 동굴, 지질, 생물학적 생성물, 자연현상 중에서 민족의 역사성을 확인시켜주는 역사적, 문화적, 과학적 가치가 있거나 경관이 특별히 아름다우면서 학술적 가치가 큰 것으로서 「문화재보호법」에 의거하여 지정한 것을 말한다. 천연기념물로 보호하는 동물은 서식지와 번식지, 도래지까지 포함한 개념이며, 식물에 대해서는 자생지까지 포함하고 있다.

표 5-4 중요 국가지정문화재

종 목	명 칭	소재지
국보 제1호	서울 숭례문	서울
보물 제1호	서울 흥인지문	서울
중요무형문화재 제1호	종묘제례악	서울
사적 제1호	경주 포석정지	경북 경주
명승 제1호	명주 청학동의소금강	강원 강릉
사적 및 명승 제1호	경주 불국사경내	경북 경주
천연기념물 제1호	달성 측백수림	대구
중요민속자료 제1호	덕온공주당의	서울

(2) 등록문화재

등록문화재는 지정문화재가 아닌 건조물 또는 시설물 가운데 건설 후 50년 이상이 경과하여 다음 대상에 해당되는 것을 선정하고 있다.

① 우리나라 근대사에 기념이 되거나 상징적 가치가 큰 것
② 지역의 역사, 문화적 배경이 되고 있으며, 그 가치가 일반에게 널리 알려진 것
③ 한 시대 조형의 모범이 되는 것
④ 건설기술이나 기능이 뛰어나고, 의장 및 재료 등이 희소하여 학술적·예술적 가치가 큰 것
⑤ 전통건조물로서 당시의 건축사를 이해하는데 중요한 가치를 지니고 있는 것
⑥ 건설된 지 50년 이상이 경과되지 아니한 건조물 또는 시설물이라도 위의 조건에 해당되고 긴급한 보호조치가 필요하다고 인정되는 경우에는 등록문화재로 등록할 수 있음

2) 박물관

박물관은 한 민족의 기원에서부터 현재에 이르는 문화재·문화유산 등을 시대별·지역별로 일목요연하게 정리되어 방문국가나 방문지의 문화를 가장 단시간 내에 체계적으로 파악할 수 있는 기회를 제공하는 중요한 관광자원이다.

우리나라에는 국립·도립·시립박물관, 대학박물관 외에 최근 들어 사설박물관의 개관이 활발해지고 있고, 이들 박물관들은 점차로 세분화·다양화·전문화되어 가는 경향을 보이고 있다.

우리나라에 있는 전문박물관으로는 명가김치박물관, 짚풀생활사박물관, 삼성출판박물관, 골프박물관, 목아불교박물관, 국립철도박물관, 전통술박물관, 참소리박물관, 화폐박물관, 석탄박물관, 산림박물관, 청주고인쇄박물관, 나주배박물관, 죽물박물관, 조개박물관, 종이박물관, 건들바우박물관, 장기갑등대박물관, 경보화석박물관 등이 있다.

3. 사회적 관광자원

관광자원에 있어 문화적 자원이 시각적으로 감상할 수 있는 유형적인 용구문화의 속성이라고 한다면, 사회적 자원은 그 용구문화를 창조해 낼 수 있었던 사회규범적인 무형의 생활양식을 뜻한다. 따라서 유형문화재인 용구문화는 사회규범적인 생활양식의 결과적 소산이 되는 것이다.

따라서 사회적 관광자원이란 한 나라의 역사와 전통, 과거의 생활상과 현재를 이해하는데 도움이 되는 사회규범적인 자원으로서 여기에는 도시의 문화환경, 생활문화, 지역의 역사와 민속 및 풍습, 사람들의 소박한 인정, 국민성과 이에 따른 생활자료, 그리고 각종 제도와 사회공공시설 등이 포함된다.

1) 도시관광자원

도시관광은 관광객, 관광자원, 관광기업, 지방정부, 도시주민 등이 도시라는 공간 내에서 상호작용하는 가운데 이루어지는 총체적 현상이라고 할 수 있다. 이때의 관광자원은 도시 자체가 지니고 있는 매력과 자연·인문적 자원, 각종 위락시설 및 서비스 등을 포함한다.

런던, 파리, 샌프란시스코, 도쿄, 방콕, 뉴델리와 같은 도시들은 박물관, 공원, 역사적인 장소, 최신식 건물, 쇼핑, 식사, 도시경관 등 우수한 관광자원을 보유하고 있어 세계 각국의 많은 관광객들을 유치하고 있다.

2) 문화행사

문화행사는 문화적 가치를 표현하거나 내재하고 있는 모든 행사의 총칭으로 민속놀이나 민속문화행사 등 역사적 의미가 있는 전통문화행사는 물론이며, 현재 우리가 공유하고 있는 생활양식 전부를 포함하는 모든 행사를 뜻한다.

관광행사는 관광목적지의 매력도를 제고시키고, 관광비수기를 극복하는 수단이 되며, 관광의 지역적 확대, 관광시설의 활성화, 잠재적 관광지로서의 이미지 조성, 관광시설

확충 등 도시개발 및 재개발촉진, 관광수입증대, 자연자원의 보존 등 대안관광(alternative tourism)의 새로운 형태로 자리잡고 있다. 많은 관광객들이 찾는 문화행사는 강릉단오제, 백제문화제, 남원춘향제, 진도영등제 등이 있다.

3) 향토특산물과 향토음식

오늘날 지역과 국가 간의 상이한 생활관습이나 예절과 음식물 등은 관광객에게 흥미와 관심의 대상이 되며, 관광의욕을 갖게 하는 매력적인 자원이 되고 있다. 예전의 여행은 명승을 즐기는 경관위주의 관광이 주를 이루었으나, 근래에 들어서는 미각이 여행을 만족시키는 중요한 요소가 되어 풍물과 미각을 함께 즐기게 되었으며, 때로는 명물요리의 맛을 찾아 여행하는 일이 생겨나고 있다. 현대인의 미식추구 및 식도락여행, 미식탐방여행의 증가는 세계적인 추세로 홍콩의 요리축제와 싱가포르의 요리축제 등은 이미 우리에게도 익숙한 관광상품이 되어 있다.

4) 예술 · 예능 · 전통스포츠

고대로부터 전승되어 오고 있는 그 나라의 독특한 고전적 예술(한국의 판소리, 이탈리아의 가극, 일본의 가부키, 중국의 경극 등) 또는 근대음악·근대회화 등의 예술작품은 중요한 관광자원이 된다.

민족적 생활 가운데서 뿌리를 내리고 있는 전통적인 예도, 오락적 요소를 포함한 각종의 예능 등도 그 가치가 점차 재인식되고 있는 훌륭한 관광자원이다.

전통스포츠(한국의 씨름, 스페인의 투우, 일본의 스모) 행사는 관광자원의 충실한 내용이라 할 수 있다.

5) 교육 · 사회 · 문화시설

교육시설은 유치원으로부터 대학시설에 이르기까지 관광객의 흥미와 관심을 끄는 중요한 관광대상 가운데 하나이다. 따라서 세계의 대부분의 나라에서는 국빈들을 대학에 안내할 뿐만 아니라 일반 관광객에게도 개방하여 견학시키고 있다.

사회시설로서는 국회의사당, 대건조물, 고속도로, 고아원, 양로원 그밖에 사회복지후생시설, 도시교통시설 등이 있다. 또한 문화시설로서는 시민회관, 문화연구소, 미술전람회, 도서관, 과학연구소 등 얼마든지 열거할 수 있다.

이와 같은 시설과 운영상태 등을 견학·시찰하거나 관광하는 일은 지식과 견문을 넓힐 수가 있고, 또한 방문국의 문화, 기술수준과 문명의 발달 정도를 파악할 수 있으며, 문화교류와 기술협력의 계기를 자연스럽게 마련한다.

6) 민속마을

전통민속마을이란 전통적인 삶의 방식을 유지하며 우리 민족 고유의 민속을 잘 간직하고 있는 마을로 대표적인 전통민속마을로는 전남 순천의 낙안읍성마을, 안동의 하회마을, 경주의 양동마을, 제주의 성읍마을, 고성군의 왕곡마을, 아산의 외암리마을을 들 수 있는데 이들은 「문화재보호법」에 의하여 정부로부터 문화재로 지정을 받은 곳들이다.

전통민속마을의 특징은 풍수지리상의 명당에 위치하여 외부로부터의 피해가 거의 없었다는 것과 거의가 단일 성씨(또는 몇 개의 성씨가 집성촌을 이룸)의 혈족공동체 또는 씨족공동체로 형성되어 있다는 점이다. 그리고 대체로 유교적 생활문화를 보여주고 있으며, 민속마을마다 특유의 탈놀이, 축제, 신앙 등 마을주민들을 단합하게 하는 예술적 요소가 곳곳에 스며 있어 훌륭한 관광자원이 된다.

한편, 경기도 용인에 있는 한국민속촌은 인위적으로 조성된 곳으로 전통민속마을이라고는 할 수 없지만, 우리나라의 대표적인 민속촌으로서 많은 관광객을 유치하고 있다.

4. 산업적 관광자원

산업적 관광자원이란 농업·임업·수산업·공업·상업 등 각종 산업시설을 말하며, 이를 대상으로 하는 관광을 산업적 관광이라고 한다.

내국인에게는 자국의 산업수준에 대한 감동과 자신의 지식확대, 교양 및 자기확대의 욕구를 충족시키고 자부심을 갖도록 하며 외국인 관광객에게는 특히 경제적·기술적 교류를 시도하려는 목적에서 세계 각국에서 적극적으로 유치하고 있다.

또한 산업관광은 기술과 지식습득을 주 내용으로 하는 건전관광이며, 계절·성별 차이를 두지 않는 관광이므로 성수기와 비수기가 없는 탈계절 관광상품이다.

1) 공장시설

공장시설과 공업단지는 현대산업국가에 있어 중요 관광자원 가운데 하나이며, 이같은 시설 가운데는 공장기계설비·경영조직·운영관리상태·제조공정·공장부설기술연구소·경영이념·사원교육·후생시설 등의 모든 것이 포함된다.

공장시설을 견학·시찰하는 산업관광은 방문국의 산업수준을 이해시키는 관광으로 국제무역, 국제경제협력을 직간접적으로 증진·확대시키는 중요한 전기를 마련할 뿐만 아니라 국위선양에도 크게 이바지하게 된다.

2) 농장 · 목장시설

이는 제1차산업에 여가시설을 갖추어 관광객에게 개방하는 것인데, 농장이나 목장도 중요한 관광대상이 된다. 최근 각국에서는 관광개발을 통하여 농어촌의 소득증대사업을 추진해 가고 있는데, 여가시설을 갖춘 관광농장과 목장 등은 관광객에게 안식과 정서를 안겨 줄 뿐만 아니라 도시에서 자란 청소년에게 훌륭한 자연교육의 기회를 제공하고 있다.

3) 관광기반시설

공항, 항만, 발전용 댐, 운하, 고속도로 등의 도로·교통시설은 일반적으로 사회공공시설이라고도 하는데, 내방하는 관광객에게는 매력 있는 관광대상이 될 수 있다.

4) 견본시 · 박람회 · 전시회

새로운 내용을 알게 되고 볼거리가 많은 상품견본시, 산업박람회, 그 밖의 각종 전시회 등도 매력 있고 가치 있는 관광대상이 된다.

5. 위락적 관광자원

위락은 자주적 또는 자기 발전적 성향을 띠고 있으며, 생활의 변화추구라는 인간의 기본적인 욕구를 충족시킨다는 점에서 관광자원으로서의 비중을 점차로 높여 가고 있다. 최근 관광·여가부문에 대한 수요는 보다 높은 '삶의 질'을 추구하는 방향으로 다양화·고급화되고 있고, 급속한 도시화와 산업화는 여러 형태의 위락적 관광상품을 개발해 내고 있다.

이하에서는 최근에 국내·외에서 각광받고 있는 대표적인 위락관광자원들에 대해서 살펴보기로 한다.

1) 주제공원

주제공원(theme park)이란 주제가 있는 공원이란 뜻으로, 어떠한 주제를 설정하여 그 주제를 실현시키고자 각종 시설물, 건축물, 그리고 조형물 등을 전개하고 실현시킨 곳이라고 할 수 있다.

주제공원에서 주로 사용되는 주제는 반복되는 일상생활의 지루함에서 벗어나고자 하는 현대인의 심리를 이용한 비일상적이고 비현실적인 내용을 주로 하고 있으나, 그 적용대상에 따라 소재의 범위는 거의 무한하다.

주제공원은 완전히 인공적인 관광자원으로서 자연적 관광자원이나 문화적 관광자원이 부족한 국가나 지역에서 관광객을 유치할 수 있는 훌륭한 관광자원이 될 수 있다. 대표적인 주제공원은 미국의 디즈니랜드, 일본의 하우스 텐보스, 우리나라의 에버랜드, 롯데월드, 서울랜드, 대구 우방타워랜드 등이 있다.

2) 카지노

카지노(casino)는 일반적으로 사교나 여가선용을 위한 공간으로서 주로 갬블링이 이루어지고 동시에 오늘날 카지노에서는 다양한 볼거리를 제공하는 장소로 변모하고 있다.

또한 카지노는 여가공간을 제공하는 기능 외에도 외화획득을 통한 국제수지의 개선과 지역경제의 활성화, 지역주민의 소득 및 고용증대, 세수확보 등의 차원에서 서구의 주요 선진국은 물론 가까운 동남아시아국가에서도 적극적으로 육성하고 있는 추세이다.

카지노업은 옥내의 실내 유기장에서 이루어지는 영업으로 악천후 시에 야기되는 옥외 관광상품의 대체상품으로써 상품의 한계가 거의 없다고 할 수 있다. 또한 24시간 영업되므로 야간 관광상품으로도 이용될 수 있다는 강점을 가지고 있다.

3) 스포츠

(1) 트롤(Troll)낚시

배를 타고 바다를 가르는 경쾌함이 트롤링(trolling)으로 눈을 돌리게 하고 있다. 트롤링의 재래식 형태는 낚시줄에 고기를 걸어 끌고 가다가 갈고리 등으로 찍어 올리는 끌낚시이다. 우리나라에서는 제주도, 추자도, 경북 구룡포 등에서 주로 이루어지고 있다. 특별한 장비 없이도 간단히 배에 올라 대어를 낚을 수 있기 때문에 관광객이 트롤낚시를 많이 이용하고 있다.

(2) 트레킹(Tracking)

트레킹은 원래 남아프리카 원주민들이 달구지를 타고 집단이주하던 데서 유래된 말로서 국내에 트레킹이 보급된 것은 1990년대 초 한국체육진흥회가 한국트레킹 클럽을 설립하면서부터인데, 그 이후 트레킹 인구는 매년 증가일로에 있다.

지방자치단체에서는 외국인 관광객 및 내국인 관광객을 대상으로 자기지역만의 재미있고 기억에 남을 만한 트레킹코스를 개발해 개성 있는 관광상품을 개발해야 한다.

(3) 번지점프(Bungee Jump)

번지점프는 고무로 만든 긴 줄의 한쪽 끝을 발목과 몸통에 묶고 한 끝을 물체에 고정한 뒤 높은 곳에서 뛰어 내리는 스포츠이다.

국내 최초의 번지점프장이 대전 엑스포공원지역에 1995년 8월에 개장되었다. 높이 21m 높이의 철탑에서 허리에 줄을 매단 안전장구를 착용, 아래로 떨어지면서 추락의 공포와 스릴을 맛보는 것이다. 발목에 로프를 매달고 강물로 뛰어내리는 뉴질랜드식 번지 점프장도 추진 중에 있다.

(4) 자동차경주

국내유일의 자동차경주장인 경기도 용인지역 내에 에버랜드의 모터파크가 법정 자동차 경주장으로 정식 승인을 받으면서 1995년부터 우리나라에서도 제한적이기는 하지만 자동차경주가 정식으로 시작되었다.

(5) 초경량항공기 비행

비행 15시간 만에 혼자서 조정할 수 있는 초경량항공기 비행이 새로운 스포츠 위락활동으로 동호인들 사이에 인기를 모으고 있다.

비행속도는 최고시속 150km이며, 비행고도는 4km까지 올라 갈 수 있다. 하늘의 볼거리로 초경량항공기 비행훈련장을 적극 유치하여 활용하는 것도 훌륭한 지역개발사업이 될 수 있다.

(6) 래프팅(Rafting)

급류타기(rafting)는 물살이 센 계곡을 고무보트에 의지해 맨몸으로 헤쳐 나가는 모험으로 가득한 레포츠이다.

래프팅은 4~8인승 고무보트에 올라 자연계곡 급류를 타며 스릴과 박진감을 즐기는 종목으로 6세 어린이로부터 60세 노년층까지의 가족이나 연인 등에 적합해 국내에 도입된 지 10년 만에 인기 있는 수상레포츠로 자리잡았다. 특히, 이 경기는 최근 신세대의 도전과 모험을 상징하는 스포츠로 인식돼 특히 젊은 층으로부터 각광받고 있다.

우리나라에서 인기 있는 래프팅 장소로는 강원도 영월의 동강, 인제의 내린천, 그리고 경남 산청의 경호강 등이 있다.

이외에도 스포츠를 통한 위락적 관광자원으로는 canoe 타기, kayak 타기, 서바이벌 게임, 페인트볼 게임, 동굴탐사, back packing 등이 있다.

참고문헌

김병문, 관광자원학, 백산출판사, 2005.
김정옥, 관광자원관리론, 대왕사, 1997.
김종은, 관광자원해설론, 백산출판사, 2014.
이미혜, 관광개발론, 대왕사, 1999.
이상춘, 관광자원론, 백산출판사, 2014.
이후석, 관광자원의 이해, 백산출판사, 2005.
이장춘, 최신 관광자원학, 대왕사, 1997.
장성수, 관광자원론, 백산출판사, 2013.
최기종, 관광학개론, 백산출판사, 2014.
Clawson. M, Held. R & Stoddard. C, Land for the Future, Johns Hopkins Press, 1960.
Gunn. C. A, Tourism Planning, Crane Russak, 1978.
Burkart. A. J & Medlik. S, Tourism: Past, Present and Future, 2nd ed., Heinemann, 1982.

6 관광개발

6 CHAPTER 관광개발

관광개발은 관광자원을 중심으로 관광객의 욕구나 요구에 따른 자원의 가치를 높이는 활동이며 과정이라고 할 수 있다. 이러한 활동과 과정으로 지역이 관광활성화를 이루게 되는데 그 목적이 있다고 하겠다. 그러므로 관광개발은 관광개발의 목적이 분명하고 관광개발의 대상과 범위를 어디까지 할 것인가 하는 문제가 중요하게 부각된다. 이에 따른 관광개발 전략과 방식이 대두된다. 우리는 관광개발에 있어 항상 개발이냐 보존이냐 하는 날카로운 쟁점에 봉착한다. 관광개발 패러다임도 시대와 환경에 따라 변하기도 한다. 현재에 있어서, 환경적으로 건전한 지속가능한 관광개발(environmentally sound and sustainable development)에 대한 논의가 공론화되고 있다.

제1절 관광개발의 정의

관광개발은 수요와 공급 간의 조화로서 각종 편익효과 제고를 추구하는 데 기본목적을 두고 있으며, 이러한 기본목적의 구체적 내용은 지역 또는 국가의 균형 있는 경제발전을 도모하고, 궁극적으로는 총체적 사회편익의 극대화 실현에 있다.

다시 말해 관광개발은 고용기회 유발, 소득증가, 세수증대 그리고 경제구조 다변화 등의 경제적 편익을 제공함으로써 지역과 국가의 경제 활성화와 성장에 효과적 수단으로 자리함으로써 사회가 추구하는 경제·사회적 목표기여에 의의를 지니고 있다.

관광개발은 주체와 대상에 따라 목적과 내용이 달라질 수 있기 때문에 <표 6-1>에서와 같이 학자에 따라 다양한 정의들을 내리고 있다.

국내·외 학자들의 개념정의를 종합적으로 정리하면, 관광개발은 첫째, 관광객 욕구를 충족시켜 주기 위하여, 둘째, 관광자원의 가치를 증진시키기 위하여, 셋째, 관광객 이용편의를 증진시키기 위한 교통체계와 각종 관광이용시설을 정비하고, 넷째, 지역과 국가의 경제뿐만 아니라, 나아가 사회발전을 도모하기 위한 일련의 과정으로 정의할 수 있다. 그러나 관광개발 개념은 관광현상의 다양화에 따라 이에 대응하기 위한 광의의 의미를 내포하게 되고, 이러한 추세는 시대변화에 따른 관광에 대한 개념변화를 지속적으로 요구하게 될 것이다(이미혜, 1999).

표 6-1 관광개발의 정의

학 자	정 의
Burkart & Medilk	관광개발은 관광지에 관광객이 접근할 수 있도록 하는 여러 형태의 물리적 개발뿐만 아니라 관광지 내의 관광요건을 제공하는 특별한 시설개발 모두를 포함
Chuck Gee	관광개발은 구체적 계획, 개발시행 그리고 관광객을 유치하기 위한 마케팅 등 일련의 과정
Douglas Pearce	관광개발이란 관광객 욕구를 충족시키기 위해 각종 관광관련 시설과 서비스를 공급 또는 강화시키는 것
Fred Lawson	관광개발이란 인적·물적 관광자원의 잠재력을 최대한으로 개발함으로써 지역내 경제·사회·문화·환경적 가치를 향상시켜 총체적 편익을 극대화하여 지역 또는 국가발전을 촉진시키고자 하는 노력
스에다케 나오요시(末武直義)	사람들의 관광욕구를 만족시키기 위해 관광자원을 활용하고 관광관련 기능을 가진 각종 관광시설을 설치하여 관광행동을 촉진시킴으로써 관광 레크리에이션 지역을 만드는 것
고이케 요이치(小池洋一)	관광객의 편의를 향상시켜 관광객을 유치하고, 관광소비의 증대를 도모하며, 주로 관광지의 경제적 활성화를 촉진하기 위해 관광대상이 되는 제 자원을 개발해 관광사업의 진흥을 계획하기 위해 실시하는 것
하세 마시히로(長谷政弘)	근대관광에 있어서의 관광사업의 효과를 목적으로 관광지 혹은 관광지가 되고자 하는 지역에서 지역사회의 조직이나 기업 등이 관광수요 개척을 통해 관광자원으로 작용하여 관광의 매력요소를 만들어내려는 기획행위라고 할 수 있으며, 관광정책의 주요 분야의 하나
김진섭	관광자원의 특성을 살려 관광상의 편의를 증진시키고 관광객 유치와 관광소비 증대를 목적으로 하는 개발

제2절 관광개발의 목적과 대상

1. 관광개발의 목적

오늘날 관광개발의 주요 목적은 저개발지역의 산업진흥으로서 고용기회 증대와 교역의 원활화를 도모하는 데 있다. 하지만 이외에도 관광개발사업은 증가하는 관광수요와 지역이나 국가개발이라는 2가지 요청을 동시에 충족시켜야 하므로 거기에는 한층 더 효과적인 수단과 그 양면의 조화가 최대의 과제가 될 것이다. 따라서 국가차원에서의 관광개발은 경제효과를 위주로 한 지역진흥을 목표로 관광소비 증대에 전적으로 의존하게 된다. 다시 말해 지역차원에서는 관광산업을 중심으로 한 관련 산업을 발전시키는 것이 제1차적 목표가 되고, 이로써 지역주민의 소득증대와 고용창출, 조세수입 증가 등의 결과로서 생활환경의 개선과 향상이 개발효과로서 기대되는 것이다.

그러나 관광개발의 목적을 좀더 기본적 차원에서 살펴보면, 관광공간을 제공, 지역이나 국가경제를 발전, 관광자원가치 증대와 관광자원과 관광객보호 등이 있다(박석희, 1997).

1) 관광공간 제공

관광공간을 제공한다는 것은 인간은 여가시간을 이용하여 일상생활권을 벗어나 매력적인 자연과 문화 등의 환경에 접하려는, 곧 생활의 변화를 추구하려는 관광욕구를 가지고 있기 때문에 이러한 관광욕구를 충족시키기 위한 공간제공의 목적에서 개발하는 것이다. 이렇게 함으로써 국민의 건강을 증진시키고, 문화교류, 근로의욕 고취, 생활의 질 향상 등이 이루어진다.

2) 경제발전

관광개발은 지역과 국가경제를 발전시킬 수 있다. 관광개발로서 개발투자효과, 고용증대, 관광소비에 의한 관광수입 증대 등의 경제효과가 지역이나 국가개발을 촉진하여 궁극적으로 경제발전을 도모한다.

3) 관광자원 가치증대

관광자원 가운데는 자연 그대로의 자원 자체가 매력적인 관광자원이 될 수 있지만, 관광자원의 자연적 가치만으로 관광객을 유치하기보다는 놀이시설·숙박시설·편의시설 등 관광시설을 적절하게 추가하여 관광활동을 다양하고 편리하게 함으로써 관광자원의 가치를 증대시킬 수가 있겠다.

4) 관광자원과 관광객 보호

무분별한 관광자원 이용으로 인한 자원훼손을 사전에 방지하기 위한 적절한 관광개발계획에 따라 관광자원은 보호할 수 있으며, 또한 관광객의 관광활동과정에서 발생하게 될 각종 자연적 또는 인위적 사고 등에 대하여 사전에 방지하는 것도 관광개발의 중요한 목적 중 하나가 되고 있다.

2. 관광개발의 대상과 범위

현대와 같이 관광활동의 목적이 다양화되고 부가적으로 각종 오락·스포츠활동이 증대하면서 관광대상으로서 차지하는 관광시설의 역할은 더욱 커져 가는 경향이 있다. 따라서 관광대상이란 사람들에게 관광행동을 일으키게 하는 매력 또는 유인력을 가지는 것으로 그 종류는 다양하다. 더욱이 현대에 들어서 관광활동조건이 더욱 성숙해진다면 대상은 더욱 다양해질 수밖에 없다.

결국 관광개발의 범위는 관광현상의 다양화에 따라 더욱 확대되어 갈 것이고, 관광활동에 수반되는 모든 직·간접현상이 관광개발의 범위로 한정하여서는 안 되며, 보다 광범위한 인식확대가 필요할 것이다. 관광개발대상의 범위가 되는 관광개발부문으로는 관광시장, 관광상품, 관광선전, 관광자원개발, 관광숙박시설, 관광기반시설, 관광인력계획, 국내관광, 복지관광, 국외여행 등의 관광, 여가, 레크리에이션, 관광기업, 제도, 기구, 조직, 행동, 금융, 세제, 법률 등과 같은 관광현상과 관련되는 제반분야가 관광개발대상의 범위에 속한다고 보아야 할 것이다.

이러한 내용을 중심으로 한 구체적인 관광개발대상은 관광개발의 기본목적이 되는, 곧 관광사업의 근거를 제공하는 것으로서 자연과 인문관광자원, 관광기반시설, 각종 편의시설, 관광관련 정보조직과 제공체계, 관광통계시스템, 각종 서비스개선 등이다.

1) 관광자원

새로운 자연관광자원을 개발하여, 이들의 환경을 정비하고, 문화재를 수집하고 진열하기 위해 이들을 복원·보수 또는 증축하는 일련의 개발행위가 곧 자연과 인문관광자원 자체개발에 해당된다. 그런데 관광행태가 변화하기 때문에 관광자원에 대한 가치부여에도 변화가 발생하게 됨으로써 관광자원 영역도 넓어지게 된다. 곧 관광행태 추이를 보면 종래에 시간이용 관광에서 시간소비 관광으로 행태변화가 일어나고 있는 점도 한 예이다. 한편, 관광자원 가치가 높다는 것은 일반적으로 관광객 유치능력이 크다는 것을 의미한다. 따라서 관광행태 변화에 맞추어 관광자원 가치를 높게 하기 위해서는 기존의 관광자원에 머물지 말고 관광개발사업을 통하여 의도적으로 관광자원을 창조한다든가, 또는 부수적으로 해당 관광자원과 관련한 각종 이벤트를 개최함으로써 관광자원가치를 보다 증대시켜야 한다.

2) 관광기반시설

관광기반시설의 정비·확충은 제반 관광의 편익시설을 효율적으로 이용, 운용하기 위한 전제로서 관광개발시설이라 함은 도로, 통신, 전기, 상·하수도 시설 등과 같은 산업개발의 기초가 되는 시설을 말한다. 특히 도로와 같은 교통기반시설은 관광객에게 관광동기를 부여하기 위하여 필요하다. 그리고 관광객 거주지역인 관광시장에서 관광목적지에 이르는 교통체계로 각종 도로와 교통시설 등의 교통기반시설을 정비함은 관광시장과 관광지 연결을 보다 원활하게 함을 말하는데, 이것은 관광개발사업의 가장 중요한 부분이 되고 있다. 교통기반시설을 정비함에 있어서는 지역사회의 요청, 지역조건, 경제사정 등을 고려해야 하며, 기존교통망을 최대한 이용하되, 관광루트상의 불완전한 부분의 개발정비에 중점을 두어야 한다. 이 밖에 생활기반환경의 정비도 중요하다. 체재지에서의 관광행동이 되는 생활환경·사회환경의 정비가 요구된다. 이를테면 상하수도, 오물과 쓰레기 처리시설 정비, 공원과 가로수 등 미관시설의 정비 또한 필요하다.

3) 각종 관광편의시설

각종 관광편의시설을 개발한다는 것은 관광객 수용태세의 정비를 가리키는데, 이것은 자연과 인문관광자원을 중심으로 한 총체적 환경을 조성함과 함께 놀이시설·숙박시설·식음시설·휴게시설·안내시설 등 체재와 환대기능을 가진 시설을 갖추는 것을 가리킨다.

4) 관광관련 정보조직과 제공체계

관광개발에서 정보조직과 정보제공체계를 확립한다는 것은 선전, PR, 홍보 등을 위하여 각종 정보매체를 효율적으로 이용할 수 있도록 함을 가리킨다. 이러한 것은 지역이나 국가가 지닌 특성과 관광자원에 관한 정보를 제공할 수 있게 되는데, 정보제공은 관광객의 만족수준에 크게 영향을 미치게 될 뿐만 아니라 관광시장 개척의 역할도 하게 된다. 또한 관광객들에게 관광에 대한 올바른 가치관을 인식시키고 여가문명시대의 도래에 따라 보다 현실적인 관광수요 증대에 기여할 것이다.

5) 관광통계 시스템

관광통계시스템 확립을 통하여 관광객의 유동, 체재량 기타 관광사업에 필요한 통계를 수립하고 처리함으로써 관광개발의 방법개선과 정비방법에 이용할 수 있으며, 특히 지역 간의 수요관계를 효과적으로 파악하여 지역관광개발 정책방향 설정에 있어 중요한 역할을 담당할 수 있다.

6) 각종 관광관련 서비스

관광관련 서비스는 관광종사자들의 자질향상을 위하여 어학실력 향상, 예절교육 등을 통하여 관광객에게 향상된 수준 높은 양질의 관광서비스를 제공할 수 있도록 하는 것 또한 관광개발의 중요한 대상이 된다.

제3절 관광개발의 유형과 방식

1. 관광개발의 유형

관광개발의 유형에 대한 분류는 자원의 활용, 매력창조방법, 주된 자원의 특색 그리고 관광개발 발달과정 등에 따라 그 분류방법을 달리하고 있다.

이 중에서 관광대상, 곧 객관적인 자원활용 면에서의 관광개발유형에 대한 각각의 내용을 살펴보면 다음과 같다.

1) 자연관광자원 활용형

관광의 매력성이나 관광자원이 전혀 존재하지 않는 지역에서 관광개발을 추진한다는 것은 일반적으로 어렵다. 관광자원 가치가 다른 동일종류의 것과 비교하여 우수하다면 우위를 차지하는 만큼 관광개발은 용이하게 이루어진다. 관광자원은 크게 자연관광자원과 인문관광자원 활용형을 들 수 있다. 자연관광자원 활용형과 관련한 구체적 관광지로서는 산악관광지, 해안관광지, 온천관광지가 있고 자연감상·피한·피서·스키·해수욕 등의 관광활동이 이루어지고 있다.

2) 인문관광자원 활용형

관광자원의 가치활용에 있어서 유·무형의 인문관광자원을 활용하는 개발방식으로는 우리 일상생활과 관련 있는 관습이나 풍속, 유물, 유서 깊은 역사적 건물이나 역사유적지, 문화재 등을 활용한다.

3) 교통편 활용형

관광자원의 자연적·인문적 관광성의 가치비교우위성만으로 훌륭한 관광개발을 성립시킬 수 없는 것이다. 관광객이 일상 생활권을 떠나 관광지까지 이동하는 문제, 곧 접근성 문제가 현대에 있어서는 더욱 더 관광지 가치를 드높이는 중요한 요인으로 작용하고 있다. 교통수단의 정비는 관광목적보다는 생활환경의 향상이나 경제활동의 추진목적으로 사회기반시설을 갖추고 교통체계를 정비함에 따라 부수적으로 관광개발이 이루어지는 것이다. 다시 말해 교통시설 이용상 편의와 이점을 살리는 방법으로 고속도로의 인터체인지, 철도의 정차역, 도로변 휴게소, 항만·공항 등의 주변은 관광자원의 가치가 그다지 뛰어나지 않아도 관광개발이 가능하게 될 것이다.

4) 지명도 활용형

관광객이 특정관광지를 방문하는 것은 이미 해당 관광지에 대한 관광지 가치나 매력요인에 관한 정보를 통해 비교우위성을 갖고 방문하는 관광행동으로 이루어지는 것이다. 다만, 관광자원가치가 그다지 우수하지 못한 경우라도 잘 알려져 있는 경우에는 접근성 등의 편의성으로 관광객들이 많이 방문하므로 관광개발이 이루어져야 한다.

5) 관광대상 창조형

관광개발에 있어 특정 매력이 없는 관광대상일 경우에는 인위적으로 관광대상을 창조하거나 저해요인을 해소하는 개발방법도 있다. 그러나 이러한 유형은 관광대중화를 배경으로 하여 공공기관이 적극적인 관광개발에 편승하는 경우나 탁월한 창조력을 가진 민간대기업이 아니면 실현이 불가능하게 된다.

따라서 공공이나 민간부문은 관광개발 시 인위적 관광대상 창조나 저해요인 해소에 노력하여야 한다.

6) 지역산업 활용형

지역특성을 기반으로 관광활동을 연계시킬 수 있는 개발형태로서, 지역산업인 농림어업 등을 활용하여 관광토산품·향토음식·민속축제 등과 같은 관광상품을 개발하는 방식이다. 이러한 개발유형은 지역경제 성장을 촉진함으로써 가치가 높게 평가되므로 지역차원에서 중요하게 강조되고 있다.

2. 관광개발의 방식

관광개발계획을 추진함에 있어 관광개발의 주체는 누가 되고, 관광개발의 역할분담은 어떻게 할 것이며, 개발기금은 어떻게 조달할 것인가라는 문제에 있어서 민간자본 도입에 관한 사항은 재정이 부족한 지역사회로서는 중요한 과제가 아닐 수 없다. 관광개발 방식을 사업주체별로 구분하여 구체적으로 살펴보면 [그림 6-1]과 같다.

그림 6-1 관광개발 방식

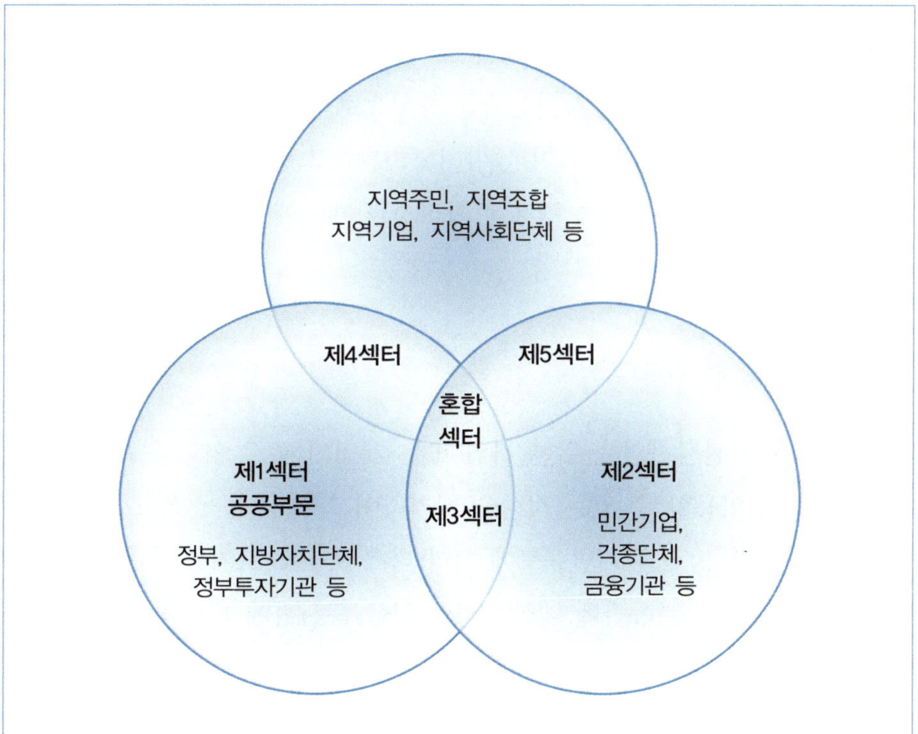

※ 자료 : 정찬종·강인호, 관광학원론, 형설출판사, 1999.

1) 공영개발방식(제1섹터)

공영개발방식은 공공주도의 개발사업으로 국가, 지방자치단체 또는 공공기관 등이 개발의 주체가 되어 토지를 매입하여 조성한 후 분양하는 것이다. 이러한 방식은 영리성을 위한 시설과 공간설치보다는 도로, 주차장, 상·하수도, 전기, 통신 및 관리시설 등의 공익성을 우선으로 한 기반시설을 중점적으로 개발하여 종합적이며 체계적인 개발사업이 가능하고, 자연보호, 환경보존 및 공익우선이라는 공공적인 측면이 강조되어 공공성이 높은 방식으로 개발이익의 사유화를 방지할 수 있는 등의 장점이 있다.

그러나 사회가 개방되고 민간부문의 역할이 증대됨에 따라 공공부문에 의한 관광개발은 사업추진과 운영에 있어서 효율성이 떨어지는 단점을 지니고 있다. 다시 말해 중앙정부, 지방자치단체, 정부투자기관 등과 같은 공공부문은 민간기업에 비해 의사결정이 복잡하고 경직된 조직특성을 갖고 있어 다양한 형태로 변화하는 관광사업환경에 대하여 신속하게 대응할 수 없기 때문이다.

이와 같은 공영개발방식은 지방화시대를 맞이하여 자주재원의 확보를 위한 세원발굴과 지역경제 활성화를 위해 지방자치단체를 중심으로 한 관광개발사업이 활발하게 추진될 것이고, 환경문제에 대한 인식이 높아지고 있어 그 중요성이 점차 높아지고 있지만, 정부재원의 한정성을 고려하여 경제적 합리성과 개발에 따른 경제적 효과를 동시에 고려해야 할 것이다.

2) 민간개발방식(제2섹터)

민간개발방식이란 관광사업을 위한 기업 또는 개인이 주로 영리를 목적으로 토지를 확보하여 관광객이 이용할 수 있는 시설을 설치하여 그를 이용케 하고 그 대가를 받는 것을 말한다. 민간개발방식은 개발규모에 따라 다르겠지만, 토지를 완전히 매입하여 개발하게 되므로 개발후의 부동산에 대한 개발이익을 독점하게 되며, 개발자금조달과 투자방법도 손익계산에 맞추어 진행하거나 결정한다.

민간개발방식은 관광수요에 즉시 응할 수 있는 이점과 영리를 위한 종합적인 개발이 가능하다는 장점이 있으나, 공익성을 위한 자연보호 또는 환경보존과 같은 비영리적인 분야에 대한 투자는 등한시하게 되는 단점도 있다. 또한 영리성만 추구하다보면 지역주민의 혜택이나 지역사회의 발전이라는 측면을 외면하여 지역주민과의 마찰이 쉽게 발생할 수 있는 소지가 있다.

민간개발방식은 공익성 확보와는 다소 상반되는 점이 있다 해도 민간부문의 투자능력과 관광부문의 시장이 다양한 형태로 변화하고, 관광재 또는 관광상품에 대한 수명주기가 점점 짧아지고 있는 것을 고려하면 관광개발에 있어서 민간부문의 역할은 중요하다. 따라서 민간부문에 의한 관광개발사업이 활성화되기 위해서는 지역실정과 특성에 맞는 개발전략이 필요할 것이다.

3) 지역주도 개발방식

지역주도형 관광개발은 지역주민이나 단체가 공동으로 투자하여 조합이나 협회를 구성하여 자주적으로 개발하거나 이들이 자기 소유의 토지를 근간으로 민박이나 상가 또는 숙박시설 등을 건설한다는 측면에서는 의의가 있지만, 지역주민에 의한 관광개발에 따른 모든 이익은 그 지역이 흡수하게 되어, 관광기반시설도 지역주민이 부담하여야 하는데, 자금조달·기술력·정보부재 등 여러 부분에서 위험요소가 따른다. 대안으로 공동투자방식이 있는데, 이 역시 영세성으로 인하여 대규모 개발에는 부적절하다고 할 수 있다.

4) 합동참여 개발방식

합동참여 개발방식은 공공부문, 민간부문, 지역주민이 합동으로 공동출자하여 사업을 추진하는 방식으로서 개발효과가 역외로 유출되지 않으며 공공부문의 비효율성을 보완할 수 있는 방법이다. 즉 이 방식은 개발과정에 주민참여가 가능하고 관광사업 환경변화에 신속하게 대응할 수 있어 공공주도형 개발방식에서 발생할 수 있는 단점을 보완할 수 있다는 점이 장점이다.

합동참여 개발방식은 참여주체에 따라 첫째, 제3섹터 방식으로 공공부문이 합동으로 참여하는 방식, 둘째, 제4섹터 방식으로 공공부문과 지역주민이 합동으로 참여하는 방식, 셋째, 제5섹터 방식은 민간과 지역주민이 합동으로 참여하는 방식, 넷째, 혼합섹터 방식으로 공공부문과 민간부문, 지역주민이 합동으로 참여하는 네 가지 유형으로 분류할 수 있다.

이와는 달리 합동참여개발 방식의 유형을 등가교환방식, 사업위탁방식, 차지개발방식으로 나누기도 한다.

먼저 등가교환방식은 토지소유주가 토지 일부 또는 전체를 개발업자에게 제공하고 개발업자는 토지를 개발하고 건축물을 건설하여 토지평가액과 건설비를 기준으로 토지소유주와 개발업자가 건물과 토지를 공유하거나 구분하여 소유하는 방식이다. 사업위탁방식은 개발업자가 사업기획에서부터 설계·시공·임대유치와 관리운영에 이르기까지 모든 업무를 위탁받아 시설물을 완공한 후에 시설물 전체를 임대받음으로써 사실상 토지소유자들의 개발사업에 수지를 보증하는 방식이다. 그리고 차지개발방식은 개발업자가 토지소유주로부터 특정토지에 대한 이용권을 설정받아 토지를 개발하고 시설물을 제3자에게 양도 또는 임대하거나 개발업자가 직접 운영하고 지주에게 임차료를 지급하는 방법이다. 임차권기한이 만료되었을 때 토지를 원래 토지소유주에게 무상으로 반환하고, 시설물이나 건물에 대해서는 지주에게 일정한 금액을 양도하는 방식이다.

제4절 관광지 및 관광단지의 개발[1)]

1. 관광개발기본계획 및 권역별 관광개발계획

1) 관광개발기본계획의 수립

문화체육관광부장관은 관광자원을 효율적으로 개발하고 관리하기 위하여 전국을 대상으로 하여 관광개발기본계획(이하 "기본계획"이라 한다)을 수립하여야 한다(관광진흥법 제49조 1항).

이 규정에 따른 '기본계획'으로는 1990년 7월에 수립된 제1차 관광개발기본계획(1992~2001년)과 2001년 8월에 수립된 제2차 관광개발기본계획(2002~2011년)은 이미 완료되었고, 현재는 2011년 12월 26일 수립·공고한 제3차 관광개발기본계획(2012~2021년)을 시행하고 있다.

제1차 '기본계획'에서는 전국을 5대 관광권, 24개 소관광권으로 권역화하여 각각의 권역별 개발구상을 제시하였던 것이나, 이 계획을 집행함에 있어서 관광권역과 집행권역(즉 시·도)의 불일치로 인해 '기본계획'과 '권역계획'의 기능적인 연계 미흡 등의 문제점이 노출되었다. 이에 따라 제2차 '기본계획'에서는 이를 시정·개선하기 위하여 행정권중심의 관광권역인 16개 광역지방자치단체를 기준으로 관광권역을 단순화하고, 각 시·도별 특성에 맞는 권역별 관광개발기본방향을 설정·제시하였던 것이다.

그러나 이번에 수립한 제3차 '기본계획(2012~2021년)'은 제2차 '기본계획(2002~2011년)' 수립 이후 급변하는 환경변화에 대응하는 새로운 비전과 전략을 제시하며, 국제경쟁력을 갖춘 관광발전 기반을 구축하고 국민 삶의 질과 지역발전에 기여하기 위해 전국 관광개발의 기본방향을 미래지향적으로 제시하는 계획이라고 하겠다.

따라서 제3차 '기본계획(2012~2021년)'에서는 향후 관광개발의 기본방향과 추진전략 등을 반영하여 수도관광권(서울·경기·인천), 강원관광권, 충청관광권, 호남관광권, 대구·경북관광권, 부·울·경관광권(부산·울산·경남) 및 제주관광권 등 7개 광역경제권을

1) 조진호 외 5인 공저, 관광법규론(서울: 현학사, 2016), pp.288~296.

계획 관광권역으로 설정하였으며, 또한 해안을 중심으로 한 동·서·남해안 관광벨트 등 6개 초광역 관광벨트도 설정하여 7개 계획권역을 연계·보완하였다. 여기서 초광역 관광벨트란 백두대간 생태문화 관광벨트, 한반도 평화생태 관광벨트, 동해안 관광벨트, 서해안 관광벨트, 남해안 관광벨트, 강변생태문화 관광벨트 등을 말한다.

(1) '기본계획'의 수립권자 및 수립시기

'기본계획'은 문화체육관광부장관이 매 10년마다 수립한다(동법 시행령 제42조).

(2) '기본계획'에 포함되어야 할 내용

'기본계획'에는 다음과 같은 사항이 포함되어야 한다(동법 제49조 1항).

1. 전국의 관광여건과 관광 동향(動向)에 관한 사항
2. 전국의 관광수요와 공급에 관한 사항
3. 관광자원의 보호·개발·이용·관리 등에 관한 기본적인 사항
4. 관광권역(觀光圈域)의 설정에 관한 사항
5. 관광권역별 관광개발의 기본방향에 관한 사항
6. 그 밖에 관광개발에 관한 사항

(3) '기본계획'의 수립 및 변경절차

기본계획의 수립은 시·도지사가 기본계획의 수립에 필요한 관광개발사업에 관한 요구서를 문화체육관광부장관에게 제출하면 문화체육관광부장관은 이를 종합·조정하여 기본계획을 수립하고 공고하여야 한다(동법 제50조 1항). 또 문화체육관광부장관은 수립된 기본계획을 확정하여 공고하려면 관계부처의 장과 협의하여야 한다. 확정된 기본계획을 변경하는 절차도 같다(동법 제50조 2항·3항).

문화체육관광부장관은 관계기관의 장에게 기본계획의 수립에 필요한 자료를 요구하거나 협조를 요청할 수 있고, 그 요구 또는 협조요청을 받은 관계기관의 장은 정당한 사유가 없으면 요청에 따라야 한다.

◆ 우리나라 7개 광역관광권 ◆

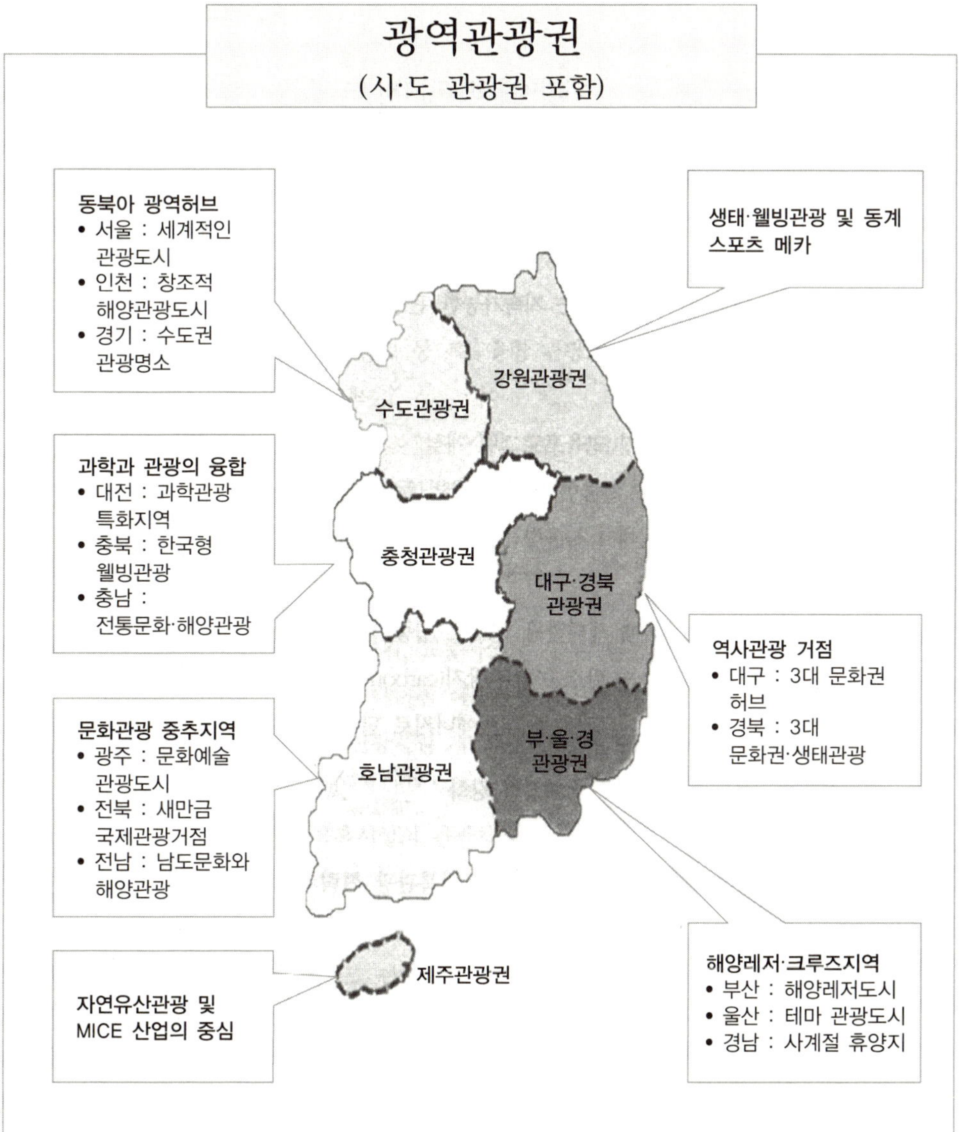

◆ 우리나라 6개 초광역 관광벨트 ◆

초광역관광벨트

백두대간 생태문화 관광벨트
- 친환경 생태관광 거점 조성
- 산촌 커뮤니티 활성화

한반도 평화생태 관광벨트
- 민통선 마을 체류형 관광 촉진
- 유네스코 생물권보전지역 지정

동해안 관광벨트
- 동해안 국제관광 거점 조성
- 휴양·헬스케어 관광 육성

서해안 관광벨트
- 해양관광 네트워크 구축
- 경인 아래뱃길 연계루트 개발

남해안 관광벨트
- 국제크루즈 항로 개설
- 남중권 지역발전 거점 육성

강변생태문화 관광벨트
- 수변관광 인프라 구축
- 강변생태문화 클러스터 조성

2) 권역별 관광개발계획의 수립

시·도지사(특별자치도지사는 제외한다)는 '기본계획'에 따라 구분된 권역을 대상으로 권역별 관광개발계획(이하 "권역계획"이라 한다)을 수립하여야 한다. 다만, 둘 이상의 시·도에 걸치는 지역이 하나의 권역계획에 포함되는 경우에는 관계되는 시·도지사와의 협의에 따라 수립하되, 협의가 성립되지 아니한 경우에는 문화체육관광부장관이 지정하는 시·도지사가 수립하여야 한다(동법 제49조 2항 및 제51조 1항).

이 규정에 의한 '권역계획'으로는 제1차 관광개발기본계획(1992~2001년)에 따른 제1차 권역계획(1992~1996년)과 제2차권역계획(1997~2001년) 및 제2차 관광개발기본계획(2002~2011년)에 따른 제3차권역계획(2002~2006년)과 제4차권역계획(2007~2011년)은 이미 완료되었고, 현재에는 제3차 관광개발기본계획(2012~2021년)에 따른 제5차권역계획(2012~2016년)이 시행 중에 있다.

한편, 제주특별자치도의 경우 도지사가 도의회의 동의를 얻어 수립하는 '국제자유도시의 개발에 관한 종합계획'에는 "관광산업의 육성 및 관광자원의 이용·개발 및 보전에 관한 사항"을 포함시키고 있는데, 이 종합계획에 따라 제주권역의 관광개발사업을 시행하고 있기 때문에, 제주자치도에서는 "권역계획"을 따로 수립하지 아니한다.

(1) '권역계획'의 수립권자 및 수립시기

'권역계획'은 시·도지사(특별자치도지사는 제외한다)가 매 5년마다 수립한다(동법 시행령 제42조).

(2) '권역계획'에 포함되어야 할 내용

'권역계획'에는 다음 각 호의 사항이 포함되어야 한다(동법 제49조 2항).

1. 권역의 관광여건과 관광동향에 관한 사항
2. 권역의 관광 수요와 공급에 관한 사항
3. 관광자원의 보호·개발·이용·관리 등에 관한 사항

4. 관광지 및 관광단지의 조성·정비·보완 등에 관한 사항
5. 관광지 및 관광단지의 실적 평가에 관한 사항
6. 관광지 연계에 관한 사항
7. 관광사업의 추진에 관한 사항
8. 환경보전에 관한 사항
9. 그 밖에 그 권역의 관광자원의 개발, 관리 및 평가를 위하여 필요한 사항

(3) 권역계획의 수립 및 변경절차

① 권역계획은 그 지역을 관할하는 시·도지사(특별자치도지사는 제외)가 수립하여야 한다.

② 시·도지사(특별자치도지사는 제외)는 수립한 권역계획을 문화체육관광부장관의 조정과 관계 행정기관의 장과의 협의를 거쳐 확정하여야 한다. 이 경우 협의요청을 받은 관계 행정기관의 장은 특별한 사유가 없는 한 그 요청을 받은 날부터 30일 이내에 의견을 제시하여야 한다.

③ 이상의 절차는 확정된 권역계획을 변경하는 경우에 준용한다. 다만, 대통령령으로 정하는 경미한 사항의 변경에 대하여는 관계부처의 장과의 협의를 갈음하여 문화체육관광부장관의 승인을 받아야 한다.

2. 관광지등의 지정

1) 관광지등의 정의

여기서 '관광지등'이란 관광지 및 관광단지를 말한다.

(1) 관광지

관광지란 자연적 또는 문화적 관광자원을 갖추고 관광객을 위한 기본적인 편의시설을 설치하는 지역으로서 「관광진흥법」에 따라 지정된 곳을 말한다. 그러므로 관광객이

이용하는 지역이라고 해서 무조건 관광지가 되는 것은 아니고, 「관광진흥법」에 의하여 관광지로 지정을 받지 않으면 관광지라고 할 수 없으며, 관광개발의 대상도 될 수 없다. 2014년 12월 말 기준으로 전국에 지정된 관광지는 총 230개소이다.[2)]

(2) 관광단지

관광단지란 관광객의 다양한 관광 및 휴양을 위하여 각종 관광시설을 종합적으로 개발하는 관광거점지역으로서 「관광진흥법」에 따라 지정된 곳을 말한다. 2014년 12월 말 기준으로 전국에 지정된 관광단지는 35개소이다.[3)]

2) 관광지등의 지정권자

관광지 및 관광단지(이하 "관광지등"이라 한다)는 시장·군수·구청장의 신청에 의하여 시·도지사가 지정한다. 다만, 특별자치도의 경우에는 특별자치도지사가 지정한다.

3) 관광지등의 지정절차

(1) 관광지등의 지정신청 등

관광지등의 지정 및 지정취소 또는 그 면적의 변경(이하 "지정등"이라 한다)을 신청하려는 자는 '관광지(관광단지)지정등신청서'에 구비서류를 첨부하여 특별시장·광역시장·도지사에게 제출하여야 한다. 특별자치도의 경우에는 '도조례'로 정하는 바에 따른다.

(2) 관광지 등의 구분신청

관광지 등의 신청을 하려는 자는 「관광진흥법 시행규칙」 제58조 관련 [별표 18]의 관광지·관광단지의 구분기준에 따라 그 '지정 등'을 신청하여야 한다.

2) 문화체육관광부, 2014년 기준 관광동향에 관한 연차보고서, pp.131~132.
3) 문화체육관광부, 전게 2014년 기준 연차보고서, pp.133~135.

(3) 관광지등의 지정

① 시·도지사(특별자치도지사는 제외)는 '지정등'의 신청을 받은 경우에는 관광지등의 개발필요성, 타당성, 관광지·관광단지의 구분기준, 그리고 관광개발기본계획 및 권역별 관광개발계획에 적합한지 등을 종합적으로 검토하여야 한다.

② 시·도지사(특별자치도지사는 제외)가 관광지등을 지정하려면 사전에 문화체육관광부 장관 및 관계 행정기관의 장과 협의하여야 한다. 다만, 「국토의 계획 및 이용에 관한 법률」(이하 "국토계획법"이라 한다)에 따라 계획관리지역으로 결정·고시된 지역을 관광지등으로 지정하는 경우에는 협의하지 아니한다. 이 경우에 협의요청을 받은 문화체육관광부장관 및 관계 행정기관의 장은 특별한 사유가 없는 한 그 요청을 받은 날부터 30일 이내에 의견을 제시하여야 한다.

제5절 관광특구의 지정[4)]

1. 관광특구의 의의

관광특구는 외국인 관광객의 유치 촉진 등을 위하여 관광시설이 밀집된 지역에 대해 야간 영업시간 제한을 배제하는 등 관광활동을 촉진하고자 1993년에 도입된 제도이다. 현행 「관광진흥법」은 제2조 제11호에서 "관광특구란 외국인 관광객의 유치 촉진 등을 위하여 관광활동과 관련된 관계 법령의 적용이 배제되거나 완화되고, 관광활동과 관련된 서비스·안내체계 및 홍보 등 관광여건을 집중적으로 조성할 필요가 있는 지역으로서 시장·군수·구청장의 신청(특별자치도의 경우는 제외한다)에 따라 시·도지사가 지정한 곳을 말한다"고 정의하고 있다. 우리나라 관광특구의 지정현황을 살펴보면 2014년 12월 말 기준으로 전국 13개 시·도에 29곳이 지정되어 있다.

---

4) 조진호 외 5인 공저, 관광법규론(서울: 현학사, 2016), pp.320~325.

2. 관광특구의 지정요건

1) 관광특구의 지정신청자 및 지정권자

관광특구는 관광지등 또는 외국인 관광객이 주로 이용하는 지역 중에서 시장·군수·구청장의 신청(특별자치도의 경우는 제외한다)에 의하여 시·도지사가 지정한다.

1. 지정신청자－시장·군수·구청장
2. 지정권자－시·도지사

2) 관광특구의 지정요건

관광특구로 지정될 수 있는 지역은 다음과 같은 요건을 모두 갖춘 지역으로 한다.

1. 문화체육관광부장관이 고시하는 기준을 갖춘 통계전문기관의 통계결과 해당 지역의 최근 1년간 외국인 관광객 수가 10만명(서울특별시는 50만명) 이상일 것
2. 지정하고자 하는 지역 안에 관광안내시설, 공공편익시설, 숙박시설, 휴양·오락시설, 접객시설 및 상가시설 등이 갖추어져 있어 외국인 관광객의 관광수요를 충족시킬 수 있는 지역일 것
3. 임야·농지·공업용지 또는 택지 등 관광활동과 직접적인 관련성이 없는 토지가 관광특구 전체 면적의 10퍼센트를 초과하지 아니할 것
4. 위 1호부터 3호까지의 요건을 갖춘 지역이 서로 분리되어 있지 아니할 것

3. 관광특구의 지정절차

1) 지정신청

관광특구의 지정·지정취소 또는 그 면적의 변경(이하 "지정등"이라 한다)을 신청하려는 시장·군수·구청장은 '관광특구지정등신청서'에 소정의 서류를 첨부하여 특별시장·광역시장·도지사에게 제출하여야 한다. 다만, 관광특구의 지정취소 또는 그 면적 변경의

경우에는 그 취소 또는 변경과 관계되지 아니하는 사항에 대한 서류는 이를 첨부하지 아니한다.

2) 적합성 여부 등 검토

특별시장·광역시장·도지사는 관광특구 지정등의 신청을 받은 경우에는 관광특구로서의 개발필요성, 타당성, 관광특구의 지정요건 및 관광개발계획에 적합한지 등을 종합적으로 검토하여야 한다.

3) 관계 행정기관의 장과의 협의

관광지나 관광단지의 지정에서처럼 시·도지사가 관광특구를 지정하려는 경우에는 관계 행정기관의 장과 협의를 하여야 한다.

4. 관광특구진흥계획의 수립·시행

1) 관광특구진흥계획의 수립

특별자치도지사·특별자치시장·시장·군수·구청장은 관할구역 내 관광특구를 방문하는 외국인관광객의 유치 촉진 등을 위하여 관광특구진흥계획(이하 "진흥계획"이라 한다)을 수립하고 시행하여야 한다. 그리고 '진흥계획'을 수립하기 위하여 필요한 때에는 해당 시·군·구 주민의 의견을 들을 수 있다.

2) '진흥계획'에 포함되어야 할 사항

특별자치도지사·특별자치시장·시장·군수·구청장은 다음 각 호의 사항이 포함된 '진흥계획'을 수립·시행한다.

1. 외국인 관광객을 위한 관광편의시설의 개선에 관한 사항
2. 특색 있고 다양한 축제, 행사, 그 밖에 홍보에 관한 사항

3. 관광객 유치를 위한 제도개선에 관한 사항
4. 관광특구를 중심으로 주변지역과 연계한 관광코스의 개발에 관한 사항
5. 그 밖에 관광질서 확립 및 관광서비스 개선 등 관광객 유치를 위하여 필요한 다음 과 같은 사항
   가. 범죄예방 계획 및 바가지 요금·퇴폐행위·호객행위 근절대책
   나. 관광불편신고센터의 운영계획
   다. 관광특구 안의 접객시설 등 관련시설 종사원에 대한 교육계획
   라. 외국인 관광객을 위한 토산품 등 관광상품 개발·육성계획

5. 관광특구에 대한 지원

1) 관광특구의 진흥을 위한 지원

국가나 지방자치단체는 관광특구를 방문하는 외국인관광객의 관광활동을 위한 편의 증진 등 관광특구 진흥을 위하여 필요한 지원을 할 수 있다.

2) 관광진흥개발기금의 지원

문화체육관광부장관은 관광특구를 방문하는 관광객의 편리한 관광활동을 위하여 관광특구 안의 문화·체육·숙박·상가시설로서 관광객 유치를 위하여 특히 필요하다고 인정되는 시설에 대하여 「관광진흥개발기금법」에 따라 관광진흥개발기금을 대여하거나 보조할 수 있다.

6. 관광특구 안에서의 다른 법률에 대한 특례

1) 영업제한의 해제

관광특구 안에서는 「식품위생법」 제43조에 따른 영업제한에 관한 규정을 적용하지 아니한다(관광진흥법 제74조 제1항).

즉 「식품위생법」은 제43조에서 시·도지사는 영업의 질서 또는 선량한 풍속을 유지하기 위하여 필요하다고 인정하는 경우에는 식품접객업자 및 그 종업원에 대하여 영업시간 및 영업행위에 관한 필요한 제한을 할 수 있도록 규정하고 있지만, 관광특구 안에서는 영업시간 및 영업행위에 관한 제한규정을 적용하지 않는다는 것이다.

2) 공개 공지(공터) 사용

관광특구 안에서 호텔업(관광호텔업, 수상관광호텔업, 한국전통호텔업, 가족호텔업, 호스텔업, 소형호텔업, 의료관광호텔업)을 경영하는 자는 「건축법」의 규정(제43조)에도 불구하고 연간 60일 이내의 기간 동안 해당 지방자치단체의 조례로 정하는 바에 따라 공개 공지(空地:공터)를 사용하여 외국인 관광객을 위한 공연 및 음식을 제공할 수 있다. 다만, 울타리를 설치하는 등 공중(公衆)이 해당 공개 공지를 사용하는 데에 지장을 주는 행위를 하여서는 아니된다(관광진흥법 제74조 제2항).

3) 차마(車馬)의 도로통행 금지 또는 제한

관광특구 관할 지방자치단체의 장은 관광특구의 진흥을 위하여 필요한 경우에는 지방경찰청장 또는 경찰서장에게 「도로교통법」 제2조에 따른 차마(車馬)의 도로통행 금지 또는 제한 등의 조치를 하여줄 것을 요청할 수 있다. 이 경우 요청받은 지방경찰청장 또는 경찰서장은 「도로교통법」 제6조에도 불구하고 특별한 사유가 없으면 지체 없이 필요한 조치를 하여야 한다(관광진흥법 제74조 제3항).

참고문헌

강덕윤 외, 현대관광학개론, 백산출판사, 2012.
김상무, 관광개발론, 계명대출판부, 1991.
문화체육관광부, 관광동향에 관한 연차보고서, 2005~2015.
위정주 외, 최신 관광학의 이해, 백산출판사, 2014.
조진호 외, 관광법규론, 현학사, 2016.
최기종, 관광학개론, 백산출판사, 2014.
McIntosh, Geoldner and Ritche, Tourism, 8th, ed., Jhon Wiley & Son Inc., 1998.

관광사업 7

7 CHAPTER

관광사업

제1절 관광사업의 이해

1. 관광사업의 정의

관광사업의 정의를 명쾌히 규정하기란 그리 쉬운 일이 아니다. 그동안 관광사업의 영역에도 변화를 볼 수 있다. 왜냐하면 [그림 7-1]에서와 같이 관광의 요소 중 관광주체(관광객)와 관광객체(관광대상) 사이에서 관광객의 필요와 요구를 충족시켜 주기 위한 시설과 제품 및 서비스를 제공하는 관광기업과 정부나 지방정부의 역할도 중요하게 작용하고 있다. 중국의 학자 지앙리엔루(蔣廉儒)는 관광사업을 언어가 없는 선전이고, 굴뚝이 없는 공장이며, 교과서 없는 교육이며, 구호가 없는 정치이고, 회의가 없는 외교라고 했다.

따라서 국가나 지역 또는 학자마다 견해를 달리하기 때문에 관광사업의 정의를 선명하게 내리기는 매우 어렵다. 관광사업은 관광객의 관광행위 과정에서 관련되어 발생하는 일체의 사업을 말하는 것으로 관광객의 유치와 더불어 관광객에게 서비스를 제공하는 모든 일을 가리킨다.

일반적으로 공적인 측면에서 이루어지는 관광사업과 영리를 주된 목적으로 이루어지는 관광사업을 모두 포함하여 광의의 관광사업으로 이해되고 있다. 일본의 아시바 히로야스(足羽洋保)도 관광사업을 거시적 시각과 미시적 시각으로 보았다.

그림 7-1 관광현상에서 관광사업의 위치

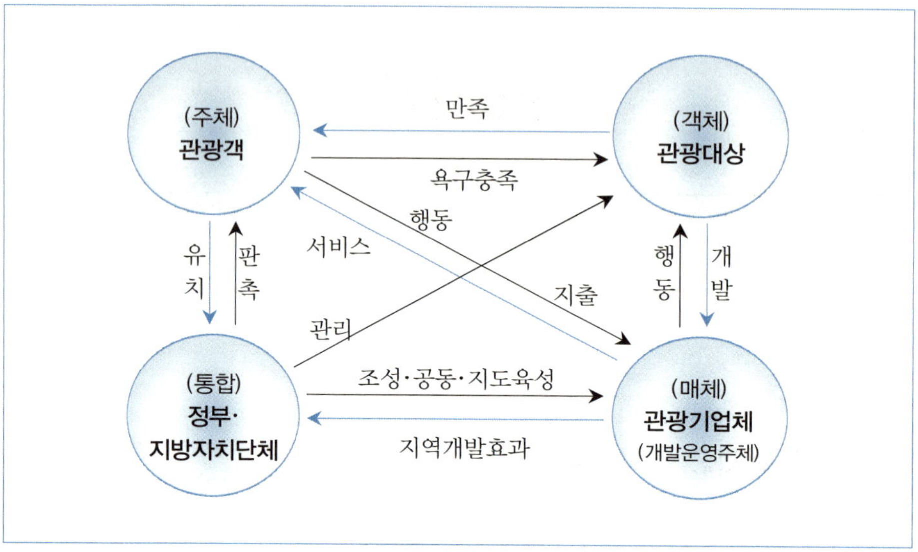

표 7-1 관광사업의 정의

학 자	정 의
그뤽스만 (Gl ksmann. R)	관광사업이란 일시적 체재지에 있어서 외래관광객들과 그 지역 주민들과 제 관계의 총체
지 (Gee. C. Y)	관광객의 요구에 제공하기 위한 상품과 서비스의 개발, 생산 그리고 마케팅에 포함되는 공적 조직과 사적 조직의 혼합
다나카 기이치 (田中喜一)	관광사업이란 관광왕래를 유발하는 각종의 요소에 대한 조화적 발달을 도모, 즉 각종 관광관련시설과 교통정비 및 자연적·문화적 관광자원에 대해 개발, 보호·보존함과 동시에 그의 일반적인 이용을 촉진함에 따라 경제적, 사회적 효과를 얻기 위해 알선·선전 등을 행하는 조직적인 인간활동
이노우에 마스조 (井上万壽藏)	관광사업이란 관광왕래에 대처하고 이것을 수용 또는 촉진하기 위해 행하는 모든 인간활동의 총체
「관광진흥법」 제2조	관광사업이란 관광객을 위하여 운송·숙박·음식·운동·오락·휴양 또는 용역을 제공하거나 그 밖에 관광에 딸린 시설을 갖추어 이를 이용하게 하는 업

전자는 국가나 지방정부가 지역 전체의 관광사업을 관광정책적 입장에서 취하는 종합적인 관광사업을 지칭한다. 후자는 관광객의 관광행위에 따른 관광현상에 대해서 각 관광기업들이 취하는 영리목적의 사업을 지칭한다.

우리나라 「관광진흥법」은 제2조 제1호에서 "관광사업이란 관광객을 위하여 운송·숙박·음식·운동·오락·휴양 또는 용역을 제공하거나 그 밖에 관광에 딸린 시설을 갖추어 이를 이용하게 하는 업(業)을 말한다"고 규정하고 있다.

이상의 여러 정의들을 종합해 보면 "관광사업이란 관광의 효용과 그 문화적·사회적·경제적 효과를 합목적적으로 촉진함을 목적으로 한 조직적 활동"이라고 요약하고자 한다.

2. 관광사업의 구성 및 범위

관광사업의 정의가 다양한 만큼 사업의 주체, 제공되는 서비스와 상품의 종류, 관광객과의 접촉 정도에 따라 관광사업의 구성 및 범위도 매우 다양하고 광범위하다.

할러웨이(Holloway)는 관광수요가 광범위한 관광서비스 업체들의 마케팅 노력의 결집에 의해 결정된다는 점을 강조하고 직접 관련업체는 관광수요의 창출과 관광객의 욕구를 만족시키는데 결정적인 역할을 하며, 다른 업체는 간접적인 관계로 지원적 역할만을 감당하기 때문에 관광사업 구성업체를 명확히 하기란 어려움이 따른다고 했다.

대부분의 교통업과 식음료업체는 관광객 이외의 다른 고객에게도 제품과 서비스를 판매하고 있기 때문에 명확성이 더욱 애매하지만, [그림 7-2]와 같이 관광사업구조 및 조직을 제시하고 있다.

그림 7-2 관광사업의 구조

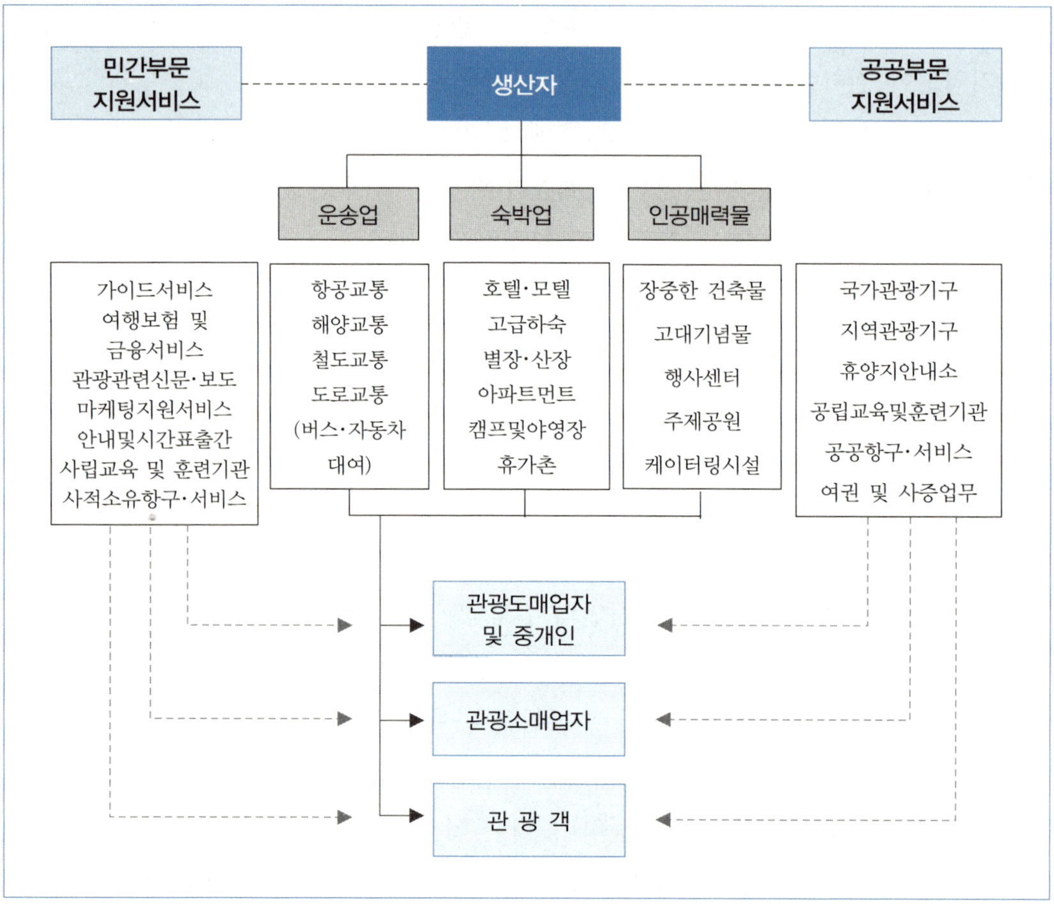

※ 자료 : Holloway, J. C, The Business of Tourism, 1998.

지(Gee) 등은 관광사업의 범위와 관광사업 내의 하부사업들이 관광객에게 어떻게 관련되어 있는가를 설명하기 위하여 [그림 7-3]과 같은 연결개념(linking concept)을 제시하고 있다.

연결개념 하에서는 하부사업들이 관광사업의 구성부문으로 생각되어지고, 서비스 직접 제공자(direct provider), 지원서비스(support services), 개발조직(developmental organizations)으로 범주화될 수 있다.

그림 7-3 관광사업의 연결개념

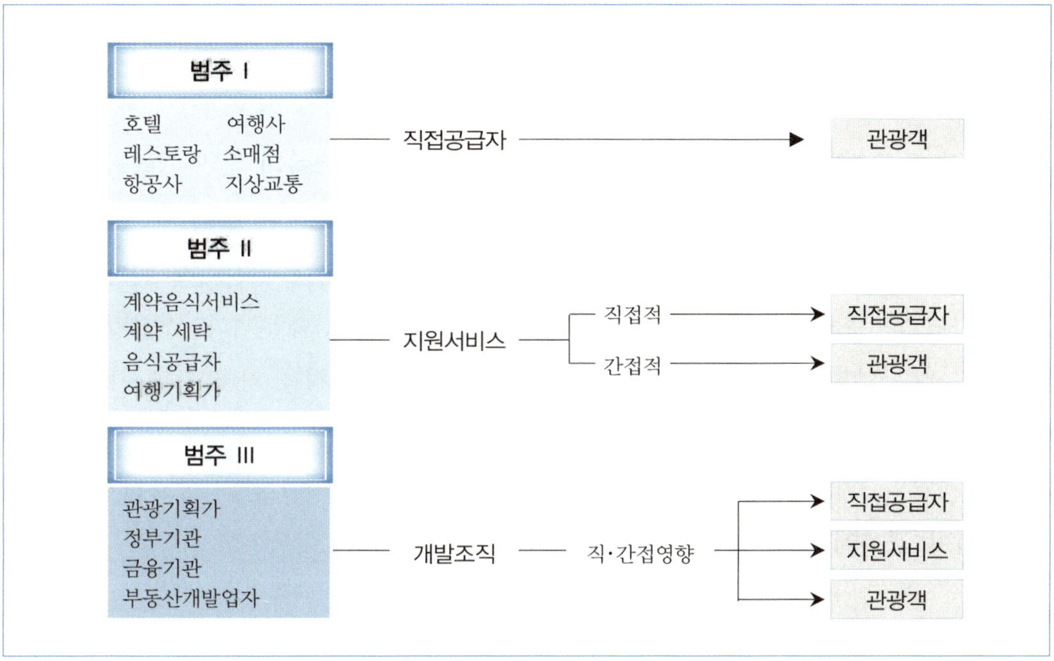

※ 자료 : Gee. C. Y, Makens. J. C & Choy. D. J. L, The Travel Industry, 1997.

1) 직접공급자

직접공급자는 항공사, 호텔, 지상 교통, 여행사, 레스토랑, 소매점과 같이 전형적으로 관광과 직접 관련된 기업들이 포함된다. 이런 기업들은 관광객이 소비하고 구매하는 서비스, 활동, 관광상품을 제공한다. 그러나 빙산의 일각처럼 관광객들에게 아주 작은 일부분의 사업만 나타낼 뿐이다.

2) 지원서비스

지원 서비스는 여행 기획자, 여행과 무역 출판업, 호텔경영회사, 여행조사회사와 같이 전문화된 서비스를 포함한다. 뿐만 아니라, 계약 세탁과 계약 음식 서비스와 같은 기본 공급과 서비스를 포함한다. 위에서 제시된 것처럼 전문화된 서비스를 제공하는 기업들은 사업의 대부분을 여행시장에 의존한다. 직접 공급자에게 기본적인 것을 제공하는 기업들은 그들에게 영업영역을 전적으로 의존하지는 않는다.

3) 개발조직

개발조직 기관은 기획가, 정부기관, 금융기관, 개발업자, 교육과 훈련 기관들이다. 이런 기관들은 관광개발을 다루고 있으며, 일상적인 관광서비스와는 달리, 복잡하고 범위가 넓다. 주요 리조트지역을 위한 개발과정은 보통 오랜 기간이 걸리게 된다. 지역의 환경, 사람과 문화에 관련된 민감한 문제들을 검토해야 하기 때문이다. 컨설턴트, 금융, 부동산, 건축, 엔지니어링, 환경과학 등과 같이 여러 작업과정을 거쳐 프로젝트가 이루어진다. 관광개발의 결정과 결과는 장기적이다.

연결개념의 3가지 범주들(직접공급자, 지원서비스, 개발조직) 간의 상호관계를 호텔을 개발할 경우에 예로서 설명하면 다음과 같다.

- 호텔은 여행자에서 서비스의 직접공급자가 될 것이다.
- 호텔기업의 지원 서비스는 식음료 납품업자와 청소, 경비 외주업자, 마케팅과 경영지원을 돕는 전문회사들이 포함될 것이다. 세탁업자, 식품업자, 각종 납품업자, 인쇄출판업자, 경비외주업자, Tour Organizer 등을 말한다.
- 개발조직과 관련해서는 호텔을 건축할 경우에 허가권을 가진 정부기관과 금융기관, 부동산업자 뿐만 아니라 타당성 조사를 수행하는 컨설팅회사들을 포함될 것이다.

따라서 관광객에게 직·간접적으로 제공되는 서비스에 의해 분류한 것이다. 세 가지 범주 모두는 관광객의 요구에 부응하여 그들에게 서비스를 제공하면서 상호관계를 맺게 된다.

3. 관광사업의 특성

관광사업은 일반기업과는 다른 다음과 같은 특성을 지니고 있다.

1) 복합성

관광사업의 복합성은 사업주체의 복합성과 사업내용의 복합성으로 나누어 볼 수 있다.

(1) 사업주체의 복합성

관광사업은 공적기관 및 민간기업 등 그 사업의 주체가 매우 다양하다. 뿐만 아니라, 공적기관 및 민간기업이 역할을 분담하여 공동으로 추진하는 현상이 타 산업분야보다 현저하게 두드러진다. 공원의 유지·관리나 도로건설 등은 공공기관에서 추진하며, 여행업이나 숙박업은 민간기업이 담당하고 있다.

이와 같이 관광사업의 기본성격에서 복합성이란 공적기관과 민간기업이 역할을 분담하여 전개하는 사업이라는 뜻이다.

(2) 사업내용의 복합성

사업내용의 복합성이란 관광사업의 업무내용이 여러 형태로 분화되어 있는 것을 말한다. 관광여행의 출발부터 도착까지 여행이 완결되는 전 과정에서 관광사업의 개입내용을 파악해 보면, 여러 관련업종이 개입하여 하나의 관광이 성립되기 때문이다. 여기서 각각의 사업활동은 관광사업의 일익을 담당하고 있으면서 동시에 개별적 사업주체로서 고유의 사업영역을 가진다.

이처럼 대부분의 사업이 부분적으로 관광현상에 관여하고 있으므로 완전한 관광사업이라 표현하기 어렵다. 교통업의 경우 관광객을 수송하는 부분은 관광사업이 되지만, 통근이나 화물운송 부분은 관광사업이 아니다. 여행업도 관광사업을 주로 하는 사업이지만, 해외이민자를 위한 업무를 취급할 경우에는 관광사업이 아니다. 숙박업도 이와 같은 내용을 포함하고 있다.

2) 입지의존성

관광지는 유형·무형의 관광자원을 가지고 고유의 특성에 따라 관광지로 관심을 불러일으킨다. 즉 온천관광지, 산악관광지 등으로 관광객에게 흥미를 준다. 그러므로 관광사업은 관광지의 유형, 기후조건 및 관광자원의 우열, 개발추진상황, 교통사정 등 입지적 요인에 크게 영향을 받게 된다. 동시에 시장의 규모, 체재 여부, 현지조달, 인력공급 등의 경영적 환경과 관광객의 계층이나 소비성향 등도 입지에 따라 큰 영향을 받게 된다.

관광사업은 불연속 생산활동이나 생산과 소비의 동시성이라는 특성을 가지고 있기 때문에 입지의존성은 매우 높다.

3) 변동성

관광은 외부여건에 따라 매우 민감하게 영향을 받는다. 관광사업이 변동성을 갖는 요인으로 다음의 요인을 들고 있다.

첫째, 사회적 요인인데, 사회 및 국제정세의 변화, 정치불안요소, 폭동, 질병발생, 신체적 내지 정신적 불안감을 주는 요인에 따라 민감하게 반응한다.

둘째, 경제적 요인인데, 경제불황, 소득의 불안정, 환율변동, 운임변동과 외화사용제한 조치 등의 요인들이다.

셋째, 자연적 요인인데, 기후, 지진, 태풍 등 특이한 자연현상 등에 반응이 크다. 또한 관광행위는 계절적 변동(성수기·비수기)에 따라 두드러지기 때문에 관광사업 경영에 있어 그 대책에 많은 관심을 기울여야 한다.

4) 공익성

관광사업은 공적인 사업과 사적인 사업으로 이루어진 복합체적 성격을 내포하고 있다. 관광기업은 영리추구만 집착하는 경영은 허용되지 않는다. 관광사업의 공익성은 첫째, 사회문화적 측면인데, 국제친선 증진을 통한 국위선양, 상호이해를, 국제문화의 교류라는 국제관광부문과 근로의욕 고취, 국민건강 증진 및 교양향상 등에 기여한다. 둘째, 경제적 측면으로 외화획득, 기술협력, 국제무역 증진 등의 국가경제적 부문과 지역소득 증대효과, 고용효과, 산업연관효과 및 지역개발효과 등의 지역경제부문에 기여한다.

5) 서비스성

관광사업을 서비스사업이라 하는 것은 관광사업이 취급하는 관광상품의 대부분이 비가시적인 서비스상품이기 때문이다. 관광사업에서 생산은 경험을 생산하는 것이기 때문에, 관광사업을 '꿈을 파는(selling dreams)' 사업이라고 부르기도 한다.

서비스는 관광객 심리에 커다란 영향을 미치기 때문에 관광사업에서 서비스의 양부(良否)는 관광기업 자체는 물론, 관광지 또는 국가 전체에 중대한 영향을 미치게 된다.

좋은 서비스의 제공은 관광기업종사원 뿐만 아니라 지역주민이나 국민전체가 외지인에게 친절한 서비스를 제공하는 일은 더욱 필요하다.

4. 관광사업의 분류

1) 사업주체의 의한 분류

관광사업은 사업주체에 의해서 공적관광기관과 사적관광기업으로 나눌 수 있다. [그림 7-4]에서 보듯이 공적관광기관은 정부나 지방자치단체 등의 행정기관과 관광협회나 업종별협회 등 공익단체로 나누어진다, 사적관광기업은 직접관련 관광기업과 간접적 관광관련 기업으로 나누어 볼 수 있다.

각 부문별로 자세히 살펴보면 다음과 같다.

그림 7-4 주체에 의한 관광사업의 분류

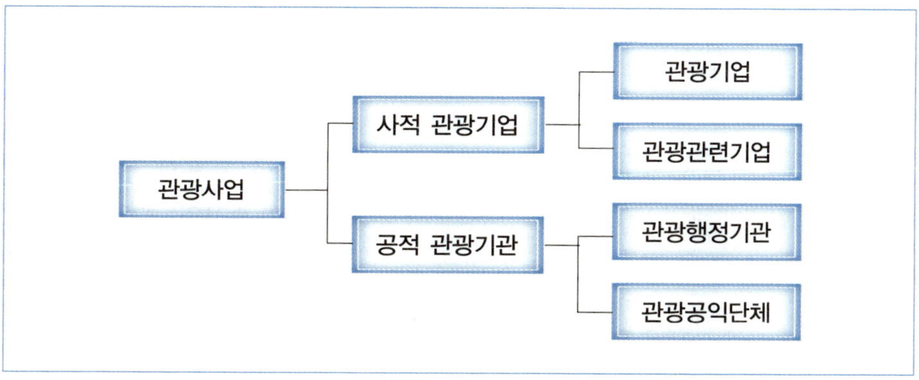

(1) 관광기업

관광객과 직접적으로 관계되어 영리를 목적으로 하는 기업을 말한다. 관광객의 소비활동을 주된 수입원으로 하는 기업들을 말한다.

따라서 여행업, 숙박업, 교통업, 쇼핑업, 관광정보제공업, 관광개발업 등 대부분의 관광사업이 포함되며, 관광진흥법에 의한 사업들도 여기에 포함된다.

(2) 관광관련기업

관광객과 직접 대면하지는 않으나 관광기업과 직접적인 관계를 가짐으로써 관광객과는 간접적(2차적)으로 관련을 갖는 간접관광사업 또는 2차 관광사업이라 칭한다.

호텔에서 외주를 받은 세탁업자, 청소업자, 경비업자와 식품납품업자 등이 여기에 포함되며, 일반적인 소매상점·요식업체·오락업체 등도 관광객이 이용할 때에는 여기에 해당된다.

(3) 관광행정기관

공적 관광사업으로 관광정책 관련 기관을 의미하며, 국가·정부·지방자치단체 등 관광행정기관을 가리킨다. 이는 관광객·관광기업·관광관련 기업들과 직·간접으로 영향을 주고받으며 관광개발업무와 관광진흥업무를 담당한다.

(4) 관광공익단체

공적관광기관으로 관광공사, 관광협회 등의 공익법인과 관광인력을 양성하는 교육기관, 관광관련연구소 등이 있다.

공익단체로는 관광진흥, 관광자원개발, 관광사업의 연구, 관광요원의 양성·훈련을 목적으로 설립된 한국관광공사(KNTO), 정부의 관광정책 대안제시와 효율적 지원정책과 관련한 조사·연구를 수행하기 위하여 설립된 한국문화관광연구원, 우리나라 관광업계를 대표하는 한국관광협회중앙회와 업종별관광협회 그리고 지역별관광협회 등이 있다.

2) 「관광진흥법」에 의한 분류[1]

2016년 1월 말 현재 「관광진흥법」 제3조에서 규정하고 있는 관광사업의 종류는 여행업, 관광숙박업, 관광객이용시설업, 국제회의업, 카지노업, 유원시설업, 관광편의시설업 등 크게 7개 업종으로 구분하고 있으며, 동법 시행령에서는 이를 각각의 종류별로 다시 세분하고 있다(동법 시행령 제2조). 이를 도표화하면 다음 〈표 7-2〉와 같다.

표 7-2 「관광진흥법」에 따른 우리나라 관광사업의 분류

<table>
<tr><th>종 류</th><th colspan="2">세 분</th></tr>
<tr><td>여행업</td><td colspan="2">일반여행업, 국외여행업, 국내여행업</td></tr>
<tr><td rowspan="2">관광숙박업</td><td>호텔업</td><td>관광호텔업, 수상관광호텔업, 한국전통호텔업, 가족텔업, 호스텔업, 소형호텔업, 의료관광호텔업</td></tr>
<tr><td colspan="2">휴양콘도미니엄업</td></tr>
<tr><td rowspan="6">관광객이용시설업</td><td>전문휴양업</td><td>민속촌, 해수욕장, 수렵장, 동물원, 식물원, 수족관, 온천장, 동굴자원, 수영장, 농어촌휴양시설, 활공장, 등록 및 신고 체육시설업시설, 산림휴양시설, 박물관, 미술관</td></tr>
<tr><td>종합휴양업</td><td>제1종종합휴양업, 제2종종합휴양업</td></tr>
<tr><td colspan="2">야영장업(일반야영장업, 자동차야영장업)</td></tr>
<tr><td colspan="2">관광유람선업(일반관광유람선업, 크루즈업)</td></tr>
<tr><td colspan="2">관광공연장업</td></tr>
<tr><td colspan="2">외국인관광 도시민박업</td></tr>
<tr><td>국제회의업</td><td colspan="2">국제회의시설업, 국제회의기획업</td></tr>
<tr><td>카지노업</td><td colspan="2"></td></tr>
<tr><td>유원시설업</td><td colspan="2">종합유원시설업, 일반유원시설업, 기타유원시설업</td></tr>
<tr><td>관광편의시설업</td><td colspan="2">관광유흥음식점업, 관광극장유흥업, 외국인전용 유흥음식점업, 관광식당업, 시내순환관광업, 관광사진업, 여객자동차터미널시설업, 관광펜션업, 관광궤도업, 한옥체험업, 관광면세업</td></tr>
</table>

(1) 여행업

「관광진흥법」에서의 여행업이란 "여행자 또는 운송시설·숙박시설, 그 밖에 여행에 딸

1) 조진호 외 5인 공저, 전게서, pp.134~148.

리는 시설의 경영자 등을 위하여 그 시설 이용 알선이나 계약체결의 대리, 여행에 관한 안내, 그 밖의 여행 편의를 제공하는 업"을 말한다(동법 제3조 1항 1호). 여행업의 종류는 다음과 같다.

① 일반여행업

국내외를 여행하는 내국인 및 외국인을 대상으로 하는 여행업[사증(査證; 비자)을 받는 절차를 대행하는 행위를 포함한다]을 말한다. 따라서 일반여행업자는 외국인의 국내 또는 국외여행과 내국인의 국외 또는 국내여행에 대한 업무를 모두 취급할 수 있다.

② 국외여행업

국외를 여행하는 내국인을 대상으로 하는 여행업(사증을 받는 절차를 대행하는 행위를 포함한다)을 말한다. 국외여행업은 우리나라 국민의 아웃바운드 여행(해외여행업무)만을 전담하도록 하기 위해 도입된 것이므로, 외국인을 대상으로 하거나 또는 내국인을 대상으로 한 국내여행업은 이를 법으로 허용하지 않고 있다.

③ 국내여행업

국내를 여행하는 내국인을 대상으로 하는 여행업을 말한다. 즉 국내여행업은 내국인을 대상으로 한 국내여행에 국한하고 있어 외국인을 대상으로 하거나 또는 내국인을 대상으로 한 국외여행업은 이를 법으로 허용하지 않고 있다.

(2) 관광숙박업

현행 「관광진흥법」은 관광숙박업을 호텔업과 휴양콘도미니엄업으로 나누고(제3조 1항 2호), 호텔업을 다시 세분하고 있다(동법시행령 제2조 1항 2호).

① 호텔업

호텔업이란 관광객의 숙박에 적합한 시설을 갖추어 이를 관광객에게 제공하거나 숙박에 딸리는 음식·운동·오락·휴양·공연 또는 연수에 적합한 시설 등을 함께 갖추어 이를 이용하게 하는 업을 말한다. 그 종류는 다음과 같다.

가) 관광호텔업

관광호텔업은 관광객의 숙박에 적합한 시설을 갖추어 관광객에게 이용하게 하고 숙박에 딸린 음식·운동·오락·휴양·공연 또는 연수에 적합한 시설 등(이하 "부대시설"이라 한다)을 함께 갖추어 관광객에게 이용하게 하는 업(業)을 말한다. 종전에는 관광호텔업을 종합관광호텔업과 일반관광호텔업으로 세분한 적도 있었으나, 2003년 8월 「관광진흥법 시행령」을 개정하면서 이를 관광호텔업으로 단일화한 것이다.

나) 수상관광호텔업

수상관광호텔업은 수상에 구조물 또는 선박을 고정하거나 매어 놓고 관광객의 숙박에 적합한 시설을 갖추거나 부대시설을 함께 갖추어 관광객에게 이용하게 하는 업으로서, 수려한 해상경관을 볼 수 있도록 해상에 구조물 또는 선박을 개조하여 설치한 숙박시설을 말한다. 만일 노후 선박을 개조하여 숙박에 적합한 시설을 갖추고 있더라도 동력(動力)을 이용하여 선박이 이동할 경우에는 이는 관광호텔이 아니라 선박으로 인정된다.

다) 한국전통호텔업

한국전통호텔업은 한국전통의 건축물에 관광객의 숙박에 적합한 시설을 갖추거나 부대시설을 함께 갖추어 관광객에게 이용하게 하는 업을 말한다.

우리나라에는 1991년 7월 26일 최초로 제주도 중문관광단지 내에 객실수 26실의 한국전통호텔(씨에스호텔앤리조트)이 등록된 이래 2003년 10월 전남 구례에 지리산가족호텔(124실), 2004년 5월에는 인천에 을왕관광호텔(44실)이 등록되었고, 2010년 7월 5일에는 경북 경주시에 (주)신라밀레니엄 라궁 16실, 2011년 10월에는 전남 영광에 한옥호텔 영산재 21실이 등록된 바 있다.

라) 가족호텔업

가족호텔업은 가족단위 관광객의 숙박에 적합한 시설 및 취사도구를 갖추어 관광객에게 이용하게 하거나 숙박에 딸린 음식·운동·휴양 또는 연수에 적합한 시설을 함께 갖추어 관광객에게 이용하게 하는 업을 말한다.

마) 호스텔업

호스텔업은 배낭여행객 등 개별 관광객의 숙박에 적합한 시설로서 샤워장, 취사장 등의 편의시설과 외국인 및 내국인 관광객을 위한 문화·정보 교류시설 등을 함께 갖추어 이용하게 하는 업을 말한다. 이는 2009년 10월 7일 「관광진흥법 시행령」 개정 때 호텔업의 한 종류로 신설되었는데, 2010년 12월 21일 최초로 제주도에 객실수 36실의 호스텔이 등록되었으며, 2011년도에는 제주도 4개소 81실, 인천광역시에 1개소 15실이 등록되는 등 2014년 12월 말 기준으로 전국 145개소에 3,097실이 운영되고 있다.

바) 소형호텔업

관광객의 숙박에 적합한 시설을 소규모로 갖추고 숙박에 딸린 음식·운동·휴양 또는 연수에 적합한 시설을 함께 갖추어 관광객에게 이용하게 하는 업을 말한다. 이는 외국인관광객 1,200만명 시대를 맞이하여 관광숙박서비스의 다양성을 제고하고 부가가치가 높은 고품격의 융·복합형 관광산업을 집중적으로 육성하기 위하여 2013년 11월 「관광진흥법 시행령」 개정 때 호텔업의 한 종류로 신설된 것으로, 소형호텔업에 대한 투자를 활성화시켜 관광숙박서비스의 다양성을 제고하고 관광숙박시설을 확충하는 데 기여할 것으로 기대되고 있다.

사) 의료관광호텔업

의료관광객의 숙박에 적합한 시설 및 취사도구를 갖추거나 숙박에 딸린 음식·운동 또는 휴양에 적합한 시설을 함께 갖추어 관광객에게 이용하게 하는 업을 말한다. 이는 외국인관광객 1,200만명 시대를 맞이하여 관광숙박서비스의 다양성을 제고하고 부가가치가 높은 고품격의 융·복합형 관광산업을 집중적으로 육성하기 위하여 2013년 11월 「관광진흥법 시행령」 개정 때 호텔업의 한 종류로 신설된 것으로, 의료관광객의 편의를 도모함은 물론 의료관광 활성화에 기여할 것으로 기대되고 있다.

② 휴양콘도미니엄업

휴양콘도미니엄업이란 관광객의 숙박과 취사에 적합한 시설을 갖추어 이를 그 시설의 회원이나 공유자, 그 밖의 관광객에게 제공하거나 숙박에 딸리는 음식·운동·오락·휴양·공연 또는 연수에 적합한 시설 등을 함께 갖추어 이를 이용하게 하는 업을 말한다(관광진흥법 제3조 1항 2호).

(3) 관광객이용시설업

관광객이용시설업이란 ① 관광객을 위하여 음식·운동·오락·휴양·문화·예술 또는 레저 등에 적합한 시설을 갖추어 이를 관광객에게 이용하게 하는 업 또는 ② 대통령령으로 정하는 2종 이상의 시설과 관광숙박업의 시설(이하 "관광숙박시설"이라 한다) 등을 함께 갖추어 이를 회원이나 그 밖의 관광객에게 이용하게 하는 업을 말한다(관광진흥법 제3조 1항 3호).

현행 「관광진흥법」은 관광객이용시설업의 종류를 전문휴양업, 종합휴양업(제1종·제2종), 야영장업(일반야영장업, 자동차야영장업), 관광유람선업(일반관광유람선업, 크루즈업), 관광공연장업, 외국인관광 도시민박업 등으로 구분하고 있다. 다만, 외국인전용 관광기념품판매업은 2014년 7월 16일 「관광진흥법 시행령」 개정 때 관광객이용시설업에서 제외되었다.

① 전문휴양업

관광객의 휴양이나 여가선용을 위하여 숙박업시설[공중위생관리법 시행령 제2조 제1항 제1호(농어촌에 설치된 민박사업용시설) 및 제2호(자연휴양림 안에 설치된 시설)의 시설을 포함하며, 이하 "숙박시설"이라 한다]이나 「식품위생법 시행령」 제21조 제8호 가목·나목 또는 바목에 따른 휴게음식점영업, 일반음식점영업 또는 제과점영업의 신고에 필요한 시설(이하 "음식점시설"이라 한다)을 갖추고 별표 1 제4호 가목(2)(가)부터 (거)까지의 규정에 따른 시설(이하 "전문휴양시설"이라 한다) 중 한 종류의 시설을 갖추어 관광객에게 이용하게 하는 업"을 말한다.

② 종합휴양업

종합휴양업은 제1종과 제2종으로 구분된다. 제1종 종합휴양업은 관광객의 휴양이나 여가선용을 위하여 숙박시설 또는 음식점시설을 갖추고 전문휴양시설 중 두 종류 이상의 시설을 갖추어 관광객에게 이용하게 하는 업이나, 숙박시설 또는 음식점시설을 갖추고 전문휴양시설 중 한 종류 이상의 시설과 종합유원시설업의 시설을 갖추어 관광객에게 이용하게 하는 업을 말한다.

제2종 종합휴양업은 관광객의 휴양이나 여가선용을 위하여 관광숙박업의 등록에 필요한 시설과 제1종 종합휴양업 등록에 필요한 전문휴양시설 중 두 종류 이상의 시설 또는 전문휴양시설 중 한 종류 이상의 시설 및 종합유원시설업의 시설을 함께 갖추어 관광객에게 이용하게 하는 업을 말한다.

③ 야영장업

가족단위로 야영하는 여행자의 증가에 따라 야영장의 수가 증가하고 있음에도 불구하고 지금껏 자동차야영장업만을 관광사업으로 등록하도록 하고 있어 야영장에 대한 종합적인 관리가 어려웠는 바, 마침 2014년 10월 28일 「관광진흥법 시행령」 개정 때 종전의 자동차야영장업을 일반야영장업과 자동차야영장업으로 세분하고 일반야영장업도 관광사업으로 등록하도록 함으로써 야영장 이용객들이 안전하고 위생적으로 이용할 수 있게 한 것이다(동법시행령 제2조 제1항 제3호 다목).

가) **일반야영장업** – 야영장비 등을 설치할 수 있는 공간을 갖추고 야영에 적합한 시설을 함께 갖추어 관광객에게 이용하게 하는 업을 말한다.

나) **자동차야영장업** – 자동차를 주차하고 그 옆에 야영장비 등을 설치할 수 있는 공간을 갖추고 취사 등에 적합한 시설을 함께 갖추어 자동차를 이용하는 관광객에게 이용하게 하는 업을 말한다.

④ 관광유람선업

가) 일반관광유람선업

「해운법」에 따른 해상여객운송사업의 면허를 받은 자나 「유선(遊船) 및 도선사업법(渡船事業法)」에 따른 유선(遊船)사업의 면허를 받거나 신고한 자가 선박을 이용하여 관광객에게 관광을 할 수 있도록 하는 업을 말한다.

나) 크루즈업

「해운법」에 따른 순항(順航) 여객운송사업이나 복합 해상여객운송사업의 면허를 받은 자가 해당 선박 안에 숙박시설, 위락시설 등 편의시설을 갖춘 선박을 이용하여 관광객에게 관광을 할 수 있도록 하는 업을 말한다.

⑤ 관광공연장업

관광공연장업은 관광객을 위하여 공연시설을 갖추고 한국전통가무가 포함된 공연물을 공연하면서 관광객에게 식사와 주류를 판매하는 업을 말한다.

⑥ 외국인관광 도시민박업

외국인관광 도시민박업이란 「국토의 계획 및 이용에 관한 법률」(이하 "국토계획법"이라 한다) 제6조제1호에 따른 도시지역(「농어촌정비법」에 따른 농어촌지역 및 준농어촌지역은 제외한다)의 주민이 거주하고 있는 단독주택 또는 다가구주택(건축법 시행령 별표 1 제1호 가목 또는 다목)과 아파트, 연립주택 또는 다세대주택(건축법 시행령 별표 1 제2호 가목, 나목 또는 다목)을 이용하여 외국인 관광객에게 한국의 가정문화를 체험할 수 있도록 숙식 등을 제공하는 사업을 말하는데, 종전까지는 외국인관광 도시민박업의 지정을 받으면 외국인 관광객에게만 숙식 등을 제공할 수 있었으나, 2014년 11월 28일 「관광진흥법 시행령」 개정에 따른 '도시재생활성화계획'에 따라 마을기업(「도시재생 활성화 및 지원에 관한 특별법」〈약칭 "도시재생법"〉 제2조제6호·제9호에 따른)이 운영하는 외국인관광 도시민박업의 경우에는 외국인 관광객에게 우선하여 숙식 등을 제공하되, 외국인 관광객의 이용에 지장을 주지 아니하는 범위에서 해당 지역을 방문하는 내국인 관광객에게도 그 지역의 특성화된 문화를 체험할 수 있도록 숙식 등을 제공할 수 있게 하였다(관광진흥법 시행령 제2조제1항제6호 카목 〈개정 2014.11.28.〉). 여기서 "마을기업"이란 지역주민 또는 단체가 해당 지역의 인력, 향토, 문화, 자연자원 등 각종 자원을 활용하여 생활환경을 개선하고 지역공동체를 활성화하여 소득 및 일자리를 창출하기 위하여 운영하는 기업을 말한다("도시재생법" 제2조 1항 9호).

지금까지 외국인관광 도시민박업은 신고등 다른 법률에 따른 별도의 관리체계 없이 관광 편의시설업의 업종으로 분류되어 관리가 불충분한 측면이 있었는 데, 2016년 3월

22일 「관광진흥법 시행령」 개정 때 이를 관광객 이용시설업으로 재분류함으로써 그 관리체계를 강화하였다(관광진흥법 시행령 제2조제1항제3호 바목 신설).

(4) 국제회의업

국제회의업이란 대규모 관광수요를 유발하는 국제회의(세미나·토론회·전시회 등을 포함한다)를 개최할 수 있는 시설을 설치·운영하거나 국제회의 계획·준비·진행 등의 업무를 위탁받아 대행하는 업을 말한다(관광진흥법 제3조 1항 4호).

현행 「관광진흥법」에서 규정하고 있는 국제회의업은 국제회의시설업과 국제회의기획업으로 분류하고 있다.

① 국제회의시설업

대규모 관광수요를 유발하는 국제회의를 개최할 수 있는 시설을 설치·운영하는 업을 말하는데, 첫째, 「국제회의산업육성에 관한 법률 시행령」 제3조에 따른 회의시설(전문회의시설·준회의시설) 및 전시시설의 요건을 갖추고 있을 것과, 둘째, 국세회의 개최 및 전시의 편의를 위하여 부대시설(주차시설, 쇼핑·휴식시설)을 갖추고 있을 것을 요구하고 있다.

② 국제회의기획업

대규모 관광수요를 유발하는 국제회의의 계획·준비·진행 등의 업무를 위탁받아 대행하는 업을 말한다. 우리나라 국제회의업은 '국제회의용역업'이라는 명칭으로 1986년에 처음으로 「관광진흥법」상의 관광사업으로 신설되었던 것이나, 1998년에 동법을 개정하여 종전의 '국제회의용역업'을 '국제회의기획업'으로 명칭을 변경하고 여기에 '국제회의시설업'을 추가하여 '국제회의업'으로 업무범위를 확대하여 오늘에 이르고 있다.

(5) 카지노업

카지노업이란 전문영업장을 갖추고 주사위·트럼프·슬롯머신 등 특정한 기구(機具) 등을 이용하여 우연의 결과에 따라 특정인에게 재산상의 이익을 주고 다른 참가자에게 손실을 주는 행위 등을 하는 업을 말한다(관광진흥법 제3조 1항 5호).

카지노업은 종래 「사행행위등 규제 및 처벌특례법」에서 사행행위영업(射倖行爲營業)의 일환으로 규정되어 오던 것을 1994년 8월 3일 「관광진흥법」을 개정하여 관광사업의 일종으로 전환 규정하고, 문화체육관광부에서 허가권과 지도·감독권을 갖게 되었다(동법 제21조). 다만, 제주도에는 2006년 7월부터 「제주특별자치도 설치 및 국제자유도시 조성을 위한 특별법」(이하 "제주특별법"이라 한다)이 제정·시행됨에 따라 제주특별자치도에서 외국인전용 카지노업을 경영하려는 자는 제주도지사의 허가를 받아야 한다(제주특별법 제243조).

현행 「관광진흥법」에 의거한 카지노업은 내국인 출입을 허용하지 않는 것을 기본으로 하고 있는데(제28조 제1항 4호), 예외적으로 「폐광지역개발지원에 관한 특별법」(이하 "폐광지역법"이라 한다)에 의거 폐광지역의 경기활성화와 지역주민의 고용확대 및 외화유출 방지 등을 위하여 2000년 10월 강원도 정선군 고환읍에 개장한 강원랜드카지노만은 내국인의 출입을 허용하고 있고, 2015년까지 한시적으로 운영될 예정이었으나, 그 시한을 10년간 연장하여(개정 2005.3.31.) 2015년 12월 31일까지 효력을 갖도록 하였던 것을, 다시 10년간 연장하여(개정 2012.1.26.) 2025년 12월 31일까지 효력을 갖도록 하였다.

우리나라 카지노시설은 2015년 12월 말 기준으로 전국에 17개 업체가 운영 중에 있는데, 이 중에서 외국인전용 카지노가 16개 업체이고, 내국인 출입 카지노는 강원랜드카지노 1개소이다.

(6) 유원시설업

유원시설업(遊園施設業)은 유기시설(遊技施設)이나 유기기구(遊技機具)를 갖추어 이를 관광객에게 이용하게 하는 업(다른 영업을 경영하면서 관광객의 유치 또는 광고 등을 목적으로 유기시설이나 유기기구를 설치하여 이를 이용하게 하는 경우를 포함한다)을 말한다(관광진흥법 제3조 1항 6호).

현행 「관광진흥법」상의 유원시설업은 종합유원시설업, 일반유원시설업, 기타유원시설업으로 분류하고 있다.

① 종합유원시설업

유기시설이나 유기기구를 갖추어 관광객에게 이용하게 하는 업으로서 대규모의 대지 또는 실내에서 「관광진흥법」 제33조에 따른 안전성검사 대상 유기시설 또는 유기기구 여섯 종류 이상을 설치하여 운영하는 업을 말한다.

② 일반유원시설업

유기시설이나 유기기구를 갖추어 관광객에게 이용하게 하는 업으로서 「관광진흥법」 제33조에 따른 안전성검사 대상 유기시설 또는 유기기구 한 종류 이상을 설치하여 운영하는 업을 말한다.

③ 기타유원시설업

유기시설이나 유기기구를 갖추어 관광객에게 이용하게 하는 업으로서 「관광진흥법」 제33조에 따른 안전성검사 대상이 아닌 유기시설 또는 유기기구를 설치하여 운영하는 업을 말한다.

(7) 관광편의시설업

관광편의시설업은 앞에서 설명한 관광사업(여행업, 관광숙박업, 관광객이용시설업, 국제회의업, 카지노업, 유원시설업) 외에 관광진흥에 이바지할 수 있다고 인정되는 사업이나 시설 등을 운영하는 업(관광진흥법 제3조 1항 7호)을 말한다. 이는 비록 다른 관광사업보다 관광객의 이용도가 낮거나 시설규모는 작지만, 다른 사업 못지않게 관광진흥에 기여할 수 있다고 보아 인정된 사업이라고 하겠는데, 그 종류는 다음과 같다.

① 관광유흥음식점업

식품위생법령에 따른 유흥주점 영업의 허가를 받은 자가 관광객이 이용하기 적합한 한국 전통 분위기의 시설을 갖추어 그 시설을 이용하는 자에게 음식을 제공하고 노래와 춤을 감상하게 하거나 춤을 추게 하는 업을 말한다.

② 관광극장유흥업

식품위생법령에 따른 유흥주점 영업의 허가를 받은 자가 관광객이 이용하기 적합한 무도(舞蹈)시설을 갖추어 그 시설을 이용하는 자에게 음식을 제공하고 노래와 춤을 감상하게 하거나 춤을 추게 하는 업을 말한다.

③ 외국인전용 유흥음식점업

식품위생 법령에 따른 유흥주점 영업의 허가를 받은 자가 외국인이 이용하기 적합한 시설을 갖추어 그 시설을 이용하는 자에게 주류나 그 밖의 음식을 제공하고 노래와 춤을 감상하게 하거나 춤을 추게 하는 업을 말한다.

④ 관광식당업

식품위생법령에 따른 일반음식점영업의 허가를 받은 자가 관광객이 이용하기 적합한 음식 제공시설을 갖추고 관광객에게 특정 국가의 음식을 전문적으로 제공하는 업을 말한다.

⑤ 관광순환버스업

「여객자동차 운수사업법」에 따른 여객자동차운송사업의 면허를 받거나 등록을 한 자가 버스를 이용하여 관광객에게 시내와 그 주변 관광지를 정기적으로 순회하면서 관광할 수 있도록 하는 업을 말한다.

⑥ 관광사진업

외국인 관광객과 동행하며 기념사진을 촬영하여 판매하는 업을 말한다. 관광사진업을 운영하기 위해서는 사진촬영기술이 풍부한 자 및 외국어 안내서비스가 가능한 체제를 갖추어야 한다.

⑦ 여객자동차터미널시설업

「여객자동차 운수사업법」에 따른 여객자동차터미널사업의 면허를 받은 자가 관광객이 이용하기 적합한 여객자동차터미널시설을 갖추고 이들에게 휴게시설·안내시설 등 편익시설을 제공하는 업을 말한다.

⑧ 관광펜션업

숙박시설을 운영하고 있는 자가 자연·문화 체험관광에 적합한 시설을 갖추어 관광객에게 이용하게 하는 업을 말한다. 이는 2003년 8월 「관광진흥법 시행령」 개정시 새로 추가된 업종으로 새로운 숙박형태의 소규모 고급민박시설이지만, 관광숙박업의 세부업종이 아님을 유의하여야 한다.

그러나 「제주특별자치도 설치 및 국제자유도시 조성을 위한 특별법」을 적용받는 지역에서는 관광펜션업의 규정은 적용하지 아니한다(관광진흥법시행령 제2조 2항). "제주특별법"에서는 관광펜션업 대신에 '휴양펜션업'을 규정하고 있기 때문이다.

⑨ 관광궤도업

「궤도운송법」에 따른 궤도사업의 허가를 받은 자가 주변 관람과 운송에 적합한 시설을 갖추어 관광객에게 이용하게 하는 업을 말한다. 이는 궤도차량인 케이블카 등을 설치·운행하는 사업으로 안내방송 등 외국어 안내서비스가 가능한 체제를 갖추고 있어야 하는데, 종래의 「삭도·궤도법」이 전부 개정되어 「궤도운송법」으로 법의 명칭이 변경됨에 따라 2009년 11월 2일 「관광진흥법 시행령」 개정 때 종전의 '관광삭도업'을 '관광궤도업'으로 명칭이 변경된 것이다.

⑩ 한옥체험업

한옥(주요 구조부가 목조구조로서 한식기와 등을 사용한 건축물 중 고유의 전통미를 간직하고 있는 건축물과 그 부속시설을 말한다)에 숙박 체험에 적합한 시설을 갖추어 관광객에게 이용하게 하거나, 숙박체험에 딸린 식사체험 등 그 밖의 전통문화체험에 적합한 시설을 함께 갖추어 관광객에게 이용하게 하는 업을 말한다(개정 : 2014.7.16.).

⑪ 관광면세업

보세판매장의 특허를 받은 자 또는 면세판매장의 지정을 받은 자가 판매시설을 갖추어 관광객에게 면세물품을 판매하는 업을 말한다(관광진흥법 시행령 제2조제1항제6호 카목). 이는 2016년 3월 22일 「관광진흥법 시행령」 개정 때 새로 추가된 업종으로, 관광면세업을 관광사업의 업종에 포함시켜 관광면세업에 대한 관광진흥개발기금의 지원이 가능하게 함으로써 관광면세업을 체계적으로 관리·육성할 수 있도록 하려는 데 목적이 있다.

관광면세업의 지정기준을 살펴보면 첫째, 외국어 안내서비스가 가능한 체제를 갖출 것, 둘째, 한 개 이상의 외국어로 상품명 및 가격 등 관련 정보가 명시된 전체 또는 개별 안내판을 갖출 것, 셋째, 주변교통의 원활한 소통에 지장을 초래하지 않을 것 등이다.

제2절 호텔사업

1. 호텔의 개념

1) 고전적 개념

과거의 고전적인 호텔의 기능은 가정을 떠나 이동하는 사람들에게 가장 기본적으로 필요한 잠자고 쉴 수 있는 곳(숙박기능), 음식을 먹는 곳(취사 서비스기능), 언제 발생할지도 모르는 외부의 적으로부터 피할 수 있는 곳(보호기능) 등 주로 장소제공 기능이 가장 핵심을 이루고 있었다. 따라서 호텔의 의미도 '객실과 식음료를 제공하는 곳' 이상의 의미를 찾기는 어렵다.

2) 현대적 개념

산업혁명을 거치고 후기 산업사회로 발전하면서 소득이 증가하고 가치관이 변화함에 따라 여행의 목적 또한 이동 자체가 목적이 아니라 이동과정에서의 안락함도 추구하게 되면서 이에 맞추어 호텔의 개념도 변화하고 있다. 즉 객실과 식음료를 제공하는 단순한 기능에 부가하여 숙박과정에서 오락 및 여가 그리고 보다 편안하게 휴식을 취할 수 있는 휴게 및 문화시설을 갖추게 된 것이다. 그리고 호텔의 목표시장(target market) 또한 여행객(traveler)에서 지역주민들(local resident)에게까지 확대함으로써 시설 및 내부 프로그램이 더욱 다양하게 발전하였다.

즉 오늘날의 호텔 고객들은 자신의 집을 떠나 이동하거나 사업을 진행하는 과정에서도 '자신의 집처럼 안락함을 누릴 수 있는 곳'을 찾게 되었고, 집에서는 느낄 수 없는 새로운 것을 추구하게 되었다. 그에 따라 호텔은 이러한 이용객들의 다양한 욕구를 충족시킬 수 있는 내·외장 시설 등의 하드웨어(hard ware)와 인적 서비스 및 다양한 프로그램 등의 소프트웨어(soft ware)를 보강하게 되었고, 이렇게 새로이 확장된 호텔의 기능은 소득수준이 높아진 지역주민들의 휴식 및 문화에 대한 다양하고도 높아진 욕구까지도 수용할 수 있게 되었다.

3) 관광법규적 정의

호텔에 대한 법규적 개념은 우리나라 「관광진흥법」에 명기되어 있다. 즉 호텔업이라 함은 관광객의 숙박에 적합한 시설을 갖추어 이를 관광객에게 제공하거나 숙박에 딸리는 음식·운동·오락·휴양·공연 또는 연수에 적합한 시설 등을 함께 갖추어 이를 이용하게 하는 업을 말한다(동법 제3조 제1항 제2호).

여기서 관광객의 숙박에 적합한 시설이란 주로 관광객이 수면을 취하면서 체재할 수 있는 객실에 관련되는 시설을 말한다. 따라서 호텔업은 객실에 관련되는 숙박시설을 갖추어 숙박기능만을 운영하는 호텔업과 숙박시설과 숙박에 부수되는 시설(음식·운동·오락·휴양·공연 또는 연수)을 함께 갖추어 운영하는 호텔업으로 구분하고 있다.

2. 호텔의 분류

호텔은 다음과 같이 관광법규에 따라, 호텔 규모, 입지, 체재기간, 숙박목적, 그리고 요금형태, 경영형태 등에 따라 분류할 수 있다.

1) 관광법규에 따른 분류

과거에는 관광숙박업을 관광호텔업, 국민호텔업, 휴양콘도미니엄업, 해상관광호텔업, 가족호텔업, 한국전통호텔업으로 분류하였으나, 현행 「관광진흥법」은 관광숙박업을 호텔업과 휴양콘도미니엄업으로 분류하고(제3조 제1항 2호), 다시 호텔업을 관광호텔업, 수상관광호텔업, 한국전통호텔업, 가족호텔업, 호스텔업, 소형호텔업, 의료관광호텔업 등으로 세분하고 있다(동법시행령 제2조 제1항 2호).

2) 호텔의 규모(Size)에 따른 분류

호텔의 규모는 객실 수를 기준으로 small hotel(25실 이하), average hotel(25~100실), above average hotel(100~300실), large hotel(300실의 이상) 등으로 분류할 수 있다.

3) 호텔의 입지(Location)에 따른 분류

호텔은 이동이 불가능한 상품이기 때문에 입지가 매우 중요하다. 호텔은 입지에 따라서 대도시에 위치한 대규모 호텔인 메트로폴리탄 호텔(metropolitan hotel, mammoth hotel), 도시에 위치한 시티 호텔(city hotel), 도시의 중심부에 위치한 다운타운 호텔(downtown hotel), 주차가 편리한 교외에 위치한 서버번 호텔(suburban hotel), 산악에 위치한 컨트리 호텔(country hotel, mountain hotel), 공항주변에 위치한 에어포트 호텔(airport hotel), 자동차 터미널에 위치한 터미널 호텔(terminal hotel), 항구에 위치한 시포트 호텔(seaport hotel), 해변에 위치한 비치 호텔(beach hotel) 등으로 분류할 수 있다.

4) 체재기간(Length of Guest's Stay)에 따른 분류

투숙객의 체재기간을 기준으로 트랜지언트 호텔(transient hotel)은 평균 체재일이 1~3일 정도인 호텔로 비즈니스맨들이 주로 이용하며 교통이 편리한 장소에 위치하고 있는 메트로폴리탄 호텔, 시티호텔, 다운타운 호텔이 여기에 속한다. 레지덴셜 호텔(residential hotel)은 주택용 호텔로서 대체로 1주일 이상의 이용객을 대상으로 한다. 해외파견 근로자들이나 장기출장 근무자들을 위한 도심지의 호텔이나 휴양지나 관광지의 리조트호텔 등이 여기에 속한다고 할 수 있다. 퍼머넌트 호텔(permanent hotel)은 장기 이용객을 위한 호텔로서 정년퇴직 후에 연금으로 생활하는 사람이 대개 이런 호텔을 이용한다. 객실마다 자취 설비가 되어 있어 마치 아파트와 같은 인상을 주게 된다. 투숙객에게 음식을 제공하지 않는 것이 원칙이나 제공하는 곳도 있으며 가격도 저렴하다.

5) 숙박목적에 의한 분류

이용객의 숙박목적에 따라 비즈니스맨들이 이용하는 상용호텔(commercial hotel, business hotel), 휴양객들이 이용하는 휴양지 호텔(resort hotel), 국제회의 유치를 위한 컨벤션 호텔(conventional hotel), 장기체재를 위한 아파트먼트 호텔(apartment hotel), 카지노 호텔(casino hotel) 등으로 분류할 수 있다.

6) 요금형태에 의한 분류

객실요금과 식사요금의 지급방식에 따라 호텔을 분류할 수 있다. 유럽식 요금제도 호텔(European plan hotel)은 우리나라에서 이용되고 있는 방식으로 객실요금만을 계산하는 요금제도를 가진 호텔이다. 미국식 요금제도 호텔(American plan hotel)은 객실요금에다 아침, 점심, 저녁식사비용이 포함된 1박 3식의 요금제도를 가진 호텔로 full pension이라고도 한다. 수정 미국식 요금제도 호텔(modified American plan hotel)은 객실요금에다 아침과 점심이나 저녁식사 비용이 포함되어 있는 1박 2식의 요금제도를 가진 호텔로 half pension, demi pension, semi pension이라고 부르기도 한다. 대륙식 요금제도 호텔(continental plan hotel)은 객실요금에다 조식비용만이 포함된 요금제도를 가진 호텔로 주로 유럽에 많다. 혼합식 요금제도 호텔(dual plan hotel)은 한 호텔 내에서 여러 가지 방식을 다 쓰는 호텔(즉 미국식·유럽식 등 혼용함)로서, 손님의 희망에 따라 택하게 하는 요금제도를 가진 호텔이다.

7) 경영형태에 따른 분류

호텔의 소유와 경영형태에 따라 개별경영호텔(independent hotel)과 체인경영호텔(chain hotel)로 분류할 수 있다. 개별경영호텔은 호텔기업이 개인소유(individual owner)

혹은 조합경영(partnership)의 형태로 운영되는 독자적인 호텔을 말한다. 체인경영호텔은 두 개 이상의 호텔이 서로 연결되어 하나의 호텔집단을 형성하여 운영하는 호텔을 말한다. 체인의 방식으로는 소유직영방식, 관리운영위탁방식, 프랜차이즈방식, 임대방식, 업무제휴방식, 리퍼럴방식 등이 있다.

3. 호텔기업의 특성

호텔기업은 호텔만의 독특한 특성을 지니고 있다. 호텔운영의 특성, 시설면의 특성, 경영상의 특성으로 요약하여 구분할 수 있다.

1) 운영상의 특성

호텔은 무엇보다도 환대사업(hospitality business)의 역할을 감당하여야 한다.

첫째, 호텔운영은 인적서비스의 의존도가 매우 높다. 서비스는 가장 중요한 문제인 동시에 또한 어려운 과제이기도 하다. 투숙객에게 정성껏 서비스를 제공함으로써 지역사회의 좋은 평가와 함께 발전을 가져오고, 재방문의 요건이 된다.

둘째, 호텔기업의 운영에 있어서 특성은 협동이다. 호텔은 각기 다른 여러 부문의 기능을 가지고 있다. 현관을 비롯하여 각 계층의 서비스 및 객실서비스에 이르기까지 다양한 서비스직무가 있다. 각 부서는 제각기 주어진 직무를 원만히 수행하므로 이윤의 추구와 기업 존속을 보장받게 된다. 부단한 협동의식이 부서간 기능을 가장 원활하게 유지하며 접대의 충실을 기대할 수 있다.

셋째, 호텔기업은 종업원의 작업조건이 우수하다는 특성을 가지고 있다. 정결한 환경을 최대의 서비스로 제공하기 때문에 호텔종업원은 근무조건이 자연히 훌륭할 수밖에 없다.

넷째, 호텔기업은 연중무휴의 운영을 한다. 호텔 이용객은 집을 떠나 호텔에서 휴일을 즐기고자 하는 사람들이므로 호텔 종사원은 남들이 놀 때 더 한층 고객을 위한 서비스를 염두에 두고 근무해야 한다. 호텔은 이로 인해 연중무휴로 운영을 계속하는 특성을 가지고 있다.

2) 시설상의 특성

호텔기업의 시설 면에서의 특성은 첫째, 호텔시설은 어떤 산업시설보다도 일시적인 최초투자(initial investment)가 높다. 방대한 규모의 투자가 호텔 건립 시 일시적으로 이루어져야 한다. 호텔은 일반 산업시설처럼 연차적으로 확장 및 재투자를 할 수 없기 때문이다. 이것이 호텔기업이 갖는 시설상의 특성이다.

둘째, 호텔시설은 노후화가 매우 빠르다. 호텔은 시설 그 자체를 상품으로 활용하기 때문이다. 이에 비해 타 기업은 시설물 자체를 상품으로 활용하지 않으므로 훼손의 속도가 비교적 느리다. 호텔시설은 시설 자체가 하나의 제품으로서 고객에게 소구(appeal)되어야 하기 때문에 결과적으로 그 노후화와 진부화는 가장 빠르게 이루어진다.

셋째, 호텔은 비생산적 공공장소(public space)를 필연적으로 확보해야 한다. 그 대표적 예로 로비(lobby) 등의 공공장소이다. 호텔을 개인전용(private space)의 장소와 공공의 이용을 전제로 하는 공공장소(public space)의 2개 부분으로 나눌 때, 식당, 라운지 등은 생산적 요소인데 반하여, 후자의 로비 등은 비생산적 요소이나 호텔의 품위를 높이는데 없어서는 아니 되는 공간인 것이다.

3) 경영상의 특성

첫째, 호텔기업은 기계화에 한계가 있다. 호텔기업은 인적 서비스의 판매가 커다란 하나의 제품으로 간주되고 있는 특수성이 있다. 그러므로 고율의 인건비 지출을 억제하기 위해 호텔기능의 기계화를 촉진하나 프런트, 로비, 주방업무에서 기계화로는 불가능한 부분이 있다. 호텔기업은 궁극적으로 인적 서비스를 배제하고는 존속을 기대할 수 없기 때문에 이의 한계성은 자명한 것이다.

둘째, 호텔의 상품은 이동할 수 없는 특성이 있다. 호텔의 주된 상품은 객실과 식음료와 서비스로 구분된다. 객실과 식음료는 유형적 상품인데 반하여 서비스는 무형적 상품이다. 호텔상품은 고객이 스스로 상품을 찾아와 구입하여야 하므로 입지가 중요하다.

셋째, 호텔기업은 고정자산의 구성 비율이 높다. 호텔기업은 고정자산이 전체시설의 70% 이상을 차지함으로써 높은 고정자산의 구성비를 보여주고, 이로 인하여 운영자금의 압박을 받게 되기도 한다. 또한 수익률이 다른 기업에 비해 극히 낮으므로 자본가의 투자의욕을 쉽사리 유발시키지 못하는 난점도 있다. 자본회전율도 상대적으로 낮다.

넷째, 호텔기업의 높은 고정비(fixed cost) 지출은 경영의 어려움을 초래한다. 호텔기업은 다른 기업에 비해 높은 고정비지출을 지니고 있다. 연료비, 전기료, 인건비 등 '퍼블릭 스페이스(public space)'와 관련된 경비는 고객이 많든 적든 간에 일정한 수준으로 지급되어야 한다.

다섯째, 호텔수입의 불안전성이 다른 기업에 비해 더욱 심하다. 호텔기업은 계절적인 영향에 크게 좌우되므로 여행현상과 정비례하여 고객의 증가와 감소를 가져오므로 기업운영의 불안정성은 피할 수 없는 것이다.

여섯째, 호텔의 상품은 저장할 수 없다. 일반제품은 오늘 팔지 못하면 내일 판매할 기회를 바라고 저장할 수 있다. 그러나 호텔객실은 오늘 팔지 못하면 그날의 객실로서 의미는 영구히 사라지는 특성을 갖고 있다.

4. 호텔업의 등록 등[2)]

1) 등록의 의의 및 성질

「관광진흥법」상의 등록은 행정법상의 허가(許可)와 유사하나, 허가보다는 재량의 여지가 거의 없고 등록요건에 맞으면 특별한 사정이 없는 한 등록을 해주어야 하는 기속(羈束)행위이며, 상대방에게 이익을 주는 수익적 행정행위(授益的 行政行爲)로 이해되고 있다. 따라서 관광사업의 등록기준에 적합한 시설을 갖추고 등록신청을 하였음에도 불구하고 등록을 받아 주지 않는 행위는 위법행위가 된다.

2) 조진호 외 5인 공저, 관광법규론(서울: 현학사, 2016), pp.148~159.

2) 호텔업의 등록관청

관광숙박업(호텔업)을 경영하려는 자는 특별자치도지사·특별자치시장·시장·군수·구청장(자치구의 구청장을 말한다)에게 등록하여야 한다(관광진흥법 제4조 제1항). 따라서 호텔업의 등록관청은 특별자치도지사·특별자치시장·시장·군수·구청장이다.

그런데 관광사업의 등록(登錄)은 관광사업의 허가(許可)나 지정(指定)과는 달리 등록에 앞서 선행행정절차를 거쳐야 하는 업종이 많다. 즉 관광숙박업(호텔업 및 휴양콘도미니엄업)을 경영하려는 자는 관광숙박업의 등록을 하기 전에 그 사업에 대한 사업계획을 작성하여 특별자치도지사·특별자치시장·시장·군수·구청장의 승인을 받아야 하고(동법 제15조 1항; 사업계획의 사전승인제도), 또 관광숙박업 및 관광객이용시설업 등록심의위원회(이하 "등록심의위원회"라 한다)의 심의를 거쳐야 등록을 할 수가 있다(동법 제17조 1항).

3) 사업계획의 승인

관광사업 중에서 관광숙박업 등은 막대한 시실투자비가 소요되고, 성격상 여리 행정기관으로부터 수많은 인·허가 등을 받아야 하는 어려움이 있으므로, 사업계획의 승인 없이 사업자가 임의로 시설투자를 한 후 관광사업의 등록을 신청한 경우에 등록관청이 등록을 거부한다면, 등록을 신청한 자는 막대한 재산상의 손실을 당할 우려가 있다. 이러한 위험성을 사전에 방지하기 위해 사업계획승인을 받은 후에 관광사업의 등록을 하도록 함으로써 사업시행의 원활을 기하고자 함에 사업계획승인제도의 목적이 있다.

이에 따라 「관광진흥법」은 "관광숙박업(호텔업 및 휴양콘도미니엄업)을 경영하려는 자는 등록을 하기 전에 그 사업에 대한 사업계획을 작성하여 특별자치도지사·특별자치시장·시장·군수·구청장의 승인을 받아야 한다(제15조 제1항)"고 규정하여 '사업계획의 사전승인제도'를 도입하였다.

4) '등록심의위원회'의 심의

관광사업 중 관광숙박업(호텔업 및 휴양콘도미니엄업)의 등록(등록사항의 변경을 포함한다)에 관한 사항을 심의하기 위하여 특별자치도지사·특별자치시장·시장·군수·구청장(권한이 위임된 경우에는 그 위임을 받은 기관을 말함) 소속으로 관광숙박업 등 등록심의위원회(이하 "등록심의위원회"라 한다)를 두는데(관광진흥법 제17조 제1항), 이들 관광숙박업 등은 다른 사업에 비하여 규모나 시설이 크고 의제(擬制)되는 법률도 많기 때문에, 등록을 하기 전에 미리 '등록심의위원회'의 심의를 거치도록 한 것이다. 다만, 대통령령으로 정하는 경미한 사항의 변경에 관하여는 '등록심의위원회'의 심의를 거치지 아니할 수 있다(동법 제17조 제4항).

5. 관광숙박업 등의 등급[3)]

1) 개 요

문화체육관광부장관(제주자치도는 도지사)은 관광숙박시설 및 야영장 이용자의 편의를 돕고, 관광숙박시설·야영장 및 서비스의 수준을 효율적으로 유지·관리하기 위하여 관광숙박업자 및 야영장업자의 신청을 받아 관광숙박업 및 야영장업에 대한 등급을 정할 수 있다. 다만, 호텔업 등록을 한 자 중 대통령령으로 정하는 자는 등급결정을 신청하여야 한다(관광진흥법 제19조 제1항 〈개정 2015.2.3.〉). 또 문화체육관광부장관은 등급결정을 위하여 필요한 경우에는 관계 전문가에게 관광숙박업 및 야영장업의 시설 및 운영 실태에 관한 조사를 의뢰할 수 있다(동법 제19조 제3항 〈개정 2015.2.3.〉). 이러한 등급결정권은 일정한 요건을 갖춘 법인으로서 문화체육관광부장관이 정하여 고시하는 법인에 위탁한다(동법 제80조 3항 2호 및 동법시행령 제66조 2항).

한편, 제주자치도에서는 문화체육관광부장관의 권한은 제주자치도지사의 권한으로 하고, 「관광진흥법 시행령」이나 「관광진흥법 시행규칙」에서 정하도록 되어 있는 것은 제주자치도 '도조례'로 정할 수 있게 하였다(제주특별법 제240조).

2) 등급결정대상 관광숙박업 및 등급구분

관광숙박업의 시설 및 서비스수준을 높이고 이용자의 편의를 돕기 위하여 의무적으

3) 조진호 외 5인 공저, 전게서, pp.190~194.

로 등급결정을 신청하여야 하는 호텔업은 관광호텔업, 수상관광호텔업, 한국전통호텔업, 소형호텔업 및 의료관광호텔업에 한하고, 가족호텔업과 호스텔업은 제외된다(관광진흥법 시행령 제22조 1항). 그리고 호텔업의 등급은 5성급, 4성급, 3성급, 2성급 및 1성급으로 구분한다(동법 시행령 제22조 2항 〈개정 2014.11.28.〉).

종전의 특1등급, 특2등급, 1등급, 2등급 및 3등급으로 구분해 왔던 호텔업의 등급을 국제적으로 통용되는 별(星) 등급 체계로 정비함으로써 외국인 관광객들이 호텔을 선택함에 있어서의 편의를 도모하고자 한 것이다.

3) 호텔업 등급결정 권한의 위탁

(1) 문화체육관광부장관은 호텔업의 등급결정권을 다음 각 호의 요건을 모두 갖춘 법인으로서 문화체육관광부장관이 정하여 고시하는 법인에 위탁한다(관광진흥법 제80조 제3항 2호, 동법시행령 제66조 제1항 〈개정 2014.11.28.〉). 이 때 등급결정권을 위탁받은 법인(이하 "등급결정 수탁기관"이라 한다)은 기존의 한국관광호텔업협회 및 한국관광협회중앙회의 이원화 체계에서 객관성과 신뢰성을 높일 수 있는 한국관광공사로 일원화하였다.

1. 문화체육관광부장관의 허가를 받아 설립된 비영리법인이거나 「공공기관의 운영에 관한 법률」에 따른 공공기관일 것
2. 관광숙박업의 육성과 서비스 개선 등에 관한 연구 및 계몽활동 등을 하는 법인일 것
3. 문화체육관광부령으로 정하는 기준에 맞는 자격을 가진 평가요원을 50명 이상 확보하고 있을 것

(2) 문화체육관광부장관은 위탁업무 수행에 필요한 경비의 전부 또는 일부를 호텔업 등급결정권을 위탁받은 법인("등급결정 수탁기관")에 지원할 수 있다(동법시행령 제66조 제2항 〈개정 2014.11.28.〉).

(3) 호텔업 등급결정권 위탁기준 등 호텔업 등급결정권의 위탁에 필요한 사항은 문화체육관광부장관이 정하여 고시한다(동법시행령 제66조 제3항 〈신설 2014.11.28.〉).

4) 호텔업의 등급결정 절차

(1) 등급결정 신청

관광호텔업, 수상관광호텔업, 한국전통호텔업, 소형호텔업 및 의료관광호텔업의 등록을 한 자는 다음 각 호의 사유가 발생한 날부터 60일 이내에 문화체육관광부장관으로부터 등급결정권을 위탁받은 법인(이하 "등급결정 수탁기관"이라 한다)에 호텔업의 등급 중 희망하는 등급을 정하여 등급결정을 신청하여야 한다(동법 시행규칙 제25조 1항 〈개정 2014.12.31.〉).

1. 호텔을 신규 등록한 경우
2. 등급결정을 받은 날부터 3년이 지난 경우
3. 시설의 증·개축 또는 서비스 및 운영실태 등의 변경에 따른 등급 조정사유가 발생한 경우

(2) 등급평가기준

「관광진흥법 시행규칙」 제25조 제3항의 규정에 의한 호텔업 세부등급평가기준(이하 "등급평가기준"이라 한다)은 별표와 같다(등급결정요령 제7조).

표 7-3 등급결정기준표

구 분		5성	4성	3성	2성	1성
등급 평가 기준	현장평가	700점	585점	500점	400점	400점
	암행평가/불시평가	300점	265점	200점	200점	200점
	총배점	1,000점	850점	700점	600점	600점
결정 기준	공통기준	1. 등급별 등급평가기준 상의 필수항목을 충족할 것 2. 제11조 제1항에 따른 점검 또는 검사가 유효할 것				
	등급별 기준	평가점수가 총 배점의 90% 이상	평가점수가 총 배점의 80% 이상	평가점수가 총 배점의 70% 이상	평가점수가 총 배점의 60% 이상	평가점수가 총 배점의 50% 이상

(3) 등급결정을 위한 평가요소

등급결정 수탁기관이 등급결정을 하는 경우에는 다음 각 호의 요소를 평가하여야 하며, 그 세부적인 기준 및 절차는 문화체육관광부장관이 정하여 고시한다(동법 시행규칙 제25조 3항 〈개정 2014.12.31.〉).

1. 서비스 상태
2. 객실 및 부대시설의 상태
3. 안전관리 등에 관한 법령 준수 여부

(4) 등급결정

① 등급결정 수탁기관은 등급결정 신청을 받은 경우에는 문화체육관광부장관이 정하여 고시하는 호텔업 등급결정의 기준에 따라 신청일부터 90일 이내에 해당 호텔의 등급을 결정하여 신청인에게 통지하여야 한다. 다만, 부득이한 경우에는 60일의 범위에서 그 기간을 연장할 수 있다(동법 시행규칙 제25조 2항).

② 등급결정 수탁기관은 평가의 공정성을 위하여 필요하다고 인정하는 경우에는 평가를 마칠 때까지 평가의 일정 등을 신청인에게 알리지 아니할 수 있다(동법 시행규칙 제25조 4항 〈개정 2014.12.31.〉).

③ 등급결정 수탁기관은 평가한 결과 등급결정 기준에 미달하는 경우에는 해당 호텔의 등급결정을 보류하여야 한다. 이 경우 보류사실을 신청인에게 통지하여야 한다(동법 시행규칙 제25조 5항 〈개정 2014.12.31.〉).

(5) 등급결정의 재신청 등

① 등급결정 보류의 통지를 받은 신청인은 그 보류의 통지를 받은 날부터 60일 이내에 신청한 등급과 동일한 등급 또는 낮은 등급으로 호텔업 등급결정의 재신청을 하여야 한다(동법 시행규칙 제25조의2 제1항 〈신설 2014.12.31.〉). 재신청을 받은 등급결정 수탁기관은 해당 호텔의 등급을 결정하거나 해당 호텔의 등급결정을 보류한 후

그 사실을 신청인에게 통지하여야 한다(동법 시행규칙 제25조의2 제2항 〈신설 2014.12.31.〉).

② 등급결정이 보류되어 당초 신청한 등급과 동일한 등급으로 호텔업 등급결정을 재신청하였으나 다시 등급결정이 보류된 경우에는 등급결정 보류의 통지를 받은 날부터 60일 이내에 신청한 등급보다 낮은 등급으로 등급결정을 신청하거나 '등급결정 수탁기관'에 등급결정의 보류에 대한 이의를 신청하여야 한다(동법 시행규칙 제25조의2 제3항 〈신설 2014.12.31.〉).

③ 호텔의 등급결정이 두 차례나 보류되어 이의신청을 한 경우에 이의신청을 받은 '등급결정 수탁기관'은 문화체육관광부장관이 정하여 고시하는 절차에 따라 신청일부터 90일 이내에 이의신청에 이유가 있는지 여부를 판단하여 처리하여야 한다. 다만, 부득이한 사유가 있는 경우에는 60일의 범위에서 그 기간을 연장할 수 있다.

④ 2차 보류에 대한 불복으로 이의신청을 거친 자가 다시 등급결정을 신청하는 경우에는 당초 신청한 등급보다 낮은 등급으로만 할 수 있다.

⑤ 등급결정보류의 통지를 받은 신청인이 직전에 신청한 등급보다 낮은 등급으로 호텔업 등급결정을 재신청하였으나 다시 등급결정이 보류된 경우에는 최초로 등급결정 보류의 통지를 받은 신청인이 재신청을 하는 경우와 같은 절차에 따라 처리하게 된다.

(6) 등급결정의 유효기간 등

① 문화체육관광부장관은 등급결정을 하는 경우 유효기간을 정하여 등급을 정할 수 있는데, 호텔업 등급결정의 유효기간은 등급결정을 받은 날부터 3년으로 한다(관광진흥법 제19조제2항, 동법시행규칙 제25조의3 제1항 〈신설 2014.12.31.〉).

② 문화체육관광부장관은 등급결정 결과를 분기별로 문화체육관광부의 인터넷 홈페이지에 공표하여야 하고, 필요한 경우에는 그 밖의 효과적인 방법으로 공표할 수 있다(동법시행규칙 제25조의3 제2항 〈신설 2014.12.31.〉).

③ 이 규칙에서 규정한 사항 외에 호텔업의 등급결정에 필요한 사항은 문화체육관광부장관이 정하여 고시한다(동법시행규칙 제25조의3 제3항 〈신설 2014.12.31.〉).

제3절 여행사업

일반적으로 여행사 또는 여행대리점이라고도 불려지고 있는 여행업이란 여행자와 교통기관·숙박시설 등 여행과 관계를 가지는 여러 산업과의 사이에 위치하여 여행자의 이익과 편의를 제공하는 비즈니스를 말한다.

오늘날 관광하는 사람은 대부분 이 영업의 서비스를 이용하고 있고, 특히 해외여행의 경우는 이 영업을 이용하지 않는 예가 드물다고 말할 수 있다.

여행자의 편의를 도모한다는 비즈니스로서의 여행업의 역할은 매스 투어리즘(mass tourism)의 시대에 있어서 대단히 중요한 것이 되었고, 또 여행상품의 개발 등으로 말미암아 현대관광을 선도하는 확실한 하나의 사업으로 그 영역을 확대하고 있다.

1. 여행업의 역사[4)]

1) 세계 여행업의 발전

근대 여행업은 1845년 영국인 Thomas Cook에 의해 토마스 쿡社(Thomas Cook & Son Co.)가 설립되어 광고에 의해 단체관광단을 모집한 데서 비롯되었다. 그 당시에는 이를 Excursion Agent라고 하였다. 그 후 미국에서 1850년에 아메리칸 익스프레스사(American Express Company)가 설립되었는데, 처음에는 운송업과 우편업무만을 취급하였으나 후에 금융업과 여행업으로 사업을 확장하면서 1891년에는 여행자수표(Traveler's Check; 약자로 T/C라 쓴다) 제도를 본격적으로 실시하였다. 또한 아메리칸 익스프레스사는 여행비용을 분할 지급하는 할부여행(Credit Tour) 제도를 실시하여 새로운 관광수요를 창출하고 이에 성공을 거둠으로써 여행업자로서의 입지를 굳혔다.

제2차 세계대전 전까지는 주로 철도와 선박 등의 교통기관을 이용한 여행업이 주종을 이루었으나, 제2차 세계대전 이후 항공기의 발달은 관광객의 대량수송과 장거리의 관광을 신속하게 만들었고 이로 인하여 여행업의 수가 급격히 증가하였다.

---

4) 강덕윤 외 3인 공저, 현대관광학개론(서울 : 백산출판사, 2016), pp.123~126.

세계적으로 알려진 여행사로는 독일의 독일여행사(Deutsches Reisebiiro), 이탈리아의 이탈리아여행사(Compagnia Italiana Turismo)와 러시아의 국영여행사 인투어리스트(Intourist), 그리고 일본 최대의 여행사인 JTB(Japan Tourist Bureau; 일본교통공사) 등이 있다.

2) 우리나라 여행업의 발전과정

우리나라에서 여행사가 처음으로 설립된 것은 1910년에 압록강 가교공사의 준공개통으로 철도이용객이 증가함에 따라 일본의 JTB(Japan Tourist Bureau ; 일본교통공사)가 1914년에 조선지사(현 대한여행사의 전신)를 설치한 것이 그 시초라고 하겠다.

이것은 일본의 식민지정책의 일환으로서 설치된 것이며, 일본은 자국 내 거주자의 한국여행을 권유하기 위하여 '조선의 저녁'이란 프로그램을 마련하여 자국 내 주요 도시의 각 극장에서 상영하면서 한국여행의 안내선전을 하였고, 이 지사를 통해 많은 일본인이 한반도에 이주할 수 있도록 이동의 편의를 제공하였다. 한편, 우리나라의 여행업은 철도의 개통으로 활발해지기 시작하였으며, 일본의 식민지정책의 일환으로 태동하였던 것이다.

광복 후 1950년을 전후로 하여 대한여행사가 새로이 창설되고, 온양, 서귀포, 설악산, 불국사, 해운대 등에 호텔이 개업함으로써 여행업도 본격적인 궤도에 오를 계기가 마련되었으나, 6·25전쟁으로 말미암아 1960년대 이전에 있어서는 발전을 하지 못하였다.

그러나 1961년에 우리나라 최초의 관광법규인 「관광사업진흥법」이 제정·공포됨으로써 제도면의 체제정비가 이루어지고, 여행업에 대한 행정적인 뒷받침이 가능하게 되었는데, 1962년 4월에 제정된 「국제관광공사법」에 따라 설립된 국제관광공사(현 한국관광공사의 전신)가 1963년 2월에 대한여행사를 인수·합병하여 운영해오다가 1973년 6월 30일 민영화로 현재의 대한여행사(Korean Travel Bureau ; KTB)라는 명칭으로 운영되고 있다.

그 후 1965년에는 서울에서 처음으로 제14차 아시아·태평양관광협회(PATA) 연차총회를 개최함으로써 우리나라의 관광사업을 국제시장에 진출시키는 새로운 계기를 마련하였고, 또한 홍콩에서 개최되는 미주여행업협회(ASTA)의 총회에 국제관광공사, 세방여행사 등 6개 단체가 참가하여 정회원으로 가입하게 됨으로써 이 때부터 우리나라 여행업도 획기적인 발전을 가져오게 되었다.

한편, 1977년에는 「관광사업법」의 개정에 의하여 일반여행업에서 국제여행알선업으로 개정되고 그 동안의 등록제가 허가제로 되었다. 1982년 4월에는 다시 「관광사업법」의 개정으로 종전의 허가제가 다시 등록제로 바뀌었고, 1989년에는 해외여행 완전자유화조치 및 자본주의의 시장경제원리에 입각한 제도의 운영으로 여행사의 수가 급증하여 격심한 경쟁시대가 되었다.

1990년대 중반 이후는 일반인, 신혼여행객의 해외여행뿐만 아니라 대학생들의 배낭여행을 시발로 중·장년층의 배낭여행 등 다양한 형태의 여행이 각광을 받기 시작하여, 전국민의 여행화·레저화로 인한 대중여행시대가 개막되기에 이르렀다.

2000년대에 들어와서는 2001년 '한국방문의 해'와 2002년 한·일 월드컵 축구대회 개최의 파급효과로 많은 외래관광객을 유치하여 관광업계의 모든 관련 산업들이 상승곡선을 그렸으며, 침체된 금강산 관광도 육로관광으로 재도약을 맞이하게 되었다. 2003년에는 SARS, 이라크전쟁, 조류독감 등 악재가 잇달아 발생하여 국제적으로 관광산업이 침체됨으로써 우리나라 여행업계도 잠시 위축되었지만, 대형 여행사들을 중심으로 한 적극적인 노력의 결과로 2005년에는 외래관광객 600만명을 돌파하였으며, 90년대 단체여행에서 탈피한 개별여행객의 증가, 여행구매 연령층의 확대, 생활수준의 향상에 따른 여가문화 정착 등으로 여행시장은 계속 확대되고 있다.

우리나라 여행업 발전에 있어서 특기할 만한 사실은, 2012년에 들어와 한국을 방문한 외래관광객이 1,114만명을 기록하면서 드디어 외래관광객 1,000만명 시대가 개막되었다. 외래관광객 1,000만명 달성은 우리나라가 세계 관광대국으로 진입하고 있음을 알리는 쾌거인 동시에, 우리나라 관광산업이 이제 양적 성장만이 아니라 질적 성장까지도 함께 이룩해야 한다는 과제를 안겨주었다.

2013년에 들어와서는 외래관광객이 1,200만명을 돌파하여 역대 최대 규모를 기록하였으며, 2014년에는 전년 대비 16.6%의 성장률을 보이며 1,400만명을 돌파하여 역대 최대 규모를 다시 한번 기록하였다. 외래관광객 1,400만명 돌파라는 성과는 더욱 수준 높은 서비스를 제공하기 위해 힘써온 관광업계의 노력과 관광분야를 5대 유망 서비스산업으로 선정하여 집중적으로 육성해온 정부의 지원이 어울어진 결과라 할 수 있다.

이에 문화체육관광부를 비롯한 관광관련 단체들은 외래관광객 2천만명 시대를 앞당기기 위해 이에 걸맞은 관광수용태세를 완비하고, 국민의 삶의 질을 높일 수 있는 여건을 조성하기 위해 다양한 정책과 사업을 추진하고 있다.

2. 여행업의 분류

일반적으로 여행상품의 유통경로와 기능에 따라 여행업을 분류하면 다음과 같이 구분할 수 있다.

1) 도매업자(Wholesaler)

여행도매업자란 브랜드명(brand name)을 가진 패키지여행을 만드는 생산자 입장에 있는 여행사를 일컫는데, 세계관광기구(UNWTO)는 다음과 같이 정의하고 있다. 즉 여행도매업자란 "수요를 미리 예상하여 여행목적지로의 수송과 목적지에서의 객실 그리고 가능한 다른 서비스(여행, 여흥)를 준비하여 이를 완전한 상품으로 만들어 여행사나 또는 직접 자사의 영업소를 통해 개인이나 단체에게 일정한 가격으로 판매하는 유통경로상의 기업"이라고 정의하고 있다.

여행도매업자들이 행하는 구체적인 업무는 다음과 같다.

첫째, 항공사와 호텔 등으로부터 자기위험부담 하에서 항공좌석과 호텔객실을 장기간 대량 예약·매입하여 여행상품을 기획한다. 이러한 여행소재의 대량매입은 구매원가가 저렴해지므로 여행상품을 저렴하게 만든다.

둘째, 여행상품을 시판이 용이하도록 조립하고 그 내용은 포장형태(package)의 상품으로 만든다. 이때에는 완전상품화(full package) 또는 부분상품화(half package)가 있을 수 있다.

셋째, 여행상품의 판매는 직접 여행시장을 상대하지 않고 여행소매업자를 통해 판매하는 것을 원칙으로 하고 있다.

넷째, 여행상품의 내용을 다양하게 설정함으로써 여행수요에 대처해 나가는 한편, 새로운 여행상품의 개발에 선도적인 역할을 수행한다.

2) 여행기획업자(Tour Operator)

여행기획업자는 종종 여행도매업자와 같은 의미로 사용되기도 하나, 엄밀히 구분하자면 여행기획업자는 고객에게 직접 패키지를 판매하는 회사를 가리키는 반면에, 여행도매업자는 소매여행사를 통해 패키지를 간접적으로 판매하는 회사를 가리킨다.

3) 여행소매업자(Retailer)

여행소매업자는 최종소비자에 대한 직접 판매활동을 하는 것을 주요 업무로 하는 업자를 말한다. 즉 여행도매업자로부터 여행상품을 제공받아 이를 최종소비자인 여행객에게 판매하는 여행업자를 말한다(정찬종, 1994).

UNWTO는 여행소매업자의 기능을 다음과 같이 규정하고 있다.

첫째, 여행객들에게 여행과 숙박, 서비스와 서비스 조건에 대한 정보를 제공히며, 또한 소재제공업자(principal)인 항공사나 호텔 등의 상품을 여행시장에서 지정된 가격으로 판매할 수 있도록 인정받은 업체로, 다만 중간업자의 역할만 수행한다.

둘째, 여행상품을 판매하면 판매액에 상응하는 일정률의 수수료를 받는다.

우리나라에서는 아직까지 도매업과 소매업이 분리되지 않고 도매업과 소매업을 겸하고 있는 업체가 대부분으로 순수한 소매업자는 거의 없는 실정이다.

4) 지상수배업자(Local Operator)

지상수배업자는 국가에 따라 다소 그 역할에 차이는 있으나 보통은 각각의 관광목적지에 대하여 여행사를 대신하여 관광버스, 가이드, 식당, 방문지 등의 수배를 전문으로 하는 업자를 말한다.

즉 여행사를 대신하여 현지 체재중의 일정표를 작성하고, 현지와의 의사소통을 명확히 하고, 새롭고 정확한 정보를 가지고 현지수배에 따른 불편을 덜어줌으로써 시간과 인력 및 통신비 절감에 도움을 주는 일을 하여 그에 따른 대가를 얻는 사업자라고 할 수 있다.

3. 여행사의 기능

여행사의 기능은 여러 가지로 분류할 수 있는데, 그 구체적인 내용은 다음과 같다.

1) 상담기능

이 기능은 여행객이 여행정보를 수집하고 또 여행사가 여행상품을 판매하는 판매보조수단으로서 여행상품을 설명하는 기능을 포함한다.

여행객에게는 여행정보가 필수적인 것이며, 정보의 제공은 여행사 존립의 토대가 되므로 이 상담기능은 여행사의 가장 기본적인 기능이라고 할 수 있다.

상담기능이 효과적이려면 카운터 요원들의 상담능력과 자질이 구비되어야 한다. 따라서 여행사 종사원은 여러 미지의 요소로 가득 찬 여행목적지에 대해 잘 설명해 줌으로써 고객의 궁금증을 해소시켜주고 고객에게 안도감을 줄 수 있는 화술과 지식을 겸비하고 있어야 한다.

2) 예약 · 수배기능

여행사의 예약과 수배기능 초기단계에서는 교통기관의 공석과 숙박시설의 공실을 예약장부에 기록해 놓고 고객의 요청에 따라 즉시 수요에 응할 수 있도록 준비하고 있었다.

특히 숙박시설 분야에서 이러한 현상이 현저하여 여행사는 특정 숙박시설의 객실을 블록으로 확보해 두는 경향이 많았다. 이 방법은 연간수요량을 일괄 매입해서 처리하는 방식으로 대규모적이고 계획적이라 할 수 있다. 그러나 컴퓨터 예약시스템이 운영되고 있는 오늘날에는 항공사와 호텔 컴퓨터망이 상호 연결되어 객실예약이 자동 처리되는 종합예약시스템 단계에 이르게 되었다.

이와 같은 매입기능의 발달은 패키지투어의 일반화 및 이용보편화 현상을 가져오는 계기가 되었다. 이처럼 여행상품이 여행시장에서 널리 유통되자 매입업무는 예약과 수배업무로 여행사의 독립된 기능 중 하나가 되었다.

3) 판매기능

여행사의 판매형태를 대별하면 외부판매(field sales)와 점두판매(counter sales)로 구분된다. 전자는 판매원이 예상고객을 찾아 이들과 대면 접촉하면서 여행상품을 구매하도록 설득함과 동시에 구매시점에서 구매결정에 조력한다는 점에 그 중요성이 있고, 후자는 여행상품의 선전과 광고 및 진열 등의 수단으로 고객을 카운터로 유도하여 여행상품을 판매한다는 점에서 의의가 있다.

해외여행자유화 이전의 외무판매는 판매원에 의한 단체여행객판매, 그리고 점두판매는 개인여행객을 목표로 한 판매로 인식되어 구별이 확연하였다. 그러나 패키지투어상품이 주된 여행상품으로 등장하였고 종류 또한 다양화된 오늘날의 단체여행객판매는 채널판매로 전환됨과 동시에 개인여행객을 주력하는 모집판매가 성행하고 있어 양자간에 경합현상이 일어나고 있는데 이는 종전에 볼 수 없었던 특이한 상황이다.

4) 수속대행기능

이 기능은 여행객을 대리하여 여행에 필요한 제반수속을 여행사가 대행해 주는 것으로, 여권과 사증 취득수속을 대행해 주고 해외여행보험 가입수속을 밟아주는 행위 등이 포함된다.

5) 발권기능

이것은 예약에 부수되는 업무로 항공권, 숙박권, 승차권 등 각종 쿠폰류를 발권하는 것을 의미한다. 해외여행에서는 특히 항공권 발권업무가 중시되며 동시에 여행일정표(travel itineraries)의 작성과 항공운임(Air fare) 계산 등 일련의 업무가 행해진다.

6) 여정관리기능

이 기능은 여행사가 주최여행에서 여행인솔업무를 통해 여행을 원활하게 진행하는 경우이다.

여기서 여행인솔업무란 여행인솔자(tour conductor)가 단체여행객과 동행하여 현지에서 투어에 관한 업무 일체를 관장하는 활동을 말한다. 여행에서 최상의 서비스가 쾌적성과 안전성을 확보하고 여행경험을 만족스럽게 해 주는 일이라 한다면, 이러한 여행객의 기대를 최대한 만족시키기 위해서는 알찬 여행내용, 여행일정, 그리고 인솔자의 능력이 중요하다.

이러한 여행인솔서비스는 주최여행에서만 행해지는 것이 아니라 여행객의 요청에 따라 청부여행에서도 제공될 수 있다.

7) 정산기능

여행비용의 계산, 견적, 청구 및 지불 등 정산과 관련한 제반기능이 모두 여기에 포함된다.

이상에서 살펴본 여행사의 7가지 기본적인 기능은 각각 독립적으로 수행되는 것이 아니라 대개 몇 가지의 기능이 복합적으로 이루어진다.

4. 여행업의 특성

1) 여행업 경영의 구조적 특성

(1) 사무실 입지의존적 특성

여행사의 사무실 위치는 고객이 찾기 쉬워야 하고 눈에 잘 띄며, 왕래가 빈번한 곳에 위치해야 한다. 입지의 중요성이 강조되는 것은 서비스상품이 생산과 소비의 장소적·시간적 동시성을 갖고 있기 때문이다. 여행사는 고객들에게 이용의 편의성을 제공하기 위해 오피스텔들이 밀집해 있는 지역이나 큰 상가 주위에 주로 자리하고 있다.

(2) 소규모 자본의 특성

여행업의 특성은 소규모 자본에 의해서도 경영이 가능하다는 점이다.

여행사의 경영에 있어서 가장 중시되는 요소는 사무실 위치이고 또 사무실 규모에 따라 지급하는 임대보증금이 투자액의 대부분을 차지하고 있다.

(3) 노동집약적 특성

여행업은 숙련된 여행전문요원이 주체가 되어 업무를 수행해 나가야 완벽해지기 때문에 사무자동화는 일부에 국한된다는 점이다. 또한 여행사에 대한 고객의 요구가 매우 다양하기 때문에, 이에 맞추어 종사원들이 적극적이고 순발력 있게 대응할 때 여행업의 성공을 보장할 수 있기 때문이다.

(4) 인간위주 경영의 특성

여행사 경영은 전문요원화된 인간위주의 경영이 필수적이다. 여행사 경영에서 인적요소가 중요한 이유는 여행상품의 기획과 생산 그리고 이를 판매하고 운용하는 주체가 곧 사람이라는 점이고, 또한 여행사 운영의 제반 제도를 설정하고 여행사를 경영해 나가는 주체가 사람이기 때문이다. 고객과의 접촉, 여행상품의 제시, 여정작성, 여행안내 등에서 철저하게 인적요소가 중요하게 작용하므로 인간이 중요한 자본이다.

(5) 과당경쟁의 특징

여행업의 또다른 특징으로 과당경쟁을 들 수 있다. 여행업은 소규모 자본으로 경영이 가능한 사업이기 때문에 여행사의 난립이 과당경쟁을 심화시키고 있다. 과당경쟁의 문제는 생산과 소비의 동시성, 비재고성 그리고 상품모방의 용이성 등에 의해서도 발생한다.

2) 여행업의 사회현상적 특성

(1) 계절 집중성

여행은 그 자체가 요일이나 계절에 따라 크게 편중되는 집중현상이 심하다. 그러므로 여행사가 이러한 현상에 대응하여 수요창조적인 입장에서 경영활동을 전개해 나가야 한다.

독창적인 여행상품을 개발하거나 여행상품 라이프 사이클(life cycle)에 의한 상품관리가 이루어지게끔 경영전략을 구사할 필요가 있다.

(2) 여행상품 수명주기의 단명성

여행상품은 모방이 지극히 용이하다. 소재를 조립하는 상품이므로 쉽게 모방할 수 있다. 때문에 여행사는 여행상품의 라이프 사이클을 조절하여 대처방안을 모색하고 수지악화 시점의 예측을 통해 투자부담을 줄일 수 있는 방안을 강구하여야 한다. 이에 대처하기 위한 독자적 기획과 개발, 여행상품에 독특한 내용과 강한 상표전략을 구사해야 할 것이다.

(3) 업무의 공적 이양 추세

여행업이 현대화되고 경영효율화라는 과제가 새롭게 등장하면서 수익성이 낮은 업무는 공적 부문으로 이양되는 추세다. 여행상담이나 저렴한 숙박시설의 수배와 같은 업무는 인터넷이나 네트워크를 통해 점차 이양되고 있는 추세에 있다.

(4) 사회적 책임으로서의 여행업

여행업은 사회적 책임이 매우 크다고 할 수 있다. 왜냐하면 여행사는 경영속성상 여러 국가를 상대로 영업활동을 전개하므로 여행사의 이미지는 곧 국가 이미지와 직결되어 평가되기 때문이다. 사회적 규범에 반하거나 영리에만 집착한다면 사회 전체에 악영향을 미칠 여지가 많다. 이러한 측면에서 여행사의 자율적 관리와 국가의 통제가 개입되어야 한다.

(5) 선수금 의존의 경영체질

여행사는 소자본으로 경영이 가능하나 여행 판매액은 대부분 자본에 비해 규모가 크다. 이는 고객들로부터 미리 영수한 여행비에는 교통, 숙박, 음식 등의 비용이 포함되어 일정기간이 경과한 후에 이용한 교통기관과 숙박업체 등에 지급하므로 그 기간에 자금 유용이 가능하기 때문이다.

(6) 다품종 소량생산 시스템

여행사는 창의성을 가지고 다양한 모델의 여행상품을 생산하여 판매할 수 있다. 이는 고객의 욕구에 따라 여행의 소재들을 다양하게 조립하여 다양하게 상품을 만들 수 있기 때문이다. 그러므로 여행사는 고객의 욕구에 부응하여 여행소재를 조립하여 다품종의 여행상품을 만들어 낸다. 이를 위한 고도의 시스템이 되어야만 효과를 발휘할 수 있다.

(7) 신용의 산업

여행상품은 브로슈어(brochure)에 제시된 대로 신용 있게 진행되어야 한다. 이 점에서 신용은 여행사의 사업성을 결정짓는 요소가 된다. 특히 상표전략(brand strategy)은 신용을 제고시키기 위해 여행사가 추진하는 PR(public relation)활동의 주요 부문을 점한다.

여행객은 여행사를 신뢰하여 여행을 경험하기 전에 미리 거액의 여행비용을 여행사에 지급하게 되고, 여행소재 공급업자(principal)도 역시 여행사에 대한 신뢰성을 바탕으로 여행소재의 공급량을 조절하게 된다. 그러므로 여행사 경영에 신뢰성은 성공의 관건임과 동시에 주요 변수가 된다.

5. 여행업의 등록 등[5)]

1) 여행업의 등록관청

여행업을 경영하려는 자는 특별자치도지사·특별자치시장·시장·군수·구청장(자치구

5) 강덕윤 외 3인 공저, 전게서, pp.129~130.

의 구청장을 말한다)에게 등록하여야 한다(관광진흥법 제4조 제1항). 따라서 여행업의 등록 관청은 특별자치도지사·특별자치시장·시장·군수·구청장(자치구의 구청장)이다.

2) 여행업의 등록절차

여행업의 등록을 하려는 자는 별지 제1호서식의 관광사업등록신청서에 공통의 구비서류와 사업별 필요서류를 첨부하여 특별자치도지사·특별자치시장·시장·군수·구청장(자치구의 구청장을 말함)에게 제출하여야 한다.

등록신청을 받은 특별자치도지사·특별자치시장·시장·군수·구청장은 신청한 사항이 등록기준에 맞으면 관광사업등록증을 신청인에게 발급하여야 한다.

3) 여행업의 등록기준(개정 2016.6.30.)

「관광진흥법 시행령」에서 규정하고 있는 여행업의 등록기준은 다음과 같다(관광진흥법 시행령 제5조 관련 [별표 1]).

(가) 일반여행업의 등록기준

1. 자본금(개인의 경우에는 자산평가액): 2억원 이상일 것. 다만, 2016년 7월 1일부터 2018년 6월 30일까지 제3조제1항에 따라 등록 신청하는 경우에는 1억원 이상으로 한다.
2. 사무실: 소유권이나 사용권이 있을 것

(나) 국외여행업의 등록기준

1. 자본금(개인의 경우에는 자산평가액): 6천만원 이상일 것. 다만, 2016년 7월 1일부터 2018년 6월 30일까지 제3조제1항에 따라 등록 신청하는 경우에는 3천만원 이상으로 한다.
2. 사무실: 소유권이나 사용권이 있을 것

(다) 국내여행업의 등록기준

1. 자본금(개인의 경우에는 자산평가액): 3천만원 이상일 것. 다만, 2016년 7월 1일부터 2018년 6월 30일까지 제3조제1항에 따라 등록 신청하는 경우에는 1,500만원 이상으로 한다.
2. 사무실: 소유권이나 사용권이 있을 것

6. 여행업자의 보험의 가입 등[6)]

1) 여행업자의'보증보험등'가입의무

(1) 여행업의 등록을 한 자(이하 "여행업자"라 한다)는 그 사업을 시작하기 전에 여행알선과 관련한 사고로 인하여 관광객에게 피해를 준 경우 그 손해를 배상할 것을 내용으로 하는 보증보험 또는 한국관광협회중앙회의 공제(共濟)(이하 "보증보험등"이라 한다)에 가입하거나 업종별 관광협회(업종별 관광협회가 구성되지 않은 경우에는 지역별 관광협회)에 영업보증금을 예치하고 그 사업을 하는 동안 계속하여 이를 유지하여야 한다(관광진흥법 시행규칙 제18조 제1항).

(2) 여행업자 중에서 기획여행을 실시하려는 자는 그 기획여행 사업을 시작하기 전에 보증보험 등에 가입하거나 영업보증금을 예치하고 유지하는 것 외에 추가로 기획여행과 관련한 사고로 인하여 관광객에게 피해를 준 경우 그 손해를 배상할 것을 내용으로 하는 보증보험등에 가입하거나 업종별 관광협회(업종별 관광협회가 구성되지 아니한 경우에는 지역별 관광협회)에 영업보증금을 예치하고 그 기획여행 사업을 하는 동안(기획여행 휴업기간을 포함한다) 계속하여 이를 유지하여야 한다(동법 시행규칙 제18조 제2항).

(3) 그러나 직전 사업연도의 매출액이 없는 사업개시 연도의 경우에는 보증보험등 가입금액 또는 영업보증금 예치금액을 직전 사업연도 매출액이 1억원 미만인 경우에 해

---

6) 조진호 외 5인 공저, 전게서, pp.173~175.

당하는 금액으로 한다. 직전 사업연도의 매출액이 없는 기획여행의 사업개시 연도의 경우에도 또한 같다. 그리고 여행업과 함께 다른 사업을 병행하는 여행업자인 경우에는 직전 사업연도 매출액을 산출할 때에 발생한 매출액만으로 산정하여야 한다.

2) '보증보험등'의 가입금액 및 영업보증금 예치금액의 기준

여행업자가 가입하거나 예치하고 유지하여야 할 보증보험등의 가입금액 또는 영업보증금의 예치금액은 직전 사업연도의 매출액(손익계산서에 표시된 매출액을 말한다) 규모에 따라 [별표 3]과 같이 한다.

표 7-4 보증보험등 가입금액(영업보증금 예치금액) 기준(시행규칙 제18조 제3항 관련 [별표 3])

(단위: 천원)

여행업의 종류 (기획여행 포함) / 직전 사업 연도의 매출액	국내여행업	국외여행업	일반여행업	국외여행업의 기획여행	일반여행업의 기획여행
1억원 미만	20,000	30,000	50,000	200,000	200,000
1억원 이상 5억원 미만	30,000	40,000	65,000		
5억원 이상 10억원 미만	45,000	55,000	85,000		
10억원 이상 50억원 미만	85,000	100,000	150,000		
50억원 이상 100억원 미만	140,000	180,000	250,000	300,000	300,000
100억원 이상 1,000억원 미만	450,000	750,000	1,000,000	500,000	500,000
1,000억원 이상	750,000	1,250,000	1,510,000	700,000	700,000

7. 기획여행 요건 설정 및 광고[7)]

1) 기획여행의 의의

기획여행이란 여행업을 경영하는 자(여행업자)가 국외여행을 하려는 여행자를 위하

7) 조진호 외 5인 공저, 전게서, pp.175~176.

여 여행의 목적지·일정, 여행자가 제공받을 운송 또는 숙박 등의 서비스 내용과 그 요금 등에 관한 사항을 미리 정하고 이에 참가하는 여행자를 모집하여 실시하는 여행을 말한다(관광진흥법 제2조 3호).

여행은 주로 기획여행의 형태로 운용되고 있는데, 그동안 기획여행이 무분별하게 판매되어 왔으며, 여행업자 간의 과당경쟁으로 인하여 관광업계의 질서를 파괴하는 경우가 허다하였다. 이에 따라 국외여행의 질적 향상을 도모하고 여행자의 권익보호 및 과당경쟁 방지를 위하여 기획여행을 규제할 필요성이 제기됨으로써, 여행업자는 법정요건을 갖추어 일정한 절차에 따라 기획여행을 실시할 수 있도록 한 것이다(동법 제12조).

2) 기획여행의 실시요건

「관광진흥법」은 국외여행을 하려는 여행자를 위해 기획여행을 실시하도록 규정하고 있기 때문에 기획여행은 '국외여행'에 국한하고 있다. 그러므로 기획여행을 할 수 있는 여행업자는 일반여행업자와 국외여행업자이고 국내여행업자는 대상에서 제외된다. 또 제주자치도에서는 기획여행의 실시요건이나 광고 등의 표시에 관하여는 '도조례'로 정할 수 있도록 하였다(제주특별법 제244조).

따라서 국외여행업 또는 일반여행업을 하는 여행업자 중에서 기획여행을 실시하려는 자는 국외여행업 또는 일반여행업에 따른 보증보험등에 가입하거나 영업보증금을 예치하고 이를 유지하는 것 외에 추가로 기획여행에 따른 보증보험등에 가입하거나 영업보증금을 예치하고 이를 유지하여야 한다.

3) 기획여행실시 광고등 표시의무

기획여행을 실시하는 자가 광고를 하려는 경우에는 다음 각 호의 사항을 표시하여야 한다. 다만, 2 이상의 기획여행을 동시에 광고하는 경우에는 다음 각 호의 사항 중 내용이 동일한 것은 공통으로 표시할 수 있다(동법 시행규칙 제21조 〈개정 2014.9.16.〉).

1. 여행업의 등록번호, 상호, 소재지 및 등록관청

2. 기획여행명·여행일정 및 주요 여행지
3. 여행경비
4. 교통·숙박 및 식사 등 여행자가 제공받을 서비스의 내용
5. 최저 여행인원
6. 보증보험등의 가입 또는 영업보증금의 예치내용
7. 여행일정 변경 시 여행자의 사전 동의 규정
8. 여행목적지(국가 및 지역)의 여행경보단계〈신설 2014.9.16.〉

8. 유자격 국외여행 인솔자에 의한 인솔의무[8)]

1) 국외여행 인솔자의 자격요건

여행업자가 내국인의 국외여행을 실시할 경우 여행자의 안전 및 편의 제공을 위하여 그 여행을 인솔하는 자를 둘 때에는 문화체육관광부령으로 정하는 다음 각 호의 어느 하나에 해당하는 자격요건에 맞는 자를 두어야 한다(관광진흥법 제13조 제1항 및 동법 시행규칙 제22조 제1항). 다만, '제주자치도'에서는 이러한 자격요건을 「관광진흥법 시행규칙」이 아닌 '도조례'로 정할 수 있도록 규정하고 있다(제주특별법 제244조).

1. 관광통역안내사 자격을 취득할 것
2. 여행업체에서 6개월 이상 근무하고 국외여행 경험이 있는 자로서 문화체육관광부장관이 정하는 소양교육을 이수할 것
3. 문화체육관광부장관이 지정하는 교육기관에서 국외여행인솔에 필요한 양성교육을 이수할 것

2) 국외여행 인솔자의 자격 등록

국외여행 인솔자의 자격요건을 갖춘 자가 내국인의 국외여행을 인솔하려면 문화체육관광부장관에게 등록하여야 한다. 이는 내국인 국외여행 인솔자에 대한 등록제도를 도

8) 조진호 외 5인 공저, 전게서, pp.178~180.

입한 것이다.

국외여행인솔자의 자격요건을 갖춘 자로서 국외여행 인솔자로 등록하려는 사람은 국외여행 인솔자등록신청서(별지 제24호의2서식)에 다음 각 호의 어느 하나에 해당하는 서류 및 사진(최근 6개월 이내에 촬영한 탈모 상반신 반명함판) 2매를 첨부하여 관련 업종별 관광협회에 제출하여야 한다.

1. 관광통역안내사 자격증
2. 문화체육관광부장관이 지정하는 교육기관에서 국외여행 인솔에 필요한 소양교육 또는 양성교육을 이수하였음을 증명하는 서류

9. 여행계약의 구체화(여행지 안전정보 제공 등)[9]

(1) 여행업자는 여행자와 여행계약을 체결할 때에는 여행자를 보호하기 위하여 다음 각 호의 사항을 포함한 해당 여행지에 대한 안전정보를 서면으로 제공하여야 한다. 해당 여행지에 대한 안전정보가 변경된 경우에도 또한 같다(관광진흥법 제14조제1항〈개정 2015.2.3.〉 및 동법 시행규칙 제22조의4 제1항〈개정 2015.8.4.〉).

① 「여권법」(제17조)에 따라 여권의 사용을 제한하거나 방문·체류를 금지하는 국가 목록 및 「여권법」(제26조 제3호) 위반시의 벌칙
② 외교부 해외안전여행 인터넷홈페이지에 게재된 여행목적지(국가 및 지역)의 여행경보단계 및 국가별 안전정보(긴급연락처를 포함한다)
③ 해외여행자 인터넷 등록제도에 관한 안내

(2) 여행업자는 여행자와 여행계약을 체결하였을 때에는 그 서비스에 관한 내용을 적은 여행계약서(여행일정표 및 약관을 포함한다) 및 보험 가입 등을 증명할 수 있는 서류를 여행자에게 내주어야 한다(관광진흥법 제14조 2항 〈개정 2015.5.18.〉).

---

9) 조진호 외 5인 공저, 전게서, pp.179~180.

(3) 여행업자는 여행계약서(여행일정표 및 약관을 포함한다)에 명시된 숙식·항공 등 여행일정(선택관광 일정을 포함한다)을 변경하려면 해당 날짜의 일정을 시작하기 전에 여행자로부터 서면으로 동의를 받아야 한다. 이 서면동의서에는 변경일시, 변경내용, 변경으로 발생하는 비용 및 여행자 또는 단체의 대표자가 일정변경에 동의한다는 의사를 표시하는 자필서명이 포함되어야 한다(동법 시행규칙 제22조의4 제3항).

(4) 여행업자는 천재지변, 사고, 납치 등 긴급한 사유가 발생하여 여행자로부터 사전에 일정변경 동의를 받기 어렵다고 인정되는 경우에는 사전에 일정변경동의서를 받지 아니할 수 있다. 다만, 여행업자는 사후에 서면으로 그 변경내용 등을 설명하여야 한다(동법 시행규칙 제22조의4 제4항).

제4절 관광교통업

1. 관광교통업의 이해[10)]

1) 관광과 교통

우리나라의 관광관련 법규(관광진흥법)에 따르면 교통업은 관광사업으로 규정되어 있지는 않다. 그러나 관광과 교통은 그동안 불가분의 관계를 형성하면서 발전해 왔다. 관광은 이동을 본질적 요소로 하는데, 이동을 담당하는 것이 교통시설이며, 교통시설을 이용하여 사람이나 물건(재화) 및 정보를 장소적으로 이동하는 교통서비스를 파는 것은 교통업이기 때문이다.

사람이 관광을 하기 위해서는 관광지까지의 교통로와 어떤 교통수단이 필요하다. 교통수단을 계획적이고 조직적으로 제공하는 교통기관의 발달은 이동을 편리하게 하고, 즐거움을 위한 여행이 성립하는 기반을 만들었다. 교통기관의 발달은 관광지에 이르는

10) 강덕윤 외 2인 공저, 전게서, pp.162~163.

시간을 단축시키고, 또한 이동에 필요한 비용을 상대적으로 싸게 들게 했던 것이다.

어떻든 교통업은 관광왕래를 촉진하고 그 효과를 기대하는 데서 이용되었으며, 관광에 매개를 강화하면서 발전돼 왔다. 따라서 관광과 교통과의 관계는 교통업이 매개되지 않았던 관광으로부터 교통업의 매개를 전제로 한 관광으로 구조상의 일대 변혁을 가져온 것이다.

그렇긴 하지만, 일상생활권으로부터의 탈출, 즉 이동이 관광을 성립시키고 또 그것을 가능하게 하는 것인데, 일상생활권은 행동범위의 확대와 도시권의 확대에 따라 점차 넓어져 가고 있고, 그곳으로부터의 탈출은 교통기관에 맡기지 않을 수 없게 되었다.

2) 관광교통업의 기본적 성격

(1) 즉시재

교통서비스는 흔히 즉시재(instantaneous goods) 또는 무형재(invisible goods)로 불린다. 일반적으로 유형재는 반드시 일정한 형상과 존속기간을 가지며, 그 생산과 소비는 각기 다른 장소에서 이루어지는 것이 보통이지만, 교통서비스는 생산되고 있는 순간에 소비되지 않으면 소용이 없으므로 저장이 불가능하다.

(2) 수요의 편재성

교통은 본원적으로 휴가기간, 주말, 출퇴근 시간 등 특정기간이나 특정시간에 수요가 집중되는 수요의 편재성이 나타난다. 특히 관광교통은 통근 등과 같이 직장에 가기 위하여 교통기관을 이용하는 파생수요(derived demand)와는 달라서 관광여행 그 자체가 목적으로 되어 있는 본원적 수요(elemental demand)이기 때문에 수요의 탄력성이 매우 크다.

(3) 자본의 유휴화

관광교통수요가 시간적·지역적으로 편재하기 때문에 성수기를 제외하면 자본의 유휴성(遊休性)이 높은 특징을 갖는다. 교통사업의 총비용 가운데서 차지하는 감가상각비, 고정인건비, 고정적 유지·관리비, 수리비 등의 이른바 고정비의 비율이 높고, 그 때문에 조업도(操業度)의 증가에 따른 단위당 고정비의 감소가 강하게 작용하므로 조업률이 높은 만큼 평균비용이 감소된다.

(4) 독점성

관광객과 관광자원의 매개적 역할을 수행하고 있는 관광교통은 이동을 전제로 하는 관광의 특성상 독점형태의 성격을 띠고 있다. 그러므로 대체 교통수단이 없을 경우에 운임이 크게 인상되었다 하더라도 그 교통수단을 이용하지 않을 수 없다. 교통업은 이와 같은 독점에 따른 폐단이 크기 때문에 교통사업에 대한 통제는 사회문제로 논의돼 왔고, 정부의 통제 하에 운행되고 있는 경우가 많다.

2. 육상교통업

1) 철도업[11)]

우리나라의 철도는 1899년 9월 18일 제물포~노량진 간에 33.2㎞의 경인철도를 개통한 이래 지속적으로 발전을 거듭하면서 국민의 안전하고 편리한 생활철도로서 널리 이용되었고, 건전한 국내 관광산업을 주도하는 중요한 교통수단으로 자리잡았다. 최근에는 민간기업 경영기법을 도입하여 고객만족서비스 제공과 업무 프로세스 개선을 통한 경영효율화를 추구하고 있다.

철도를 다른 교통수단과 비교하면, 신속성 측면에서는 항공기, 대량수송의 경제성 측면에서는 선박, 편리성 측면에서는 자동차에 뒤지는 경향이 있으나, 교통기관의 가장 중요한 조건인 안정성·정시성이라는 측면에서는 타 교통기관에 비하여 매우 우수한 교통수단이다.

21세기에 들어와 우리 국토는 고속철도시대의 개막이라는 전환점을 맞이하게 된다.

11) 문화체육관광부, 전게 2014년 기준, 연차보고서, pp.305~309.

많은 국가적 관심과 더불어 추진돼온 경부고속철도 1단계 사업의 완료로 2004년 4월 1일 개통된 고속열차인 KTX는 서울과 대구 간의 사업구간에만 개통이 이루어졌지만, 서울에서 부산까지의 소요시간을 2시간 40분대로 앞당겨 전국을 반나절 생활권으로 바꾸는 혁명적인 생활문화 변화를 이룩하게 되었다.

특히 2005년 1월 1일부터는 철도청이 한국철도공사로 전환되면서 기존의 틀에서 벗어나 경영개선과 각종 서비스의 제공 등 다양한 이벤트와 관광 활성화를 위하여 노력하고 있는데, 고속철도 개통 5년 8개월 만인 2009년 12월에는 이용객이 무려 2억명을 돌파하는 교통혁명을 이룩하였다. 또 2010년 11월 1일에는 대구에서 경주, 울산을 거쳐 부산으로 향하는 경부고속철도 2단계 구간이 개통됨으로써 경부고속철도는 완전개통이 이루어지게 되었다.

이와 같이 고속철도의 등장은 정치, 경제, 사회, 문화 모든 영역에 있어서 우리가 종전에 경험하지 못한 기회를 제공하고 있다. 직접적으로 나타나는 효과로는 여행시간이 단축됨에 따라 여행 및 통행패턴에 많은 변화를 가져왔으며, 고속철도가 통과하는 지역은 산업입지 및 거주여건이 향상되어 지역경제가 활성화되면서 인구의 흡인력이 커지게 될 것이다. 또한 국가적인 차원에서 생각해보면 고속철도로 인해 생활패턴의 변화, 지방도시로의 인구분산효과, 지역균형발전, 관광산업의 활성화, 화물수송능력 증가 등 국민생활경제에 크게 기여할 것으로 기대된다.

2) 전세버스 운송사업

(1) 전세버스운송사업의 의의

전세버스운송사업이란 운행계통을 정하지 아니하고 전국을 사업구역으로 하여 1개의 운송계약에 따라 국토교통부령으로 정하는 자동차를 사용하여 여객을 운송하는 사업을 말한다. 다만, 정부기관·지방자치단체와 그 출연기관·연구기관 등 공법인(公法人) 및 회사, 학교 또는 「영유아보육법」 제10조에 따르는 어린이집, 그리고 「산업집적활성화 및 공장설립에 관한 법률」에 따른 산업단지 중 국토교통부장관이 정하여 고시하는 산업단지의 관리기관의 장과의 1개의 운송계약(운임의 수령주체와 관계 없이 개별 탑승자로부터 현금이나 회수권 또는 카드결제 등의 방식으로 운임을 받는 경우는 제외한다)에 따라 그 소속원(산업단지 관리기관의 경우에는 해당 산업단지 입주기업체의 소속원을 말한다) 만의 통근·통학목적으로 자동차를 운행하는 경우에는 운행계통을 정하지 아니한 것으로 본다(여객자동차운수사업법 시행령 제3조 2호).

(2) 전세버스 관광상품의 형태

가) 전세버스관광

전세버스관광은 학교, 회사, 협회 또는 계모임, 친목단체 등과 같은 자생단체에서 전세버스 운송업체의 운송서비스를 제공받아 스포츠행사, 박람회, 쇼핑센터, 관광지 등을 여행하는 것을 말한다. 이 상품은 단일목적지의 여행으로 관광안내원은 동반하지 않는다.

나) 단체관광

국내에서 가장 많이 이용하는 전세버스의 한 형태이다. 단체의 대표와 여행사(전세버스업자) 간의 상담을 통하여 여행일정 및 관광목적지를 결정하여 계획된 운송서비스를 제공하는 것이다. 모든 일정표에 숙박·식사·쇼핑·관광지 등이 포함되며, 전 여정기간 동안 전문 관광안내원이 동반하여 여행서비스를 제공한다.

다) 개별 패키지관광

전세버스회사에서 특별한 이벤트나 계절상품, 유명관광지를 목적지로 한 특별기획 여행상품을 개별 여행자들이 모여 이용하는 운송관광상품이다.

라) 도시 패키지관광

개별 패키지관광과 유사하나 일정한 도시 내의 주요 관광지, 호텔, 음식점, 쇼핑센터 등을 운행하는 운송서비스를 제공한다.

마) 연계 교통관광

타 교통수단인 항공, 크루즈, 여객선, 철도와 전세버스를 연결하여 운송서비스를 제공하는 관광형태이다. 우리나라의 경우 관광열차와 연계하는 형태와 제주도 여행시 항공기와 버스, 여객선과 버스를 이용하는 연계교통 관광형태가 가장 전형적으로 이루어지고 있다.

(3) 전세버스사업의 현황

우리나라는 1948년 서울~온양 간에 관광전세버스가 처음으로 운행되기 시작하였으나, 1950년 6·25전쟁의 발발로 사실상 중단되었다. 그 후 정부가 관광에 대한 관심이 높아지면서 1961년 8월 22일 우리나라 관광에 관한 최초의 법률인 「관광사업진흥법」을 법률 제689호로 제정·공포하였는데, 여기에 관광사업의 일종으로 전세버스업이 관광교통업으로 신설 규정되면서 많은 발전이 있었다.

그러나 1975년 12월 31일 「관광사업진흥법」이 폐지되고 「관광기본법」과 「관광사업법」으로 분리 제정되었는데, 새로운 「관광사업법」에서는 관광교통업이 관광사업의 종류에서 제외되었고, 1986년 12월 31일 「관광사업법」이 폐지됨과 동시에 동법의 내용을 거의 답습한 현행 「관광진흥법」에서도 관광교통업에 관한 규정은 없다. 전세버스운송사업은 현행 「여객자동차운수사업법 시행령」 제3조에서 규정하고 있는 '여객자동차운송사업' 중의 한 업종으로 발전하면서 오늘에 이르고 있다.

3) 자동차대여사업

자동차대여사업이란 렌터카(rent-a-car) 즉 자동차를 빌려주는 사업을 말한다. 광의의 개념으로 자동차를 이용하는 고객의 요구에 부응하여 자동차 자체의 대여와 이에 부과되는 다양한 서비스를 포함하여 고객에게 필요할 때 필요한 장소에서 필요한 만큼 빌린다는 점에서 서비스산업에 해당된다.

법적인 개념으로 자동차대여사업이란 다른 사람의 수요에 응하여 유상(有償)으로 자동차를 대여(貸與)하는 사업을 말한다(여객자동차운수사업법 제2조 제4호).

관광교통수단을 크게 분류하면, 철도·버스·항공기 등의 공공교통기관과 자가용 자동차로 대표되는 사적 교통기관으로 분류할 수 있는데, 자동차대여사업은 이 중간에 틈새

시장을 파고든 '제3의 교통기관'의 위치에 있다. 자동차대여사업이 제3의 교통기관으로 불리는 이유는 첫째, 철도·항공기·버스·택시 등의 공공수송기관의 보완적 교통수단과 도시주변, 근교 관광지 등에서 공공수송기관의 대체교통기관으로서의 기능을 발휘하고 있다는 점, 둘째, 유통부문 및 기업활동에서 업무용 자동차의 경비절감과 휴가철 자동차 선호 이용자들의 렌터카 사용이 증가하고 있다는 것이다.

또한 자동차대여업의 매력은 필요할 때마다 자동차를 빌릴 수가 있어 자동차를 운전하여 드라이브를 즐기면서 비밀성을 보장받을 수 있다는 것이다. 특히 장거리 여행 시 자가용 자동차를 이용하지 않고 신속하고 안전한 타 교통수단을 이용한 후 목적지에서 보조차의 기능을 담당함으로써 여행자들에게 기동성을 보장하여 줄 수 있다.

3. 항공운송사업[12)]

1) 항공운송사업의 이해

(1) 항공운송의 중요성

항공운송은 가장 중요한 장거리 교통수단으로서 5대양 6대주를 연결하고 있어 국제관광 발전에 크게 이바지하고 있다. 그간 항공운송시장 환경은 '규제와 보호'가 중요시되었으나, 세계화·자유화·민영화의 큰 축을 중심으로 '경쟁과 협력'에 의한 시장원리가 강조되는 추세이며, 최근 항공자유화 및 항공사 간의 전략적 제휴, 지역간 통합운송시장의 확산으로 다양한 형태의 경쟁구도가 형성됨에 따라, 당분간 이러한 시장원리가 강조되는 기조는 크게 변화하지 않을 것으로 전망된다.

(2) 항공운송사업의 개념

항공운송사업이란 타인의 수요에 맞추어 항공기를 사용하여 유상(有償)으로 여객이나 화물을 운송하는 사업을 말한다(항공법 제2조 제31호).

12) 김성혁 외 2인 공저, 최신관광사업개론(서울:백산출판사, 2013), pp.301~307.

(3) 항공운송사업의 분류

항공운송사업은 국내항공운송사업, 국제항공운송사업 및 소형항공운송사업으로 분류하고 있다.

가) 국내항공운송사업

국내항공운송사업이란 국토교통부령으로 정하는 일정 규모 이상의 항공기를 이용하여 다음 각 목의 어느 하나에 해당하는 운항을 하는 항공운송사업을 말한다(항공법 제2조 제32호).

1. 국내 정기편 운항: 국내공항과 국내공항 사이에 일정한 노선을 정하고 정기적인 운항계획에 따라 운항하는 항공기 운항
2. 국내 부정기편 운항: 국내에서 이루어지는 가목 외의 항공기 운항

나) 국제항공운송사업

국제항공운송사업이란 국토교통부령으로 정하는 일정 규모 이상의 항공기를 이용하여 다음 각 목의 어느 하나에 해당하는 운항을 하는 항공운송사업을 말한다(항공법 제2조 제33호).

1. 국제 정기편 운항: 국내공항과 외국공항 사이 또는 외국공항과 외국공항 사이에 일정한 노선을 정하고 정기적인 운항계획에 따라 운항하는 항공기 운항
2. 국제 부정기편 운항: 국내공항과 외국공항 사이 또는 외국공항과 외국공항 사이에 이루어지는 가 목 외의 항공기 운항

다) 소형항공운송사업

소형항공운송사업이란 국내항공운송사업 및 국제항공운송사업 외의 항공운송사업을 말한다(항공법 제2조 제34호).

(4) 항공운송사업의 구성요소

항공운송사업을 구성하는 기본적 요소는 3가지로 구성되는데, 운송수단인 항공기, 항

공기의 이·착륙 장소와 여객출입국 서비스를 제공하는 공항 및 터미널, 항공기의 운항로이자 운송권을 확보해 주는 항공노선이다.

가) 항공기

항공운송서비스는 항공기의 운항에 의해 직접 생산되고 소비된다. 따라서 항공기는 항공운송시스템 구성요소로서 절대적인 위치를 점하는데 안전성, 항공기의 속도, 적재력과 쾌적성, 항공기의 정비 및 부품의 조달용이성 등이 동시에 확보되어야 한다. 항공기의 선정과 수명은 항공운송사업 발전의 중요한 요소이다.

나) 공항

공항은 운송시스템의 능률에 많은 영향을 미치고 있으면서도 소홀히 취급되는 경향이 있다. 공항의 중요성은 단순히 접근이 용이한 입지문제 뿐만 아니라 기상조건 및 여객들의 출입국 관리능력, 즉 출입국 여객의 원활한 처리 또는 흐름을 보장해 줄 수 있는 내부시설의 확보가 중요하다. 이와 함께 공항으로 연결되는 대중교통망과 거리 그리고 다양한 교통수단 간을 상호 연결시킬 수 있는 수송체계를 확립하는 것이 중요하다.

다) 항공노선

항공운송사업에 있어 항공노선을 개설하고 확보한다는 것은 노선의 운항권, 곧 영업권을 확보한다는 의미이다. 따라서 항공사로서는 확보하고 있는 항공노선의 수 또는 그 광·협의 정도에 따라 항공사의 지위, 항공사의 발전 및 수익확보 가능성 그리고 특정시장에서의 점유율을 평가하는 척도가 된다.

(5) 항공운송사업의 특성

가) 안전성

모든 교통기관이 안전성을 중요시하지만, 그 중에서도 항공운송사업은 안전성을 지상과제로 삼고 그 지속적인 유지에 노력하고 있다. 초기의 항공운송은 안전성이 우려되었으나, 과학기술의 발달과 더불어 모든 첨단기술의 집합체인 항공기의 출현으로 고도의 안전성을 확보하였지만, 아직도 항공기의 안전성 문제가 논의되고 있음은 부인할 수 없는 현실이기도 하다.

항공운송사업의 안전성은 항공기 제작 및 정비기술의 발전, 항공기의 운항 및 유도시스템의 진전, 공항 활주로의 개선 등에 힘입어 이제는 거의 완벽하리 만큼 그 안전성이 보장되고 있어 다른 교통수단의 추종을 불허하고 있다.

나) 고속성

항공운송의 중요한 특성 중 하나는 고속성이다. 이 고속성은 고객을 유인하는 흡인요소이자 장점이다. 전 세계의 주요 도시를 상호간에 연결하는 항공노선 망을 구축하여 시간적·거리적 장애를 극복함으로써 이용객의 증대를 가져와 국제교통체계를 항공 중심으로 이끌었다. 특히 항공운송의 고속성은 국내항공운항보다는 일정한 고도에 올라 순항할 때이므로 순항거리가 긴 국제노선일수록 항공운송의 고속성이 발휘된다.

다) 정시성 확보의 어려움

항공기 이용객들은 항공사의 정시성 확보 여부를 중요하게 보는 경향이 있는데, 이는 운항정시성이 항공사의 신뢰성과 직결됨을 의미한다. 그러나 항공운송은 타 교통기관에 비하여 항공기의 정비 및 기상조건에 의하여 크게 제약을 받는 특성이 있기 때문에 정시성 확보에 많은 어려움이 있다. 따라서 항공운송사업에 있어 극복하여야 할 중요한 과제이다.

라) 쾌적성 및 편리성

고가의 요금을 지급하고 장거리여행을 하는 승객이므로, 기내 서비스 및 안전한 비행, 쾌적함이 매우 중요하다. 최근 항공업계의 두드러진 동향은 항공기 자체만으로의 상품 차별화가 어렵기 때문에 쾌적성과 안락감을 향상시킬 수 있는 각종 시설을 기내에 추가함으로써 서비스 경쟁에서 우위를 차지하려는 노력을 기울이고 있다.

마) 노선개설의 용이성

항공운송은 육상과 철도교통과 같이 도로나 철로의 건설과 관계없이 공항이 있는 곳이면 항공노선의 개설이 용이하다는 것이다. 따라서 노선의 제약을 받지 않으면서도 수요에 부응하여 운항편수의 증감, 기종선정 등 공급을 탄력성 있게 조정해 나가면서 운항할 수 있다.

바) 경제성

항공운송의 경제성은 여객운임이다. 타 교통수단과 비교하여 운임이 크게 비싸지만, 항공운송의 발전에 따라 타 교통기관에 비교하여 상대적으로 저렴해지고 있고, 항공운송으로 절약되는 시간의 가치를 감안한다면 항공운송의 경제성은 매우 높다고 할 수 있다.

사) 공공성

정기항공운송사업은 특히 공공성을 중시하고 이를 지켜야 한다. 이러한 공공성의 유지 필요성 때문에 어느 업종보다 정부의 규제와 간섭이 많다. 뿐만 아니라 항공운송사업은 국제성을 띠고 있어 국익과 밀접한 관계가 있다.

아) 자본집약성

항공운송사업은 규모의 경제(scale economy)가 발휘되는 사업으로 막대한 자본이 투자되는 자본집약적인 사업이다. 이에 따라 항공운송사업은 국책기업형태로 정부가 전액 출자하는 국영기업 형태가 많이 나타나게 된다.

2) 항공운송 현황

우리나라의 항공산업은 1989년 해외여행 자유화 및 경제성장에 따른 생활수준 향상 등에 따라 항공운송수요 증가로 이어져 1993년 이후 10년간 여객 5.8%, 화물 7.0%의 높은 항공수요 증가율을 보이며 내실 있는 성장을 이룩해 왔다. 그러나 2003년 이후의 항공운송수요는 고유가 지속과 세계경제의 침체, 아시아의 SARS(중증급성호흡기증후군) 등 여러 가지 요인의 영향을 받아 감소와 증가를 되풀이하고 있다.

국내선의 경우 고속도로의 확충(서해안고속도로, 중앙고속도로, 대전~진주간 고속도로) 및 고속철도 개통 등의 대체 육상교통수단의 고속화에 따른 영향으로 인하여 제주도 연계노선을 제외한 내륙을 연결하는 항공수요는 전년수준을 유지하거나 마이너스

성장을 나타내고 있다.

한편, 국제선의 경우는 1952년 3월 자유중국과 최초로 항공협정을 체결한 데 이어 2014년 12월 말 기준으로 구주 25개국을 비롯하여 총 94개국과 항공협정을 체결하였으며, 이중 55개국 181개 도시에 국제선 정기편이 운항되고 있다.

4. 해상운송사업[13)]

1) 해상운송의 개요

해상운송은 대외무역 증대에 따른 수출입 화물 운송수단 뿐만 아니라 해상 관광자원 개발 및 해안도서 지방의 교통수요에 따라 여객 및 관광객 운송수단으로서도 그 수요가 날로 증가하고 있다.

최근 국민생활수준의 향상과 새로운 관광욕구, 삼면이 바다인 우리나라의 지리적 특성은 육지와 가까운 도서지역의 관광객 수요가 급증하고 있는 것은 물론, 멀리 백령도, 홍도, 거문도, 울릉도 등도 관광지화가 이루어지고 있어 경치가 수려한 도서지역에 대해서는 지역개발차원에서도 관광자원의 개발과 보존의 필요성이 강조되고 있다.

이에 따라 지금껏 도서주민의 교통수단으로 이용되어 왔던 여객선은 교육수준과 생활수준의 향상에 따른 여가선용의 방법으로서 미지의 바다에 대한 동경과 해양레포츠 활동 등이 급속히 확산되면서 해안관광을 겸한 연안여객선 운항이 활성화되고 있다. 또한 해양관광산업이 본격적으로 개발되면서 해양관광을 목적으로 해상유람을 즐기고자 하는 관광객들을 대상으로 특급호텔 수준의 시설과 서비스를 제공하면서 주요 항구도시 및 해안관광자원을 운항하는 크루즈가 해양관광객의 교통수단으로서 그 가치가 날로 높아지고 있다.

2) 해상운송업의 종류

해상운송은 대외무역 증대에 따른 수출입 화물의 운송수단 뿐만 아니라 해상 관광자

13) 강덕윤 외 3인 공저, 전게서, pp.176~181.

원 개발 및 해안도서 지방의 교통수요에 따라 여객 및 관광객 운송수단으로서도 그 수요가 날로 증가하고 있다. 이에 따라 해상운송업도 연안여객선에서 카페리, 관광유람선으로 발전을 거듭하고 있다.

(1) 연안여객선

연안여객선은 육지와 인근 도서지방을 연결하는 선박으로 여행자를 비롯해 주로 서민들이 이용하는 선박이다. 최근의 여행패턴이 도서지방을 선호하는 점을 감안한다면 연안여객선을 이용한 여행상품 개발은 필수불가결한 것으로 인식하지 않으면 아니 된다. 연안여객선은 국제화·지방화시대를 맞이하여 관광객을 끌어들여서 지역을 활성화하려는 지자체에게 있어서 지역발전에 기여하는 좋은 사업체로서 인식되고 있다.

(2) 카페리

카페리(car ferry)란 승객과 함께 자동차를 실어 나르는 배를 일컫는데, 한국과 일본(부산~시모노세키)을 오가는 부관(釜關)페리를 비롯해 국내항로에는 부산~제주, 인천~제주, 목포~제주, 완도~제주, 고흥~제주, 포항~울릉도, 부산~서귀포, 진해~거제 등의 노선에 카페리가 운행 중에 있다. 국제항로에는 부산~시모노세키 구간(227km)을 비롯해 부산~오사카(700km), 부산~하카타(214km), 인천~웨하이(426km), 인천~칭타오(531km), 인천~텐진(926km), 부산~연태(1,000km), 인천~대련(533km) 등의 노선에 카페리가 취항중이다. 카페리는 개별관광객 수송이나 대형단체의 행사에 주로 이용하며 승선권을 예매하거나 판매하는 여행사는 승객에 따른 수수료를 챙길 수 있는 장점이 있다.

(3) 관광유람선

여행 선진국인 서구는 물론 최근에 와서는 우리나라도 선박을 이용한 유람선여행에 많은 관심을 갖는 관광객들이 생겨나게 되었다. 관광유람선을 이용하는 유람선여행은 '생(生)의 최고의 낭만'이라고 부르듯 관광의 극치라고 할 수 있다.

우리나라는 2008년 8월에 「관광진흥법 시행령」을 개정하여 종전의 관광유람선업을 일반관광유람선업과 크루즈(cruise)업으로 세분하여 규정하고 있다(동법시행령 제2조 제1항 3호).

3) 해상여객운송사업

(1) 해상여객운송사업의 개념

해상여객운송사업이란 해상이나 해상과 접하여 있는 내륙수로(內陸水路)에서 여객선(여객 정원이 13명 이상인 선박을 말한다)으로 사람 또는 사람과 물건을 운송하거나 이에 따르는 업무를 처리하는 사업으로서 「항만운송사업법」 제2조 제4항에 따른 항만운송관련사업 외의 것을 말한다.

(2) 해상여객운송사업의 종류

가) 내항 정기 여객운송사업

이는 국내항[해상이나 해상에 접하여 있는 내륙수로에 있는 장소로서 상시(常時) 선박에 사람이 타고 내리거나 물건을 싣고 내릴 수 있는 장소를 포함한다]과 국내항 사이를 일정한 항로와 일정표에 따라 운항하는 해상여객운송사업을 말한다.

나) 내항 부정기 여객운송사업

이는 국내항과 국내항 사이를 일정한 일정표에 따르지 아니하고 운항하는 해상여객운송사업을 말한다.

다) 외항 정기 여객운송사업

이는 국내항과 외국항 사이 또는 외국항과 외국항 사이를 일정한 항로와 일정표에 따라 운항하는 해상여객운송사업을 말한다.

라) 외항 부정기 여객운송사업

이는 국내항과 외국항 사이 또는 외국항과 외국항 사이를 일정한 항로와 일정표에 따르지 아니하고 운항하는 해상여객운송사업을 말한다.

마) 순항(巡航) 여객운송사업

이는 해당 선박 안에 숙박시설, 식음료시설, 위락시설 등 편의시설을 갖춘 대통령령으로 정하는 규모 이상의 여객선을 이용하여 관광을 목적으로 해상을 순회하며 운항(국내외의 관광지에 기항하는 경우를 포함한다)하는 해상여객운송사업을 말한다.

바) 복합 해상여객운송사업

이는 위의 (가)부터 (라)까지의 규정 중 어느 하나의 사업과 (마)의 사업을 함께 수행하는 해상여객운송사업을 말한다.

4) 크루즈업

(1) 크루즈의 개념

해양관광산업이 본격적으로 개발되면서 해상유람을 즐기고자 하는 관광객들을 대상으로 선내에 객실·식당·스포츠 및 레크리에이션 시설 등 관광객의 편의를 위한 각종 서비스시설과 부대시설을 갖추고 순수한 관광활동을 목적으로 관광자원이 수려한 지역을 순회하며 안전하게 운항하는 선박을 크루즈(cruise)라 말한다.

일반적으로 크루즈여행이라고 할 때에는 크루즈 내에 숙박과 위락시설 등 관광객을 위한 각종 시설을 갖추고 여행자의 요구에 적합한 선상활동 및 유흥·오락프로그램 등의 행사와 최고의 서비스를 제공하는 것은 물론, 매력적인 지상 관광자원 및 관광지를 순회하면서 관광시키는 종합관광시스템을 말한다.

(2) 크루즈관광의 유형

가) 선박·거리·가격에 따른 분류

대중 크루즈(volume cruise)는 크게 2~5일의 단기 크루즈와 7일 짜리인 일반크루즈, 9~14일 간의 장기 크루즈가 있다. 고급 크루즈(premium cruise)는 1주일 항해에서부터 2주~3개월 간의 장기 항해까지 있다. 호화 크루즈(luxury cruise)는 최상의 서비스를 제공하고, 크루즈 중 가장 비싸고 긴 일정과 이국적인 관광지들이 포함되어 있다. 특수목적

크루즈(speciality cruise)는 고래구경·스쿠버 다이빙·고고학·생물학 연구 등의 크루즈를 포함한다.

나) 장소·활동범위·운항 유형에 따른 분류

장소에 따라 호수나 하천을 운항하는 내륙 크루즈, 바다를 순항하는 해양 크루즈로 구분할 수 있다. 활동범위에 따라서는 해양법상 국내 영해를 순항하는 국내 크루즈와 자국과 자국 외의 지역을 함께 순항하는 국제크루즈, 주요 항구를 중심으로 순항하는 항만크루즈, 섬을 순회하는 도서순항 크루즈로 분류된다. 운항유형에 따라서는 특별한 파티나 이벤트가 펼쳐지는 파티크루즈와 식사를 중심으로 하는 레스토랑 크루즈, 장거리를 운항하는 장거리 크루즈, 외항 여객선으로 오락시설을 갖춘 외항 크루즈로 분류된다.

(3) 크루즈관광의 특성

크루즈와 타 해운교통과의 차이점은 첫째, 크루즈는 관광이 목적이고, 여객선은 수송이 목적이다. 둘째, 기간이 크루즈는 장기적이고, 카페리는 단기적이다. 셋째, 크루즈는 대규모이고, 쾌속선은 소규모의 고속성을 가진다.

따라서 크루즈관광의 특성은 첫째, 목적이 수송이 아닌 관광이다. 크루즈는 관광매력이 있는 곳을 연계하여 관광루트를 만든다. 둘째, 기간이 장기적이다. 셋째, 수려한 지역(경승지)을 관광한다. 넷째, 선내에 다양한 시설이 설치되어 있다. 다섯째, 선내 서비스가 최고급이다. 여섯째, 규모가 대형이다.

(4) 현행 「관광진흥법」에서의 크루즈업

가) 개 요

2008년에 개정된 「관광진흥법 시행령」은 관광객이용시설업의 일종인 '관광유람선업'에 크루즈업을 추가 신설하고 이를 일반관광유람선업과 크루즈업으로 구분하여 규정하고 있다(제2조 제1항 3호).

① **일반관광유람선업**: 「해운법」에 따른 해상여객운송사업의 면허를 받은 자나 「유선

(遊船) 및 도선사업법(渡船事業法)」에 따른 유선(遊船)사업의 면허를 받거나 신고한 자가 선박을 이용하여 관광객에게 관광을 할 수 있도록 하는 업(業)을 말한다.

② **크루즈업**:「해운법」에 따른 순항(巡航) 여객운송사업이나 복합 해상여객운송사업의 면허를 받은 자가 해당 선박 안에 숙박시설, 위락시설 등 편의시설을 갖춘 선박을 이용하여 관광객에게 관광을 할 수 있도록 하는 업을 말한다.

나) 등록기준

① 일반관광유람선업의 등록기준

1. 「선박안전법」에 따른 구조 및 설비를 갖춘 선박일 것
2. 이용객의 숙박 또는 휴식에 적합한 시설을 갖추고 있을 것
3. 수세식화장실과 냉·난방 설비를 갖추고 있을 것
4. 식당·매점·휴게실을 갖추고 있을 것
5. 수질오염을 방지하기 위한 오수 저장·처리시설과 폐기물처리시설을 갖추고 있을 것

② 크루즈업의 등록기준

크루즈업의 등록기준은 일반관광유람선업의 등록기준에 일부를 추가하고 있다(동법 시행령 제5조 관련 〈별표 1〉 참조).

1. 「선박안전법」에 따른 구조 및 설비를 갖춘 선박일 것
2. 이용객의 숙박 또는 휴식에 적합한 시설을 갖추고 있을 것
3. 수세식화장실과 냉·난방 설비를 갖추고 있을 것
4. 식당·매점·휴게실을 갖추고 있을 것
5. 수질오염을 방지하기 위한 오수 저장·처리시설과 폐기물처리시설을 갖추고 있을 것
6. 욕실이나 샤워시설을 갖춘 객실을 20실 이상 갖추고 있을 것
7. 체육시설, 미용시설, 오락시설, 쇼핑시설 중 두 종류 이상의 시설을 갖추고 있을 것

2020년까지 제주와 인천 등 6개 항만에 8만t급 크루즈선이 드나들 수 있는 전용부두가 들어선다. 또 패러글라이딩 등을 즐길 수 있는 '복합항공레저단지(air park)'와 스카이다이빙 전용 공항이 2014년까지 조성된다.

정부는 15일 강원도 춘천 남이섬에서 이명박 대통령 주재로 열린 '제8차 국가고용전략회의'에서 이 같은 내용을 담은 '관광·레저산업 육성방안'을 발표했다. '남이섬 청사진'은 소득 3만 달러와 외국인 관광객 1200만 명 시대에 대비하기 위한 관광·레저 인프라 구축에 초점이 맞춰졌다. 정부는 이를 통해 일자리 4만여 개를 창출할 수 있을 것으로 기대하고 있다.

이 대통령은 "관광과 레저가 일자리를 많이 창출하는 미래 산업"이라며 "1963년 남이섬에 왔을 땐 흙바닥이던 것이 지금은 명승지로 바뀌었는데 누가 경영하느냐가 그만큼 중요하다"고 강조했다.

정부는 2020년까지 국내는 물론 동북아 전체의 크루즈선 여행 수요가 늘어날 것으로 보고 부산, 인천, 평택·당진, 목포, 여수, 제주 등 6개 항만에 크루즈 전용부두도 짓기로 했다.

평택·당진, 여수, 제주는 2011년부터 부산, 인천 등에선 2020년부터 크루즈선 여행이 가능해진다. 이를 위해 3,136억 원을 투자해 8개 선석(선박 주차장)을 건설하겠다는 계획이다. 부산(영도·8만t급 1선석)과 여수(신항·8만t급 1선석)에 국제 크루즈 전용부두가 확보된 상태다. 크루즈 산업육성을 위해 출입국 심사가 간소화되고 항만시설 사용료도 감면된다.

또 윈드서핑, 수상스키 같은 무동력 수상레저와 스포츠를 도시 근교에서 쉽게 즐길 수 있도록 하기 위해 2012년까지 150억 원을 투자, 울진군 원남면 오산리 오산항 일대에 스킨스쿠버교육센터를 짓는다.

자료 : 국토해양부 2010

사진출처 : http://www.pamstravel.net/default.asp?pid=30742&sid=20673

참고문헌

강덕윤 외, 현대관광학개론, 백산출판사, 2016.
김상무 외, 관광사업경영론, 백산출판사, 2014.
김성혁, 최신관광사업개론, 백산출판사, 2013.
김성혁, 관광마케팅의 이해, 백산출판사, 2013.
김원인, 관광학원론, 백산출판사, 2016.
문화체육관광부, 관광동향에 관한 연차보고서, 2013~2014.
박호표, 호텔·관광마케팅, 학현사, 2005.
이선희, 관광마케팅개론, 대왕사, 2005.
이연택, 관광기업환경론, 법문사, 2000.
정익준, 호텔·외식산업마케팅, 형설출판사, 2004.
조봉진 외, 최신마케팅원론, 도서출판 석정, 2004.
조진호 외, 관광법규론, 현학사, 2016.
최승이·이미혜, 관광상품론, 대왕사, 2004.
Smith. S. L. J, Tourism Product, Annals of Tourism Research, Vol. 21, No. 3, pp. 582~595, 1994.
Cooper. C, Fletcher. J, Gilbert. D, Wanhill. S & Shepherd. R, Tourism Principle and Practice, 2nd ed., Addison Wesley Longman Publishing, 1998.
Gee. C. Y, Makens. J. C, & Choy. D. J. L, The Travel Industry, 3th ed., Van Nostrand Reinhold, 1997.
Holloway. C, The Business of Tourism, 5th ed., Addison Wesley Longman Ltd., 1998.

관광마케팅과 관광상품 8

제1절 | 관광마케팅
제2절 | 관광상품

8 CHAPTER 관광마케팅과 관광상품

관광사업을 수행하는 기업은 마케팅활동을 통하여 관광객의 욕구를 파악하고 이에 적합한 편익을 상품화하여 제공함으로써 관광객의 욕구를 충족시켜주는 동시에 사회적으로 관광의 대중화 및 양적 확대를 촉진시키는 역할을 해 왔다. 관광마케팅은 “관광조직이 목표를 만족시키는 교환을 실현하기 위해 각종 마케팅수단을 활용하는 전략적 조직활동”이라 한다. 이 장에서는 관광마케팅의 흐름을 살펴보고, 아울러 관광상품의 구성요소, 특성, 생산방법, 수명주기 등을 알아보고자 한다.

제1절 관광마케팅

1. 관광마케팅의 개념

마케팅(marketing)의 개념은 경제학의 관점에서 보면, 시장을 연구하는 학문으로 정의할 수 있다. 즉 공급, 경쟁, 수요환경, 기타의 요소들이 서로 끊임없는 상호작용으로 변화하면서 다양한 현상들이 존재하는 것이 바로 시장이기 때문이다. 이 시장을 다각적인 측면에서 연구하는 것이 곧 마케팅이라 할 수 있다. 아울러 마케팅은 시대와 함께 변화하고 있고 또한 학자에 따라서 다양하게 정의하고 있다.

코틀러(Kotler)는 마케팅이란 “개인과 집단이 제품과 가치를 창조하고 타인과의 교환을 통하여 그들의 욕구와 욕망을 충족시키는 사회적 또는 관리적 과정"으로 정의하고 있다. 이러한 코틀러의 정의를 근거하여 미국 마케팅협회(AMA : American Marketing Association)에서 1985년에 새로운 정의를 제시하였다. 즉 마케팅이란 "개인 및 조직의 목표를 만족시키는 교환을 창조하기 위하여 아이디어, 제품 및 서비스의 개념구성·개발, 가격설정, 프로모션 및 유통을 계획·실시하는 과정"이라고 정의하였다.

한편, 관광마케팅의 정의는 "최대의 편익을 얻으려는 관광조직의 목적에 부합하기 위하여 관광수요측면에서 시장조사·예측·선택을 통하여 자사의 관광상품을 시장에서 가장 좋은 위치를 차지하도록 노력하려는 경영철학(WTO, 1975)"으로 정의하고 있다. 와합(Wahab)은 국제관광전문가협의(AIEST)의 정의를 참조하여 관광마케팅은 "국내관광전문가와 관광사업체들이 관광잠재인구와 그 욕망을 파악·확인하고, 관광지와 커뮤니케이션을 유지하는 관리과정이다"라고 정의하고 있다.

위의 모든 사항을 종합하면 관광마케팅은 "관광조직이 목표를 만족시키는 교환을 실현하기 위해 각종 마케팅수단을 활용하는 전략적 조직활동"이라 정의할 수 있다.

관광마케팅에 관한 역사적 흐름은 과거에는 상품지향적·판매지향적이었으나, 현대에 이르러 이러한 경향은 기업의 이윤과 관광객의 만족을 포함한 사회지향적인 방향으로 전개되고 있다. 곧 환경주의와 소비자주의의 개념을 반영한 종합적이고 지속가능한 철학으로 방향을 가질 것으로 예상된다.

그림 8-1 관광마케팅의 흐름

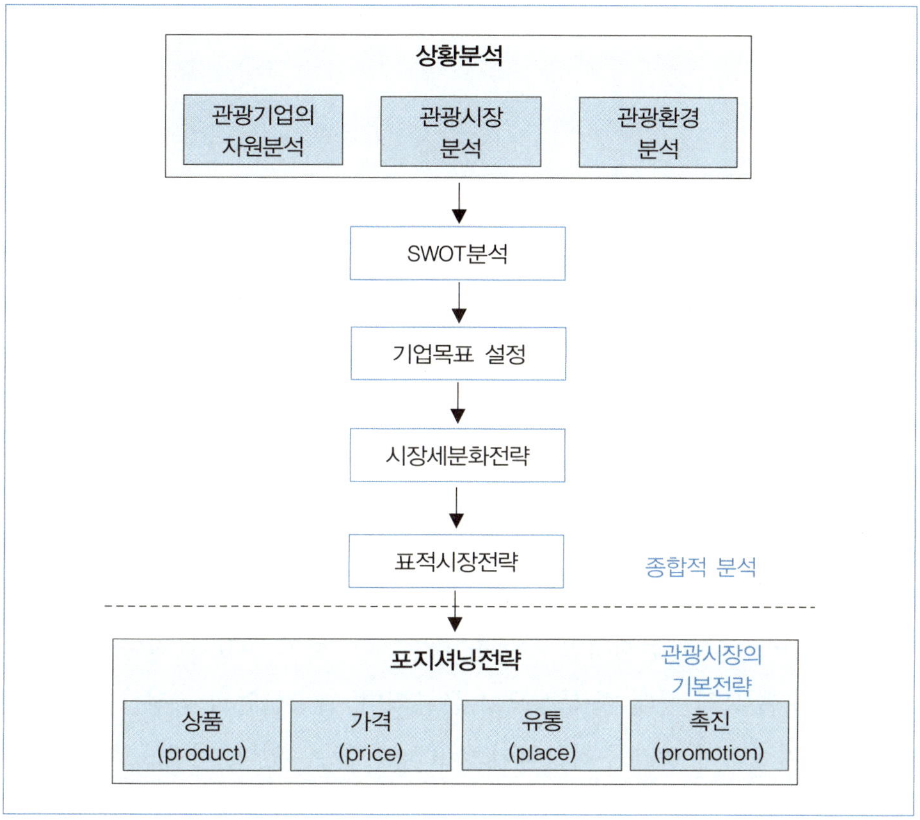

2. 종합적 분석

1) 상황분석

관광마케팅의 전개에 있어 가장 먼저 이루어져야 할 단계는 관광기업과 관광시장, 관광환경에 대한 분석이 이루어져야 한다는 것이다. 즉 마케팅의 목표를 설정하기 위한 사전의 중요한 과정으로 볼 수 있다.

(1) 관광기업의 자원 분석

관광기업의 자원에 대한 분석의 목적은 관광기업의 장·단점을 파악하는 것에 있다.

즉 영업에 대한 부문, 경영형태, 조직의 특수성, 업무의 연계성 및 조직의사, 주요 마케팅전략의 방향성, 미래지향적 전략의 변경여부 등 장점과 단점을 비교하여 분석하는 것이 그 목적이다.

(2) 관광환경 분석

관광환경 분석의 주요 내용은 정치, 경제, 기술, 사회, 문화, 인구통계적, 생태환경이 되며, 목적은 시장의 기회와 위협을 파악하여 미래의 다양한 환경 변화에 대해 미리 예측하고 대응할 수 있는 기초를 파악하는 데 있다.

(3) 관광시장 분석

관광시장의 분석은 상황분석 중 가장 중요한 부분으로서 관광의 공급, 수요, 경쟁분석으로 대분된다. 공급분석은 기존 시장의 산업, 공급, 제품형태별 공급상황에 관한 파악을 함으로써 시장에 대한 전체적인 시야를 확보하는 것이 주요 목적이다. 수요분석은 동향, 예측, 주기, 수요의 형태 및 특성으로 분류되며, 관광산업의 특성상 수요의 변동이 크기 때문에 여기서의 수요의 주기분석이 중요하다 할 수 있다. 다음으로 경쟁분석인데 경쟁분석이 효과적으로 수행되기 위해서는 경쟁개념에 의한 분석이 이어져야 한다.

2) SWOT분석

SWOT분석은 관광자원 분석에서 도출된 관광기업의 강점(strength)과 약점(weakness)을 거시환경 및 시장분석에서 도출된 시장의 기회(opportunity)와 위협(threat)을 연결시키는 작업이며 단계이다. SWOT분석에 있어 중요 논제는 관광기업의 장점과 관광시장의 기회를 어떻게 조화시켜 나아가느냐에 있다. 시장의 기회란 소비자의 필요·욕구가 만족되지 않은 것, 다시 말해 관광소비자의 문제가 나타나는 곳, 경쟁이 미약하거나 경쟁이 존재하지 않는 곳을 의미한다.

위협이란 기회와 반대되는 의미이다. 대체적으로 부정적인 경제환경, 사회·문화적 변화, 정치적 변화에 대해서 위협으로 정의되고 있다. 그러나 어떠한 부정적 환경변화도 처음부터 위협을 제공하지 않는다. 다시 말해 환경과 시장의 변화에 대처하지 못하고, 전략 및 전반적 영업의 흐름에 차질이 되는 기업에게는 부정적 환경변화가 위협의 요인이 된다. 하지만 환경변화를 예측하고 준비해 온 기업에게는 긍정적인 기회의 요인이 될 수 있는 것이다.

시장의 기회와 위협의 요인은 경쟁과 아주 밀접한 관련성을 갖고 있는데, 애초부터 근본적인 위협은 곧 경쟁 하나 뿐이라는 사실이다.

SWOT분석의 가장 중요한 목적은 거시환경 분석 및 시장분석 결과에서 도출된 시장의 기회와 위협을 관광자원 분석의 결과에서 도출된 관광기업의 장단점과 비교 및 조화시켜, 관광기업의 목표 설정 및 전략 수행으로 이어 나아가는 데 있다.

3. 관광시장의 기본전략

1) 시장세분화(Market Segmentation)

관광마케팅의 기본계획을 세우기 위한 과정의 첫 단계는 시장의 세분화이다. 시장세분화 전략은 기존의 시장 및 향후의 잠재시장을 세분화하는 전략을 뜻한다. 관광기업이 관광객들의 필요와 욕구를 충족시킴으로써 이윤을 획득하고자 할 때 가장 먼저 고려하여야 할 점은 관광시장에 어떻게 접근하느냐 하는 것이다. 이러한 시장접근방법 중의 하나는 전체시장을 동질의 것으로 보고 전체를 목표로 삼아 무차별 공략을 펼치는 것이고, 또 하나의 방법은 전체시장보다는 자기기업의 잠재력을 보아 접근하기가 제일 유리한 하나의 시장만을 선별하여 이를 목표로 하여 공략하는 방법일 것이다. 그러나 전자에서는 자회사 상품만으로 관광시장 전체를 만족시킬 수 있는 관광기업은 존재할 수 없으며, 기업경영의 효율성면에서도 다소 무리한 접근방법이라고 할 수 있다. 이와 같이 하나의 시장을 동질성을 지닌 몇 개의 하위시장으로 나누어 그것에 존재하는 마케팅 기회를 이용하고자 하는 것을 시장세분화라고 한다. 시장세분화를 위한 기준은 지리적 요인, 인구학적 요인, 행태적 요인, 사이코 그래픽 요인 등이 있다.

이와 같이 시장세분화를 하는 주된 이유는 마케팅의 노력과 비용을 가장 효과적인 방법으로 집중시키기 위해서라 할 수 있다.

2) 표적시장(Target Marketing)

관광사업에 있어서도 변수에 따라 다양한 세분화된 시장이 존재한다. 이 중 관광기업은 관광상품의 무형성이란 특성 때문에 효과적으로 판매하기 위해서는 선별된 표적시장의 선별이 중요하다고 할 수 있다.

시장에 대하여 마케팅믹스를 제공하는 전략은 대량 마케팅과 표적시장으로 나눌 수 있다. 대량마케팅이 전체시장을 구성하는 세분시장들 사이의 차이를 인식하지 않고, 하나의 믹스만으로 접근하는 전략으로 전체시장접근법인데 비하여 표적시장은 전체시장을 구성하고 있는 여러 개의 세분시장 간의 차이를 인식하여 수개의 세분시장을 마케팅의 표적으로 선정한 후, 각 세분시장에 가장 적합한 마케팅믹스를 제공하는 전략이다. 표적시장의 유형은 차별적 마케팅과 집중적 마케팅으로 구분할 수 있다.

3) 포지셔닝(Positioning)

포지셔닝이란 '자리잡는 것' 또는 '위치시키는 것'을 뜻한다. 다시 말해 목표시장에 있는 관광객의 마음속에 존재하기 위하여 서비스와 마케팅믹스를 개발하는 것이다. 하지만 관광객의 마음속에만 존재한다는 무형적인 의미를 지니고 있다. 마케팅 담당자들은 잠재고객들에게 적절한 서비스를 제공하고 선전함으로써 관광기업이 원하는 곳에 일정한 이미지를 자리잡게 한다는 데 의의를 두고 있다. 관광객 즉 소비자의 마음은 알 수 없고 관광상품의 특성상 무형의 특성 때문에 개념의 파악이 어렵다. 관광객은 소비에 있어 위험이 따르고, 마케터는 이러한 점을 해소하기 위해 포지셔닝의 비중이 타산업과 비교하여 그 중요성은 더욱 크다.

4. 관광마케팅믹스

마케팅믹스(marketing mix)란 마케팅전략을 계획하고 실시하고 마케팅 목표를 달성하는데 있어서 기업이 통제 가능한 모든 변수를 말한다. 소비재 마케팅에서 전통적인 4개의 변수(4Ps)는 상품, 가격, 유통, 판매촉진이다.

마케팅믹스의 개념은 1964년 보덴(Borden)에 의해서 제창되었으며, 그 후 맥카시(McCarthy)에 의해서 일반화되었다. 관광의 마케팅믹스 역시 기존의 4Ps체계 내에서 설명되지만, 학자에 따라서는 서비스의 특성을 고려하여 마케팅믹스 요소를 새롭게 인식하거나, 기존 4Ps에다 새로운 요소를 추가해 설명하기도 한다.

리나한(Renaghan)은 관광사업에 있어 새로운 마케팅믹스 체계를 제시하였는데, 관광마케팅은 3가지 주요 믹스요소, 곧 제품·서비스믹스, 표상 믹스(presentation mix), 그리고 커뮤니케이션 믹스를 제시하였다.

파워스(Powers)는 전통적인 4Ps의 체계를 따르나 제품은 제품·서비스로, 경로(장소)는 표상으로, 그리고 가격·촉진의 4Ps를 주장하고 있다.

모리슨(Morrison)은 기존의 4Ps에다 사람(people), 패키징(packaging), 프로그래밍(programming) 및 협동(partnership)의 4가지 믹스를 추가한 8Ps를 제시하고 있다.

한편, 매킨토시(McIntosh)는 이와는 다르게 시기(timing), 브랜드(brands), 패키징(packaging), 가격(pricing), 유통경로(channels of distribution), 제품(product), 이미지(image), 광고(advertising), 판매(selling), 홍보(public relations) 등 10가지의 믹스를 제시하고 있다.

이처럼 관광마케팅믹스의 체계나 하위요소에 대해 다양한 주장이 있으나 관광요소가 어떤 것이 되던 믹스는 선정된 목표시장의 특성과 해당시장의 독특한 요구에 잘 부합되도록 세심하게 선택되어야 할 것이다. 본서에서는 마케팅믹스의 가장 기본이 되는 4Ps에 대해서만 살펴보겠다.

1) 상품(Product)

상품은 고객의 욕구를 만족시키기 위해 기업이 판매하고 제공하는 모든 것을 말한다. 원래 상품이란 생산물의 개념으로만 인식하여 인간이 자연자원에 대해 어떤 작용을 가하여 그것을 변환·조합·연결시킴으로써 만들어진 모든 것을 의미하였으나, 오늘날에는 욕구 충족을 가진 유형재뿐만 아니라 무형재인 서비스도 포함하는 개념으로 쓰이고 있다. 특히 관광사업의 경우 고객에게 무엇을 제공하는가 하는 생산 및 판매관점에서 제품정의가 아니라 고객은 무엇 때문에 우리를 찾는가 하는 고객 및 편익중심적인 관점에서 상품을 정의할 필요가 있다. 또한 서비스의 경우 편익의 묶음(bundles of benefits)으로 고객에게 제공되므로 어떤 편익(제품속성)이 핵심 상품이며 어떤 편익이 유형적 또는 확장적 상품의 범위에 속하는가를 잘 파악하고 이를 조화시켜야 한다. 예를 들어, 레스토랑의 경우 아무리 맛있는 음식(핵심 상품)이라고 해도 불결하거나 분위기가 좋지 않으면(유형적 상품) 고객은 만족할 수 없다.

그러나 현실적으로 모든 편익에 있어 최고수준을 유지하는 것은 거의 불가능하다. 따라서 여러 제품속성들의 최적조합이 요구되며, 특히 관광상품과 같이 유형적 특성을 보이지 않는 상품은 더욱더 상품이 주는 이점 및 편익을 가시화하여야 할 필요가 있다. 이것이 관광의 상품/서비스 믹스를 의미한다.

2) 가격(Price)

가격이란 소비자가 소유 또는 사용하게 된 상품이나 서비스가 제공하는 편익(benefit)을 교환하는 대가로 지급하는 가치(value)이다. 예를 들면 항공료, 호텔객실료, 패키지여행요금 등이 그것이다. 가격은 구매자가 상품을 선택할 때 중요한 결정요인이 되며, 기업의 입장에서는 가격은 이익의 원천이다.

마케팅믹스로써 가격은 이용고객이 구매결정시, 그리고 경쟁에 있어 가장 민감하게 반응하는 요소이다. 만약, 기업이 시장환경의 변화에 대처할 때, 제품이나 유통경로와 같은 마케팅믹스는 단기간에 대응하기 어렵지만, 가격을 통한 대응전략은 비교적 즉각적으로 취해질 수 있다. 이처럼 대응시간이 적게 걸리는 특성으로 인해 가격은 가장 강력한 마케팅 수단이 될 수 있으며, 가격전략은 제품 및 서비스전략, 촉진전략, 유통전략 등 마케팅전략의 수행능력 결과를 집대성한 최종적인 기업의 전략인 동시에 경쟁기업들의 반응에 가장 민감하게 대처해야 하는 부분이다.

따라서 관광기업은 보다 과학적이고 합리적인 가격정책을 수행할 필요가 있다.

3) 유통(Place)

유통이란 상품과 서비스의 생산과 소비과정을 연결해 주는 조직구조로서 관광기업과 관광객을 연계해 주는 일련의 과정을 말한다.

관광이동이 적었던 과거와 달리 관광현상이 대중화·일상화된 현재에는 관광소재공급자(principal)와 관광객 사이에 시·공간적 간격을 좁혀 줄 전문적인 관광유통채널이 필요하게 되었다.

관광유통구조는 크게 관광경로 구성원과 경로운영으로 구성된다. 경로 구성원은 중간상을 가리키는데 그 형태와 수가 다양하다. 무점포 소매형태로 전자상거래, 방문판매, 전화판매, 통신판매, 자동판매기 등을 들 수 있다.

경로운영은 경로 영향력(power)요소가 확보되어야 한다. 즉 보상적(reward) 파워, 강압적(coercive) 파워, 합법적(legitimate) 파워, 준거적(referent) 파워, 전문적(expert) 파워 등이 있다. 경로운영에서 경로갈등관리도 유의해야 한다.

관광유통구조의 특성을 보면 첫째, 간결한 전달과정과 다양한 전달방법을 들 수 있다. 곧, 관광기업이 판매하는 서비스상품은 대체로 무형재이므로 물리적인 유통현상의 발생보다는 정보에 의해 간결하게 처리되는 전달서비스과정을 갖는다. 즉 관광상품은 일반제품과는 달리 물리적인 포장상태에서 관광객에게 전달될 수 없고, 재고도 있을 수 없으므로 관광유통에서는 수송과 창고에 관한 문제점이 일소되는 반면, 정확한 관광정보전달과 예약·수배 그리고 약속된 수준 높은 서비스만 잘 제공되면 되는 것이다.

둘째, 다양한 유통경로이다. 그 이유는 비교적 간단한 시장진출요건 때문에 많은 중개업자가 참여하게 되고, 관광소재를 제공하는 업체에서는 상품의 재고가 불가능하기 때문에 적시적소에 상품을 제공하기 위해 많은 유통경로를 필요로 하게 되기 때문이다.

4) 촉진(Promotion)

촉진이란 관광기업의 관광서비스 및 상품을 잠재관광객에게 구매하도록 요구할 목적으로 관광서비스 상품의 효능과 가치에 대하여 정보를 제공하거나 설득하는 마케팅노력 일체를 말한다. 이러한 관광촉진 믹스를 관광커뮤니케이션 믹스(tourism communication mix)라고도 한다.

관광기업이 활용할 수 있는 촉진수단은 매우 다양하나, 일반적으로 광고, PR, 판매촉진, 인적판매의 4가지가 가장 많이 활용된다.

마케팅 관리자는 완전한 촉진프로그램을 수립하기 위해 첫째, 어느 정도의 인센티브를 제공하는 것이 적절한지를 결정해야 한다. 최소수준 이상의 인센티브가 제공되어야 하기 때문이다.

둘째, 유인의 제공대상을 결정하기 위한 참여의 조건을 설정해야 한다. 인센티브는 모든 고객에게 제공하거나, 일부 선택된 집단에 제공될 수 있다.

셋째, 마케팅관리자는 촉진프로그램 자체를 촉진하고 배포하는 방법을 결정해야 한다. 대리점에서 우편으로 또는 광고물에 넣어 배포할 것인지 결정해야 한다.

넷째, 판매촉진의 지속기간 결정도 매우 중요하다.

다섯째, 실시결과의 평가 또한 중요하다. 촉진활동 집행 전, 집행 중, 집행 이후의 실적을 비교해 봐야 한다.

촉진을 체계적으로 시행하기 위해 판매촉진목표 설정, 최적수단 선정, 촉진프로그램 설계, 프로그램 실행 그리고 결과평가 등의 과정을 거쳐야 한다.

제2절 관광상품

1. 관광상품의 이해

1) 관광상품의 정의

일반적으로 상품(commodity, goods, product)이라고 할 때 "판매를 목적으로 생산된 재화"라고 할 수 있다.

UNWTO는 관광상품을 "관광지, 숙박시설, 교통수단, 서비스와 관광매력물을 결합시킨 것"으로 정의하고 있다. 한국관광공사(2011)는 광의의 관광상품은 관광업계가 생산하는 일절의 재화와 서비스이고, 협의의 관광상품은 여행상품과 관광에 관련되는 일절의 서비스 또는 관광사업자가 관광자원을 바탕으로 판매할 것을 전제로 이를 상품화한 것이다. 관광상품을 영어로 표현하면 tourism product, tourist product, travel product 등으로 표시되는데, “물질적인 것보다도 정신적·관념적·추상적인 내용을 대상으로 하는 것이다”라고 정의하고 있다. 그러나 이러한 관광상품은 궁극적으로 소비자(관광객)의 욕구를 만족시켜 준다는 점에서 일반상품의 그것과 다를 바 없다.

따라서 관광상품은 “관광객의 욕구를 충족시켜주기 위하여 관광업계가 생산하는 일체의 유·무형의 재화와 서비스”라고 정의할 수 있다.

2) 관광상품의 구성요소

관광상품은 유·무형의 특성을 가지고 있으며 단일제품이라기보다는 여러 제품의 묶음이라는 점에서 그 구조가 매우 복잡하다. 따라서 관광상품은 [그림 8-2]와 같이 핵심 상품, 실제상품, 확장상품 등 세 가지 차원으로 구성되어 있다고 한다(김성혁, 2011).

그림 8-2 상품의 3가지 차원

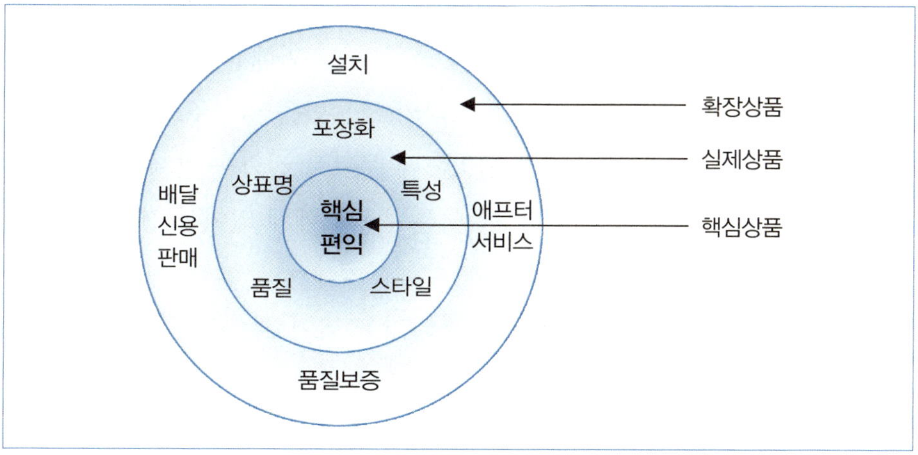

※ 자료 : 김성혁, 관광마케팅의 이해, 백산출판사, 2011.

(1) 핵심 상품(Core/Generic Part of Product)

상품개발 시 가장 근본적인 차원은 핵심 상품이다. 이는 구매자가 실제로 구입하는 것이 무엇인가에 관한 차원이다. 이 핵심 상품은 소비자들이 상품을 구입할 때 그들이 획득하고자 하는 핵심적인 이점이나 문제를 해결해 주는 서비스로 구성된다.

(2) 실제상품(Tangible/Formal Part of Product)

상품개발 시에는 위와 같은 핵심 상품을 실제상품으로 형상화시켜야 한다. 실제상품은 품질수준, 특성, 스타일, 상표명 및 포장 등 5가지 특징을 포함하고 있다. 이와 같은 속성들은 모두 핵심적인 이점을 소비자에게 전달할 수 있도록 결합되어져야 한다.

(3) 확장상품(Augmented Part of Product)

상품개발 시에는 핵심 상품과 실제상품을 추가적 서비스와 이점으로 결합하여 확장상품을 만들어야 한다. 휴대용 카메라업체는 관광객들이 사진을 찍는데 일어나는 문제들을 완벽하게 해결할 수 있는 방법을 제시하여야 하므로 단순히 물건으로써 카메라 이상의 어떤 것을 제공하여야 한다. 예컨대 소니의 카메라를 구입하는 경우, 관광객들은 카메라 그 자체 이상을 획득하고자 한다. 즉 소니와 그 판매원들은 관광객에게 부품에 대해 보증을 해 줄 뿐만 아니라 무료로 카메라의 사용법을 알려주고, 필요할 때 신속하게 수리서비스를 제공하며 문제가 발생하였을 때 무료로 전화를 걸 수 있도록 전화번호를 알려주어야 한다. 이러한 모든 확장상품들은 관광객에게 있어서 전체 상품의 중요한 부분이 되기 때문이다.

이와 같이 상품은 가시적 속성들의 단순한 조합을 넘어서는 것이다. 사실상 관광상품과 같이 거의 유형적인 특성을 보이지 않는 상품은 더욱 더 상품이 주는 이점 및 혜택을 가시(可視)화 하여야 할 것이다.

3) 관광상품의 생산과정

관광상품은 <표 8-1>과 같이 복잡한 생산과정을 거친다.

관광상품의 생산과정은 자원, 원료, 연료, 그리고 관광산업에서 필요로 하는 시설과 장비를 만드는 다른 요소들의 최초투입에서 시작한다. 이것들은 추가적인 과정, 제조 또는 건축을 통해서 중간투입이나 관광시설로 변환된다. 중간투입은 호텔, 레스토랑, 기념품점, 자동차대여회사와 같은 관광자원 그리고 시설뿐만 아니라 국립공원, 박물관, 미술관, 사적지 그리고 컨벤션센터와 같은 매력물을 포함한다. 중간투입은 경영전문지식, 기술적 서비스, 스케줄링, 패키징의 중간산출로 전환되면서 더욱 개선된다.

중간산출은 일반적으로 상업적 숙박시설, 관광서비스, 음식서비스 그리고 축제와 같은 관광산업과 관련이 있는 서비스들이다. 그러나 이 단계에서 관광상품은 아직까지 잠재적인 물품일 뿐이다. 객실은 호텔에 의해 제공되지만, 고객이 객실에 머물 때까지는 상품(관광객의 경험)의 한 부분이 아니다. 레스토랑 음식은 주문되고, 요리되고 소비될 때까지는 식사가 되지 못한다. 관광산업의 서비스가 최종산출(개인적 경험)을 형성하기 위해서는 소비자에 의해 개선되어야 한다. 최종단계에서 관광객은 레크리에이션, 비즈니스 그리고 사회적 접촉과 같이 무형이나 높은 가치의 경험인 최종산출을 생산하기 위해서 중간산출(서비스)을 이용한다.

표 8-1 관광상품의 생산과정

최초투입(자원)	→	중간투입(시설들)	→	중간 산출(서비스)	→	최종 산출(경험)
토지		공원		공원 연출		레크리에이션
노동		리조트		안내원 서비스		사회적 접촉
물		교통수단		문화적 공연		교육
농산물		박물관		기념품		휴식
연료		선물가게		회의		추억
건물		회의장		공연		사업적 접촉
자본		호텔		숙박시설		
		레스토랑		식사와 음료		
		자동차대여점		축제와 행사		

※ 자료 : Smith, S. L. J, Tourism Product, Annals of Tourism Research, Vol. 21, No. 3, 1994.

생산과정은 두 개의 관광상품 특징을 명백하게 한다. 첫째, 각 생산과정의 단계에서 가치가 부가된다. 부가가치는 각 주어진 단계의 생산비용과 소비자가 지급하려고 하는 것 사이에 차이가 있다. 둘째, 소비자는 생산과정의 필요부분이다. 대부분의 비관광상품의 생산은 소비자와는 독립적으로 발생한다. 예를 들어, 자동차는 생산라인에서 운전자의 참여활동 없이 생산된다. 자동차보험은 보험계약자의 참여 없이 생산된다. 외과 환자들도 절개나 봉합을 도와주지 않는다. 그러나 관광상품은 소비자가 생산으로 여행을 하고, 능동적으로 최종단계에 참여하기 전에는 존재하지 않는다.

2. 관광상품의 특성

관광상품은 소비자에게 만족을 준다는 측면에서는 근본적으로 일반상품과 동일하나 몇 가지 다른 특성을 가지고 있다. 일반적인 관광상품의 공통된 특성을 살펴보면 다음과 같다.

1) 유형성과 무형성의 병존(Tangible and Intangible)

관광산업의 여러 분야, 예를 들면 쇼핑상품, 관광지의 특산물, 여행지의 음식물, 관광지의 수족관·식물원·박물관 등은 유형의 형태를 갖춘 관광상품이다. 하지만 상당수의 관광상품 및 서비스는 무형성을 가지고 있어서 구매하기 전에 점검해 볼 수도 없고, 시행해 볼 수도 없는 특성이 있다. 즉 제주도 3박 4일 관광상품은 추상적인 개념이며, 서울-런던 간 항공기 탑승 티켓구입도 사전에 시험해 볼 수 없는 성질의 것이다.

따라서 무형의 관광상품은 영화, 비디오, 슬라이드, 사진, 팸플릿, 안내브로슈어 등의 보조수단을 통해 소비자에게 구체화시킬 수 있다.

2) 복합성(Compositeness)

패키지여행과 같이 관광상품은 복합적인 재화로 구성되어 있다. 교통수단, 숙박시설, 관광목적지의 관광자원, 위락자원 등이 합쳐져 관광이라는 상품을 만들어 내는 것이다. 그러나 여기서 유의할 점은 주된 관광상품은 바로 관광 또는 위락자원이며 교통·숙박시설 등은 이를 지원 서비스하는 부차적 상품이라는 점이다. 관광의 주된 목적은 목적지의 자원을 보고 즐기는 것이지 호텔, 버스 등의 지원수단의 이용에 있지 않기 때문이다.

3) 생산과 소비의 동시성(Simultaneousness)

일반 제조상품은 사전에 별도의 장소에서 생산되어 나중에 판매되고 소비자가 구매하면 비교적 장기간 사용·보관할 수 있는데 반해, 대부분의 관광상품은 먼저 판매가 되고 그 다음에 생산과 소비가 동시에 발생한다. 예를 들어 패키지여행의 경우 먼저 패키지상품을 구매하고, 정해진 날짜에 여행을 출발하게 된다. 이때 고객이 여행을 하는 동안 생산이 이루어지게 되며 동시에 소비도 이루어지는 것이다.

다시 말해서 고객이 생산에 참여한다고 말할 수 있다. 레스토랑의 경우도 주방에서 요리된 스테이크가 완성된 상품이 아니라 고객의 테이블에 놓여졌을 때 비로소 상품이 완성되는 것이며 동시에 소비하게 되는 것이다.

또 고객이 있어야만 생산이 이루어지기 때문에 관광상품의 경우 생산의 불연속성이 발생하게 된다. 즉 레스토랑에서 고객이 올 때까지 종업원들이 준비하고 대기하는 시간은 생산이 이루어지는 시기가 아니라 생산을 준비하는 단계이며 고객이 식사를 주문할 때 비로소 생산이 이루어지는 것이라고 할 수 있다.

4) 비저장성(Non-storage)

관광상품은 생산되는 즉시 판매·소비되는데, 만약 판매되지 않은 경우에는 재고로 저장할 수 없는 비저장성이 있다. 예를 들어 항공기좌석이나 호텔객실은 당일 관광상품으로 생산하여 판매되고 이 중 일부 판매되지 않은 항공기좌석이나 호텔객실의 경우에는 그대로 소멸되어진다. 따라서 이러한 소멸성은 공급이 경직되는 비저장성인 재고불가능성을 의미한다.

5) 유사성과 모방성(Similarity & Imitation)

관광상품 및 서비스는 어느 업체가 개발·판매하면 바로 타 업체에서 쉽게 모방할 수 있는 단점이 있다. 그리고 대체로 유사한 점이 많은 특성이 있다. 교통상품에서의 항공기의 기내식사, 비행기 기종, 관광버스, 유람선 등 거의 모든 나라가 유사하게 운영하고 있으며 후발업체도 쉽게 기존업체의 상품을 모방할 수 있는 것이다. 그리고 신규업체측에서 볼 때는 기존업체가 보유하고 있는 기존 상품과 서비스를 개발하기에는 많은 시간과 투자가 수반되므로 투자위험을 두려워하여 기존 상품을 모방하는 경우가 많다.

따라서 선발업체는 신상품과 서비스의 개발에 지속적으로 많은 투자를 하여야 하며, 타 업체가 모방하기 어려운 서비스, 전문성, 신뢰성으로 상품을 차별화하여야 한다.

6) 인적 서비스의 중요성(Importance)

관광산업은 다른 어느 산업보다 인적 서비스의 중요성이 강조되고 있는 분야이다. 왜냐하면 공급(판매)과 구매(소비)가 거의 동일현장에서 이루어지기 때문에 상품을 취급하는 종사인력들의 판매방법·기술·매너·상담술·안내기술 등에 따라 매출액의 증대와 감소에 영향을 미치며, 나아가서 재판매에도 결정적인 영향을 끼칠 때가 많다.

또한 인적의존성이 크기 때문에 기계화에 한계가 있으며 일정한 상품의 질을 유지하기 어렵다. 그래서 관광업체에서는 매뉴얼을 통해서 일정한 상품의 질을 유지하기 위해 노력하고 있다.

7) 계절성(Seasonalness)

관광은 주로 외부에서 이루어지는 활동으로 기후나 계절과 같은 자연환경에 많은 영향을 받는다. 관광지의 자연환경에 따라 성수기와 비수기가 확연하게 구분되므로 관광상품은 계절성을 지니고 있다.

계절성은 관광상품이 기상조건에 의해 영향을 받는 것을 말하지만 그 주(週)의 요일 또는 그 날(日)의 시간대로부터 발생되는 수요의 변동에까지 적용되기도 한다. 따라서 이러한 계절성을 극복하기 위한 방법으로는 비수기 동안 가격을 인하하는 방법이 있다.

또 다른 방법은 계절적인 악조건을 유리한 방향으로 유도하여 거기에 맞는 상품을 개발하는 것이다. 즉 얼음조각전·얼음낚시대회·눈축제·스키·사냥(수렵)·온천욕과 같은 것을 적극 상품화하여 관광객을 유치하는 방안과 같은 것이다.

8) 가격체계의 불안정성(Instability)

관광상품의 계절성과 소멸성으로 인해 관광상품은 가격체계가 불안정하다.

관광상품은 성수기와 비수기가 뚜렷하게 구별되며, 소멸성으로 인해 호텔이나 관광지의 주말요금·단체요금·특별판촉요금 등 가격체계가 상호균형을 이룰 수 없다.

또한 관광객에 따라서 동일상품이나 서비스에 대해서 각기 느끼는 가치판단이 다르기 때문에 높은 가격에도 저항을 받지 않는 경우가 생기는 것이다.

9) 상품의 비이동성(Immobility)

관광상품은 형태를 갖춘 구체적인 상품이 거의 없고 서비스형태의 상품이 현지(생산지)에서 판매되므로 다른 곳으로 옮겨 수송·판매할 수 없다.

특히 지연성이 큰 상품일수록 그러하다. 예컨대 서울에 위치한 호텔 객실을 부산으로 옮겨서 판매할 수 없고, 오직 서울에서만 판매가 가능하다. 또한 설악산의 경치를 다른 곳으로 옮길 수 없고, 제주도의 해산물요리를 생산지인 제주도를 떠나 육지의 다른 곳에서 만들어 판매할 수 없다. 어디까지나 관광상품은 장소와 불가분한 관계를 갖고 있다.

따라서 공간적 마찰이 커지게 되어, 수요하고 싶어도 거리가 멀면 멀수록 그만큼 더 수요가 억제된다. 뿐만 아니라, 공간이동이 어려우므로 소비자가 직접 찾아가서 소비해야 한다. 하와이의 고유한 민속춤을 구경하기 위해서는 직접 그곳으로 찾아가는 도리밖에는 없다.

10) 수요의 탄력성(Elasticity)

관광상품은 다른 상품과 비교할 때 우등재에 속한다. 그래서 관광수요의 소득탄력성은 대개 1보다 크다. 즉 관광상품의 수요증가율은 소득수준의 증가율보다 빠르게 증가한다. 선진국이 될수록 관광수요는 더욱 더 증가한다는 것이다. 물론 최저 생계수준에 있는 사람들의 경우에는 소득이 점점 증가한다고 해서 그들의 관광위락 욕구가 급증한다고 볼 수는 없다. 단지 어느 수준의 소득임계치가 넘으면(의식주 등의 기초욕구가 충족되고 난 후) 그때부터 관광위락과 같은 자기실현 욕구가 급증하기 시작하게 된다. 이것은 보석류 등과 같은 사치품의 경우와 마찬가지이기에 이런 점에서 관광을 사치품(luxuries)으로 분류하기도 한다.

연구에 따르면 경제가 약 5%정도 성장하게 되면 관광산업은 약 10% 정도 성장한다는 연구결과가 있었다.

11) 공급의 비탄력성(Stiffness, Rigidity)

관광상품은 쌀, 냉장고 등과 달리 수요변화에 따라 공급량을 신축적으로 조절할 수 없는 성격을 지녔다.

특히 위락자원보다 인문자원이나 자연자원의 경우가 더 그렇다. 자연공원이나 경관, 폭포, 산, 해안 등은 어느 것도 그 공급량을 원하는 대로 늘릴 수가 없으며, 유물·유적, 산업시설 등도 공급을 마음대로 조절할 수가 없다. 단지 관리능력의 제고 등을 통해 수용력을 어느 정도 확장하는 정도가 가능할 따름이다.

뿐만 아니라 위락상품의 경우도 비저장성·소멸성으로 인해 재고가 불가능한 상품이므로 자연성 관광상품의 경우와 마찬가지로 수요에 비해 공급의 비탄력성을 가지게 된다.

3. 관광상품 수명주기

상품수명주기(product life cycle)란 제품이 개발되어 시판되고 시장에서 사라지기까지의 경제적 양상이다. 전형적으로 도입기, 성장기, 성숙기, 쇠퇴기의 단계를 거치는 S자곡선을 나타낸다. 아주 단순한 개념으로 보이지만 여러 가지 특성을 나타내는 각 단계는 중요한 전략적 시사점을 보여주는데, 이를 바탕으로 시장에서 가격책정 및 변동, 제품의 판매량, 제품 지속기간, 이익 등을 예측하고 마케팅전략을 수립하게 된다.

이러한 상품수명주기 개념을 관광분야에 적용한 것이 관광상품 수명주기(tourism-product life cycle)로 각 단계별로 적합한 관광마케팅 전략을 수립하는 데 도움을 준다. 관광상품 수명주기란 "관광상품이 개발되어 관광시장에 도입된 후 성장기·성숙기·쇠퇴기의 단계를 밟는 과정"이라고 하였으며, 이는 관광상품 판매시장의 양상을 설명하는 데 중요한 개념이라고 주장하였다(김성혁, 2011).

관광상품 수명주기의 단계별 전략을 수립하기 위해서는 관광상품이 각 단계를 거쳐 쇠퇴기에 접어들게 되는 원인을 파악하는 것이 중요하다. 그러나 수명주기 현상은 매우 복잡하고, 원인 또한 주기별로 다양하게 나타난다. 일반적으로 상품수명주기현상의 주요 원인이 되는 것들은 시장포화, 신기술, 경쟁 등 3가지 측면에서 살펴볼 수 있다.

첫째, 시장포화의 측면에서는 관광시장의 포화를 관광상품에 있어 반복관광이 대체적으로 이루어지지 않은 동일 관광상품을 업체마다 관광시장에 등장시켰을 경우를 말한다. 이러한 경우에는 관광상품의 성장기와 성숙기의 일정기간 후 과다수요로서 바로 판매가 감소되기 시작한다.

둘째, 신기술의 등장이다. 기존 관광상품에 대하여 훨씬 진보된 새로운 기술이 개발되어 상품에 도입되는 경우이다. 이러한 경우에는 결국 기존 관광상품에 대한 구매력이 감소하면서 판매 감소를 일으켜 상품수명을 단축시키기 되는 경우이다.

셋째, 경쟁에 의한 경우인데, 세분화된 특정관광시장 내에서 관광상품 간의 치열한 판매경쟁으로 인하여 상품판매 점유율이나 이익이 점차 분할되는 것을 의미한다.

상품수명주기의 개념을 관광분야에 적용하는 것에 대한 비판적인 의견도 있지만, 관광기업의 관광상품에 대한 판매예측과 미래지향적인 마케팅전략의 수립에 분명히 도움이 된다. 관광상품 수명주기의 단계별 특성은 다음과 같다.

1) 기획 · 개발기(Product Development Stage)

기획·개발기는 새로운 관광상품에 대한 아이디어를 기획하고 개발하는 단계이다. 이 단계에서는 신규 관광기업을 설립하였거나 기존 관광상품의 쇠퇴기를 맞이하여 새로운 관광상품 개발의 필요성에 의해서 이루어진다. 또한 이 단계에는 관광상품의 고객층에 대한 정확한 목표시장을 설정하기 위하여 고객욕구와 관광지상 조사 및 분석이 철저하게 이루어져야 하며, 이러한 결과에 근거하여 관광상품의 개발이 이루어져야 한다.

2) 도입기(Introduction Stage)

도입기는 기획·개발된 관광상품을 관광시장에 최초로 출시하는 단계로서 시장개척기 또는 시장개발기라고도 한다. 이 시기에는 관광상품에 대한 인지도나 수용도가 매우 낮은 편이어서 관광수요가 적다. 그래서 시장저항이 강하기 때문에 광고나 이미 사용해 본 주변 사람들의 구전에 의한 인지도에 따라 수요가 환기되고, 판매율이 증가되기 때문에 선택적 수요보다는 기본적 수요를 전략적으로 자극시켜야 한다.

따라서 관광기업은 관광상품 설명회나 전시회, 경품 제공 등의 적극적이고 공격적인 판매촉진전략을 수립하고 실시해야 한다. 이에 따른 비용의 증가는 필요악의 전략으로 간주된다.

3) 성장기(Growth Stage)

성장기는 관광상품에 대한 인지도가 서서히 높아짐에 따라 관광수요가 점차 증가하는 단계이다. 즉 관광상품에 대한 각종 판매촉진전략에 의해 관광상품에 대한 인지도가 높아지고, 구매 후 사용경험의 증가로 인해 수요가 급속하게 증가되어 매출액이 급격히 증가하는 단계이다. 또한 관광상품의 기능이나 품질에 만족할 경우 반복구매와 고객들의 구전효과에 의한 파급효과로 인해 신규 관광수요도 급속하게 창출되는 시기이다.

이 단계에서 매출액이 서서히 증가하기 때문에 이익 발생이 이루어진다. 그러나 주변 경쟁업체들의 모방상품이나 대체 관광상품을 등장시켜 관광기업체 간의 경쟁이 심하게 일어나게 된다. 그래서 경쟁 관광상품의 등장에 대비하는 고객 대응전략이 매우 중요시 되는 단계이다. 따라서 각 관광기업은 성장기 단계를 장기화 내지 지속적으로 유지하기 위한 다양하고 차별화된 마케팅전략을 강구해야 한다.

4) 성숙기(Maturity Stage)

성숙기는 판매수요 증가가 어느 정도 둔화되어 완만한 자연증가율을 나타내는 시기이며, 포화기라고도 한다. 상품에 대한 고객확보가 고정화되었기 때문에 대량생산과 판매체계를 갖추게 된다. 따라서 원가가 절감되고, 대부분 이익창출의 비율이 높아지는 단계이다.

경쟁사의 대응전략으로 경쟁상품을 등장시키거나 또는 관광시장에서 고객의 다양하고 새로운 욕구 및 신관광상품 개발이 요구되는 등의 영향요인에 의해서 수요증대보다는 오히려 수요의 감소가 일어날 수 있는 단계이다. 따라서 이 단계에서의 관광기업은 새로운 관광객 모색보다 기존관광객의 이용률을 높이고, 구매빈도를 높이도록 기존 관광상품의 품질개선과 신용도 개척 등으로 관광상품의 다양화를 도모해야 한다. 또한 이 단계 동안 판촉활동의 예산부분을 확대하기보다는 메시지 작성과 광고시점 및 광고의 슬로건 등을 적절히 변화시키는 방법을 연구해야 하지만, 매출수익의 증가가 없다면 각종 지출비용에 대한 통제로서 비용절감에도 노력해야 한다.

5) 쇠퇴기(Decline Stage)

쇠퇴기는 관광상품의 매출액이 지속적으로 감소되는 단계이다. 업계의 관광수요가 감소하게 되며, 대부분 업계에서는 관광상품의 수요변화에 대처하는 전략을 모색하지만 기업의 사정에 따라 전략은 서로 다르다. 따라서 쇠퇴기에 도달하면, 관광기업의 마케팅 관리자들은 새로운 용도개발 여부, 관광상품의 광고비 적절성, 새로운 관광시장 존재 여부, 관광상품의 약점을 장점으로 변화, 부산물 활용방법, 관광상품의 판매전략(판매점, 판매방법)의 수정 여부, 새로운 판매경로 개척 여부 등을 점검하여야 한다.

이 단계의 특징은 관광객의 욕구변화, 국내·외 시장환경의 변화, 관광시장의 치열한 경쟁 등에 의하여 관광상품에 대한 각종 판매촉진전략이 거의 등한시된다. 이러한 결과로 관광상품의 판매량이 급속히 감소하며, 이익발생도 하락하게 되어 생산이나 판매과정상의 단순화나 시장에서 관광상품의 폐기 등의 전략이 필요하다.

표 8-2 관광상품 수명주기 단계별 특징

구 분	도입기	성장기	성숙기	쇠퇴기
수요량	천천히 증가	급속히 증가	둔화 및 정지	계속 감소
경쟁상품	적음	증가	적어지기 시작	급격히 감소
이익	적자	증가	감소	최저
소요비용	아주 높음	점점 낮아짐	거의 없음	없음
가격	아주 높음	점점 낮아짐	흔들림	최저
촉진	신상품 이점을 소비자에게 광고	상품차별화와 특정브랜드의 이익을 강조	시장세분화정책과 적극적 판촉전개	촉진활동의 감소로 비용감소, 가격과 품질경쟁

4. 관광상품과 위험

관광상품은 위에서 살펴본 것과 같은 특징 때문에 소비자들의 구매의사결정과정은 매우 복잡하다. 관광상품의 구매는 무형성, 가격체계의 불안정성, 품질의 불안정성 등으로 인해 상품구매 시 매우 높은 위험성을 내포하고 있기 때문이다.

그리고 이러한 위험은 연령, 수입, 그리고 경험에 따라 다르게 인식되고 있다(Cooper 등, 1998).

1) 경제적 위험(Economic Risk)

모든 소비자들은 관광상품을 구매할 때 상품이 원하는 편익을 제공할지에 대한 경제적·재정적 위험에 직면하게 된다. 관광은 소비 전에 견본을 쉽게 볼 수 없는 값비싼 상품이다. 이런 위험은 관광상품의 구매가 중요한 지출이 될 수 있는 낮은 가처분소득을 가지는 사람들에게는 더욱 높아진다.

2) 물리적 위험(Physical Risk)

어떤 관광지는 질병이나 범죄 때문에 위험스러운 곳으로 인식될 수 있다. 그리고 어떤 페리나 항공사와 같은 운송회사들은 다른 회사들보다 안전한 것으로 생각되기도 한다. 어떤 사람들은 어떤 항공사를 이용하더라도 비행에 대해 공포를 가지는 반면에, 어떤 사람들은 안전하다고 느끼는 항공사를 선택함으로써 물리적 위험에 대한 지각을 줄이고 있다.

3) 실행위험(Implementation Risk)

잘 알려지지 않은 관광지나 호텔들의 품질은 미리 평가될 수 없다. 이런 종류의 위험은 상품이 원하는 편익을 제공하지 못할 것이라는 생각과 관련이 있다. 좋지 못한 휴가를 보냈던 사람들이 그 해에 다시 휴가를 가서 지난 휴가를 만회하려는 것은 거의 불가능하다. 대부분의 소비자들은 새로운 휴가를 위한 추가적인 돈이나 시간적 여유가 없기 때문이다. 따라서 이런 상황들이 실행위험에 대한 인식을 강화한다. 영국 여행자들에게 가장 중요한 실행위험은 기후이다. 따라서 영국의 좋지 못한 기후에 때문에 많은 영국인들이 외국으로 여행하고 있다.

4) 심리적 위험(Psychological Risk)

관광객들은 이미지가 나쁜 나라를 방문하거나 평판이 좋지 않은 회사를 통해 여행함으로써 자신의 위신을 잃어버릴 수 있다. 이런 위험은 잠재 소비자가 관광상품의 구매가 자신이 나타내고자 하는 자아이미지를 반영하지 못한다고 느낄 때 나타난다.

마케팅의 관점에서, 이런 위험들은 상품과 촉진전략에 의해 최소화할 수 있다. 즉 브로슈어와 팸플릿을 통해 정보를 제공하여 회사의 신뢰성을 잠재 관광객들에게 심어줌으로써 이런 위험에 대한 인식을 감소시킬 수 있는 것이다. 정보를 획득함으로써, 소비자들은 과거 여행이나 관광지에서의 경험을 통해서 긍정적인 기대를 갖도록 하는 생각이나 태도를 가질 수 있다.

참고문헌

김상무 외, 관광사업경영론, 백산출판사, 2011.

조봉진 외, 최신마케팅원론, 도서출판 석정, 2001.

김성혁, 관광마케팅의 이해, 백산출판사, 2011.

김시종, 상품학총론, 학문사, 1995.

최승이·이미혜, 관광상품론, 대왕사, 1999.

이연택, 관광기업환경론, 법문사, 1993.

유영준 외, 관광상품기획론, 대왕사, 2005.

Stephen L. J. Smith, Tourism Product, Annals of Tourism Research, Vol. 21, No. 3, pp. 582~595, 1994.

Chris Cooper, John Fletcher, David Gilbert, Stephen Wanhill, & Rebeca. Shepherd, Tourism Principle and Practice, 2nd ed., Addison Wesley Longman Publishing, 1998.

Chock Y. Gee, & James C. Makens, Dexter J. L. Choy, The Travel Industry, 3th ed., Van Nostrand Reinhold, 1997.

Christfopher Holloway, The Business of Tourism, 5th ed., Addison Wesley Longman Ltd., 1998.

9 관광정책과 관광행정

9 CHAPTER 관광정책과 관광행정

제1절 관광정책의 의의와 기본이념[1)]

1. 관광정책의 의의

관광정책이란 한 나라가 관광이라는 사회현상에 대해서 강구하는 시정(施政)의 방향과 기본시책을 말한다. 따라서 관광정책은 그때그때의 정부의 관광에 대한 이념 혹은 관계하는 방법에 따라 크게 달라진다. 관광의 보이지 않는 무역적 측면을 중시하는지, 국민의 관광행동을 생활의 질로서 촉진시킬 것인지, 혹은 관광을 지역진흥의 수단으로 생각하는지 등에 의해 정책의 중점이 달라진다. 특히 현대에서는 관광과 환경과의 관계, 소비자로서의 여행자의 보호, 관광자원으로서의 문화유산이나 자연환경의 보호 등도 관광정책의 시야에 포함된다. 관광정책은 이념이며 총론을 의미함으로써, 실행이나 각론에 상당하는 행정(行政)은 많은 기관에 별도로 맡겨져 있는 것이 현실이다.

관광정책의 개념에 관하여는 학자에 따라, 정책목적이나 관점 그리고 연구방법에 따라 각기 다르게 정의를 내리고 있다. 그동안 여러 학자들에 의하여 정립된 학설들을 종합해 보면, 첫째, 관광정책은 그 주체가 개인이나 사적 집단이 아니라 공공기관이라는 점이다. 둘째, 관광정책의 목표는 관광문제에 대한 해결이나 공익을 달성하는 것이다.

1) 위정주 외 3인 공저, 최신 관광학의 이해(서울 : 백산출판사, 2014), pp.139~152.

셋째, 관광정책은 주로 정치적·행정적 과정을 거쳐서 이루어진다. 넷째, 관광정책은 이루고자 하는 관광목표로서의 성격과 관광에 대한 미래지향적인 성격을 지니고 있다.

이러한 관점에서 볼 때 관광정책이란 "한 나라의 관광행정활동을 종합적으로 조정하고 추진하기 위한 시정(施政)의 기본방향을 명시한 여러 가지 방책"이라고 정의할 수 있다. 그리고 관광정책은 그 대상에 따라 국내관광정책과 국제관광정책으로 나누어 실시되고 있는데, 전자는 한 나라의 정부가 국내관광의 진흥을 위하여 실시하는 각종의 정책이며, 후자는 한 나라의 정부가 국제관광의 진흥을 위하여 실시하는 각종의 정책으로 이해되고 있다.

2. 관광정책의 기본이념

1) 관광정책의 기본목적

관광정책의 이념을 설명하기에 앞서 먼저 관광정책의 기본목적에 관하여 기술하려는 것은, 관광정책의 목적이 관광정책의 이념을 실현하기 위해서 설정되어지는 수단이라면 관광정책의 목표는 관광정책의 목적을 보다 구체화한 것이기 때문이다.

관광정책이란 국가나 공공단체가 관광이라는 사회현상에 대하여 강구하는 시정(施政)의 방침을 가리키는 말인데, 즉 관광을 장려하고 진흥시키려는 정책을 의미한다. 그런데 왜 국가나 공공단체는 관광을 장려하고 진흥시키려 하는 것일까.

관광이 관광정책의 대상으로 취급될 수 있었던 것은 제1차 세계대전 이후의 일이며, 유럽 여러 나라의 정부가 관광의 경제적 효과에 주목하게 되면서부터 시작되었다. 즉 외국에서 온 여행자의 소비가 외화획득이 되어 국가경제에 이바지한다는 사실이 인식되면서 나라마다 적극적으로 외국인 관광객의 유치에 나섰던 것이 관광정책의 시작이었던 것이다.

이 당시 관광정책에 관한 연구는 대체로 관광소비의 경제에 관한 문제에 집중되었는데, 그것은 국제관광이 한 나라에 가져다 주는 경제적 이익이 강하게 의식되어 그와 같은 이익의 증대를 위한 여러 가지 방책을 추구하는 것이 관광정책에 부과된 과제였기 때문이다. 이와 같은 사실에 입각하여 고찰해 본다면, 국가나 공공단체가 관광정책을 실시하게 된 목적은 관광사업을 진흥시킴으로써 '외화획득(外貨獲得)'이라는 이념을 실현시키려는 데 있었던 것이다.

외화획득에 의해 국제수지(國際收支)를 개선하는 일은 어떤 나라이건 바라는 바이기 때문에 오늘날에도 각 나라에서는 여러 가지 그러한 관광정책을 실시하고 있는 것이 사실이다. 그렇지만 국제수지 개선만을 위주로 관광정책을 실시한다면 한 나라의 흑자는 다른 나라의 적자를 의미하게 되므로, 결국 관광사업은 각 나라가 외래관광객으로부터 외화를 벌어들이는 것을 의미하게 된다. 이와 같은 관점에 입각해서 본다면, 자기 나라 국민의 해외여행을 가능한 한 억제시키고 어떻게 해서든지 외국인관광객을 유치하는 정책이 되고 만 것이기 때문에, 외화획득에 의한 국제수지의 개선이라고 말하는 관광정책의 이념에는 문제가 있다. 반드시 관광수지가 흑자인 나라만이 훌륭한 나라인 것은 아니기 때문이다. 예를 들어 미국이나 독일의 경우 심한 적자인 때에도 자국민의 해외여행을 권장하고 있는 점을 감안한다면, 관광수지가 흑자인 때에도 해외여행을 허용하지 않는 나라도 그리 자랑스러운 것만은 아니다.

그 나라의 국민이 외국에 여행하여 외화를 쓰더라도 무역이나 문화 등에서 그 이상의 성과를 올린다면 오리려 그 편이 효과가 더 크다고 본다. 그러므로 외화획득만을 관광정책의 이념으로 내세울 수는 없는 것이다.

오늘날 관광은 국제관광이 가져오는 국제수지 외에도 국제친선(國際親善)이라는 효과와 국내관광이 가져오는 국민후생(國民厚生) 등의 효과에도 기여하고 있으므로, 현대에 있어서 관광정책의 이념은 국제간에 상호 이해와 협조를 포함한 국제친선과 보건 및 교육을 포함한 국민후생의 증진에 있다고 하겠다.

더구나 국제관광이 국제친선에 의하여 평화에 이바지한다는 것은 국제연합이 1967년을 "국제관광의 해"로 지정했을 때의 "관광은 평화에로의 패스포트"라는 슬로건에도 명시되어 있는 것처럼, 국제간의 관광왕래가 나라와 나라와의 관계를 시정하여 평화를 유지하는 힘으로써 큰 역할을 하고 있다고 말할 수 있다.

다음으로 국민후생이라는 이념이 외화획득이라는 이념에 비한다면 훨씬 늦게 제기된 것이지만, 이러한 입장을 가장 잘 표현한 것이 소셜 투어리즘(social tourism)이다. 소셜

투어리즘이란 오늘날 관광이 국민후생에 큰 효과를 가지고 있음에 주목하여 정부나 지방공공단체가 관광을 활발하게 하기 위해서 여러 가지의 시책을 취하는 일과 관광을 국민 일반의 것으로 넓혀 나가고자 하는 생각을 말하는 것이다.

그러나 여러 정책 가운데서 국민후생으로서의 관광정책이 필요하다고 인정을 하면서도 다른 정책, 예를 들면 교통정책·주택정책 그리고 문화정책 등과 경합할 경우에 과연 다른 정책을 제쳐놓고 관광정책을 우선적으로 정부나 공공단체가 실시할 것인가? 만약 반대에 부딪쳤을 때 설득할 만한 관광정책의 기본이념이 확립되어져야만 할 것이다.

국가나 공공단체는 관광사업을 진흥시킴으로써 앞에서 말한 국제친선, 국민후생과 같은 관광정책의 이념을 실현하려는 것이나, 관광사업은 그 영향이 관광객의 효용에만 미치는 것이 아니라 사업이 가져올 경제적·사회적 효과에까지 미치는 것이기 때문에, 단지 관광정책의 목적을 관광사업을 진흥시키기 위한 것이라고 말하는 경우에는, 관광의 본래적 목적인 관광객의 효용은 젖혀놓고 관광사업자의 이익만을 가져오게 하는 관광이 될 우려가 있다. 실제 관광사업자 가운데 일부는 이윤추구에 급급한 나머지 본래의 관광목적에 따르지 않은 사람도 없지 않다.

그러므로 관광사업은 본래의 관광목적을 확립시켜, 이에 기여하기 위하여 추진되어야만 한다. 요약컨대, 관광정책의 기본목적은 단지 "관광사업의 진흥"이 아니고 "관광객의 효용을 위한 관광사업의 진흥"이라는 방향에서 고려되어야 한다고 본다.

2) 관광정책의 기본이념

관광정책의 기본목적은 "관광객의 효용을 위한 관광사업의 진흥"이라는 방향에서 고려되어야 한다고 앞에서 설명한 바 있다.

관광객의 효용을 위한 관광사업을 진흥시키기 위해서는 무엇보다도 먼저 관광의 의의와 효과에 대한 올바른 이해가 필요하다고 본다. 관광은 관광행동 자체가 효과를 가지는 것으로, 관광가치에 의하여 생기는 본래의 효과는 관광행동의 주체자인 관광객에게 그 효과가 미치는 것이라야 한다. 사람에게는 관광을 하고자 하는 의욕이 있고, 이것을 만족시키는 데 따라 근로의욕은 증대되고, 문화적 교양도 높아지는 것이다.

국제관광의 경우에는 그 소비금액보다도 그에 의하여 생기는 효과를 주로 생각하여야 한다. 종래의 사고방식에 따른다면, 자기 나라 사람의 외국여행을 될 수 있는 한 제한하고, 외국인 여행자의 유치와 소비에 힘을 써야 한다는 것이었으나, 이러한 생각이 잘못된 생각이라는 것은 이미 앞에서 지적한 바 있다. 자국민의 외국여행도 그에 의해 마음의 편안을 얻고, 새로이 견문을 넓히는 문화적 효과를 올리면서, 거기에다 무역촉진 등의 효과까지도 올린다면 결코 제한할 것은 못된다고 본다.

그럼에도 불구하고 관광경영의 주체인 국가 또는 공공기관에서는 관광정책을 수행하는 과정에서 국제관광을 외화획득에의 수단으로만 지나치게 의식한 나머지 관광소비자가 관광행위를 통하여 근로의욕이 증대되고 문화적 교양을 향상시킨다는 그 본래의 이념을 저버리고 국제관광에 의한 국제수지의 개선만을 중시하는 경향이 있다.

물론 국제관광이 한 나라의 국제수지의 개선에 절대적인 요소인 것은 부인할 수 없는 사실이다. 그러나 이것은 어디까지나 관광왕래에 의하여 나타나는 효과이지 외화획득이 국제관광의 절대적인 요소일 수만은 없다.

그러므로 국제관광정책의 기본이념은 관광객의 관광효용과 그러한 관광행동으로부터 파생되는 효과를 그의 본질로 해야 한다. 여기에서 관광객의 관광효용이라 함은 관광행동에 의한 관광객 자신의 유익성 곧 관광객의 만족도를 말하며, 관광행동으로부터 파생되는 효과라는 것은 관광객의 소비활동에 따라 생기는 경제적·사회적 영향, 즉 외화획득에 의한 국제수지의 개선, 관광왕래에 의한 국제친선의 증진 및 보건의 증진, 고용의 증대 및 사회간접자본의 개발을 통한 국내산업의 발전 등으로 국민소득향상과 조세수입 증대에 미치는 국가적 효용성을 말한다. 그러므로 관광정책을 수행하는 과정에서 국제관광에 의한 국제수지의 개선만을 내세워 그것을 중요시하는 것은 관광정책의 근본적인 이념에 어긋나는 것이다.

국제관광에 있어서 국내인의 해외여행효과가 외국관광객의 국내유치 그것에 비해 훨씬 유리하다는 것을 생각하면 자국민의 해외여행 개방이 국제관광에 있어 오히려 이상적이고 또 그것이 합리적인 경영방법인지도 모른다. 미국이나 영국, 일본 등과 같은 선진국에서는 관광수지면에서 계속 적자를 면하지 못하고 있음에도 불구하고 자국민의 외국여행을 독려하여 관광객을 송출하는 정책을 지향하고 있다. 그 이유는 자국민이 해외여행을 통해서 얻는 효과가 관광유치면에서 외화수입이 차지하는 그것과 비교하여 훨씬 더 크기 때문이다.

그러므로 국제관광정책은 관광유치에 의한 외화획득 그 자체보다도 그로 말미암아 간접적으로 나타나는 파급적인 효과를 그의 본질적 이념으로 해야 할 것이다. 곧 국제관광정책을 수립함에 있어서는 외국관광객 유치에 의한 경제적 효과에만 집착하는 소극적인 정책을 지양하고 한 걸음 더 나아가서 자국민의 해외여행을 통하여 외국에서 자국을 널리 선전함으로써 국위선양에 기여할 수 있는 보다 적극적인 대외관광정책이 요망된다고 하겠다.

따라서 외래관광객의 수용면에 있어서도 외화획득이라는 효과보다도 자국을 외국인에게 널리 이해시킨다는 국제관광 본래의 효과를 위주로 해야 할 것이다. 물론 외국인 관광객을 유치하기 위하여 때로는 막대한 설비투자에도 불구하고 그 반대급부적인 외화수입이 오히려 저조하다면 그 또한 문제가 되지 않을 수 없겠으나, 국제관광정책의 근본이념은 어디까지나 국제친선이 주된 목적이 되어야 한다고 본다.

한편, 국내관광정책의 근본이념은 국민후생이 주된 목적이 되어야 한다. 소셜투어리즘이나 관광의 대중화라고 말하는 것은 관광정책 가운데서 가장 중요한 부분을 차지하는 것이라고 말할 수 있겠다.

3. 우리나라 관광정책의 변천과정

1) 1950년대의 관광정책

8·15해방 직후의 대혼란을 거쳐 1948년에 정부가 수립되었으나, 미처 관광행정체제가 확립되기도 전에 1950년 6·25전쟁이 발발하여 전국의 관광시설이 대부분 파괴되었던 것이다. 부산으로 피난을 간 정부는 1950년 12월에 교통부 총무과 소속으로 '관광계'를 신설하여 철도호텔업무를 관장케 하였으며, 그후 1954년 2월 10일 대통령령 제1005호로 교통부 육운국에 '관광과'로 승격시켜 관광사업에 대한 행정적인 체제를 마련하기 시작하였다.

1957년 11월에는 교통부가 현 세계관광기구(UNWTO)의 전신인 국제관설관광기구(IUOTO)에 정회원으로 가입하게 됨으로써 우리나라도 세계관광의 흐름에 편승하는 계기가 되었다.

1958년 3월에는 '관광위원회'의 규정(規程)을 제정하여 교통부장관의 자문기관으로 중앙관광위원회를, 도지사의 자문기관으로 지방관광위원회를 각각 설치하여 다소나마 관광행정기능을 보강하였으나, 실질적으로는 관광행정이 이루어지지 못하였다.

2) 1960년대의 관광정책

1960년대는 우리나라 관광사업의 기반조성과 국제관광객 유치를 위한 체제정비의 시기였다고 할 수 있다.

1961년 8월 21일 제정·공포된 「관광사업진흥법」은 우리나라 관광의 획기적인 발전을 위한 최초의 법률이 되었으며, 이어서 1962년 4월 24일 제정·공포된 「국제관광공사법」에 의하여 국제관광공사(현 한국관광공사의 전신)가 설립되어 한국관광의 해외홍보, 관광객 편의제공, 관광객 유치업무를 수행하기 시작하였다.

1963년 8월에는 교통부직제를 개정하여 관광과를 '관광국'으로 승격시켰는데, 이와 같이 관광의 중앙행정기관으로 신설된 관광국은 관광에 관한 종합적인 정책의 수립과 조정업무를 담당함과 동시에 시·도 관광업무의 감독기능을 수행케 함으로써 처음으로 통일되고 일관성 있는 관광행정을 집행할 수 있게 되었다. 또 1963년 3월에는 「관광사업진흥법」 제48조에 의거 대한관광협회(현 한국관광협회중앙회의 전신)가 설립되면서 도쿄와 뉴욕에 해외선전사무소를 최초로 개설하였다.

1965년 3월에는 대통령령 제2038호로 '관광정책심의위원회 규정'을 제정·공포하고, 이를 근거로 국무총리를 위원장으로 하는 '관광정책심의위원회'를 발족하였는데, 여기서 관광정책에 관한 주요 사항을 심의·의결케 함으로써 이 기구의 법적 지위를 높이는 한편 기능을 강화하였다.

또한 1965년에는 관광부문의 국제회의인 제14차 아시아·태평양관광협회(PATA) 연차총회를 한국에 유치하여 각국 관광업계 대표들에게 한국관광 전반에 대해 알릴 수 있는 계기를 마련하기도 하였으며, 관광업계 종사원의 양성·배출을 위해 1962년 통역안내원 시험 실시에 이어 1965년부터 관광호텔종사원 자격시험제도를 실시하였다.

1966년에는 외국관광전문가에게 한국관광지 전반에 관한 연구를 의뢰하였는데, 그 연구보고서(일명 Kauffman보고서)에는 한국관광사업의 밝은 전망이 제시되었다.

1967년은 '국제관광의 해'로 정하여 국제친선과 외래관광객의 방한을 촉진하였으며, 같은 해 3월 「공원법」이 제정됨에 따라 12월에는 국내 최초로 지리산이 국립공원으로 지정되었다.

3) 1970년대의 관광정책

1970년대에 들어와서 정부는 관광사업을 경제개발계획에 포함시켜 국가의 주요 전략산업의 하나로 육성함과 동시에 관광수용시설의 확충, 관광단지의 개발 및 관광시장의 다변화 등을 적극 추진하여 1978년에는 역사상 처음으로 외래관광객 100만명을 돌파하는 성과를 거두었다.

이러한 관광진흥정책의 적극적인 추진에 의해 우리나라 관광이 규모와 질적인 면에서 크게 성장함에 따라 종래의 관광법규를 재정비함과 아울러 관광행정조직도 강화할 필요성을 느끼게 되었다.

그래서 1972년 12월 29일에 제정된 「관광진흥개발기금법」에 따라 정책금융으로 관광진흥개발기금을 설치하였고, 1975년 4월에는 「관광단지개발촉진법」이 제정되어 경주보문관광단지와 제주중문관광단지 등과 같은 국제수준의 관광단지개발을 촉진하여 관광사업발전의 기반을 조성하는 데 기여하였다.

그리고 1975년 12월 31일에는 우리나라 최초의 관광법규인 「관광사업진흥법」을 발전적으로 폐지함과 동시에 폐지되는 법의 성격을 고려하여 「관광기본법」과 「관광사업법」으로 분리제정하였다. 특히 「관광기본법」은 우리나라 관광법규의 모법(母法)이며 근본법(根本法)의 성격을 갖는데, 이 법은 우리나라 관광진흥의 방향과 시책에 관한 사항을 규정함으로써 국제친선의 증진과 국민경제 및 국민복지의 향상을 기하고 건전한 국민관광의 발전을 도모하는 것을 목적으로 제정되었다.

한편, 우리나라 관광사업이 양적으로 확대되자 1972년 8월에는 교통부직제를 개정하여 '관광국'의 업무과를 폐지하고 기획과, 지도과, 시설과를 신설하여 관광행정기구를 보강함과 동시에 지방자치단체인 서울, 부산, 강원, 제주도에는 '관광과'를, 기타 7개 도에는 관광운수과 내에 '관광계'를 두어 관광업무를 관장케 함으로써 관광진흥을 위한 보다 강력한 행정력이 뒷받침되기에 이르렀다.

더욱이 1979년 9월에는 관광국을 '관광진흥국'과 '관광지도국'으로 확대 개편하고, 관광지도국 내에 '국민관광과'를 신설하여 관광지의 지도·개발은 물론, 국민관광에 대한 본격적인 정책수립의 입안이 시행되기에 이르렀다.

4) 1980년대의 관광정책

1980년대는 우리나라 관광이 도약한 시기라 할 수 있다. 즉 건전한 국민관광의 조성과 관광시장구조의 다변화 등 국제관광과 국민관광의 조화 있는 발전을 이루는 성장과 도약의 시기였다고 할 수 있다.

1980년 1월 5일에는 야간통행금지가 해제되고, 1981년부터는 국민관광지를 개발하기 시작하여 전략적 국제관광단지로서 경주보문관광단지 및 제주중문관광단지 개발에 이어 1983년에 충남도남관광단지와 1984년에는 남원관광단지 개발을 추진하기 시작하였다.

한편, 1983년 ASTA총회 및 교역전 서울 유치, 1985년 IBRD/IMF총회, 1986년 ANOC총회 및 86아시안게임, 1988년 서울올림픽 등 대규모 국제행사를 성공적으로 개최함으로써 관광산업의 비약적인 발전을 가져왔으며, 1988년에는 외래관광객 200만명을 돌파하는 성과를 거두기도 했다.

1970년대 후반기에 들어서서 1인당 국민소득이 약 1,000달러에 이르러 국민관광의 여건이 조성되자, 이제까지의 국제관광 우선정책에서 벗어나 국민관광과의 병행발전정책으로 전환하게 됨으로써 새로이 발생하는 관광수요에 능동적으로 대처하기 위해 관광법규의 전면적인 개편이 필요하게 되었다.

이에 따라 1986년 5월 12일 「올림픽대회 등에 대비한 관광숙박업 등의 지원에 관한 법률」이 제정되었는데, 이 법은 제10회 서울아시아경기대회(1986년 개최)와 제24회 서울올림픽대회(1988년 개최)를 원활히 개최하도록 하기 위하여 올림픽이 끝나는 1988년 12월 31일까지만 유효한 한시법(限時法)으로 제정되었다. 또 1986년 12월 31일에는 「관광진흥법」이 제정되었는데, 이 법은 관광여건을 조성하고 관광자원을 개발하며 관광사업을 육성하여 관광진흥에 이바지하는 것을 목적으로 한다.

5) 1990년대의 관광정책

1990년대는 2000년 ASEM회의 개최 준비, 2001년 한국방문의 해 사업 준비, 2002년 한·일월드컵축구대회 준비 등 다가오는 21세기 관광선진국을 대비한 재도약의 시기라고 할 수 있다.

1991년에는 외국인 관광객이 300만명을 넘어섰고, 아르헨티나에서 개최된 제9차 세계관광기구(UNWTO) 총회에서 우리나라가 UNWTO 집행이사국으로 선출되어 국제관광협력의 기반을 다진 한해였다.

1993년에는 대전엑스포를 성공리에 개최하였으며, 엑스포 전후 기간 중에는 일본인 관광객에게 무사증(無査證) 입국을 허용함으로써 일본인 관광객 유치 증대에 크게 기여하였다.

1994년에는 서울정도 600주년을 기념하여 우리의 전통문화를 세계에 널리 알리고 한국관광의 재도약과 세계화의 계기로 삼기 위해 추진한 "한국방문의 해(Visit Korea)" 사업을 성공적으로 추진하였으며, 아시아·태평양관광협회(PATA)의 연차총회, 관광교역전 및 세계지부회의 등 국제행사를 유치 개최하였다.

한편, 제도면에서는 종래 「사행행위등 규제 및 처벌특례법」에서 사행행위영업의 일환으로 지방경찰청에서 관리해오던 카지노업을 1984년 8월 3일에는 「관광진흥법」을 개정하여 관광사업의 일종으로 전환 규정하고 문화체육부장관이 허가권을 갖게 되었다.

1996년 12월에는 대규모 관광수요를 유발하는 국제회의산업을 관광과 연계하여 발전할 수 있도록 하기 위하여 「국제회의산업 육성에 관한 법률」을 제정하였으며, 1997년 1월에는 관광숙박시설의 확충을 위해 「관광숙박시설지원 등에 관한 특별법」을 제정하였다. 그리고 이 해에는 우리나라가 세계에서 29번째로 OECD(경제협력개발기구)에 가입함으로써 서방선진국의 관광정책기구들과 협력할 수 있는 체계를 마련하기도 했다.

1998년 2월 28일에는 정부조직의 개편으로 문화체육부가 문화관광부로 그 명칭이 바뀌었는데, 이 과정에서 "관광(觀光)"이라는 단어가 정부부처 명칭에 처음으로 들어가게 됨으로써 정책입안 및 그 추진에 있어 관광산업에 높은 비중을 부여하게 되었다.

6) 2000년대의 관광정책

2000년대는 뉴 밀레니엄을 맞이하여 21세기 관광선진국으로서의 힘찬 도약을 준비하는 시기라고 할 수 있다.

2000년도에는 국제관광교류의 증진과 국내관광 수용태세 개선에 주력했다. 제1회 APEC 관광장관회의와 제3차 아시아·유럽정상회의(ASEM)를 성공적으로 개최하여 국제적 위상을 한층 제고하였다.

2001년에는 동북아 중심의 허브공항 구축의 일환으로 인천국제공항이 개항하였으며, '2001년 한국방문의 해' 사업을 통해 관광의 선진화를 위한 제반 사업이 수행되었다.

2002년에는 '한국방문의 해'를 연장하고, 한·일월드컵 축구대회 및 부산아시안게임의 성공적인 개최로 국가이미지는 한층 높아져 외래관광객의 방한욕구를 증대시켰다. 또한 관광진흥확대회의의 정기적인 개최로 법제도 개선, 유관부처의 협력모델을 도출하고 관광수용태세 개선에 만전을 기하였다.

2003년은 동북아경제중심국가 건설을 위한 원년으로 아시아 관광허브 건설기반 구축과 개발중심의 관광정책에서 문화예술 및 생태적 가치지향의 관광정책으로의 전환과 국제적 관광인프라 확충을 추진하는 데 중점이 주어졌다. 그리고 외래관광객 1천만명 유치와 국민관광시대의 실현을 목표로 한 '참여정부 관광정책 18대과제'가 수립되었다.

2004년은 '관광진흥5개년계획(2004~2008)'이 수립되었으며, 주5일근무제의 확산, 고속철도(KTX)시대의 도래 등 관광환경이 변화되었으며, 제주에서 개최된 제53차 아시아·태평양관광협회(PATA) 연차총회는 참가인원면에서 역대 최대의 성과를 거두기도 하였다.

2005년 4월과 6월 속초와 안동에서 각각 '종합관광안내정보 서비스 개통식'을 열고 관광과 첨단 IT기술의 만남, 유-트래블(U-Travel)시대의 개막을 선포하였다. 그리고 2005년 7월에는 문화, 관광 그리고 스포츠산업을 우리나라의 새로운 성장동력산업으로 만들기 위한 청사진인 'C-Korea 2010'이 수립·발표되었으며, 2005년 9월에는 광주에서 OECD 국제관광회의가 개최되었다.

한편, 2005년 8월부터는 저소득 중소기업체 근로자들을 위한 '여행바우처'제도가 시행되었는데, 관광진흥개발기금 20억원을 활용해 시행되는 여행바우처 제도는 외국인근로자를 포함하여 월소득 250만원 이하의 중소기업체 근로자 1,500만명 내외에게 여행경비의 40%를 15만원 이내에서 지원하고 있다.

2006~2007년에는 외래관광객 입국이 낮은 증가세를 보이고 관광수지 적자가 심화됨에 따라 2006년 12월 관광산업 경쟁력 강화대책에서는 관광산업에 대한 조세부담 완화, 신규투자 및 창업촉진을 위한 제도 개선, 해외 관광시장의 획기적 확대 여건 조성, 국민국내관광 활성화, 관광자원의 품격과 부가가치 제고 등 다섯 개 분야에 걸쳐 총 62개 과제 추진 등 획기적인 범정부적 대책을 발표하였다.

2008년도에 들어와 정부는 관광산업의 국제경쟁력 강화를 위해서 2008년을 '관광산업 선진화 원년'으로 선포하고 '서비스산업 경쟁력 강화 종합대책' 등 범정부 차원의 대책을 본격적으로 추진하였다. 동년 3월과 12월의 2차례에 걸친 관광산업 경쟁력 강화회의를 비롯하여, 2008년 4월에는 서비스산업선진화(PROGRESS-1) 방안의 일환으로 「관광진흥법」, 「관광진흥개발기금법」, 「국제회의산업 육성에 관한 법률」 등 이른바 '관광3법'상의 권한사항을 제주특별자치도지사에게 일괄 이양하기로 결정하는 등 적극적이고 지속적인 노력이 추진되었다.

이밖에 2008년에는 민간주도로 3년간 추진되는 '2010~2012 한국방문의 해'를 선포하고, 경제발전, 환경복원, 문화 등이 조화된 한국형 녹색뉴딜사업으로 '문화가 흐르는 4대강 살리기' 사업추진 계획을 발표하였다. 또 정부는 2008년 12월 '2단계 관광산업 경쟁력 강화대책'에서 MICE, 의료관광 등 고수익 관광산업의 전략적 육성을 위한 방안을 발표하였다.

2009년도 정부의 관광산업의 경쟁력 강화와 지역관광 활성화 방안의 세부 추진방향은 '혁신적인 규제완화 및 제도개선'과 '고부가가치 관광산업 육성' 그리고 '시장친화적 민간투자 및 신규시장 확대'로 구분될 수 있는데, 이러한 과제들은 2009년도에 가능한 모두 추진 완료하였으며, 중장기적 추진이 필요한 과제들의 경우는 2010년에 지속 추진하기로 하였다.

2010년도는 환율하락, 신종플루 및 구제역 발생, 경기침체 지속이라는 대내외적인 위험요인을 극복하고 관광산업의 장기적인 경쟁력 확보에 주력하였다. 이에 문화체육관광부는 '관광으로 행복한 국민, 매력있는 나라 실현'이라는 비전 아래 외래관광객 1,000만명 유치목표 조기 달성을 위해 크게 4개 부문, 즉 수요와 민간투자 확대로 내수진작, 창조적 관광콘텐츠 확충, 외래관광객 유치 마케팅 강화, 관광수용태세 개선 방안 마련에 중점을 두고 사업을 적극적으로 추진하였다.

2010년 7월 15일 문화체육관광부, 법무부 등 정부 6개 부처는 대통령 주재 "제8차 국가고용전략회의"에서 「관광·레저산업 육성방안」을 공동으로 발표하였다. 동 육성방안에서 정부는 '선진 관광·레저산업 육성'이라는 비전 하에 2014년까지 외래관광객 1,200만명을 유치하고 국민 1인당 국내관광을 2014년까지 5일 늘어난 연 14일로 늘리는 등 관광산업 내수진작을 통해 신규일자리를 창출한다는 전략을 제시하였다.

2011년에는 외래관광객 1,000만명 시대 달성을 목전에 두고, 관광산업의 국제경쟁력 강화를 위한 대책 마련에 정책역량을 집중하였다. 2010~2012 한국방문의해 사업을 계기로 외래관광객 유치 확대를 위한 대책을 모색하였으며, 관광인프라 확충을 위한 제도개선과 규제개혁을 통해 선진형 관광산업으로 도약하기 위한 제도적 기반을 마련하였다.

여기서 주목할 것은 2012년에 한국을 방문한 외국인 관광객이 1,114만명을 기록하면서 드디어 외래관광객 1,000만명 시대가 개막되었다. 외래관광객 1,000만명 달성은 우리나라가 세계 관광대국으로 진입하고 있음을 알리는 쾌거인 동시에, 우리나라 관광산업이 이제 양적 성장만이 아니라 질적 성장까지도 함께 이룩해야 한다는 과제를 안겨주었다.

2013년에 들어와서는 외래관광객 1,200만명을 돌파하여 역대 최대 규모를 기록하였으며, 2014년에는 전년 대비 16.6% 증가한 1,420만명의 외래관광객이 한국을 방문하여 또다시 역대 최대 규모를 기록하였다. 외래관광객 1,400만명 돌파라는 성과는 더욱 수준높은 서비스를 제공하기 위해 힘써온 관광업계의 노력과 관광분야를 5대 유망 서비스산업으로 선정하여 집중적으로 육성해온 정부의 지원이 어울어진 결과라 할 수 있다.

이에 문화체육관광부를 비롯한 관광관련 단체들은 외래관광객 2천만명 시대를 앞당기기 위해 이에 걸맞은 관광수용태세를 완비하고, 국민의 삶의 질을 높일 수 있는 여건을 조성하기 위해 다양한 정책과 사업을 추진하고 있다.

제2절 관광행정조직과 관광기구[2)]

1. 우리나라 관광행정의 전개과정

우리나라 관광행정의 역사를 살펴보면, 1950년 12월에 교통부 총무과 소속으로 '관광계'를 설치함으로써 교통부장관이 관광에 관한 행정업무를 관장하기 시작하였고, 그 후 1954년 2월에는 교통부 육운국 '관광과'로 승격시켰으며, 1963년 8월에는 육운국 관광과를 '관광국'으로 승격시켜 관광행정조직을 강화함으로써 우리나라 관광이 발전할 수 있는 기틀을 마련하였다.

1994년 12월 23일에는 정부조직 개편에 따라 그동안 교통부장관이 관장하고 있던 관광업무가 문화체육부장관으로 이관됨으로써 우리나라 관광행정의 주무관청은 문화체육부장관이었으나, 1998년 2월 28일 다시 정부조직의 개편으로 문화체육부가 문화관광부로 개칭(改稱)되면서 '관광(觀光)'이라는 단어가 정부부처 명칭에 처음으로 들어가게 되었고, 2005년 3월 31일에는 관광레저도시추진기획단 직제를 신설하였다.

2008년 2월 29일에는 「정부조직법」 개정으로 문화관광부가 문화체육관광부로 명칭이 변경되어 현재에 이르고 있다.

이에 따라 문화체육관광부는 산하의 체육관광정책실(개정: 2015.1.6.)이 중심이 되어 관광산업진흥을 위한 종합계획을 수립·시행하고, 외래관광객의 유치증대와 관광수입증대, 관광산업에 대한 외국자본의 유치증대 등을 통한 경제사회 발전에의 기여 및 국민관광

2) 조진호 외 5인 공저, 관광법규론(서울: 현학사, 2016), pp.70~88.

의 균형발전을 통한 복지국가 실현이라는 목표를 설정하고 각종 관광산업육성정책을 의욕적으로 추진하고 있다.

2. 중앙관광행정조직

1) 개요

국가의 중앙관광행정기관은 「헌법」 및 그에 의거한 국가의 일반중앙행정기관에 대한 일반법인 「정부조직법」, 그리고 관광에 관한 특별법인 「관광기본법」, 「관광진흥법」, 「관광진흥개발기금법」 등에 의하여 설치된다.

「헌법」과 법령에 의거한 국가의 중앙관광행정기관을 개관하면, 국가원수이자 정부수반인 대통령이 중앙관광행정기관의 정점이 되고, 그 밑에 심의기관인 국무회의가 있고, 그리고 대통령의 명을 받아 문화체육관광부를 포함한 각 행정기관을 통할하는 국무총리가 있다. 국무총리 밑에는 관광행정의 주무관청인 문화체육관광부장관이 있다.

2) 대통령

대통령은 외국에 대하여 국가를 대표하는 국가원수로서의 지위와 행정부의 수반으로서의 지위 등 이중적 성격을 갖는다.

대통령은 행정부의 수반으로서 중앙관광행정기관의 구성원을 「헌법」과 법률의 규정에 의하여 임명하고, 관광행정에 관한 최고결정권과 최고지휘권을 가진다. 또한 관광행정에 대한 예산편성권과 기타 재정에 관한 권한을 가진다. 또한 대통령은 관광에 관련한 법률을 제안할 권한을 가지며, 국회가 제정한 관광관계법을 공포하고 집행한다. 그리고 그 법률에 이의가 있으면 법률안거부권을 행사할 수 있다.

한편, 대통령은 관광관련 법률에서 구체적으로 범위를 정하여 위임받은 사항과 그 법률을 집행하기 위하여 필요한 사항에 관하여 대통령령을 제정할 수 있는 행정입법권을 가진다. 대통령령으로 제정된 관광관련 행정입법으로는 「관광진흥법 시행령」, 「관광진흥개발기금법 시행령」, 「한국관광공사법 시행령」 등이 있다.

3) 국무회의

우리 헌법상 국무회의는 정부의 권한에 속하는 중요한 정책(관광정책을 포함)을 심의하는 행정부의 최고 심의기관이다. 국무회의는 대통령(의장)을 비롯한 국무총리(부의장)와 문화체육관광부장관 등을 포함한 15인 이상 30인 이하의 국무위원으로 구성된다.

국무회의에서는 관광에 관한 법률안 및 대통령령안, 관광관련 예산안 및 결산 기타 재정에 관한 중요한 사항, 문화체육관광부의 중요한 관광정책의 수립과 조정, 정부의 관광정책에 관계되는 청원의 심사, 국영기업체인 한국관광공사의 관리자의 임명, 기타 대통령·국무총리·문화체육관광부장관이 제출한 관광에 관한 사항 등을 심의한다.

국무회의는 의결기관이 아니고 심의기관에 불과하기 때문에 그 심의결과는 대통령을 법적으로 구속하지 못하며, 대통령은 심의내용과 다른 정책을 결정하고 집행할 수 있다.

4) 국무총리

국무총리는 최고의 관광행정관청인 대통령을 보좌하고, 관광행정에 관하여 대통령의 명을 받아 문화체육관광부장관 뿐만 아니라 행정각부를 통할한다. 또한 국무회의 부의장으로서 주요 관광정책을 심의하고, 대통령이 궐위되거나 사고로 인하여 직무를 수행할 수 없을 때에는 그 권한을 대행한다.

국무총리는 관광행정의 주무관청인 문화체육관광부장관의 임명을 대통령에게 제청하고, 그 해임을 대통령에게 건의할 수 있다. 또한 국무총리는 국회 또는 그 위원회에 출석하여 관광행정을 포함한 국정처리상황을 보고하거나 의견을 진술하고, 국회의원의 질문에 응답할 권리와 의무를 가진다.

국무총리도 관광행정에 관하여 법률이나 대통령령의 위임이 있는 경우 또는 그 직권으로 총리령을 제정할 수 있다.

5) 문화체육관광부장관

(1) 지위와 권한

문화체육관광부장관은 정부수반인 대통령과 그 명을 받은 국무총리의 통괄 아래 관광행정사무를 집행하는 중앙행정관청이다.

「정부조직법」 제30조에 의하면 "문화체육관광부장관은 문화·예술·영상·광고·출판·간행물·체육·관광에 관한 사무를 관장한다"고 규정하고 있으므로 문화체육관광부장관이 관광행정에 관한 주무관청이 된다.

문화체육관광부장관은 국무위원의 자격으로서 관광과 관련된 법률안 및 대통령령의 제정·개정·폐지안을 작성하여 국무회의에 제출할 수 있으며, 관광행정에 관하여 법률이나 대통령령의 위임 또는 직권으로 부령을 제정할 수 있다. 현재 관광과 관련해 문화체육관광부령으로 제정된 부령으로는 「관광진흥법 시행규칙」과 「관광진흥개발기금법 시행규칙」 등이 있다.

그리고 문화체육관광부장관은 관광행정사무를 통괄하고 소속 공무원을 지휘·감독하며 관광행정사무에 관하여 지방행정기관의 장을 지휘·감독한다. 그리고 관광행정사무에 관하여 정책을 수립·운영하며 중앙관서의 장으로서 관광에 관한 각종 재정에 관한 권한을 가진다.

(2) 보조기관 및 분장업무

(가) 보조기관– 문화체육관광부장관의 관광행정에 관한 권한행사를 보조하는 것을 임무로 하는 기관으로는 문화체육관광부 제2차관 및 체육관광정책실장이 있다.

개정된 「문화체육관광부와 그 소속기관 직제」에 따르면 체육관광정책실장 밑에는 체육정책관, 관광정책관, 관광레저정책관 각 1명을 두며, 체육관광정책실에는 체육정책과·체육진흥과·스포츠산업과·국제체육과·장애인체육과·관광정책과·관광산업과·국제관광과·관광개발기획과·관광개발지원과·관광레저기반과를 둔다.

관광정책관은 관광정책과·관광산업과 및 국제관광과의 소관사무에 관하여 체육관광정책실장을 보좌하며, 관광레저정책관은 관광개발기획과·관광개발지원과·관광레저기반과의 소관사무에 관하여 체육관광정책실장을 보좌한다(「문화체육관광부와 그 소속기관 직제」 제18조 및 「직제시행규칙」 제10조 〈개정: 2015.1.6.〉).

(나) 자문기관－관광진흥개발기금의 운용에 관한 종합적인 사항을 심의하기 위하여 문화체육관광부장관 소속으로 '기금운용위원회(이하 "위원회"라 한다)'를 두고 있다(관광진흥개발기금법 제6조).

(3) 체육관광정책실장은 관광에 관한 다음 사항을 분장한다(「직제」 제18조 제3항). 〈개정 2015.1.6.〉

1. 관광산업진흥을 위한 종합계획의 수립 및 시행
2. 관광산업 정보화 및 통계
3. 남북관광 교류 및 협력
4. 국내 관광진흥 및 외래관광객 유치
5. 관광분야 전문인력 양성
6. 카지노업, 여행업, 관광숙박업, 관광객이용시설업, 국제회의업, 유원시설업 및 관광편의시설업의 육성
7. 문화관광축제의 조사·개발·육성
8. 전통음식의 관광상품화
9. 관광진흥개발기금의 조성과 운용
10. 국제관광기구 및 외국정부와의 관광 협력
11. 산업시설 등의 관광자원화 사업 및 도시 내 관광자원개발 등 관광활성화에 관한 사항
12. 관광안내체계의 개선 및 편의 증진
13. 관광개발기본계획의 수립 및 권역별 관광개발계획의 협의·조정
14. 문화·예술·민속·레저 및 생태 등 관광자원의 관광상품화
15. 관광지, 관광단지 및 관광특구의 개발·육성
16. 관광레저형 기업도시 개발·육성

17. 국내외 관광 투자유치 촉진 및 지방자치단체의 관광 투자유치 지원
18. 지속가능한 관광자원의 개발과 활성화

3. 지방관광행정조직

1) 국가의 지방행정기관

국가의 지방행정기관은 그 주관사무의 특성을 기준으로 보통지방행정기관과 특별지방행정기관으로 나누어진다. 전자는 해당 관할구역 내에 시행되는 일반적인 국가행정사무를 관장하며, 사무의 소속에 따라 각 주무부장관의 지휘·감독을 받는 국가행정기관을 말한다. 반면에 후자는 특정 중앙관청에 소속하여 그 권한에 속하는 사무를 처리하는 기관을 말한다. 관광행정에 관한 특별행정기관은 없다.

현행법상 보통지방행정기관은 이를 별도로 설치하지 아니하고 지방자치단체의 장인 특별시장, 광역시장, 특별자치시장, 도지사, 특별자치도지사와 시장·군수 및 자치구의 구청장에게 위임하여 행하고 있다(지방자치법 제102조). 따라서 지방자치단체의 장은 국가사무를 수임·처리하는 한도 안에서는 국가의 보통지방행정기관의 지위에 있는 것이며, 지방자치단체의 집행기관의 지위와 국가보통행정관청의 지위를 아울러 가진다. 그러므로 지방관광행정조직은 지방자치단체의 조직과 같다고 할 수 있다.

2) 지방자치단체의 관광행정사무

(1) 지방자치단체의 종류 및 성질

우리나라 지방자치단체는 국가공공단체의 하나로서 국가 밑에서 국가로부터 존립목적을 부여받은 일정한 관할구역을 가진 공법인(公法人)을 말한다. 현행 「지방자치법」의 규정에 따르면 지방자치단체는 ① 특별시, 광역시, 특별자치시, 도, 특별자치도와 ② 시, 군, 구의 두 종류로 구분하고 있다(동법 제2조 〈개정 2011.5.30〉). 여기서 지방자치단체인 구(이하 "자치구"라 한다)는 특별시와 광역시, 특별자치시의 관할구역 안의 구만을 말한다.

특별시, 광역시, 특별자치시, 도, 특별자치도(이하 "시·도"라 한다)는 정부의 직할하에 두고, 시는 도의 관할구역 안에, 군은 광역시, 특별자치시나 도의 관할구역 안에 두며, 자치구는 특별시와 광역시, 특별자치시의 관할구역 안에 둔다(동법 제3조 〈개정 2011.5.30〉).

(2) 지방자치단체의 관광행정사무

지방자치단체는 그 관할구역 안의 자치사무와 위임사무를 처리하는 것을 목적으로 한다. 여기서 자치사무(自治事務)란 지방자치단체의 존립목적이 되는 지방적 복리사무를 말하고, 위임사무(委任事務)란 법령에 의하여 국가 또는 다른 지방자치단체의 위임에 의하여 그 지방자치단체에 속하게 된 사무를 말한다. 또한 위임사무는 지방자치단체 자체에 위임되는 단체위임사무(團體委任事務)와 지방자치단체의 장 또는 집행기관에 위임되는 기관위임사무(機關委任事務)로 구분된다.

관광행정은 국가사무이기 때문에 주로 기관위임사무이며, 이 사무를 처리하는 지방자치단체는 국가의 행정기관이 된다.

지방자치단체가 관광과 관련하여 행하는 사무로는 첫째, 국가시책에의 협조인데, 지방자치단체는 관광에 관한 국가시책에 필요한 시책을 강구하여야 한다(관광기본법 제6조). 둘째, 공공시설 설치사무로서, 지방자치단체는 관광지 등의 조성사업과 그 운영에 관련되는 도로, 전기, 상·하수도 등 공공시설을 우선하여 설치하도록 노력하여야 한다(관광진흥법 제57조). 셋째, 입장료·관람료 및 이용료의 관광지등의 보존비용 충당사무이다. 지방자치단체가 관광지등에 입장하는 자로부터 입장료를, 관광시설을 관람 또는 이용하는 자로부터 관람료 또는 이용료를 징수한 경우에는 관광지등의 보존·관리와 그 개발에 필요한 비용에 충당하여야 한다(관광진흥법 제67조 3항).

(3) "제주특별법"상 관광관련 특례규정

「제주특별자치도 설치 및 국제자유도시 조성을 위한 특별법」(이하 "제주특별법"이라 한다)에 따르면 국가는 제주자치도가 자율적으로 관광정책을 시행할 수 있도록 관련 법령의 정비를 추진하여야 하며, 관광진흥과 관련된 계획을 수립하고 사업을 시행할 경우 제주자치도의 관광진흥에 관한 사항을 고려하여야 한다. 이에 따라 제주자치도는 자율과 책임에 따라 지역의 관광여건을 조성하고 관광자원을 개발하며 관광사업을 육성함으로써 국가의 관광진흥에 이바지하여야 하는데, 이를 위한 관광진흥관련 특례규정을 살펴보면 다음과 같다.

(가) 국제회의산업 육성을 위한 특례(제주특별법 제244조)

문화체육관광부장관은 국제회의산업을 육성·지원하기 위하여 「국제회의산업 육성에 관한 법률」 제14조에도 불구하고 제주자치도를 국제회의도시로 지정할 수 있다.

(나) 카지노업의 허가 등에 관한 특례(제주특별법 제244조)

관광사업의 경쟁력 강화를 위하여 외국인전용 카지노업에 대한 허가 및 지도·감독 등에 관한 문화체육관광부장관의 권한을 제주도지사의 권한으로 하고, 그와 관련된 허가요건·시설기준을 포함하여 여행업의 등록기준, 관광호텔의 등급결정 등에 관한 사항을 도조례로 정할 수 있도록 하였다.

(다) 관광숙박업의 등급 지정에 관한 특례(제주특별법 제244조)

① 「관광진흥법」 제19조제1항(관광숙박업의 등급)에 따른 문화체육관광부장관의 권한은 제주도지사의 권한으로 한다.

② 「관광진흥법」 제19조제2항(우수숙박시설 지정)에서 대통령령으로 정하도록 한 사항은 도조례로 정할 수 있다.

(라) 외국인투자의 촉진을 위한 「관광진흥법」 적용의 특례(제주특례법 제244조)

제주도지사는 카지노업의 허가를 받으려는 자가 외국인투자를 하려는 경우로서 일정한 요건을 갖추었으면 「관광진흥법」 제21조(카지노업의 허가요건등)에도 불구하고 같은 법 제5조제1항에 따른 카지노업(외국인전용의 카지노업으로 한정한다)의 허가를 할 수 있다.

(마) 관광진흥개발기금 등에 관한 특례(제주특별법 제244조)

① 「관광진흥법」 제30조제2항(기금의 납부)에 따른 문화체육관광부장관의 권한은 제

주도지사의 권한으로 한다.

② 「관광진흥법」 제30조제4항(총매출액, 징수비율등)에서 대통령령으로 정하도록 한 사항은 도조례로 정할 수 있다.

③ 「관광진흥개발기금법」 제2조제1항(기금의 설치 및 재원)에도 불구하고 제주자치도의 관광사업을 효율적으로 발전시키고, 관광외화수입의 증대에 기여하기 위하여 제주관광진흥기금을 설치한다.

(바) 관광진흥 관련 지방공사의 설립·운영(제주특별법 제244조)

제주자치도는 관광정책의 추진 및 관광사업의 활성화를 위하여 「지방공기업법」에 따른 지방공사를 설립할 수 있도록 하였다.

4. 관광기구

1) 한국관광공사

(1) 설립근거 및 법적 성격

한국관광공사(KTO: Korea Tourism Organization)는 관광진흥, 관광자원개발, 관광산업의 연구·개발 및 관광요원의 양성·훈련에 관한 사업을 수행하게 함으로써 국가경제발전과 국민복지증진에 이바지하는 데 목적을 두고 「국제관광공사법」에 의하여 1962년 6월 26일에 국제관광공사라는 명칭으로 설립되었다. 그러나 1982년 11월 29일 「국제관광공사법」이 「한국관광공사법」(이하 "공사법"이라 한다)으로 바뀜에 따라 공사명칭도 한국관광공사(이하 "공사"라 한다)로 바뀌어 오늘에 이르고 있다.

「한국관광공사법」에서는 한국관광공사를 법인(法人)으로 하고, 그 공사의 자본금은 500억원으로 하며, 그 2분의 1 이상을 정부가 출자한다. 다만, 정부는 국유재산 중 관광사업 발전에 필요한 토지, 시설 및 물품 등을 공사에 현물로 출자할 수 있다.

(2) 주요 사업과 활동

① 주요 사업

1. 국제관광진흥사업
   가. 외국인 관광객의 유치를 위한 홍보
   나. 국제관광시장의 조사 및 개척
   다. 관광에 관한 국제협력의 증진
   라. 국제관광에 관한 지도 및 교육
2. 국민관광진흥사업
   가. 국민관광의 홍보
   나. 국민관광의 실태 조사
   다. 국민관광에 관한 지도 및 교육
3. 관광자원개발사업
   가. 관광단지의 조성과 관리, 운영 및 처분
   나. 관광자원 및 관광시설의 개발을 위한 시범사업
   다. 관광지의 개발
   라. 관광자원의 조사
4. 관광산업의 연구·개발사업
   가. 관광산업에 관한 정보의 수집·분석 및 연구
   나. 관광산업의 연구에 관한 용역사업
5. 관광관련 전문인력의 양성과 훈련사업
6. 관광사업의 발전을 위하여 필요한 물품의 수출입업을 비롯한 부대사업으로서 이사회가 의결한 사업

② 주요 활동

한국관광공사는 '매력있는 관광한국을 만드는 글로벌 공기업'을 비전으로, 관광산업의 발전을 통한 국가경제 발전에 기여하기 위해 다양한 사업을 수행하고 있다. 외국인 관광객 유치와 관광수입 증대를 위하여 의료관광, 크루즈관광, 한류관광 등 다양한 고부

가가치 한국관광상품을 개발·보급하고 있으며, 해외마케팅 전진기지인 31개 해외지사를 중심으로 해외관광시장을 개척함과 동시에 지방자치단체와 관광업계의 관광마케팅 활동을 지원하고 있다. 또한 국제회의 및 인센티브 단체 유치·개최 지원, 국제기구와의 협력활동 등을 통하여 대표적 고부가가치 상품인 MICE 산업을 종합적으로 지원하고 있다.

(3) 정부로부터의 수탁사업

우수숙박시설의 지정 및 지정취소에 관한 권한, 관광종사원 중 관광통역안내사, 호텔경영사 및 호텔관리사 자격시험, 등록 및 자격증의 발급업무 등을 위탁받아 처리하고 있다. 다만, 자격시험의 출제, 시행, 채점 등 자격시험의 관리에 관한 업무는 「한국산업인력공단법」에 따른 한국산업인력공단에 위탁함에 따라 이를 위한 기본계획을 수립한다.

2) 한국문화관광연구원

(1) 법적 성격

한국문화관광연구원(KCTI: Korea Culture & Tourism Institute: 이하 "연구원"이라 한다)은 관광, 문화예술 및 문화산업분야를 포괄하는 문화체육관광부 산하 연구기관으로서, 관광과 문화분야의 조사·연구를 통해 체계적인 정책개발 및 정책대안을 제시하고 문화·관광산업의 육성을 지원함으로써 국민의 복지증진 및 국가발전에 기여할 목적으로 문화체육관광부장관의 허가를 받아 설립된 재단법인으로 공법인(公法人)의 성격을 갖추고 있다.

그런데 이 연구원은 2007년 2월 7일 종래 (재)한국문화관광정책연구원(2002. 12. 4. 개원)의 명칭을 변경한 것이다.

(2) 주요 기능

연구원의 주요 기능은 다음과 같다.

1. 문화·관광발전을 위한 정책개발연구
2. 문화산업, 관광산업, 관광자원 육성·개발을 위한 조사·연구
3. 문화복지, 문화환경, 예술진흥, 전통문화진흥을 위한 조사·연구
4. 남북한 문화·관광교류 및 북한 문화예술·관광연구
5. 국민관광, 국민여가생활, 관광서비스 관련 조사·연구
6. 문화·관광 관련 연구용역의 수탁 및 위탁
7. 문화·관광 정보화 개발 및 정보서비스
8. 문화·관광 관련 자료의 조사·발간·서비스
9. 문화·관광 정책개발관련 사업 및 행사
10. 정부기관 및 문화체육관광부장관이 위탁하는 사업
11. 기타 연구원의 목적에 부합하는 학술연구·사업 및 위 각 호에 부대되는 사업

(3) 주요 활동

한국문화관광연구원은 기본연구사업과 수탁연구사업, 관광지식정보시스템 운영사업, 『한국관광정책』 발간사업, 국제협력사업(문화동반자 사무국 운영 및 연수사업), 관광아카데미 교육사업 및 연구지원사업 등 다양한 연구활동을 수행하고 있다.

3) 경상북도관광공사

경상북도관광공사(Gyeongsangbuk-do Tourism Coperation)는 한국관광공사의 자회사였던 '경북관광개발공사'를 경상북도가 인수함으로써 탄생한 지방공기업이다. 2012년 6월 7일 '경상북도관광공사 설립 및 운영에 관한 조례'로 설립된 경상북도관광공사는 경북의 역사·문화·자연·생태자원 등을 체계적으로 개발·홍보하고 지역관광산업의 효율성을 제고하여 지역경제 및 관광활성화에 기여함을 설립목적으로 하고 있다.

경상북도가 인수한 기존의 경북관광개발공사는 1974년 1월에 정부와 세계은행(IBRD) 간에 체결한 보문관광단지 개발사업을 위한 차관협정에 따라 1975년 8월 1일 당시 「관광단지개발촉진법」에 의거하여 설립된 '경주관광개발공사'를 모태로 하는데, 여기에 정

부투자기관인 한국관광공사가 전액출자한 정부재투자기관이다. 그 뒤 경상북도 북부의 유교문화권(안동시 일대) 개발사업을 담당해야 할 필요에 의하여 1999년 10월 6일 경북관광개발공사로 이름을 바꾸어 확대·개편하였던 것이다.

4) 경기관광공사

경기관광공사(Gyeonggi Tourism Organization : 이하 "공사"라 한다)는 「지방공기업법」 제49조에 의하여 2002년 4월 8일 경기도조례로 설립된 지방공사로서 공법상의 재단법인이다. 특히 공사는 지방화시대에 부응하여 우리나라에서는 최초로 지방자치단체가 설립한 지방관광공사이다.

경기도는 공사설립을 위하여 제정한 경기도관광공사 설립 및 운영조례(2002.4.8. 제3178호) 제4조 제1항의 규정에 의하여 공사의 자본금을 전액 현금 또는 현물로 출자하였는데, 2002년 5월 11일 경기도관광공사 정관을 제정하여 출범하게 된 것이다.

한편으로 공사의 운영을 위하여 필요한 경우에는 자본금의 2분의 1을 초과하지 아니하는 범위 안에서 다른 기관·단체 또는 개인이 출자할 수 있게 하여(지방공기업법 제53조 제2항 및 조례 제4조 제1항) 지방자치단체인 경기도가 오너(owner)로서 외부참여도 가능하도록 개방하고 있다.

5) 인천관광공사

인천관광공사(Incheon Tourism Organization; 이하 "공사"라 한다)는 「지방공기업법」 제49조에 의하여 2005년 11월 「인천광역시관광공사 설립과 운영에 관한 조례」로 설립된 지방공사로서 공법상의 재단법인이다. 특히 지방자치단체가 설립한 지방관광공사로는 경기관광공사에 이어 두 번째인데, 공사는 「인천광역시관광공사 정관」을 제정하여 2006년 1월 1일부터 출범하게 된 것이다. 그러나 인천관광공사는 2011년 12월 28일 인천시 공기업 통폐합 때 인천도시개발공사에 통합돼 '인천도시공사'로 이름을 바꾸어 인천광역시 산하 지방공기업으로 운영해오다가, 2014년 11월 1일 인천관광공사 재설립 타당성 용역 착수에 이어 2015년 7월 14일 '인천관광공사 설립 및 운영에 관한 조례안'이 인천시의회에서 가결됨으로써 인천도시개발공사에 통합된 지 4년만에 '인천관광공사'로 재출범하게 된 것이다.

6) 제주관광공사

제주관광공사(JTO: Jeju Tourism Organization: 이하 "공사"라 한다)는 「제주특별자치도 설치 및 국제자유도시 조성을 위한 특별법」(제173조), 「지방공기업법」(제49조)과 「제주관광공사 설립 및 운영조례」(이하 "조례"라 한다)로 설립된 지방공사로서 공법상의 재단법인이다. 2008년 7월 2일 제주관광공사 정관에 따라 출범한 제주관광공사는 지방자치단체가 설립한 지방관광공사로는 경기관광공사와 인천관광공사에 이어 세 번째로 설립되었다.

7) 부산관광공사

부산관광공사(PTO: Pusan Tourism Organization)는 「지방공기업법」 제49조와 「부산관광공사 설립 및 운영에 관한 조례」 및 「부산관광공사 정관」(2012년 11월 5일 제정)의 규정에 의하여 부산광역시가 2012년 11월 15일 설립한 우리나라 다섯 번째의 지방관광공사로서 공법상의 재단법인이다.

5. 관광사업자단체의 관광행정

관광사업자단체는 관광사업자가 관광사업의 건전한 발전과 관광사업자들의 권익증진을 위하여 설립하는 일종의 동업자단체라 할 수 있다. 관광사업자들은 관광사업을 경영하면서 영리를 추구하고 있지만, 관광의 중요성에 비추어 볼 때 관광사업이 순수한 사적(私的)인 영리사업만은 아니라고 보며, 관광사업자는 국가의 주요 정책사업을 수행하는 공익적(公益的)인 존재라고도 할 수 있다. 따라서 관광사업자단체는 이러한 공공성 때문에 사법(私法)이 아닌 공법(公法)인 「관광진흥법」의 규정에 의하여 설립하는 공법인(公法人)으로 하고 있다.

1) 한국관광협회중앙회

(1) 설립목적 및 법적 성격

한국관광협회중앙회(KTA: Korea Tourism Association; 이하 "중앙회"라 한다)는 지역별 관광협회 및 업종별 관광협회가 관광사업의 건전한 발전을 위하여 설립한 임의적인 관광관련단체로서, 우리나라 관광업계를 대표하는 단체이다.

중앙회는 관광사업자들이 조직한 단체이므로 사단법인에 해당되며, 영리가 아닌 사업을 목적으로 하므로 비영리법인(非營利法人)에 해당한다. 또 '중앙회'는 「관광진흥법」이라는 특별법에 의하여 설립되므로 일종의 특수법인이라 할 수 있다. 따라서 '중앙회'에 관하여 「관광진흥법」에 규정된 것을 제외하고는 「민법」 중 사단법인(社團法人)에 관한 규정을 준용한다.

(2) 회원

'중앙회'의 회원은 정회원과 특별회원으로 나눈다.

정회원은 업종별 관광협회(한국관광호텔업협회 등 현재 8개), 지역별 관광협회(서울특별시관광협회 등 현재 16개) 및 업종별 위원회(국제회의위원회 등 현재 9개)로 하고, 준회원 및 특별회원은 관광관련 기관 및 유관기관·단체와 이와 유사한 성질의 법인 또는 개인(외국법인 또는 개인을 포함한다)으로 한다.

(3) 주요 업무

가) 목적사업

1. 관광사업의 발전을 위한 업무
2. 관광사업 진흥에 필요한 조사·연구 및 홍보
3. 관광통계
4. 관광종사원의 교육과 사후관리
5. 회원의 공제사업

6. 국가나 지방자치단체로부터 위탁받은 업무
7. 관광안내소의 운영
8. 위의 1호부터 7호까지의 규정에 의한 업무에 따르는 수익사업

나) 정부로부터의 수탁사업

① 관광종사원 중 국내여행안내사 및 호텔서비스사의 자격시험, 등록 및 자격증의 발급업무와 ② 관광진흥법 시행령 제66조 제1항의 규정에 의하여 호텔업의 등급결정권을 문화체육관광부장관으로부터 위탁받아 등급결정을 하고 있다.

2) 한국여행업협회

(1) 설립목적

한국여행업협회(KATA: Korea Association Travel Agents)는 1991년 12월 「관광진흥법」 제45조의 규정에 의하여 설립된 업종별 관광협회로서, 관광사업의 건전한 발전과 회원 및 여행종사원의 권익증진을 위한 사업, 여행업무에 필요한 조사·연구 및 통계, 홍보활동, 여행업무 종사자에 대한 지도·연수, 관광진흥을 위한 국제관광기구의 참여 등 대외활동을 통하여 여행업의 건전한 발전에 기여하고 관광진흥과 회원의 권익증진을 목적으로 하고 있다.

(2) 주요 사업

한국여행업협회는 다음의 사업을 행한다.

1. 관광사업의 건전한 발전과 회원 및 여행업종사원의 권익증진
2. 여행업무에 필요한 조사·연구·홍보활동 및 통계업무
3. 여행자 및 여행업체로부터 회원이 취급한 여행업무와 관련된 진정(陳情) 처리
4. 여행업무종사원에 대한 지도·연수
5. 여행업무의 적정한 운영을 위한 지도
6. 여행업에 관한 정보의 수집·제공

7. 관광사업에 관한 국내외단체 등과의 연계·협조
8. 관련기관에 대한 건의 및 의견 전달
9. 정부 및 지방자치단체로부터의 수탁업무
10. 장학사업업무
11. 관광진흥을 위한 국제관광기구에의 참여 등 대외활동
12. 관광안내소 운영
13. 공제운영사업(일반여행업에 한함)
14. 기타 협회의 목적을 달성하기 위하여 필요한 사업 및 부수되는 사업

3) 한국관광호텔업협회

(1) 설립목적

한국관광호텔업협회(KHA: Korea Hotel Association)는 「관광진흥법」 제45조의 규정에 의하여 1996년 9월 12일에 문화체육관광부장관의 설립허가를 받은 업종별 관광협회이다. 이 협회는 관광호텔업을 위한 조사·연구·홍보와 서비스 개선 및 기타 관광호텔업의 육성발전을 위한 업무의 추진과 회원의 권익증진 및 상호친목을 목적으로 하고 있다.

(2) 주요 사업

한국관광호텔업협회는 다음의 사업을 행한다.

1. 관광호텔업의 건전한 발전과 권익증진
2. 정부로부터의 수탁사업으로서 호텔업에 대한 등급결정업무
3. 관광진흥개발기금의 융자지원업무 중 운용자금에 대한 수용업체의 선정
4. 관광호텔업 발전에 필요한 조사연구 및 출판물간행과 통계업무
5. 국제호텔업협회 및 국제관광기구에의 참여 및 유대강화
6. 관광객유치를 위한 홍보
7. 관광호텔업 발전을 위한 대정부건의

8. 서비스업무 개선
9. 종사원교육 및 사후관리
10. 정부 및 지방자치단체로부터의 수탁업무
11. 지역간 관광호텔업의 균형발전을 위한 업무
12. 위 사업에 관련된 행사 및 수익사업

4) 한국종합유원시설업협회

한국종합유원시설업협회는 1985년 2월에 설립된 유원시설사업자단체로서 「관광진흥법」 제45조의 적용을 받는 일종의 업종별 관광협회이다. 유원시설업체간 친목 및 복리증진을 도모하고 유원시설 안전서비스 향상을 위한 조사·연구·검사 및 홍보활동을 활발히 전개하며, 유원시설업의 건전한 발전을 위한 정부의 시책에 적극 협조하고 회원의 권익을 증진보호함을 목적으로 한다.

이 협회는 다음의 사업을 수행한다.

1. 유원시설업계 전반의 건전한 발전과 권익증진을 위한 진흥사업
2. 정기간행물 홍보자료 편찬 및 유원시설업 발전을 위한 홍보사업
3. 국내외 관련기관 단체와의 제휴 및 유대강화를 위한 교류사업
4. 정부로부터 위탁받은 유원시설의 안전성검사 및 안전교육사업
5. 유원시설에 대한 국내외 자료조사 연구 및 컨설팅사업
6. 신규 유원시설 및 주요 부품의 도입 조정시 검수사업
7. 유원시설업 진흥과 관련된 유원시설 제작 수급 및 자금지원
8. 시설운영 등의 계획 및 시책에 대한 회원의 의견 수렴·건의 사업
9. 기타 정부가 위탁하는 사업

5) 한국카지노업관광협회

한국카지노업관광협회는 1995년 3월에 문화체육관광부장관으로부터 카지노분야의

업종별 관광협회로 허가받아 설립된 사업자단체로서 한국관광산업의 진흥과 회원사의 권익증진을 목적으로 하고 있다.

이 협회의 주요 업무로는 카지노사업의 진흥을 위한 조사·연구 및 홍보활동, 출판물 간행, 관광사업과 관련된 국내외 단체와의 교류·협력, 카지노업무의 개선 및 지도·감독, 카지노종사원의 교육훈련, 정부 또는 지방자치단체로부터 수탁받은 업무 수행 등이다.

2014년 12월 말 기준으로 전국 17개(2005년도에 신규로 3개소 개관)의 카지노사업자와 종사원을 대변하는 한국카지노업관광협회는 이용고객의 편의를 증진시키기 위해 카지노의 환경개선과 시설확충을 실시하는 한편, 카지노사업이 지난 30여년 간 국제수지 개선, 고용창출, 세수증대 등에 기여한 고부가가치 관광산업으로의 중요성을 홍보하여 카지노산업의 위상제고와 대국민 인식전환을 추진하고 있다.

6) 한국휴양콘도미니엄경영협회

한국휴양콘도미니엄경영협회는 휴양콘도미니엄사업의 건전한 발전과 콘도의 합리적이고 효율적인 운영을 도모함과 동시에 건전한 국민관광 발전에 기여함을 목적으로 1998년에 설립된 업종별 관광협회이다.

협회의 주요 업무로는 콘도미니엄업의 건전한 발전과 회원사의 권익증진을 위한 사업, 콘도미니엄업의 발전에 필요한 조사·연구와 출판물의 발행 및 통계, 국제콘도미니엄업 및 국제관광기구에의 참여와 유대강화, 관광객유치를 위한 콘도미니엄의 홍보, 콘도미니엄의 발전에 대한 대정부 건의, 관광정책 등 자문, 콘도미니엄업 종사원의 교육훈련 연수, 유관기관 및 단체와의 협력증진, 정부 및 지방자치단체로부터 위탁받은 업무 등이다.

7) 한국외국인관광시설협회

한국외국인관광시설협회는 1964년 6월 30일에 설립된 업종별 관광협회로서 주로 미군기지 주변도시 및 항만에 소재한 외국인전용유흥음식점을 회원사로 관리하며, 정부의 관광진흥시책에 적극 부응하고 업계의 건전한 발전과 회원의 복지증진 및 상호 친목도모에 기여함을 목적으로 하고 있다.

협회는 회원업소의 진흥을 위한 정책의 품신 및 자문, 회원이 필요로 하는 물자 공동구입 및 공급, 회원업소의 지도 육성과 종사원의 자질 향상, 주한 미군·외국인 및 외국인 선원과의 친선도모, 외국연예인 공연관련 파견사업 등 외화획득과 국위선양을 위해서 노력하고 있다.

8) 한국컨벤션이벤트산업협회

한국컨벤션이벤트산업협회는 「관광진흥법」 제45조의 규정에 의거 2003년 8월에 설립되어 컨벤션기관 및 업계의 의견을 종합 조정하고, 유기적으로 국내외 관련기관과 상호 협조·협력활동을 전개함으로써 컨벤션업계의 진흥과 회원의 권익 및 복리증진에 이바지하고, 나아가서 국제회의산업 육성을 도모하여 사회적 공익은 물론 관광업계의 권익과 복리를 증대시키는 것을 목적으로 하고 있다.

이 협회는 2004년 9월 「국제회의산업 육성에 관한 법률」상의 국제회의 전담조직으로 지정되어, 국제회의 전문인력 교육 및 수급, 국제회의 관련 정보를 수집하여 배포하는 등 국제회의산업 육성과 진흥에 관련된 업무를 진행하고 있다.

9) 한국MICE협회

한국MICE협회는 「관광진흥법」 제45조의 규정에 따라 2003년 8월에 설립되어 우리나라 MICE업계를 대표하여 컨벤션 기관 및 업계의 의견을 종합조정하고, 유기적으로 국내외 관련기관과 상호 협조·협력활동을 전개함으로써 컨벤션업계의 진흥과 회원의 권익 및 복리증진에 이바지하고, 나아가서 국제회의산업 육성을 도모하여 사회적 공익은 물론 관광업계의 권익과 복리를 증진시키는 것을 목적으로 하고 있다.

한국MICE협회는 2004년 9월에 「국제회의산업 육성에 관한 법률」상의 국제회의 전담조직으로 지정되어 국제회의 전문인력의 교육 및 수급, 국제회의 관련 정보를 수집하여 배포하는 등 국제회의산업 육성과 진흥에 관련된 업무를 진행하고 있다. 또한 2014년에 추진한 업무로는 MICE 전문 인력 양성 및 전문성 제고를 위한 제9기 MICE 전문가아카데미, 제10회 한국MICE아카데미, 지역활성화교육 지원, 지역얼라이언스별 맞춤형 컨벤션 특화교육, 선진 컨벤션/박람회참관 지원, 맞춤형 기업교육 지원 등 MICE산업 인력양성을 위한 교육 프로그램을 진행하였다.

10) 한국관광펜션업협회

한국관광펜션업협회는 주5일근무제의 본격적 시행과 더불어 가족단위 관광체험 숙박시설의 확충이 필요함에 따라 관광펜션 지정제도를 만들어 이의 활성화를 위해 「관광진흥법」 제45조의 규정에 의거 2004년 5월에 설립된 업종별 관광협회이다.

관광펜션은 기존 숙박시설과는 차별화된 외형과 함께 자연을 체험할 수 있는 자연친화 숙박시설로 앞으로 많은 관광객들이 이용하게 될 가족단위 중저가 숙박시설로 육성할 계획이다.

11) 한국골프장경영협회

한국골프장경영협회는 「체육시설의 설치·이용에 관한 법률」 제37조에 의하여 1974년 1월에 설립된 골프장사업자단체로서 한국골프장의 건전한 발전과 회원골프장들의 유대증진, 경영지원, 종사자교육, 조사·연구 등을 목적으로 하고 있다.

특히 협회의 부설연구기관으로 한국잔디연구소를 설립하여 친환경적 골프장 조성과 관리운영을 위한 각종 방제기술 연구·지도와 병충해예방·친환경적 골프코스관리기법 연구 등을 수행, 환경경영에 앞장서고 있는 것은 물론, 1990년부터 '그린키퍼학교'를 운영하여 전문성을 갖춘 유자격골프코스관리자를 배출하고 있다. 현재의 골프장은 골프채·골프회원권·골프대회·골프마케팅 등 골프산업의 중심축에 자리하고 있으며, 협회는 스포츠산업 및 레저산업을 선도하는 업종으로 그 기능을 충실히 수행하고 있다.

12) 한국스키장경영협회

한국스키장경영협회는 스키장사업의 건전한 발전과 친목을 도모하며 스키장사업의 합리적이고 효율적인 운영과 스키를 통한 건전한 국민생활체육활동에 기여하는 것을 목표로 하고 있다.

한국스키장경영협회는 스키장경영의 장기적 발전을 위한 사계절 종합레저를 모색하고, 스키장경영의 경영활성화를 위한 개선책을 강구하며, 스키장경영의 정보교환·상호발전을 도모하기 위해 노력하고 있다. 또 협회는 스키장사업과 관련되는 법적·제도적 규제완화 또는 철폐를 건의하고, 스키장사업의 각종 금융, 세제 및 환경관리제도 개선을 위한 연구·용역을 시행하는 등 스키장사업의 지속적 발전을 위해 다양한 사업을 추진하고 있다.

13) 한국공예·디자인문화진흥원

한국공예·디자인문화진흥원은 「민법」 제32조의 규정에 따라 설립되었던 한국공예문화진흥원(2000. 4. 설립)과 한국디자인문화재단(2008. 3. 설립)이 2010년 4월에 통합해 새롭게 출발한 기관이다.

한국공예·디자인문화진흥원은 지역에서의 공예·디자인 생산력을 증대시키고, 전통공예의 현대화를 위하여 문화·예술·기술 등 다양한 영역간의 협업을 추진하고, 국제협력을 통해 글로벌 마케팅을 전개하는 3대 실천전략(공예·디자인의 문화적 저변확대전략, 공예·디자인의 창작기반 확충전략, 공예·디자인의 마케팅·유통지원 전략)을 통해 새로운 한국공예·디자인 트랜드를 개발함으로써 한국의 공예·디자인이 세계적인 브랜드로 자리매김할 수 있도록 하기 위해 심혈을 기울이고 있다.

6. 국제관광기구

우리나라는 세계관광의 흐름을 파악하고 이에 능동적으로 대처하고자 각종 국제기구에 가입하여 활발한 활동을 전개해 오고 있는데 그 중에서 대표적인 것이 세계관광기구(UNWTO), 경제협력개발기구(OECD), 아시아·태평양 경제협력체(APEC), 아세안+3(ASEAN+3), 아시아·태평양관광협회(PATA), 미주여행업협회(ASTA) 등이 있으며, 최근에는 세계여행관광협의회(WTTC) 등으로 협력의 지평을 넓히고 있다.[3)] 이들 중 관광과 관련된 주요한 국제기구 몇 가지를 소개하면 다음과 같다.

1) UNWTO(세계관광기구)

세계 각국의 정부관광행정기관(NTA)이 정회원으로 가입되어 있는 정부간 관광기구인 UNWTO(UN World Tourism Organization; 세계관광기구)는 IUOTO(International Union of Official Travel Organization: 국제관광연맹)이 1975년에 정부간 협력기구로 개편되어 설립된 것이다. 현재 세계 155개국 정부가 정회원으로, 386개 관광 유관기관이 찬조회원으로 가입되어 있으며, 격년제로 개최되는 총회와 7개 지역위원회를 비롯하여 각종 회의 및 세미나를 개최하고 있다.

원래 세계관광기구(World Tourism Organization: WTO)는 1975년 설립된 이래 줄곧 WTO라는 명칭을 사용하고 있었으나, 1995년 1월 세계무역기구(World Trade Organization: WTO)가 출범함으로써 두 기구 간에 영문약자 명칭 WTO가 동일함으로 인한 혼란이 빈번하게 발생하였다. 이에 유엔총회는 양 기구 간에 혼란을 피하고 UN 전문기구로서 세계관광기구의 위상을 높이기 위하여 2006년 1월 1일부터 WTO라는 명칭을 UNWTO라는 명칭으로 바꿔 사용하게 되었다.

우리나라는 당시 IUOTO(국제관광연맹)의 회원자격으로 1975년 자동적으로 UNWTO 정회원으로 가입되었고, 한국관광공사는 1977년 찬조회원으로 가입하였다. 그동안 우리나라는 1980~1983년 기간 중에는 집행이사국으로 처음 선임된 것을 시작으로 1992~1995년 기간 중 역시 집행이사국을 역임하였으며, 1995~1999년 기간 중에는 사업계획조정위원회(Technical Committee for Program and Coordination)의 위원국이 되었다. 2004년부터 2007년까지 집행위원회 상임이사국으로서 활동하였으며, 2005년에는 처음으로 집행이사회 의장국으로 선임되는 등 국제 관광분야의 새로운 리더로서 역할을 수행하였다.

2007년에는 한·UNWTO 협력사업의 일환으로 '아·태지역 7개국 아웃바운드 시장분석', '지속가능한 관광개발 국제회의', 'The UNWTO International Conference on Metropolitan

---

3) 문화체육관광부, 2014년 기준 관광동향에 관한 연차보고서, pp.89~97.

Tourism' 등을 추진하였고, 2007년 11월 콜롬비아에서 개최된 제17차 총회에서 2008~2011 상임이사국으로 연임이 확정되었으며, 2008년 6월 제주도에서 제83차 집행이사회를 개최함으로써 관광외교역량을 강화하고 우리나라 관광의 국제적 인지도를 드높이는데 기여하였으며, 2011년 10.8~14일에는 제19차 UNWTO 총회를 경주에서 개최하였다.

한편, 한국관광공사는 2012년부터 찬조회원 부회장사로 활동하고 있으며, 2013년에는 찬조회원을 대상으로 제1차 아태지역 미래관광 지역콘퍼런스(1st UNWTO Regional Conference on Future Tourism for Asia and the Pacific) 및 중견공무원 연수프로그램(7th UNWTO Asia/Pacific Executive Training Program on Tourism Policy and Strategy)을 한국에서 개최한 바 있다.

2) OECD(경제협력개발기구)

OECD(Organization of Economic Cooperation and Development ; 경제협력개발기구)는 유럽경제협력기구를 모체로 하여 1961년 선진 20개국을 회원국으로 설립되었다. 회원국의 경제성장 도모, 자유무역 확대, 개발도상국 원조 등을 주요 임무로 하고 있으며, 현재 30개 회원국으로 구성되어 있고, 프랑스 파리에 본부를 두고 있다. 조직구성은 의사결정기구인 이사회, 보좌기구인 집행위원회 및 특별집행위원회를 두고 있으며, 실질적 활동을 수행하는 26개의 분야별 위원회가 있다. 이 중에서 관광위원회는 관광분야에 대한 각국의 정책연구 및 관광진흥정책연구 등을 주요 기능으로 하고 있으며, 위원회 산하에 통계작업반을 두고 있다. 현재 문화체육관광부는 소속 공무원을 파견하여 OECD 관광 프로젝트 등 관광분야에서 협력사업을 수행하고 있다.

우리나라는 1994년 6월 관광위원회에 대한 옵서버 참가자격이 부여되어 1995년부터 관광위원회 회의 및 통계실무작업반회의에 참가하여 주요 선진국의 관광정책 및 통계기법 등을 습득하고 있으며, 1996년부터는 정회원으로 활동 중이며, 1998년에는 OECD 관광회의를 서울에서 개최한 바 있고, OECD 권고사업의 하나인 관광위성계정(TSA) 개발을 세계 5번째로 완료하였다. 2005년 9월에는 광주에서 'OECD-Korea 국제관광회의'를 개최하여, '세계관광의 성장:중소기업의 기회'라는 주제로 급변하는 관광산업구조 속에서 관광중소기업의 새로운 역할 및 협력방안을 모색한 바 있다.

2007년 11월에는 프랑스에서 개최된 제80차 OECD 관광회의에 참가하여 'Culture, Tourism and Attractiveness of the Location' 프로젝트의 일환으로 추진한 남이섬 한류관광 사례를 발표하였으며, 2008년 4월에는 제81차 관광회의에 참가하여 한국의 템플스테이 사례를 발표하였다.

가장 주목할 만한 성과 중의 하나는 2009년 4월에 발표된 '한식 세계화 추진계획'의 전략 중 '우리 식문화 홍보'를 통해 관광자원으로서의 한식의 중요성을 인식시킨다는 목표를 세우고, 우리 관광의 견인차 역할을 한식에 부여하기 위한 한식 세계화(Globalization of Korean Cuisine) 사업을 OECD 차원에서 진행시킨 것이다. 2012년에는 제90차 OECD 관광위원회(2012.9.24~26)를 한국이 유치하여 전라북도 무주에서 개최하였으며, OECD 관광위원회 공식사업의 일환으로 포함된 '창조경제와 관광(creative economy and tourism)' 프로젝트를 지원하여 출판물을 발행하였다.

3) APEC(아시아·태평양경제협력체)

APEC(Asia Pacific Economic Cooperation ; 아시아·태평양경제협력체)은 1989년 호주의 캔버라에서 제1차 각료회의를 개최하면서 발족되었으며, 정상회의를 개최하는 등 역내 경제협력관계 강화의 구심점이 되고 있다.

APEC은 11개 실무그룹(Working Group)을 두고 있는데, 우리나라는 1998년 제주도에서 제12차 APEC 관광실무그룹회의를, 2004년 5월 경남 진주에서 제24차 APEC 관광실무회의를 개최하였으며, 2005년 5월에는 부산에서 제4차 관광포럼 및 제26차 APEC 관광실무그룹회의를 성공적으로 치렀으며 한국관광홍보 및 APEC 내 관광외교 강화에 기여했다.

4) PATA(아시아·태평양관광협회)

PATA(Pacific Asia Travel Association ; 아시아·태평양관광협회)는 아시아 · 태평양지역의 관광진흥활동, 지역발전 도모 및 구미관광객 유치를 위한 마케팅활동을 목적으로 1951년에 설립되었다. 태국 방콕에 본부를 두고 있으며 북미, 태평양, 유럽, 중국, 중동에 각각 지역본부가 있다.

우리나라에서는 한국관광공사 등 총 13개 관광관련 기관 및 업체가 PATA 본부회원으로 가입되어 있으며, 매년 연차총회 및 교역전에 참가하여 세계여행업계 동향을 파악하고 한국관광 홍보 및 판촉상담활동을 전개하고 있다. PATA 한국지부에는 총 114개 기관 및 업체가 회원으로 가입되어 있으며, 지부총회 개최, 관광전 참여, 관광정보 제공 등의 활동을 하고 있다.

우리나라는 PATA 관련 국제행사로 1965년, 1979년, 1994년, 2004년 PATA총회 및 이사회, 1987년 PATA 관광교역전, 1998년 PATA 이사회를 개최한 바 있다. 특히 2004년 제주 PATA총회에서는 제주도를 세계적인 관광지로 부각시키고자 적극적으로 국내외 홍보를 추진하였으며, 그 결과 PATA 총회 사상 최대인 48개국 2,145명이 참가한 성공적인 행사로 평가받았다. 또한 2013년에는 PATA Hub City Forum Seoul을 개최하여 PATA본부 CEO Martin Craigs 및 주요 국내 인사들이 참석하여 한국관광산업의 현안사항을 논의하였다.

5) ASEAN(동남아연합)

아세안은 1966년 8월 제3차 ASA(Association of Southeast Asia : 동남아연합) 외무장관회의에서 ASA의 재편 필요성이 제기되어, 1967년 말리크 인도네시아 외무장관이 태국 측과 아세안 창립선언 초안을 마련하였다. 1967년 8월 인도네시아, 태국, 말레이시아, 필리핀, 싱가포르 5개국 외무장관회담을 개최하고, 아세안 창립선언을 통하여 결성되었다.

아세안은 창립 당시 5개국으로 구성되었으나, 1975년 월남전 종결을 계기로 동남아 평화 및 자유·중립지대 구상과 '동남아 우호협력조약'의 대상범위를 인도차이나반도 3개국(베트남, 캄보디아, 라오스) 및 미얀마를 포함한 지역으로 확대하는 구상이 대두되었고, 이후 브루나이(1984년), 베트남(1995년), 라오스와 미얀마(1997년), 캄보디아(1998년)가 차례로 가입하여 현재는 총 10개국의 회원국으로 구성되어 있다.

아세안은 1993년 아세안 자유무역지대(AFTA : ASEAN Free Trade Area)를 결성함으로써 국제적인 교섭력이 한층 강화되기 시작했으며, 또한 21세기 세계 관광목적지로 아시아·태평양 지역의 중요성이 커지면서 한·중·일과 아세안의 관광협력을 논의하는 '한·중·일

+아세안' 회의가 개최되었다. 특히 2005년 5월 26일에는 강원도 속초에서 제7차 ASEAN+3NTO (한·중·일+아세안)회의가 개최되어, 우리나라와 아세안 국가와의 관광협력 체계를 한층 더 공고히 하였고, 아세안에서 한국의 위상을 제고한 것으로 평가받았다.

6) ASTA(미주여행업협회)

미주지역 여행업자의 권익보호와 전문성 제고를 목적으로 1931년에 설립된 ASTA(American Society of Travel Agents; 미주여행업협회)는 미주지역이라는 거대한 시장을 배경으로 세계 140개국 2만여 회원을 거느린 세계 최대의 여행업협회이다.

1973년 한국관광공사가 준회원으로 가입되었으며, 1979년 ASTA 한국지부가 설립되어 운영되고 있다. 우리나라는 미주시장 개척의 기반을 다지기 위하여 동 기구 내 홍보활동을 지속적으로 추진해 오고 있으며, 매년 연차총회 및 트레이드쇼에 업계와 공동으로 한국대표단을 파견하여 판촉 및 정보수집활동을 전개하고 있다. 1983년에는 총회 및 교역전을 서울에 유치하여 대형 국제회의 개최능력을 전 세계에 홍보한 바 있다. 또한 2007년 ASTA 제주 총회(3.25~29, ICC제주)를 성공적으로 개최하면서 미주 관광시장에 대한 동북아 관광거점 확보 기틀을 마련하였고, 회의 개최지인 제주도의 국제관광 이미지가 제고되었다는 평가를 받고 있다.

7) WTTC(세계여행관광협의회)

WTTC(World Travel and Tourism Council)는 관광분야에서 가장 유명한 100여개 업계 리더들이 회원으로 가입되어 있는 대표적인 관광 관련 민간기구이다. 1990년에 설립되었으며 영국 런던에 본부를 두고 있다. 주요 활동은 관광 잠재력이 큰 지역에 대한 관광자문 제공 및 협력사업 전개, "Tourism For Tomorrow Awards" 주관, 세계관광정상회의(Global Travel and Tourism Council) 개최 등이다. 특히 매년 5월 개최되는 관광정상회의는 개최국의 대통령, 국무총리를 비롯하여 각국의 관광장관, 호텔 및 항공사 CEO 등이 대거 참석하여 관광현안을 논의하는 권위 있는 회의로 정평이 나 있다. 한국관광공사는 지난 2006년부터 정상회의에 참가하여 세계관광 인사와의 네트워킹 및 최신 관광 트렌드 습득에 힘쓰고 있다. 한편, 2013년 WTTC 아시아지역 총회가 9월 10일부터 12일까지 서울에서 개최되었다.

한편, 2007년 11월 콜롬비아에서 개최된 제17차 총회에서 2008~2011 상임이사국으로 연임이 확정되었으며, 2008년 6월 제주도에서 제83차 집행이사회를 개최함으로써 관광외교역량을 강화하고 우리나라 관광의 국제적 인지도를 드높이는데 기여하였으며, 2011년 10.8~14일에는 제19차 UNWTO 총회를 경주에서 개최하였다.

참고문헌

권　순, 관광정책론, 백산출판사, 2004.

김상무 외, 관광사업경영론, 백산출판사, 2014.

문화체육관광부, 관광동향에 관한 연차보고서, 2001~2014.

위정주 외, 최신 관광학의 이해, 백산출판사, 2014.

조진호 외, 관광법규론(제9판), 현학사, 2016.

관광과 경제 10

제1절 | 관광과 경제의 이해
제2절 | 경제가 관광에 미치는 영향
제3절 | 관광이 경제에 미치는 영향

10 CHAPTER 관광과 경제

이 장에서 우리는 관광이 경제에 어떠한 영향을 주며, 또한 경제상황에 따라 관광이 어떠한 영향을 받는지에 대한 올바른 시각을 가지고 관광현상들을 볼 수 있어야 한다.

관광과 관련하여 우리는 경제와 어떠한 역학관계를 가지는지 바로 알고 대처해야 한다고 할 수 있다. 여기서 관광객은 관광의 수요를 창출하며 관광의 공급자는 관광수요에 따른 적절한 공급이 이루어져야 한다. 관광의 수요과 공급의 문제, 관광에 의한 소비와 지출이 그 지역과 국가에 미치는 영향에 대하여 다루어진다. 관광소비자의 선택과 관광시장과 경쟁, 그리고 관광의 승수효과라는 측면도 다룬다.

제1절 관광과 경제의 이해

1. 개 요

관광을 경제적 관점에서 조망해 보면 관광은 인간의 소비활동 중에서 발생하는 한 부분이라 할 수 있다. 일반적으로 관광의 구매가격이 높고 관광에 대한 관광소비자의 관심정도가 높아지면 관광객들은 자신의 관광의사결정에 신중을 기하게 된다. 관광객들은 이러한 이유로 인해 관광에 대한 의사결정에 있어 최소투입으로 최대의 관광효과를 얻으려는 경제학적 논리를 적용하게 된다. 따라서 관광은 경제학의 여러 부분과 밀접한 관계가 있다 할 수 있다.

많은 국가와 그 국가의 지방정부는 지역경제의 활성화를 위해 또는 국제수지 개선이라는 명제로 관광을 국가의 중요한 정책에 하나로 간주하고 있다. 이러한 입장에서 관광은 경제개발의 중요한 한 형태로 다루어지고 있다. 관광의 영향, 특히 경제적 영향은 관광지뿐만 아니라 주변에 있는 비관광지에도 경제외적 효과로 인해 중요한 영향을 미칠 수 있다. 또 관광은 세계 각지에서 급속하게 성장하는 산업 중의 하나로 선진국과 개발도상국을 불문하고 관광을 고용과 소득을 창출하는 경제수단으로 인식하고 있다.

관광산업의 발전은 주로 해당 국가 또는 지역의 경제활동과 주민의 경제생활에 커다란 영향을 미치고, 세계경제에도 공헌을 한다. 관광의 경제적 효과는 국제·국내 관광활동으로 인하여 국가 또는 지역에서 발생하는 경제적 부의 증가 및 감소, 그리고 그 결과 발생하는 경제적 부의 순변동이라고 할 수 있다.

관광객의 소비지출과 그 대상이 되는 관광산업의 경제적 효과에 대한 연구는 관광산업이 타산업과 복합되어 있고 서로 밀접한 연계성 때문에 아직까지 독립적 위치를 마련하지 못하고 있다. 이런 연구의 한계점은 관광을 독자적으로 경제학 측면에서의 연구가 그다지 많이 이루어지지 않았다.

이러한 점에서 관광의 경제적 현상은 경제학자들의 연구의 대상에서 타 분야에 비해 비교적 인식이 늦었다. 하지만 최근 경제성장에 따른 관광수요의 증가, 관광산업 성장에 따른 소득증대, 관광분야의 고용창출 등 관광분야에서의 경제적 효과는 지역뿐만 아니라 국가경제성장에도 크게 기여하게 되면서 관광의 경제적 영향에 대한 연구의 필요성이 날로 높아지게 되었다.

관광산업이 지역과 국가에 미치는 경제효과는 긍정적 측면과 부정적인 측면의 양면성을 지닌다. 긍정적 측면은 혜택이 주어지는 편익의 개념이고 부정적 측면으로는 비용지출 개념의 의미를 가지고 있다. 일반적으로 경제적 효과라고 하면 긍정적 측면의 편익을 지칭하고 있다. 일본관광협회의 경제효과분석에 의하면 [그림 10-1]과 같이 관광소비가 각 부문에 파급되고 있음을 알 수 있다.

그림 10-1 여행자의 관광소비 흐름도

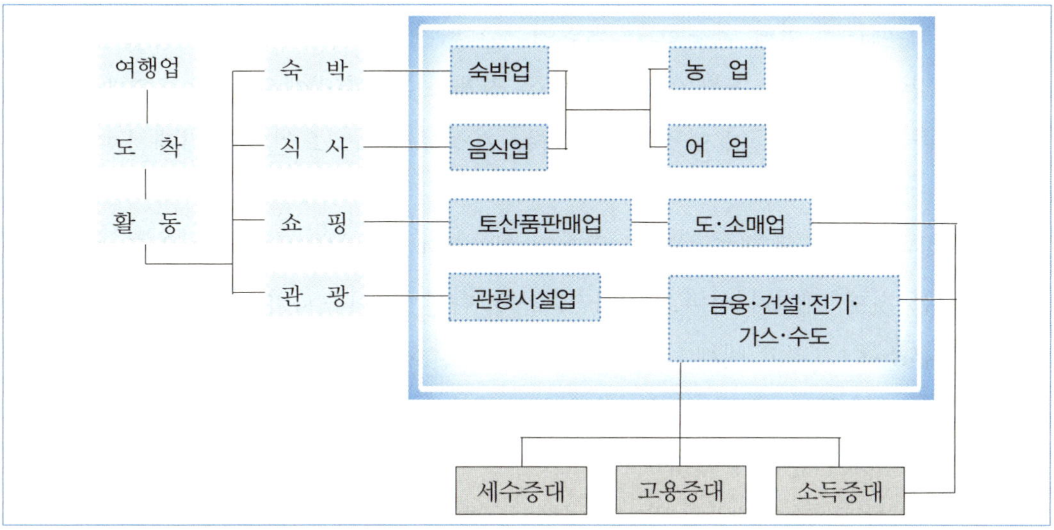

※ 자료 : 일본관광협회, 월간관광, 통권 제181호, 1981.

또 경제적 효과는 직접효과, 간접효과, 유발효과로 구분할 수 있다. 직접효과는 관광객이 관광지 내의 관광산업에 최초로 지출한 경비로 인해 발생되는 1차 경제효과를 말한다. 간접효과는 1차 지출이 지역이나 국가경제에 재투입됨으로써 발생되는 간접효과이다. 유발효과는 관광지출로 인한 직접효과와 그리고 직접효과에 의해 부수적으로 발생되는 간접효과로 인하여 지역과 국가경제성장이 이루어지고 이로 인한 지역민의 지역내 소비지출이 증대하면서 유발된 효과를 말한다.

2. 관광수요와 공급

1) 관광수요

일반적으로 수요란 일정한 기간 동안 정해진 가격에 구매를 원하고, 또 구매 가능한 재화와 서비스에 대한 소비자의 양을 의미한다. 구체적으로 수요는 주어진 시간과 장소에서 다양한 가격으로 구매되어지는 상품의 양과 함수적 관계를 가지고 있다.

기능적 개념으로서의 수요는 제품의 성질과 가격 그리고 효용성 등과 같은 변수요인들 사이에서 행동의 법칙에 의해 나타나고 있다. 수요의 양은 많은 동시성 변수들에 의해 좌우되기 때문에 어떤 변수 또는 요인이 수요의 변화에 큰 영향을 미치고 있는가를 규명하는 것이 필요하며, 또한 이러한 작업은 경제적 분석측면에서 매우 중요한 일이다. 대체로 다른 모든 요인들이 불변할 것이라는 가정에서 가격요인이 여기에서 이루어진다고 보는 것이다.

특정재화나 서비스에 대한 사회의 수요에 영향을 미치는 여러 가지 요인 중에서 특히 중요한 것은 첫째, 재화나 서비스의 가격, 둘째, 다른 재화나 서비스의 가격, 셋째, 수요자의 가처분소득, 그리고 넷째, 그 사회의 기호나 선호 등이다. 이러한 개념은 대부분의 일반상품에 있어서는 사실로 받아들여지지만 관광에 있어서는 수요와 관계되는 기능적 관계요인은 그리 단순하지 않다.

관광소비자를 일정한 관광목적지로 여행하도록 유인하거나 또는 머뭇거리게 하는데 관여된 많은 요인은 일반상품의 수요와는 다른 복합적인 형태의 작용에 의한 것임을 알 수 있다. 즉 관광현상의 기본적 요소인 여가시간, 가처분소득, 여행하고자 하는 의지 이외에 합리적 또는 비합리적 요소들이 작용하고 있다는 데 관광수요의 특색이 있다.

관광수요는 인구규모, 생활수준, 정부의 관광정책 및 관광행정, 그리고 잠재적인 관광시장의 다른 요소들인 배출요인(push factor)들에 의해서 결정되어진다. 동시에 관광수요는 공급요인이 되고 있는 교통편의도 및 비용, 숙박시설, 목적지의 관광조직과 관광진흥정책, 그리고 다른 매력요인들, 즉 흡인요인(pull factor)에 의해서도 영향을 받는 것이다.

관광수요는 유효수요(effective demand), 현시수요(expressed demand), 잠재수요(latent demand), 유도수요(induced demand)로 구분할 수 있다. 유효수요는 사람들이 마음속에 지니고 있는 주관적 욕망이 아니라 관광활동을 할 수 있는 여행경비, 시간 등이 주어져 실제 관광활동에 참가할 수 있는 수요를 말하며, 현시수요는 유효수요와 같이 현재 관광지에서 관광활동을 하고 있는 수요이지만, 이 수요는 관광여건이 양호하여 관광활동에 참가하고 있는 수요와 관광여건이 좋지 않지만 다른 대안이 없기 때문에 참가하고 있는 수요로 나누어진다. 또한 잠재수요는 개인적 능력과 관광지와 관련된 여건(관광시설, 교통조건, 관광정보체계)이 주어진다면 여행에 참가할 수 있는 수요이며, 마지막으로 유도수요는 관광여건이 주어져 관광활동을 하고 있으나 관광홍보나 연수활동을 통하여 그 이용형태를 변화시킬 수 있는 수요이다.

이러한 관광수요는 다음과 같이 크게 4가지의 특징을 가진다.

(1) 수요의 탄력성

수요의 탄력성은 각 독립변수(원인변수)의 변화에 대해 수요량이 얼마나 민감하게 반응하는지를 하나의 숫자로 나타내 준다. 일반적으로 말해 A의 B탄력성(B elasticity of A)이라고 하는 것은, B라는 독립변수의 변화에 대해 종속변수 A가 얼마나 민감하게 반응하는가를 나타내는 특정한 탄력성을 뜻한다. A와 B의 상이한 조합에 따라 여러 가지 다른 탄력성을 생각해 볼 수 있는데, 이 항에서 중요 관심사는 수요의 탄력성이기 때문에 A는 수요로 고정되어 있다. 우리가 B에 대입할 수 있는 독립변수에는 그 상품의 가격(P), 소득수준(M), 그리고 다른 상품의 가격(PR)의 세 가지가 있다.

즉 관광수요의 탄력성은 가격의 변화 또는 소득수준의 변화, 그리고 다른 상품의 가격변화에 대한 수요반응의 정도를 말하는 것이다.

① 수요의 가격탄력성

어떤 상품의 가격에 생긴 변화는 수요량에 변화를 가져오며, 수요의 가격탄력성(Price elasticity of demand)은 상품가격에 작은 변화가 생겼을 때 그 변화율의 상대적 크기로 측정된다. 예컨대 상품가격에 생긴 1%의 가격상승이 수요량을 3%만큼 감소시키는 것으로 관찰되었다면 수요의 가격탄력성은 3이다. 좀 더 엄밀하게 표현하면 수요의 가격탄력성(ϵ_p)은 다음과 같은 식에 의해서 구할 수 있다.

$$\epsilon_p = -\frac{\text{수요량의 변화율}}{\text{가격의 변화율}} = -\frac{\triangle pQ_D/Q_D}{\triangle P/P} = -\frac{\triangle Q_D}{\triangle P} \cdot \frac{P}{Q_p}$$

여기에서 $\triangle P$와 $\triangle Q_D$는 그 크기가 아주 작은 것으로 가정되는 가격과 수요량의 변화폭을 각각 나타낸다.

어떤 상품이라 하더라도 수요의 가격탄력성이 1보다 크면 탄력적(elastic), 그리고 1보다 작으면 비탄력적(inelastic)이라고 부른다.

가격탄력성의 결정요인으로는 첫째, 고려의 대상이 되는 상품이 필수품에 가까운 성격을 갖는지, 아니면 사치품에 가까운 성격을 갖는지에 따라 가격탄력성이 달라질 수 있다. 둘째, 그 상품의 대용으로 쓰여질 수 있는 것, 대체재의 존재 여부도 탄력성의 크기에 영향을 미친다. 셋째, 그 상품에 대한 지출이 한 가계의 지출 중에서 차지하는 비중에 따라 가격탄력성이 달라진다.

관광재에 대한 수요의 가격탄력성은 일반적으로 1보다 크다고 생각되고 있지만 여기서 중요한 점을 발견할 수 있다. 관광재에 대한 수요의 가격탄력성이 1보다 크다는 것은 가격이 내려가면 그 이상 수요량이 증가한다는 것을 의미한다. 즉 관광기업은 매출액을 한층 증가시킬 수 있다는 것을 의미한다. 이것이 실은 교통기관이나 숙박시설 등 가격할인, 특히 단체 할인요금을 가능케 하는 근거가 되어 있는 것이다. 특히 교통기관이나 숙박산업은 운영을 위한 비용 중 고정비용의 비율이 비교적 높은 편에 속한다.

따라서 관광기업으로서는 가격을 인하하더라도 상품을 판매하는 쪽이 고정비용 및 준고정비용만이라도 극복할 수 있다는 의미에서도 유리하다. 예를 들면, 항공좌석의 경우 빈 좌석으로 가기보다는 요금을 인하하여 좌석을 채우는 쪽이 유리한 것이다. 즉 관광재의 가격을 인하하면 관광주체나 관광기업이나 모두 만족하는 결과를 가져온다는 것이다.

그러나 호텔과 같이 고객 개인의 명성이나 사회적 체면과 연관이 있는 재화나 서비스의 경우 가격하락이 곧 수요증가를 가져오지는 않을 수가 있다. 즉 가격이 표적시장에 적정수준일 때 수요가 최대화되지만, 그보다 오히려 낮아도 고객이 자신의 사회적 지위나 체면에 손상이 될 것을 우려해 결과적으로 수요가 위축된다는 것이다(이화인, 1999).

② 수요의 소득탄력성

수요의 소득탄력성(income elasticity of demand)은 소득수준에 생긴 작은 변화에 대해 수요가 얼마나 민감하게 반응하는가를 나타내고 있다.

소득에 생긴 변화와 그것으로 인해 생긴 수요의 변화를 각각 $\triangle M$, $\triangle Q$로 표시하면 소득탄력성(ϵ_M)은 식은 다음과 같다.

$$\epsilon_M = \frac{\text{수요(량)의 변화율}}{\text{소득의 변화율}} = \frac{\Delta Q/Q}{\Delta M/M}$$

우리는 소득탄력성의 크기에 따라 상품의 성질을 다음과 같이 분류해 볼 수 있다. 다른 조건이 동일할 때 소득의 증가가 그 상품에 대한 수요를 증가시키면 그 상품을 정상재(normal goods)라 하고, 수요를 감소시키는 경우에는 열등재(inferior goods)라고 부른다. 수요의 소득탄력성이 0보다 큰 상품이 정상재, 소득탄력성이 0보다 작은 상품은 열등재인 셈이다.

상대가격이 일정한 상태에서 소득이 증가할 경우, 대부분의 관광유형 및 관광객 목적지에 미치는 효과는 긍정적으로 나타날 가능성이 있다. 따라서 소득의 증가는 관광구입의 상승을 초래하게 되는데, 즉 관광수요가 소득과 정(+)의 관계에 있기 때문에 관광은 정상재(normal good)라 할 수 있다.

한 걸음 더 나아가 정상재는 수요증가율이 소득증가율보다 더 크냐 아니면 작으냐에 따라 사치재(luxuries)와 필수재(necessities)로 구분할 수 있다. 즉 소득탄력성이 1보다 큰 상품을 사치재, 그리고 1보다 작은 상품을 필수재라고 한다. 탄력성 개념으로 표현한다면 사치품에 대한 수요변동에 대해 탄력적이라고 말하는 반면, 필수품에 대한 수요는 비탄력이적라고 말한다.

관광상품에 대한 수요의 소득탄력성이 1보다 크다는 것은 관광수요는 소득이 변화하는 이상으로 변화하는 경향이 강하다는 것을 의미하고 있다. 따라서 사람들의 소득이 증가하고 있는 시기에는 관광에 대한 수요는 소득의 증가를 뛰어 넘는 기세로 증가하는 경향이지만, 일단 소득의 증가가 예견되지 않으면 관광에 대한 수요는 급격히 감소하는 경향이 있다는 것을 의미한다. 따라서 관광산업에 있어서 관광재의 금후 판매경향이 매우 중요한 요인으로 작용한다는 것을 의미하고 있다.

(2) 민감성

사회·정치적 상황과 여행경향의 변화에 관광수요는 매우 민감하게 반응한다. 어떠한 정치적 불안이나 사회적 격변과 불안정 등이 내재해 있는 관광목적지는 설령 그곳의 여행비용을 아무리 싼 가격으로 관광상품을 제공한다 해도 관광객들에게는 좋은 매력물이 될 수 없다. 관광송출국과 관광수용국 사이의 좋은 정치적 관계나 호혜적 환경의 유지는 대체로 관광의 촉진요소가 되지만, 그렇지 못한 경우는 그 반대의 경우가 된다. 그 이유는 대부분의 관광객이 그들 국가와 방문국 간의 정치적으로 불편한 관계가 있을 때 그 지역을 관광목적지로 했을 경우에 관광에 자유로운 환경을 제공받지 못할 것이라는 선입견을 갖게 되며 또한 여행에 불안을 느끼게 되고, 동시에 지역민도 적개심을 가질 것이라는 느낌 때문일 것이다.

관광수요는 또한 여행경향의 변화에 민감하게 작용한다. 이러한 여행경향의 추세는 대형 관광여행사의 판촉활동과 각종 광고 및 선전을 통해 조직적으로 형성된 관광진흥활동에 의해 창조되어진다.

(3) 계절성

관광수요의 또다른 특징은 계절 혹은 성·비수기에 심한 변동을 나타낸다. 이는 관광송출국들의 자연적 기후조건이나 학교 및 산업체의 하기휴가의 시기와는 매우 큰 영향을 나타내며, 특정한 기간에 수요를 집중화시키는 요인이 되고 있기 때문이다. 그렇기 때문에 관광수요는 연중 꾸준하게 수요가 창출되며, 골고루 분산되어질 수 없는 것이다.

계절적 수요변동의 결과는 대부분 관광목적지에서 겪는 경영난의 원인이 되고 있다. 해마다 반복되는 관광이동의 계절적 격차를 진지하게 연구하는 일은 미래의 관광에 대한 경향을 예측하고 관광공급요소를 적절하게 계획하는 데 도움을 주게 될 것이다. 많은 국가들이 비수기 극복대책에 대한 관광정책 개발에 전념하고 있다. 그 방안들은 대체로 다음과 같다.

① 휴가의 분산제도
② 학교방학의 시차제 실시
③ 4계절형 종합관광지(온천 + 스키장 + 해수욕장) 개발
④ 비수기 요금할인제도 실시
⑤ 주말의 연장제도 실시

이같은 방안들의 도입과 실시는 실제로 많은 지역에서 성수기와 비수기간의 격차를 줄일 수 있었다. 그렇지만 대부분 시장확장에 있어서 저소득층 시장이 개발의 대상이 될 수밖에 없다. 이와 같은 시장층은 계절적 영향을 쉽게 받아 위에 열거한 방안을 실시한다고 해도 가시적인 효과를 거둘 수 없는 경우가 있다. 따라서 만일 비수기를 극복하기 위한 방안에 대한 적극적인 정책이 시행되지 않을 경우에는 관광수요의 계절적 문제는 더욱 심화될 수밖에 없는 것이다.

(4) 팽창성

국제정세의 격변에도 관광수요는 계속적으로 팽창하는 추세에 있다. UNWTO가 발표한 통계자료에 의하면, 2004년도 국제관광객수는 7억 5,900만 명으로 전년대비 9.8% 증가한 것으로 나타나고 있다. 또한 1990년에서 1999년까지의 세계관광 성장추세를 보더라도 연 평균 4.6%씩 세계관광객수가 증가한 것으로 나타나 있다. 이런 팽창추세는 다음과 같은 요인들에 의해 계속되어지고 있다.

① 현대의 기술적·과학적 진보로 인한 교통수단, 특히 항공교통의 혁신적 발전
② 관광에 대한 관심과 관광목적지에 대한 호기심을 불러일으키는 대중매체의 발달과 신속하고 정확한 인터넷의 확산
③ 관광활동에 참여할 수 있는 폭넓은 인구를 가진 관광송출국의 경제적 풍요와 개인의 가처분소득 증대
④ 보다 길어진 주말과 연중휴가 등 여가시간의 증대
⑤ 환경의 변화를 추구하고 일상의 단조로움으로부터 벗어나려는 도시거주자들의 기계적·반복적 생활
⑥ 보다 용이하고 안정성이 높고 저렴한 비용으로 관광할 수 있는 국제화된 포괄관광의 출현

위에 제시되어진 요인들뿐만 아니라 기타 다른 여러 가지 요인들로 인해 관광수요의 팽창추세는 앞으로도 지속적인 현상으로 나타날 것으로 예견된다.

2) 관광공급

일반적으로 공급이란 개별생산자 또는 기업이 일정 기간 동안 주어진 가격수준에서 상품을 생산하여 판매하고자 하는 상품의 총량을 의미한다. 따라서 관광공급이란 관광객의 관광대상인 관광자원이나 관광과 관련된 이용시설을 개발하여 관광객으로 하여금 매력을 증진시킴으로써 관광객의 욕구 또는 욕망의 대상이 되는 모든 것을 제공하는 행위를 말한다. 다시 말해 관광공급은 관광개발을 통한 관광객의 요구에 대응하는 것을 의미한다. 관광개발의 목적은 국가나 지역에 따라 차이는 있지만 그것은 관광수요에 대한 각종 시설과 서비스의 폭넓은 공급에 있다고 할 수 있다.

관광공급의 주체는 공공부문과 민간부문의 두 가지로 구분되어진다. 공공부문의 주체로서는 대부분이 국가의 중앙 또는 연방정부, 지방정부이며 서로 협력관계를 가지고 주체적 역할을 담당하고 있다. 어떤 국가에서는 중앙정부가 관광관련 부처를 가지고 있어 각종 개발사업을 관장하고 있기도 한다. 이와 같은 정부차원의 관광개발은 사업의 성격과 규모에 따라 다르며 어떤 일정한 기준이 있는 것은 더욱 아니다. 각종 사업은 상호협력하에 수행되어지는 것이 일반적이다.

민간부문에서는 여러 분야에서 민간기업들이 관광개발사업과 관련하여 국가전역에서 그 역할을 담당하고 있다. 어떤 기업은 특정 지역개발에만 제한적으로 참여하거나 또는 소규모 회사는 지방의 소규모 관광개발사업에 참여하고 있는 예도 있다. 민간부문의 관광개발에 대한 기본적 책임은 주주들의 투자에 대한 자본회수의 극대화에 있기 때문에 주된 관심사는 최대의 이윤을 내는 데 있다. 민간주체에 국한된 관광개발이라 해도 이것이 경제적 투자에 대한 장기적 안정성의 보장이 확실시되지 못하거나 일반대중의 의사를 존중하는 차원에서 관광개발의 사회적·환경적 편익에 대한 고려가 무시되어서는 안될 것이다.

관광공급의 특징은 쌀, 냉장고 등 일반상품과 달리 수요변화에 따라 공급량을 신축적으로 조절할 수 없는 비탄력적인 성격을 지녔다.

특히, 위락자원보다 인문자원이나 자연자원의 경우가 더 그렇다. 자연공원이나 경관, 폭포, 산, 해안 등은 어느 것도 그 공급량을 원하는 대로 늘릴 수가 없으며, 유물·유적,

산업시설과 교통, 숙박, 기반시설 등의 공급 역시 마음대로 수요증가에 맞추어 조절할 수가 없다. 단지 관리능력의 제고 등을 통해 수용력을 어느 정도 확장하는 정도가 가능할 따름이다. 뿐만 아니라 위락상품의 경우도 비저장성·소멸성으로 인해 재고가 불가능한 상품이므로 자연성 관광상품의 경우와 마찬가지로 수요에 비해 공급의 비탄력성을 가지게 된다.

관광공급을 구성하는 요소는 크게 관광매력물 요소, 교통시설 요소, 숙박시설 요소, 관광지원·부대시설 요소, 기반시설 요소의 5가지로 구분할 수 있다.

관광매력물 요소는 관광객에게 관광욕구를 불러일으켜 목적지로 유인하는 요소이며, 교통시설 요소는 관광객을 실제로 수송하고 서비스를 제공하는 관광의 공간적인 매체의 역할을 하는 요소이다. 숙박과 지원·부대시설 요소는 관광객이 체재할 때 숙식과 기타 편의를 제공해주는 시간적인 매체의 요소이다. 또 이러한 요소들의 모든 기능을 원활하게 해 주는 인프라적 구조가 기반시설 요소이다.

(1) 매력물

관광지에서 관광객을 유인하는 매력요소는 주로 자원적 특성에 바탕을 두고 있다. 첫째, 자연적 매력요소로서 기후, 산이나 바다, 자연자원의 특이한 지형, 희귀한 동·식물군 등이 될 수 있다. 둘째, 인공적 매력과 역사적 또는 현대적 매력요소로서 유서 깊은 사찰, 기념물, 역사적 건축물, 또는 카지노나 주제공원 같은 인위적 자원 등이 대표적이다. 셋째, 인적·문화적 매력요소로서 언어, 음악, 민속, 무용, 요리, 축제, 생활양식 등의 자원을 들 수 있다.

관광매력요인은 관광상품을 대표하고 있으며, 이러한 관광상품은 지리적인 요소를 중심으로 존재하고 있기 때문에 역사적으로도 물리적 장소와 관광체험과의 강한 연결을 이해한다는 것은 매우 의미 있는 일이다. 비록 이색적인 관광활동이 추가되고 개발의 형태가 다소 변화되었다 하더라도 해변, 산악, 경관지역, 사적지, 옥외스포츠지역, 휴양지, 주제공원, 쇼핑지역, 이색적인 인공시설 등과 같은 많은 매력요인의 개발은 괄목할 만큼 관광객을 지속적으로 유혹하고 있다.

(2) 교통시설

관광의 발전과정에서 관광개발은 교통기술의 발전과 밀접한 관계를 가지고 이루어져 왔다. 산업혁명 이후 온천과 해변휴양지의 초기개발은 주로 철도의 발전에 의존하고 있었다. 제2차 세계대전 후에는 자동차의 자가소유가 급증하였는데 이것은 유럽과 미국의 국민관광 발전에 큰 영향을 미쳤다.

최근 항공기술의 발달은 관광지까지 도달하는데 신속성, 편리성과 경제성으로 관광목적지까지의 접근성을 높임으로써 관광의 양적·질적 향상을 도모하게 했고, 국제관광의 개발과 발전에 활기를 불어넣는 계기를 만들었다. 이처럼 교통기술과 시설의 발달은 관광객의 양적인 증가와 함께 관광흐름의 패턴에까지 많은 영향을 미치고 있으며 관광개발의 양상에도 큰 변화를 일으키고 있다.

교통시설은 관광목적지의 인기도 상승과 하락에까지 영향을 미치게 되었고, 숙박시설의 형태에까지 영향을 미치고 있다. 특히 전통적인 교통수단에 의해 개발된 지역의 범위를 넘어 확장개발의 필연성을 입증해주고 있다는 점에서 교통시설요소가 관광개발의 방향 및 유도적 요인이 되고 있음을 알 수 있다.

(3) 숙박시설

최근 현대인들에게 있어 여가시간과 휴가기간의 증대는 관광형태를 변화시키는 중요한 원인이 되었다. 관광의 형태가 당일관광에서 체재형 관광으로 변화되면서 여러 형태의 숙박시설이 증가하게 되었고 관광사업에서 관광숙박시설이 차지하는 비중이 높아지고 있다는 것이 일반적인 현상이다.

숙박시설의 기능면에서는 다음과 같이 크게 분류할 수 있다. 첫째, 영리부문으로 호텔, 모텔, 콘도, 여관, 하숙, 휴가촌 캠프 등이 있다. 둘째, 비영리적 개별부문으로 그 중에서 특히 주거용 시설을 친지에게 제공하는 형태나 또는 제2의 주택으로 본인소유나 장기임대 형태의 콘도미니엄 등을 무료로 제공하는 형태가 여기에 속한다고 할 수 있다. 셋째, 캠핑과 캐러밴(caravan)시설로서 중간형태의 숙박시설을 말하는데 개별텐트나 트레일러와 같이 이동형 주택시설을 의미하며, 야영장이나 영업적 캠핑장에 주로 설치가 가능한 것이다.

(4) 지원·부대시설

관광공급은 필수적 요소라고 볼 수 있는 매력물, 교통, 숙박시설 외에도 광범위한 지원 및 부대서비스와 시설을 필요로 한다. 관광기념품과 생활필수품, 의류, 화장품, 의약품, 식료품 그리고 잡화용품 등을 판매하는 다양한 시설과 서비스가 관광목적지에서 요구된다. 레스토랑, 주점, 은행, 의료센터 등도 필요한 서비스시설에 속한다.

이와 같이 많은 지원시설과 부대서비스는 관광목적지 주민들에게 우선적으로 제공되어지고 있다는 사실도 무시할 수 없다. 따라서 이러한 관광관련 지원·부대시설의 개발은 필수라 할 수 있다.

(5) 기반시설

앞에서 언급한 관광공급의 요소인 관광매력물 요소, 교통시설 요소, 숙박시설 요소, 지원·부대시설 요소들과 접근하는데 절대적으로 필요하며, 이러한 접근서비스를 지원하기 위해서 필요한 것이 적절한 기반시설이다. 도로, 주차시설, 활주로, 철도, 항만 등과 같은 교통기반시설 외에도 전기와 하수 및 오물처리시설과 같은 형태의 공공시설이 기본적 관광공급의 요소로 요구된다. 대부분 이와 같은 시설은 지역주민이나 지역산업의 지원을 위해서 사용되어지기도 하지만, 관광개발의 형태나 관광수요에 의한 확장 여부에 따라서 그 내용이 달라지기도 한다. 이러한 기반시설은 기본적 공급요소로서 필수적이지만 개발에 소요되는 비용이 막대하고 개발 후 경제적 이익이 가시적으로 단시간에 발생하지 않기 때문에 민간부문에서 이러한 기반시설을 담당하기는 무리이다. 또한 이러한 기반을 설치한 후에 관리와 유지·보수 등에도 많은 문제점을 지니고 있기도 하다. 예를 들어 유료도로와 같은 기반시설은 그 자체만으로 관리유지를 위한 충분한 직접적 수입을 올리지 못하고 있다. 또 하수처리시설은 유지·관리하는데 많은 비용이 들기 때문에 많은 어려움을 들어내고 있기도 하다. 그렇기 때문에 이러한 기반시설은 민간부문에서 담당하기 어렵기 때문에 공공부문에서 적절하게 이 부문을 계획하고 운영하여야 관광의 활성화를 기대할 수 있다.

제2절 경제가 관광에 미치는 영향

1. 산업구조

미국의 유명한 미래학자 앨빈 토플러(Alvin Toffler)는 농업혁명(제1의 물결)과 산업혁명(제2의 물결)에 이어 정보혁명이라 할 수 있는 '제3의 물결'이 밀려올 것이라고 하였다. 토플러의 지적처럼 정보화사회는 일상생활 속에 자리잡아 개인의 창조성과 개성을 중시함에 따라 여가생활이 증가되면서 사회전반의 삶의 질이 향상되어 가고 있다.

경제적인 측면에서 정보화사회의 특징은 한 나라의 경제구조를 변화시키는데, 자원을 대량 소비하는 하드웨어(hardware)형 경제구조로부터 정보자원이 결합된 하이브리드(hybrid)형 경제구조를 거쳐 정보화, 지식집적화, 서비스화 등으로 집약되는 이른바 소프트웨어(software)형 경제구조로 전환될 것이다.

산업구조면에서 볼 때 정보화사회는 1차산업에 해당하는 농림어업의 비중이 현저하게 줄어드는 대신 사회간접자본 및 서비스 부문의 GDP 구성비는 계속 늘어나고 있다. 산업구조가 고도화되어감에 따라 1980년대 말부터는 정보산업, 여가산업, 서비스업 등의 분야에 대한 새로운 수요가 급속히 증가하고 있으며, 특히 여가·관광산업의 영역이 점차 확대되어 질적 고도화를 기할 수 있을 것이다. 관광은 환경산업과 첨단 정보통신산업과 더불어 21세기를 주도할 고부가가치 산업으로 주목받고 있으며 그 규모 역시 증대될 것이다.

이처럼 산업구조의 변화는 관광의 발전에 크게 기여해 왔고, 앞으로도 계속해서 큰 영향을 미칠 것이다.

2. 가처분소득

가처분소득(disposable income)이라는 것은 근로의 대가로 받는 개인소득 가운데 직접세인 개인소득세를 공제한 후 개인이 자유롭게 처분할 수 있는 소득을 의미한다. 즉 여행에 써야 할지, 책을 사야 할지, 아니면 저축을 해야 할지의 처분이 완전히 그 자신의 재량에 달려 있는 자유재량처분소득을 말한다. 일반적으로 국민소득 증가에 대한 소비의 증가분인 한계소비성향은 가처분소득의 증가에 따라 증가하며, 개인이 지출할 수 있는 예산규모의 증가는 소비수준을 조정하게 된다.

가처분소득의 증가는 관광을 하려는 욕구증가로 관광의 영향요인으로 작용하게 되고, 경제적 환경에 따라 개인의 가처분소득이 감소하면 관광에 대한 소비지출이 감소하는 경향을 보인다.

UNWTO의 조사에 의하면 개인소득이 6% 증가하게 되면 관광소비지출은 12% 증가하는 것을 나타났다.

3. 소비구조

소비구조는 국민소득 순환과정을 통해 가처분소득이 지출되는 형태로 국민소득의 증감에 따른 소비와 저축의 증감인 한계소비성향(MPC), 한계저축성향(MPS), 연령별·학력별·성별 소비성향, 가계의 일반적 소비지출 중에서 음식물비가 차지하는 비율인 엥겔계수(Engel's coefficient)의 증감 등을 통해 측정될 수 있다.

경제적 환경변화, 경제행위 주체의 가치관이나 생활양식의 변화 등은 소비구조 변화를 수반하여 관광에 대한 소비에도 영향을 미친다. 소비구조변화가 관광소비지출의 증가를 수반하는 방향으로 변화한다면 관광영향요인으로 작용하는 반면, 반대방향의 변화를 수반하는 경우 관광의 장애요인으로 작용한다.

4. 경기변동

경기변동은 호황(prosperity)인 경우와 경기후퇴(recession)인 경우 불황(depression), 그리고 경기회복(recovery)의 4국면으로 구분한다. 경기변동은 4국면에 따라 실제 전체적인 여행의 규모에 큰 영향을 미치는 것은 사실이다. 경기가 호황일 경우 관광객들의 구매심리가 호전되고 수요의 증가를 낳게 된다. 또 늘어난 수요를 충족하기 위해 관광에 대한 투자와 공급이 늘어나게 되어 경기의 호전과 함께 관광시장 역시 호전되지만, 반대의 경우 경기의 침체는 관광시장의 침체를 가져오기 때문에 경기의 변동은 중요한 관광의 영향요인이다.

5. 물가수준

관광재는 일반 소비재보다 큰 수요의 가격탄력성 때문에 관광객의 관광동기를 관광행동으로 현실화하는데 있어 관광목적지의 관광수요에 큰 영향력을 가진다.

물가수준이 높은 지역에서 낮은 지역으로 관광객 이동이 증가하는 경향이 있으며 관광산업에 대한 조세·금융혜택은 관광상품의 가격인하를 유도하고, 관광재의 구매촉진을 수반하여 관광의 영향요인으로 작용한다. 하지만 관광상품에 대한 차별적 세금부과는 관광상품 가격의 상승을 초래하여 경쟁력을 약화시키게 된다.

6. 노동시간의 단축

산업화가 일찍 시작된 서구에서는 노동력을 대체하는 공장제 대량생산방식의 개발과 도입으로 육체노동 의존도가 상대적으로 낮아지게 되었으며, 20세기 후반으로 들어오면서 생산성이 뛰어난 기계의 개발, 자동화설비, 로봇과 컴퓨터의 도입으로 노동력 의존도가 줄어들었고, 근로조건의 개선을 요구하는 근로자들의 주장이 받아들여지면서 노동시간은 줄어드는 추세에 있다.

선진국의 경우 1980년에 들어오면서 주당 노동시간이 40시간대로 줄어들고 있고, 우리나라의 경우 1994년에 48.7시간으로 줄어들었으며 현재 우리나라도 대다수의 기업들도 주 5일 근무제(주 40시간)를 시행하고 있다.

노동시간이 줄어든 만큼 자유시간과 여가시간이 늘어나면서 늘어난 시간을 합리적, 생산적으로 활용하는 문제가 새롭게 대두되었고, 시간활용의 한 방법으로 관광을 택한 사람들이 늘어나게 되었다. 늘어난 관광수요를 충족시키기 위해 관광에 대한 관심과 투자가 증가하게 되었고 이는 관광의 발전에 큰 영향을 미치게 되었다.

7. 조기퇴직

직장퇴직자의 문제를 좀더 긍정적으로 접근하여 보다 바람직한 방향으로 해결을 모색하기 위해 선진국에서는 많은 노력을 기울이고 있다.

조기퇴직제의 긍정적 평가는 국가적·사회적·기업적·개인적 측면으로 나누어 볼 수 있는데, 국가적 측면에서 고용촉진과 세대간 결과, 사회적 시간의 재조정, 사회적 측면에서 경제발전과 실업문제의 해소, 노동시간과 여가시간의 재조정, 기업측면에서 인사정책 및 조직관리의 쇄신이 이루어지고 생산성의 제고와 동시에 기업의 성장효과를 가져오게 되고, 개인적 차원에서 생활양식의 변화, 새로운 삶의 충실, 여가기회의 증대효과를 가져온다.

이와 반대로 조기 퇴직자에게 문제가 되는 것은 새로운 환경에의 적응문제, 생활리듬의 변화, 심리적 갈등, 기나긴 고독, 소외감 등이다. 이러한 문제를 해결하기 위해서 서구에서는 퇴직후 새로운 환경에 적응하기 위한 퇴직전 적응교육, 노후생활 프로그램 개발 등의 노력을 기울이고 있다.

퇴직자들에게 있어 즐거운 생활, 가치 있는 삶을 영위하는데 긴 시간, 여가의 활용문제가 대두된다. 또 이들에게 적합한 여가활동, 취미활동, 새로운 일거리를 마련해 주는 것이 사회정책의 과제이기도 하다.

조기퇴직의 긍정적인 면에서의 여가시간 증대나 부정적인 면에서 발생하는 많은 개인적인 문제들을 긍정적인 방향으로 이끌어 가는 방법으로 관광은 매우 중요한 위치를 차지하게 되었다. 다시 말해 관광에 매우 중요하고 큰 영향을 미쳤다고 할 수 있다.

8. 환율변동

환율은 한 나라 돈과 다른 나라 돈의 교환비율이다. 환율의 변동은 수출과 수입, 그리고 나아가 경상수지에도 영향을 준다. 일반적으로 관광객의 이동은 화폐가치가 높은 나라에서 낮은 나라로 관광객의 이동을 증가시키는 요인이 된다. 즉 환율은 자국의 화폐와 관광목적국 화폐의 상대적인 화폐가치를 나타내는 것이기 때문에 관광객의 이동과 관광수요 증대에 직접적인 영향을 미치는 중요한 관광영향요인이다. 하지만 환율의 평가절상에도 불구하고 관광객이 지속적으로 증가하는 경우도 있기 때문에 환율에 따른 관광객의 이동이 절대적 방향성을 가지는 것은 아니다.

제3절 관광이 경제에 미치는 영향

1. 긍정적 영향

관광이 경제에 미치는 긍정적 영향은 관광활동을 통해 발생되는 모든 바람직하고 플러스적인 경제적 영향을 말한다.

관광객의 소비활동은 현지의 경제를 활성화시키고 현지 주민의 생활향상에 기여한다. 특히 관광분야의 취업기회를 창출시켜서 그에 따른 소득의 발생과 함께 정부의 조세수입도 이루어져서 지역경제 활성화와 지역발전에 크게 기여하게 된다. 외래관광객인 경우에는 외화획득이 가능해져 국제수지의 개선에 크게 이바지한다.

경제성장을 국가의 최대과제로 삼는 개발도상국에서는 이러한 긍정적인 면이 많기 때문에 관광의 직접효과와 간접효과 또는 유발효과로 나타나는 국제수지의 개선, 고용 및 소득창출, 경제발전, 경제구조 개선효과 등 여러 가지 관광의 경제적 편익에 대한 관심이 매우 높아서 정부차원의 지원이 크게 이루어진다. 관광의 직접적인 경제적 효용에 대하여 알아보자.

1) 고용창출

관광산업은 고용효과가 매우 크다는 것은 이미 기술하였다. 특히 후진국은 풍부한 노동력을 갖고 있으므로 주로 인적의존도가 높은 서비스를 제공하는 관광산업의 고용효과는 지대하다 할 수 있다. 고용효과란 관광고용 승수효과로서 관광객의 최소 한 단위 소비지출 증가가 지역 내 얼마만큼의 고용기회를 증대시켰는지를 말하며, 구체적으로 관광소비 증가를 통해 창출되는 직·간접 그리고 유발고용효과를 의미한다. 직접고용효과는 관광객이 직접적으로 비용을 지출함에 따라 그들로부터 수입을 올리는 호텔과 여행사와 같은 관광산업체의 고용인 1차 고용효과를 말한다. 간접고용효과는 관광객이 직접적으로 비용을 지출하는 산업이 아니고 간접적으로 관광산업과 연관이 있는 산업들의 고용을 촉진시키는 2차 고용효과를 가리킨다. 유발고용효과는 관광지 주민들이 관광객들이 지출한 돈으로부터 얻은 소득을 재소비함으로써 관광승수효과로부터 생긴 추가적인 고용인 3차 고용효과를 뜻하며, 이러한 소득이 증대된 주민들은 문화·여가생활에 지출을 많이 하게 되는데 이와 관련된 사업들도 번창하게 된다.

2) 외화획득

외국관광객의 소비는 관광객을 받아들이는 나라의 외화수입이며, 외국관광객의 소비지출은 우리나라의 상품 및 서비스 수출과 동일한 효과를 가지고 있다. 우리나라를 방문하는 외국인 관광객의 증가는 외화획득의 증대에 직접적으로 이바지하는 것이 된다.

관광에 의한 외화수입에서는 외화가득률이 타 산업에 비하여 높게 나타나는데, 외화가득률이란 외래관광객으로부터 획득한 국제관광수입에서 이를 얻기 위해 투입하는 원재료 및 각종 물품 등의 비용을 차감한 차액과 국제관광수입과의 비율을 얘기한다. 즉 상품이나 용역의 수출이 외화획득에 공헌하는 정도를 의미한다. 이를 공식으로 나타내면 다음과 같다.

$$\text{관광상품의 외화가득률} = \frac{\text{국제관광수입} - \text{국제관광수입 유발비용}}{\text{국제관광수입}} \times 100$$

우리나라와 같이 중공업부분이나 고무제품공업과 같이 원자재를 대부분 수입에 의존하고 있는 국가에서는 외화가득률이 50% 이하이나, 우리나라의 평균은 일반수출산업의 경우 65.2%를 나타내고 있는데 반하여 관광산업의 외화가득률은 91.8%로 일반수출산업에 비해 1.4배나 높게 나타나고 있다. 또 수입유발률은 관광산업이 8.2%인데 반하여 일반수출산업은 관광산업보다 약 4배가 높은 34.8%의 비율을 나타내어 높은 수입을 형성하고 있다.

3) 국제수지개선

일정기간 동안 한 나라와 다른 나라 사이에 이루어진 모든 경제적 거래를 국제수지라 한다. 외래관광객들의 관광소비에 의한 관광수입은 상품수출에 의한 외화 수입과 달리 무역외수지의 하나로 국제수지 개선에 크게 기여하게 된다. 따라서 부존자원이 부족하고 수출시장의 환경악화 등 공산품 수출의 어려움을 겪고 있는 우리나라로서는 관광산업 부문의 투자에 관심을 기울여야 한다. 관광분야의 수출과 일반상품 분야의 수출과는 [그림 10-2]와 같은 차이가 있다.

관광은 수출에서 당면하는 비교생산 우위론과 관세장벽이 전혀 없으며 무역마찰도 야기시키지 않고 오로지 순수한 인적교류에 의존하는 보이지 않는 교역으로서의 이점이 있다. 개발도상국은 무역역조로 인한 외화의 부족부분을 관광객 유치를 통하여 메우려고 노력한다. 따라서 관광의 옹호자는 만성적 외화부족에 시달리는 개발도상국가에서는 외화획득의 손쉬운 수단으로 국제관광을 권장하고 있다. 선진국은 개발도상국과 후진국의 관광시장 개척노력에 제약을 가하지 않는 완전 개방된 형태의 교역이라 할 수 있다.

또한 관광분야의 수출은 소유권의 이전이 발생하지 않아도 통화의 흐름이 발생됨으로 전 세계적으로 경제에서 관광이 차지하는 비율이 날로 증가하고 있다.

그림 10-2 상품수출과 관광수출의 비교

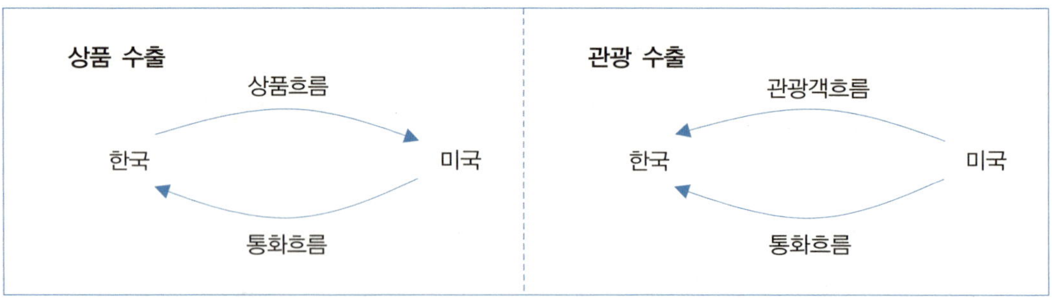

※ 자료 : McIntosh et. al., Tourism, 11th ed.

나라의 경제적 자립능력이 국제수지에 의해 평가되고 있는 현실을 감안한다면 관광수입은 한 나라의 경제를 지탱해 주고 발전시키는 원동력이 된다.

4) 조세수입의 증가

조세수입은 일반적으로 국가나 공공단체가 공공재의 공급과 지출을 위한 재원의 확보수단을 말한다. 정부는 관광산업체를 통해 조세수입을 확보할 뿐만 아니라 관광객이 구입한 상품이나 관세 등으로부터 나오는 세금은 국가재정상의 혜택이 될 수 있다. 정부가 올리는 세수입은 관광종사자, 관광운수업체, 공항, 숙박업체에 부과하는 수수료 등을 통한 직접세와 관세와 관광객이 소비한 상품과 서비스에 부과되는 세금과 함께 이들 상품과 서비스의 공급자가 받는 이윤 등에 부과하는 세금을 포함한 간접세가 있다.

외래객에 의한 관광지출은 관광목적지 국가의 기업매출액과 이윤을 증대시킬 뿐만 아니라 동시에 조세수입을 증대시키는 원천이 된다. 그리고 그들이 관광목적지 국가에서 공공재를 이용할 때 지급하는 사용료는 관광목적지 국가의 재정수입을 증가시킨다.

체키(Checki)보고서에 따르면 외래관광객의 소비에 각종 항목으로 부과되는 조세의 총화는 전체 관광수입 중 약 10%인 것으로 밝혀져 관광이 재정수입의 증대효과를 뒷받침해 주고 있음이 확인되었다.

관광산업은 복합적인 산업인 관계로 인해 관광객이 요구하는 상품을 생산하는 기업은 물론 이러한 기업에게 반제품 내지 원료를 공급하는 수많은 기업에 부과하는 막대한 세금은 국가재정에 크게 기여하고 있다.

조세증가가 단지 국민경제의 순환과정에서 누출요인에 그치지 않고 공공투자 등 정부의 지출을 통해 국민경제의 화폐순환과정 속으로 다시 피드백(Feedback)되는데 이는 국민소득의 변화를 유발시키므로 관광외화수입 증가는 분명히 조세수입을 증가시키는 경제적 효과를 가져 오게 되는 것이다. 그러므로 정부는 관광사업을 통하여 각종 재화와 서비스로부터 거래처를 통해 조세수입을 취득한다. 또한 정부는 관광사업체에 대한 직접세와 소득세를 취득한다. 정부는 관광객으로부터 공공시설 사용료, 관광지 입장료, 서비스에 대한 직접세를 취득한다.

5) 지역개발

지역개발의 목표는 다양하지만 일반적으로 중요시되는 것은 지역주민의 실질소득과 고용기회의 편중적 차이를 줄이거나 없애는 데 있는 것이다.

관광객 증가에 따른 수용시설 확충은 새로운 관광개발을 요구하게 된다. 따라서 관광개발을 위한 대규모의 자본투자는 토지, 노동력, 자재의 수요가 절대적으로 필요하게 되며, 이는 결국 자금수요를 환기시키고, 노동력 수요를 일으키면서 지역관련 산업에 번창, 지역주민 취업기회의 확대, 지역주민 소득향상, 교통에 편리성 보장 등 지역경제를 발전시킨다.

관광은 여러 가지 이유에서 지역개발의 유용한 도구로 사용되어지고 있다. 인구가 많은 거대한 도심지역은 주된 관광시장으로서 관광송출을 불러일으킬 경향이 가장 높다. 도시는 그 자체가 사람들이 모이는 중요한 관광목적지가 되기도 한다. 해변지역이나 전원지역 그리고 산악지역 또한 훌륭한 관광목적지로 각광을 받아왔다. 이와 같이 도시에서 떨어져 있는 오지의 외곽지역도 관광목적지로서 관광객들을 불러들인다. 이러한 지역은 일반적으로 사회·경제·복지 지표가 국가평균지수 이하로 떨어져 있기 때문에 관광은 부유한 도심지역에서부터 가난한 도시 외곽지역으로 부를 재분배하는 수단이 되기도 한다는 것이다.

관광의 역량은 한 국가가 국제관광으로 외화를 벌어들여 국가경제에 크게 영향을 미치는 것과 같이 한 지역의 관광활성화는 지역적 불균형을 줄이고 지역 내부에서 일어나는 관광개발을 통하여 지역발전에 크게 작용하게 되는 것이다. 국가적 차원에서뿐만 아니라 지역수준에서도 누출현상은 생기기 마련인데 그 정도는 대부분 관광개발의 성질에 따라 결정된다. 지역의 관광개발에 필요한 자금이 지역 내에서 조달되고 관광개발의 대부분이 지역내 기업과 주민에 의해 이루어진다면 개발로부터 유발되는 많은 편익은 그 지역 안에 떨어지게 되는 것이다. 그러나 반대로 관광개발이 주로 외부의 자본과 노동력, 노하우 그리고 기술적 자원에 의존하게 되면 지역경제에서의 누출은 매우 높게 나타날 것이다.

실업자가 많고 개발이 낙후된 지역이나 개발의 대안이 없는 소규모 도서지방에서는 관광개발이 경제발전 및 지역개발에 다소 공헌할 수는 있지만 입지적 조건이 중요한 변수로 작용한다. 따라서 관광은 지역개발 및 성장을 촉진하는 유일한 도구는 아니며 지역경제를 보완해주는 역할을 한다고 볼 수 있다.

6) 소득증대

관광산업은 노동집약적 산업이 일반적이기 때문에 다양한 노동력을 필요로 하게 된다. 관광객의 증가는 관광소비가 증가하게 되고 이는 다시 관광산업을 직간접으로 자극하게 되면서 그 분야의 고용효과를 일으키게 된다. 관광수입에 의한 고용효과는 소득효과와 더불어 승수효과를 일으킨다. 또한 관광소비는 관광과 관련한 모든 산업에 높은 고용효과를 창출하고 고용승수를 유발시킨다.

관광산업의 활성화는 고용창출은 물론 국민소득 창출도 유도하게 되는데, 관광외화에 의한 투자효과는 관련업체 생산활동에 파급되어 수입의 증가 및 종사원의 소득을 증대시켜 이는 결국 국민경제의 승수효과를 나타낸다.

승수효과는 화폐회전효과라고도 한다. 관광소득승수는 '특정지역에 있어서 관광객이 관광지출을 한 단위 더 증가함으로써 그 지역에서 추가로 발생하는 소득의 증가분을 나타내는 계수'라고 정의할 수 있다. 즉 관광객의 소비지출이 관광 대상국가 또는 지역에 소득 또는 고용을 누진적으로 창출시키는 효과를 의미한다.

케인즈의 기본승수는 1×1/1−C(단, C는 한계소비성향)이나 지역단위의 관광승수는 고전적 모형과는 달리 이른바 Clawson모형(또는 Tiebout 모형)이라고 명명되는 아래의 식과 같거나 유사한 형태를 취한 변형이 많이 이용된다.

$$A \times \frac{1}{1 - BC}$$

A : 관광객 비용총지출 중 현지에서 지출되는 비용(총관광비용−역외에서의 지출)
B : 현지지출이 지역소득자에 의해 해당 현지에서 소비되는 비율
C : 현지에서 소비된 지출이 그 지역소득화되는 비율

이 방식을 고전적 모형과 비교한다면 BC는 곧 관광수입을 지역에서 소비할 성향을 나타내는 것으로서 고전적 모형의 C에 비유될 수 있다. A는 전국을 대상으로 하는 고전적 모형과는 달리 관광지에 지출되는 경비는 단지 전체 관광경비의 부분일 뿐이므로 $A<1$로서 승수를 축소시키는 기능을 하게 된다(김사헌, 1997).

7) 소득의 재분배

일반적으로 관광객은 새롭고 신기한 곳, 처음으로 가는 곳을 선호하는 경향이 있어 선진국 관광객들은 후진국으로 가기를 원하고, 도시에서는 농어촌이나 저개발지역으로 이동하기를 원한다. 관광은 이러한 이동을 유발함으로써 후진국과 낙후지역에 대한 개발을 촉진시킨다. 관광산업의 개발은 비교적 낮은 노동숙련도로도 고용이 가능하기 때문에 지역인구가 고도 산업화된 도시로 직업을 찾아 이주하는 현상을 억제하는 역할을 하기도 한다. 이같은 현상은 소득의 도시정체현상과 도시유입현상을 해소할 수 있게 하여, 경제적으로 취약한 지역의 산업활성화를 기할 수 있다. 관광을 통한 지역산업의 활성화는 소득을 증대시키고, 부의 분산을 유도하게 된다. 이를 관광의 소득재분배 효과라 할 수 있다.

8) 타산업에 대한 촉진

관광지를 방문한 관광객들은 관광과 관련된 소비만을 하는 것이 아니다. 관광객은 농산물, 음료, 담배 등의 소모성 제품소비와 같은 관광지역과 지역국가 내에서의 관광을 하면서 다양한 소비를 하게 된다. 관광은 관광 이외의 타 산업의 소비를 증가시킴으로써 타 산업을 활성화시키는 역할을 하게 되고 타 산업에 대한 촉진을 유도한다. 관광은 또한 1차 관광산업분야에 지출되어진 소비가 그 산업과 관련하여 연계되는 산업에 지출이 이루어지고 그 산업 종사자들의 수입은 다시 생필품을 중심으로 필요한 물품을 구매하는데 지출이 되면서 연속적으로 타 산업의 활성화를 이루게 된다.

2. 부정적 영향

관광의 부정적 영향은 관광활동을 통해 발생되는 모든 바람직하지 못하고 부정적인 경제적 효과를 말한다.

관광이 경제분야에서 일으키는 부정적인 영향은 직접적으로 발생하는 경우와 직접적으로 발생하지는 않지만 차후에 간접적으로 발생하게 되는 경우가 있다. 이러한 영향들을 알아보자.

1) 외부불경제

한 지역에 관광객의 수요가 증가하고 관광개발이 진행되면서 자연환경이 파괴되기도 한다. 관광관련 시설을 유지하고 보수해 나아가야 한다. 이렇게 하기 위해서는 많은 경제적 비용이 필요하다. 또 교통체증이나 수질악화와 대기오염 등의 환경오염으로 인해 악화된 주거환경을 초래하게 된다. 이렇게 저하된 관광지역내 주민들의 생활을 개선시키고 향상시키기 위해서도 경제적 비용이 필요하다. 따라서 이러한 비용은 지역주민의 경제적 부담으로 돌아가게 될 것이다. 관광이 활성화될수록 지역주민의 환경은 나빠지고 경제적 부담은 더욱 증가하게 된다.

2) 인플레이션 야기

물가수준의 일반적인 상승을 인플레이션(inflation)이라고 한다. 인플레이션이 일어난다는 것은 화폐의 실질구매력이 그만큼 떨어진다는 것을 의미한다. 관광은 성수기와 비수기가 뚜렷한 산업이기 때문에 성수기에는 관광객들이 일시에 집중적으로 몰리게 되는데 이로 인해서 관광지의 물가에 영향을 주게 된다. 관광왕래는 성수기에 집중되어 있는 것이 특징이다. 이런 특정 시기에 모든 관광객들이 각 지역의 관광지로 몰리게 되는데 관광공급은 한정되어 있으므로, 자연히 관광지의 물가수준은 상승하게 마련이다. 또한 그 지역의 지가도 덩달아 오르게 된다. 이런 현상의 계속적인 추세는 인플레이션을 가져오게 된다. 사람들은 흔히 인플레이션이 일어나면 생활수준이 낮아질 것을 우려한다. 인플레이션은 화폐가치의 하락을 뜻하므로 주어진 소득에서 음식물·의복·주택 등의 가격이 오르며 생활수준이 낮아질 것이다. 인플레이션은 사회구성원 사이에 소득과 부를 재분배한다. 또한 인플레이션은 경제적 효율성을 낮추고, 생산과 고용을 변동시킬 수 있다.

3) 외화유출(Leakage)

관광개발은 후진국과 저개발지역에서 더욱 활발하게 일어난다. 개발로 인해 관광이 활성화되게 되면 많은 외국자본과 기업들이 개발에 참여하게 되고, 외국 노동력 역시 유입되게 된다. 유입된 외국자본과 기업, 그리고 외국 노동력은 관광수입을 획득하게 되고 그들이 획득한 관광수입은 자국으로 다시 유출되게 되는데 이로 인해 외화가 유출되는 현상이 나타난다. 또 관광산업의 활성화는 외국 관광재화의 국내수입을 증대시키게 되고 이러한 재화의 수입으로 인한 외화의 유출현상이 나타난다.

4) 계절적 실업

실업이란 일할 의사와 능력을 가진 사람이 일자리를 갖지 않거나 갖지 못한 상태를 말한다. 즉 케인즈가 말하는 자발적 실업과 비자발적 실업이 있다. 관광은 성수기와 비수기가 뚜렷한 특징 때문에 수요의 변화가 심하게 나타난다. 성수기의 경우 수요의 집중으로 노동력의 공급이 부족하게 되는 현상이 나타나게 되고, 이와는 반대로 비수기에는 노동력 공급의 과잉현상이 나타나게 된다. 경영관리인들은 관광성수기 기간 동안 등의 필요시에만 고용하는 임시고용제도를 채택함으로써 비수기에는 계절적 실업 현상이 나타나게 된다. 이에 따라 비자발적 실업이 발생하게 되는데 대표적으로 경기적 실업(cyclical unemployment)이 이루어지게 된다.

5) 개발의 불균형

관광매력물을 가지고 있는 지역은 관광개발을 통해 관광객들을 유인하고, 관광객들 역시 그들을 유인할 수 있는 매력물을 가지고 있는 지역을 관광목적지로 정하고 방문하게 된다. 관광개발로 인하여 수요가 증가하게 되면 수요의 충족을 위해 공공주체와 민간주체는 관광객을 위한 기반시설과 편의시설의 확충을 위한 개발에 더 노력하게 된다. 이로 인해 관광지를 가지고 있는 지역으로 개발이 편중되게 되고, 이는 지역간 개발의 불균형을 초래하게 된다.

6) 경제활동의 취약성

관광이 활성화되어 있는 지역은 1차, 2차 산업보다는 3차 산업 즉 서비스산업이 큰 비중을 차지하는 산업구조를 가지게 된다. 3차 산업은 1차, 2차 산업과는 달리 독립적으로 경제활동을 할 수 없고 방문하는 고객에 의한 수동적인 경제활동을 한다. 따라서 관광지 지역의 경제는 다른 지역에 비하여 3차 산업의 비중이 높아 1차, 2차 산업이 취약한 경제활동의 취약성을 나타내게 된다.

7) 경제적 대외 종속성 증대

자생능력이 결여된 후진국이나 저개발지역은 대외자본의 유입을 통해 보다 적은 투자로 최대의 이익효과를 볼 수 있게 되었다. 이러한 대외자본의 유입은 풍부한 저임금 노동력과 각종 부존자원 등과 같은 요인들이 관광산업을 새롭게 성장시키는 원동력이 된다. 이러한 원동력은 국가와 지역의 고용창출과 소득증대를 유발하여 국가와 지역발전에 일익을 담당하는 유망한 경제활동으로 대두되었다.

하지만 유입된 대외자본으로 인하여 대외의존도가 높아져서 대외 종속이 가속화되어지는 부정적 영향을 낳게 되었다.

참고문헌

김사헌·김규호, 관광경제학, 백산출판사, 2012.
김용상 외 7인, 관광학, 백산출판사, 2013.
김진섭, 관광학원론, 대왕사, 2000.
이준구, 미시경제학, 법문사, 2004.
이장춘, 최신관광자원론, 대왕사, 1997.
장병권, 국민관광론, 기문사, 1998.
최승이, 국제관광론, 대왕사, 1993.
일본관광협회, 월간관광 통권 제181호, 1981.
McIntosh Goeldner and Ritchie, Tourism, 11th ed. John Wiley & Sons, Inc., 2000.

11 관광과 사회

제1절 | 현대사회와 관광
제2절 | 사회가 관광에 미치는 영향
제3절 | 관광이 사회에 미치는 영향
제4절 | 관광과 지역사회

11 CHAPTER 관광과 사회

이 장에서 우리는 관광의 사회학적 접근에 관하여 고찰하고자 한다. 관광의 사회학 관점에서 접근하기 위해서는 우선 관광객은 그 사회를 찾아온 손님(guest)으로서, 그리고 지역 주민들은 그 사회의 주인(host)으로서 손님과 주인의 만남에서 일어나는 관광현상들을 보는 관점에서 접근한다는 것이다. 관광은 광범위한 사회적 활동이기 때문이다. 그래서 관광객과 현지인 간의 상호작용에서 찾아보는 것이다. 이렇게 게스트와 호스트의 만남은 일시적이거나 비반복적이고 비대칭적일 것이다. 여기에서 직접적인 만남으로 서로 만족을 추구하게 된다. 이러한 만남으로 우리는 사회가 관광에 미치는 영향과 또는 관광이 사회에 미치는 영향들을 검험하게 된다. 그러면서 관광객 집단의 만남과 지역사회의 주민들과의 만남에서 일어나는 관광객에 대한 현지인의 태도도 역시 흥분·무관심·갈등·적대 등의 단계로 옮겨가기도 한다는 데에 관광의 사회학적인 연구가 이루어진다.

제1절 현대사회와 관광

오늘날 관광현상이 다양해지고, 여가의 증대에 따른 이용에 관한 문제가 논의됨에 따라 사회학적 관점에서 관광현상을 이해하려는 경향이 뚜렷이 나타나고 있다. 따라서 관광사회학은 관광학을 연구하는 관광학자와 사회를 연구하는 사회학자를 연결해 주는 교량적 역할을 한다고 할 수 있다.

관광학의 사회학적 연구는 1960년대 이후 활발히 전개되었는데, 그 가운데에서 주목할 만한 것은 1960년 독일의 크네벨(Kenebel)의 「근대관광에 있어서의 사회적 구조변화」와 1962년 독일의 페셜(Pöschl)이 발표한 「관광과 관광정책」이라고 할 수 있다.

사회적 환경의 변화속도는 비교적 완만하지만 반면에 그 영향은 범위가 매우 광범위하다. 때문에 관광현상이 사회적 환경변화에 대한 인간의 적절한 대응은 관광사회에 긍정적인 영향을 미치지만 부적절한 대응은 부정적인 영향을 미칠 수 있다.

사회구조(인구수, 연령 및 성별의 분포, 가족의 규모, 지리적 인구분포 등)의 특성은 시간이 지남에 따라 변하게 되며 관광현상에도 많은 영향을 미치게 된다.

1. 도시화와 관광

현대사회는 도시화의 연속적 확대를 겪고 있다. 이러한 도시화의 추세는 2025년에 세계인구의 60%가 도시에 거주할 것으로 예측하고 있다. 도시성장 면에서도 대도시권화가 뚜렷하게 나타나고 있다. 최근 들어 인구 천만 명이 넘는 도시가 전 세계에서 20개를 넘고 있다. 멕시코시티, 상파울루, 도쿄, 요코하마, 캘커터, 봄베이, 뉴욕, 서울 등이 천만을 크게 상회하고 있는 도시이다. 도시란 사람들이 모든 여건에서 유리한 대규모의 집합된 공간으로 이해한다. 그러나 이러한 도시에서의 생활은 꽉 짜여진 일상 속에서 즐거움을 찾을 수 있는 시간이 현저하게 줄어들어 심신의 피로와 스트레스는 기하급수적으로 증가하게 마련이다. 이는 관광의 배출요인(push factor)로 작용하여 도시인들은 시간과 여건만 되면 대자연의 신비스러움을 열망하면서 인간의 심신피로를 회복시켜주는 좋은 관광대상지를 찾게 될 것이다. 반면에 도시의 문명과 웅장함 등은 관광의 흡인요인(pull factor)이 되어 그 도시로 가려고 할 것이다. 도시는 이렇게 찾아오는 도시관광객을 위하여 city tour코스를 개발하여 운영하고 있다. 때문에 도시인들은 자연경관을 찾아 자기의 해방욕구를 충족시키고 싶어 하고, 타 도시 및 농촌에서는 그 도시를 동경하여 방문하기를 원하고 있다. 여기에서 관광에 대한 필요성이 증대되고 있다.

2. 다변화사회와 관광

현대사회는 인간 중시와 개인의 다원성이 강하게 제기되는 사회이다. 우리는 이를 인정하고 가치관의 변화에 따른 사회의 분권화에 제대로 대처해야 한다. 다변화사회에서는 개인의 영향력이 증대되며, 윤리중심, 인간중심의 포스트모더니즘이 확산되어 개인의 기호가 다양해지고 자아실현 욕구가 증대하고 개인과 개인의 조화, 인간과 자연의 조화가 중시될 것이다. 서구의 성취중심과 진보주의에 대한 반성은 이러한 다변화 사회에서 인간이 자기의 존재를 인식하고 자기만의 요구가 자연스럽게 표출되었다. 다변화사회에서의 인간이 노력하는 길은 인간적 교류 속에서 인격과 인격이 부딪치고 마음과 마음이 상통하는 가운데서 상대방의 인격을 통하여 자기 인격을 인식하고 자가의 존재성을 찾아보는 것이 중요하다.

다변화사회에서의 관광상품은 다품종 소량생산을 전제로 구상해야 할 것이다. 개인의 다양성은 관광상품의 다양성으로 연결되기 때문이다. 다변화사회에서는 개인적 환경에 충실하므로 남과 어울릴 수 있는 여건이 그다지 없다는 것이다. 그러므로 어울림과 화합의 장이 조성되어야 하는데, 이러한 기회가 바로 관광을 통하여 이루어질 수 있기 때문에 현대사회가 요구하는 관광의 의의는 매우 중요하다. 이와 같이 현대사회에서의 다변화는 여러 측면에서 관광의 기능과 역할을 요구하고 있는 것이다.

3. 대중사회와 관광

현대사회는 '영웅'이 사라지고 이름 없는 '대중'이 중심이 되는 사회로 접어들었다. 대중사회는 대중이 정치·경제·사회·문화 등 모든 분야에 진출하여 그 동향을 좌우하는 사회상황 또는 사회형태를 말한다. 이러한 대중 중심주의로의 접근은 소수의 유한계층들만의 전유물이었던 관광상품이 대중들에 의해 좌우되고 주도권 역시 대중의 차지가 되었다. 국내·외 관광활동은 모든 국민들이 향유할 수 있는 국민관광 중심의 기획으로 이루어졌고, 국외여행도 이제 천만명 시대가 되었기 때문에 해외여행지도 매우 포괄적이고 다양해지고 있다.

그러나 대중사회는 인간의 의식과 행동양식이 규격화·획일화되어 사람들은 조직 속에 톱니바퀴 같은 존재가 되거나 대중 속에 한 사람에 불과한 원자화된다는 것이다. 이러한 대중사회 속에서 인간은 '고독한 군중'으로서 심한 좌절감과 고독감을 느낄 수밖에 없게 되었다. 또한 대량생산과 대량소비, 대량교육으로 인한 상품의 규격화와 획일적 교육은 현대인을 동질화시켜 획일화된 대중사회에 길들이고 있다.

이러한 대중사회의 부정적 현실을 극복하기 위한 인간의 노력은 계속되고 있는데, 그 수단으로서 관광의 가치가 날로 증대되고 있다.

4. 후기산업사회와 관광

과학적·기술적 혁명시대 또는 후기산업사회라고 불려지는 시대에 우리는 살고 있다. 산업사회와는 무언가 다른 현대사회는 분명 서비스산업이 떠오르고, 전문직과 기술직이 크게 부각되고 있다.

후기산업사회에서는 일과 여가의 양극화가 축소되면서 가격보다는 품질을 중시하는 경향이 강하고, 표준화되고 획일적으로 만들어진 Ready Made상품보다는 개성이 뚜렷하게 표현되는 관광상품을 선호한다. 다양한 관광활동을 통하여 많은 지식과 정보를 획득할 수 있는 콘텐츠가 담긴 창조적 관광상품을 요구하고 있다. 이는 이제까지의 관광의 패러다임이 아닌 전혀 새로운 패러다임의 관광시장 특성을 나타내고 있어 새로운 관광혁명을 야기하기에 이르렀다.

5. 정보화사회와 관광

현대사회를 살아가는 우리 인간은 시시각각으로 밀려오는 정보의 홍수 속에 살고 있다. 우리가 의식하거나 혹은 의식하지 못하는 가운데 정보는 모든 시간, 공간 속에서 항상 주변을 맴돌고 있다.

미국의 유명한 미래학자 앨빈 토플러(Alvin Toffler)는 정보혁명이라 할 수 있는 '제3의 물결'이 밀려올 것이라고 하였다. 제3의 물결에서의 정보화사회는 일상생활 속에 자리잡아 개인의 창조성과 개성을 중시함에 따라 여가생활이 증가되면서 사회전반의 삶의 질이 향상되어 가고 있다.

정보화사회는 관광을 희망하는 잠재 관광객에게 교통, 숙박, 관광자원, 시설, 날씨 등과 같은 다양한 최신관광정보를 신속하게 제공한다. 정보를 통한 관광편의를 제공하게 되고, 관광지의 집중현상을 사전에 방지함으로써 쾌적한 관광활동을 보장해 주는 역할을 할 수 있다. 또한 관광객들이 스스로 관광을 하고자 할 때 정보의 수집을 용이하게 한다. 이러한 것들은 사이버 공간에서 가상현실 기술에 의하여 가능하다. 이는 잠재 관광객에게 선택의 폭을 넓혀 줄 것이며, 지금까지 잘 알려지지 않은 관광정보와 관광지 이벤트 등의 상세한 정보를 제공함으로써 새로운 관광수요를 불러일으키게 되며, 동시에 행정당국의 합리적인 관광정책 수립에 기초적인 자료로 활용할 수 있다. 이는 분명히 정보화사회에 따른 이점인 것이다.

6. 고령화사회와 관광

노인인구가 증가하고 이에 따른 전체인구에 대한 구성비율이 높아지는 원인은 수명연장이며 인구고령화인 것이다. 이제 우리나라도 65세 이상 인구가 7% 이상 14% 미만인 고령화사회(aging society)가 되었다. 머지않아서 전체인구의 14% 이상 21% 미만인 고령사회(aged society)로 진입하리라는 예견을 내고 있다.

이처럼 고령화사회로의 진전에 따라 그만큼 노인들의 여가시간이 상당히 증가할 것이며, 이들에게 어떻게 여가시간을 효과적으로 지원해 주느냐가 중요한 관심사로 부각될 것이다.

고령화사회로의 진전에 따른 노인여가대책으로서 관광의 중요성이 강조되는 이유는 다음과 같은 여러 가지 측면에서 찾을 수 있다.

① 오늘날 그리고 앞으로의 노인은 예전과 달리 건강하고 활동적이며 나이를 의식하지 않는다는 점이다.

② 그동안 일에 묶여 자기의사로 거주지를 떠나 여행할 기회가 많지 않았기 때문에

자유로운 여행의 욕구가 크다는 점이다.

③ 사회로부터 소외당하는 것을 싫어하고 사회주변인과의 접촉을 추구한다는 점이다.

④ 여가를 통한 자기발견, 자기계발, 인생의 의미성찰에 있어 거주환경으로부터 일시적으로 벗어나 새로운 환경에 접하는 관광의 경험이 매우 효과적이기 때문이다.

현대사회에서는 노인들마다 다양한 욕구가 분출된다는 것이다. 그러므로 이러한 다양한 욕구들을 사회시장(social market)이나 경제시장(economic market)체제를 상호보완하면서 대응해 나아가야 할 것이다.

7. 여가사회와 관광

오늘날 산업사회, 나아가서 후기 산업사회에 있어서 물질적 풍요보다는 정신적 풍요를 더 높이 평가하는 경향이 대두하고, 노동중심의 생활보다 여가중심의 생활을 추구하는 의식구조기 현저하다. 그리고 여가 그 자체야말로 현대생활에 있어 "인간활동의 필수적 요소"라는 인식이 지배적이고 누구에게나 여가는 공평하고 균등하게 제공되어야 한다는 인식이 팽배해 있다.

여가활동도 휴식과 같은 정태적인 수동형에서 체험하고 활동하면서 관광을 겸하는 동태적이고 능동적인 형태로 변하는 추세이다. 여가의 기능이 휴식기능과 함께 기분전환의 기능, 자아실현의 기능, 사회적 역할의 기능, 교육 및 문화의 기능 등의 긍정적인 순기능이 많은 것이 사실이다. 따라서 주 5일제 근무가 보편화된 오늘날에 이르러서는 여가공간(leisure space) 확보, 여가프로그램 개발과 함께 여가시설(leisure facility)의 증설 등 중요한 과제로 등장하고 있다. 여기에 퇴폐·향락과 같은 여가의 부정적인 기능에 대해서도 대비할 필요가 있다.

제2절 사회가 관광에 미치는 영향

1. 사회 의식구조의 변화

산업화·기계화로 인한 여가시간의 증대와 더불어 사회의 의식구조도 노동을 중시여기고 여가를 죄악시하던 풍조에서 여가를 재창조를 위한 시간으로 인식하고, 관광을 인간의 기본권으로 인식하게 되었다. 또한 관광을 퇴폐·향락적인 활동이 아닌 교양을 높일 수 있는 건전한 여가활동으로서 인식하게 되면서 관광이 더욱 발전하게 되었다.

2. 인구구조의 변화

인구구조의 변화가 이루어짐에 따라 관광도 영향을 받게 되는데 만혼(晩婚)이나 독신(獨身)의 증가, 그리고 결혼 후에도 맞벌이를 하면서 자녀를 갖지 않는 부부(DINK족)의 증가는 여가시간의 증대와 가처분소득의 증가로 인해 더 많은 관광의 기회를 제공하고 있다.

또한 노년층은 경제적 여유와 시간적 여유를 가진 새로운 관광시장으로 등장하고 있다. 특히 크루즈(cruise)와 같은 고가의 장기관광상품의 주고객층으로 romance gray 층이 등장하고 있다.

3. 가족구조의 변화

가족구성이 대가족에서 핵가족화되면서 관광이 더욱 용이해졌으며, 특히 자가용, 승용차의 보급은 가족단위의 관광을 활성화시켰다.

여성의 사회진출은 관광을 위한 경제력을, 남성들과의 가사노동 분담은 여가시간의 증대를 가져왔다. 그리고 가족 내에서의 여성의 발언권이 커지면서 관광목적지 선정 등 의사결정에 중요한 역할을 하게 되었다.

4. 사회보장제도

관광이 인간생활의 필수적인 요소로 대두되면서 국가나 지방정부 또는 기업체에서 여비보조, 복지후생비 증액, 요금할인 또는 면제, 여가시설의 투자, 여가생활 정보제공 및 교육프로그램 개발 등 국민들의 관광에 대한 관심이 높아지게 되면서 Social Tourism이 나타나게 되었다.

Social Tourism이 활성화되면서 관광소외계층(장애인, 저소득층, 청소년층, 노년층 등)이 관광을 할 수 있는 기회를 제공하면서 관광시장이 확대되었다.

또한 교육기회의 확대로 교육수준이 높아져 지적호기심이 커짐에 따라 배운 것을 눈으로 확인해보려는 욕구가 증대하게 되었다.

5. 산업화·도시화

현대사회는 제트기, 팩스, 컴퓨터 및 전신망, TV위성방송과 함께 기술적인 발전으로 인해 많은 변화를 가져왔다. 지리적, 문화적인 거리감은 어쩔 수 없이 수용해야만 한다.

사회가 산업화·도시화되면서 태양, 바다, 맑은 공기, 푸른 계곡 등 자연에 대해 동경이 더 커지게 되고, 도시속의 고독한 군중으로 인간미가 없어진 도시보다는 순박한 인간미가 넘치는 곳으로 떠나고자 하는 욕구가 증가하게 되었다. 오늘날 규모가 크건 작건 거의 모든 기업들은 세계적인 경쟁에 직면하고 있다. 그리고 직무에 대한 스트레스도 탈출욕구를 자극하고 있다.

6. 사회불안

위에서 살펴본 사회변화들은 관광을 발전시키는 역할을 했지만, 전쟁, 내전, 폭동의 발발과 외국관광객이 표적이 되는 범죄나 테러의 발생, 그리고 전염병의 발발 등 사회불안 요소들은 관광의 수요를 감소시키는 중요한 요인이 된다.

집에서 겪는 위험은 삶의 한 부분으로 인지되고 이해되지만, 휴가기간 중 집 밖에서 발생하는 위험은 언어, 문화 등이 낯선 환경에서 발생한다는 점에서 그 영향은 더욱 크다.

그리고 경제상황의 악화로 인한 관광을 외화유출의 주범으로 간주하는 사회적 분위기도 관광경기를 위축시키는 중요한 원인이 된다.

제3절 관광이 사회에 미치는 영향

1. 긍정적 영향

1) 인구의 구조의 변화

관광의 발전은 경제성장과 지역산업의 발전을 가져와 수입과 고용의 기회가 늘어난다. 이러한 고용기회의 증대는 관광지내 경제인구의 외부유출을 막으며 외부인구의 유입을 불러온다. 이러한 인구구조의 변화는 여성인구의 증가와 경제활동이 가능한 젊은층의 증가를 수반한다.

2) 여성의 지위 향상과 역할변화

한 지역이 관광산업을 중심으로 한 산업구조로 변화되면 여성은 더 많은 취업의 기회를 갖는다. 대부분의 시간을 가정에서 보내던 여성들이 경제적 능력을 갖게 됨에 따라 여성의 사회·경제적 지위를 향상시킴은 물론 가족구성원으로서의 역할과 영향력을 증가시키는 역할을 한다.

3) 직업의 다양화

관광의 발전은 직업종류 확대와 직업의 전환, 직업구조의 다양화 등을 촉진한다. 관광의 성장으로 관광산업 유형이 다양해짐으로써 직업종류가 확대되고, 이들 산업에 종사하는 인력들과 부수적 시설에 종사하는 인력의 증가로서 직업의 다양화를 가져오고 새로운 직업기회가 많아짐에 따른 직업의 전환 또한 발생한다.

4) 지역주민들의 견문확대

관광객들과의 직접적인 접촉을 통해 타문화를 이해하고 배우는 계기가 되어 지역주민들의 견문이 넓어지게 된다. 또한 무지로 인해 생길 수 있는 국가 간의 오해·편견·의혹 등을 제거하고 국제적 우의를 증진시키는 데에 기여한다.

5) 문화시설과 교육시설의 개선

관광의 발전은 지역 내 뿐만 아니라 외부지역과도 연결되는 도로망과 통신시설 그리고 관광객을 위한 휴식공간 및 관광지의 인구증가로 인한 교육시설 등과 같은 하부시설의 확충이 우선적으로 전개된다.

이러한 하부시설의 확충은 관광지 내에 필요한 물품들의 신속한 조달, 외부지역과의 신속한 정보교류, 인간생활과 사회생활의 질적 개선, 교육환경의 개선 등 지역주민의 문화와 생활환경에 질적으로 긍정적인 영향을 미치게 된다.

2. 부정적 영향

1) 가족구조의 변화

가족은 사회구조의 가장 기본적 단위로 생물학적으로 서로 연관되어 있는 혈연관계에 기초하고 있다. 관광은 이러한 혈연관계에 있는 구성원들 사이의 구조를 변화시킨다.

(1) 가장의 권위 약화

관광으로 지역의 산업구조는 복잡해진다. 관광수요 증가로 지역주민과 접촉이 증가되며, 이와 함께 사회적 다양성 증대, 사회·경제적 지위향상, 자율성 증대 등에 영향을 미치며, 이로 인해 부모에 대한 존경심의 약화로서 가족구성원에 대한 영향력이나 통제력의 약화, 특히 가장의 권위가 약화되고 있다.

(2) 가족구성원 간의 유대감 약화

가족구성원의 역할이 분화되고 그들이 각기 다른 사회·경제적 역할을 맡게 됨에 따라 그들 사이의 유대감이 점점 약화된다. 상호독립적인 경제활동주체가 됨으로써 역할 또한 분화됨에 따라 전통적 혈연관계를 바탕으로 한 유대감이 점점 약화되고 경제적 협력을 중심으로 한 형식적 관계만이 유지되어간다.

(3) 세대 간의 갈등

외래관광 수요증가로서 사회적 변화를 쉽게 수용하는 젊은 세대들의 가치관과 기존 전통을 고수하려는 세대 간의 가치관차이는 괴리현상을 발생하여 가족, 나아가 사회 간의 갈등이 조장된다.

2) 인구구조의 변화

관광의 발전은 지역의 경제를 활성화시키며 인구의 증가를 가져오기도 하나, 관광개발로 인한 토지전용, 산업구조의 변화에 따른 직업구조의 변화 등으로 현지인들이 토지나 주거지, 그리고 직업을 잃어버리게 되어 지역을 떠나게 되거나, 관광객의 증가와 외부에서 유입되는 인구로 인한 혼잡은 주거환경을 악화시켜 지역민들이 관광지를 떠나게 만드는 원인이 되기도 한다. 뿐만 아니라 청년층과 젊은 여성층의 과도한 증가는 지역사회의 인구구조를 왜곡시키기도 한다.

3) 사회적 일탈의 증가

관광은 많은 문화적 교류를 위한 기회를 제공하지만, 전통 미풍양속을 지닌 지역에 관광객이 방문하여 보여주는 행동으로 인해 미풍양속은 사라지고 도덕적 타락과 무질서한 행위가 증가한다. 이에 따라 도박, 매춘, 마약, 폭력과 같은 범죄가 늘어나고 열심히 일하려는 전통적 가치가 사라진다.

(1) 매춘(Prostitution)

관광지에서 매춘이 증가하고 있는 요인은 다음과 같다. 첫째, 관광지 구조체계상 관광객을 유인하는 매춘거래 장소와 환경이 창출되고 있다. 둘째, 관광은 일상생활을 떠나 경제적 여유와 쾌락을 추구하고 있기 때문에 이러한 환경조성은 매춘을 확대시키고 있다. 셋째, 관광산업 성장은 여성의 사회적 역할 증대에 기여하여 여성의 경제력과 자생력을 팽배하게 하였지만, 상대적으로 새로운 경제수준을 유지하고 획득하기 위해 여성들을 매춘으로 몰아넣는 경우이다. 넷째, 외래관광객 유치를 통한 경제적 편의추구를 주목적으로 하기 위하여 방관하거나 조장하는 정책 때문이다.

(2) 범죄(Crime)

범죄율의 증가는 사회·문화적인 요인이 복합적으로 작용하는데 다음의 요인들이 원인이 되어 발생할 수 있다. 관광객은 낯선 환경에 일시적으로 체재함으로써 범죄에 대응력이 약하기 때문에 쉽게 범죄의 표적이 되며, 관광객의 소비행위와 생활양식 등으로 나타난 관광객의 태도에 대한 주민의 분노와 증오, 관광지 인구밀도의 일시적 증가는 치안유지에 한계를 넘어서게 된다.

(3) 도박(Gamble)

관광객은 쉽게 도박에 자극을 받는다. 그러나 도박에 대한 관광의 효과는 양면성을 가지고 있다. 하나는 그 지역의 경제적 편익제공이고, 다른 하나는 도박은 매춘과 더불어 관광에 필요악으로 작용한다. 모나코, 라스베이거스, 마카오 등 당해 관광지의 명성이나 평판을 고양하는데 중요한 역할을 연출하며, 특히 침체된 휴양지 관광사업을 활성화시키는 촉매역할을 하는 것으로 나타나고 있다.

그러나 도박이 지역이나 국가에 나타나는 경제적 편익효과를 제외하고는 대부분 부정적 효과로서 제기된 사회문제는 ① 도박산업과 관련한 각종 부패의 만연, ② 지역주민의 소비지향적 가치관 조장, ③ 공공재에 대한 비용과 투자상승, ④ 지역산업구조의 단순화, ⑤ 지역경제 가치분배의 형평성 상실 등이다.

4) 지역주민들 간의 갈등(Troubles, Dissension)

관광의 발전은 지역사회의 일부 주민들에게는 물질적 혜택을 주기 때문에 환영받지만, 그러한 혜택을 누리지 못하는 그 외의 주민들은 상대적으로 불평등하고 생각한다. 따라서 이러한 경제적 불균형은 계층 또는 계급간의 갈등으로 비화될 위험을 내포하고 있다.

5) 지역민의 소외(Estrangement, Alienation)

대량으로 관광객이 유입되면 관광지는 관광객으로 만원을 이루게 된다. 이렇게 되면 지역민들이 과거 마음대로 사용할 수 있었던 시설들을 외지인과 공유해서 사용해야 하는 불편함이 있다. 관광시설이 한정되어 있는 경우, 지역민이 받는 피해는 더욱 커지게 된다.

6) 과소비(Overconsumption)

관광소비는 현지인들에게 추가적인 수입을 창출시키고 그로 인한 생활의 변화를 초래시키지만, 이 변화는 지역사회의 안정을 위협할 정도의 심각한 양상으로 전개될 수도 있다. 현지인들은 외래관광객들의 과소비형태에 노출되고, 이들과 접촉기회가 많아짐으로써 그들이 유지해온 전통적인 생활양식에 불만을 표시하게 되며, 급기야는 열등감, 부러움 그리고 외지인의 생활양식을 모방하려는 심리가 발동할 뿐만 아니라, 전통적으로 유지해 온 가치에 대한 자부심마저도 상실하는 상황에 이르게 된다.

이와 함께 현지인들은 자국 생산의 소비재는 수입품의 품질에 뒤떨어진다는 것을 알고 수입소비재를 선호하여, 수입품의 소비량은 늘어나고, 저축은 줄어드는 왜곡된 소비습관에 빠져 돈을 차용하는 경우도 잦아진다.

제4절 관광과 지역사회

1. 관광과 지역사회의 변화

1) 관광과 지역사회의 만남

관광지에서 이루어지는 관광객과 주민의 만남은 여러 가지 특성을 갖고 있으나 대량관광지에서는 의미있는 접촉이 힘들게 되어 있다. 관광객은 관광지에서 세 부류의 주민, 즉 ① 관광직 종사원, ② 간접적으로 관광산업에 관련된 주민, ③ 관광산업과 직업적으로 관련이 없는 주민 등과 만날 수 있으나 관광객의 대량이동이 발생할 때는 상호간 정보교환을 위한 만남은 더 어려워지게 된다. 관광객 집단은 이동식 폐쇄사회를 형성하게 되어 이 한계를 벗어나는 것은 쉽지 않다. 네트코벤(Nettekoven)은 관광객과 주민의 만남은 아래와 같은 특징을 갖고 있는데, 지금까지 있어왔던 오해를 일소될 필요가 있다고 주장하였다. 즉

① 외국관광객은 우리가 생각하는 것보다는 주민과의 강렬한 만남을 덜하게 된다.
② 관광객과 주민은 한정된 국면에서 만나기 때문에 토착문화에 대한 영향이 적다.
③ 관광객은 강한 상호문화적 만남에 대한 욕망이 적다.

주민과의 접촉기회가 적을수록 지역에 대한 피해는 적어지지만 참다운 만남의 기회도 점점 줄어들게 된다. 튀니지의 한 연구에서도 이런 사실이 잘 밝혀지고 있다. 관광객의 89%가 튀니지의 자연환경 때문에 방문하였고, 단지 11%만이 튀니지의 역사, 문화, 국민에 관심이 있다고 하였다. 또 전세비행기로 도착한 관광객은 24시간의 휴가중 22시간을 보내는 호텔단지를 버스를 타고 가며, 나머지 2시간 동안 다른 곳을 방문하는 기회가 있어도 65% 정도는 아예 방문조차 하지 않았다고 한다.

단체속의 대량관광객은 관광객 전용지역으로 보내졌다가 바로 고국으로 돌아가기 때문에 주민과의 상호이해를 위한 접촉은 한계를 갖기 마련이다. 관광객 전용지역이 형성되는 것은 개도국 관광의 특징인데, 브리턴(Britton)은 "관광객의 흐름은 중심국에서 통

제하며 변방국은 단지, 중간 또는 한계적인 부문만 담당하고 관광객은 관광전용지역 사이를 오가게 된다"고 하였다. 제3세계에서만 관광객 전용지역이 생기는 것이 아니라 이탈리아, 스페인 같은 선진국에서도 반 고립된 관광지가 흔한 것을 볼 수 있다. 관광전용지역이 생기면 관광지 주민은 이 지역에 기술적으로는 접근할 수 있을지 몰라도 심리적으로는 장벽이 생겨서 이용하지 않게 된다고 한다.

관광객과 주민의 만남은 의도적으로 조절되기도 한다. 주민에게 미치는 영향을 줄이기 위해 관광객의 방문을 제한하거나 일정한 지역으로 보내기도 하며, 반대로 상호간의 진정한 대화를 위한 기회를 제공하는 경우도 있다. 예를 들면, 스리랑카와 멜 다이브는 주민에 대한 부정적인 영향을 방지하기 위해 인구가 적은 섬 또는 무인도를 택해 관광전용지역을 건설하여 접촉을 제한하고 있으며, 세네갈의 농어촌마을에서 인류학자인 사그리오(Saglio)가 "발견을 위한 관광"이라는 소규모 프로젝트를 계획하여 주민이 마을에서 직접 운영하여 경제적 이익이 주민에게 돌아가게 하고 관광객에게도 주민의 진짜 생활을 볼 수 있도록 하여 호평을 받은 사례처럼 만남을 조장하기도 한다.

관광객은 관광전용지역으로 보내지고 거기서 지역문화의 조작된 것을 즐기게 되므로 그 나라에 대한 진짜 모습은 거의 보지 못하게 된다. 이런 경우 관광객과 주민의 관계는 최소화되어 '전체적 제도(total institution)'의 일종이 만들어지고 상호이해는 불가능해진다. 주민과 관광객의 만남은 ① 시간적 구속, ② 공간적 구속, ③ 불평등한 관계, ④ 감사의 관계가 아닌 거래의 관계 등으로 특징지어지게 된다.

관광객과 주민 사이의 접촉이 빈번하지 않을 때는 상호 오해나 고정관념이 형성되게 마련이다. 관광객은 주민에 대한 기대가 있고, 반면 주민도 관광객을 대할 때 특정의 생각으로 고정관념화(stereo-type)하게 된다. 이것은 ① 일반적인 것, ② 특별한 것 등 두 가지로 구분할 수 있는데, 후자는 주민이 특정의 사업적 관계에서 다수의 관광객을 처리하기 위해 적응할 때 나타난다고 한다. 스페인의 지역연구에서 보면 관광객이 증가함에 따라 주민은 관광객을 개성과 인간적인 면이 없는 것으로 지각하였으며, 만일 관광이 문화를 상품화한다면 주민은 관광객을 사람으로 보다는 자원 또는 귀찮은 존재로 분류할 것이라는 사실이 밝혀졌다. 반면 관광객도 주민에 대한 고정관념적인 이미지를 갖고 있는데, 예를 들면 관광객은 하와이 주민에 대해 목가적이고 낭만적인 생활을 하는 것으로 인식한다는 것이다.

2) 관광과 지역사회의 수용태도

관광개발의 단계에 따라 주민의 관광객 수용태도는 달라진다. 관광개발의 초기단계에서 주민은 잠재적 편익 때문에 열렬한 반응을 보이지만, 산업이 확장되고 관광지가 증가하면서 차츰 열의는 식어가게 된다. 매티슨과 월(Mathieson & Wall)에 따르면 ① 주민은 시설과 서비스를 관광객과 함께 사용하는데 따르는 혼잡, ② 관광객의 물질적 우위, ③ 관광시설의 외부인 소유와 고용에 대하여 분노를 느끼며 결국은 외국인 혐오증에 이른다고 한다. 그러나 허용수준은 다음 조건에 따라 달라질 수 있다.

- 관광객과 주민의 문화적·경제적 거리
- 관광지와 주민의 물리적·심리적인 수용능력
- 관광개발의 빠르기와 강도

시간의 흐름에 따라 변하는 주민의 수용태도를 독시(Doxey)는 다음과 같이 다섯 단계로 나타내었다.

① **행복감의 단계**(Euphoria Level)

관광개발의 초기단계로 주민들은 관광개발, 외래관광객 유치에 열성적이고 단기적으로 증가하는 소득이나 가시효과로 행복감을 느끼게 된다. 따라서 관광개발에 대한 투자가나 외래관광객은 모두 환영을 받게 되고, 이들과 주민은 서로 감정적으로 만족감을 느끼는 단계

② **무관심의 단계**(Apathy Level)

관광개발이 가속되어 관광산업이 확대됨에 따라, 주민들은 관광객을 당연한 것으로 여기고 형식적인 관계를 갖는다. 관광객은 단지 경제활동의 대상으로 인식되는 단계이다.

③ **분노의 단계**(Irritation Level)

관광산업이 포화수준에 이르거나, 시설의 확장없이 많은 관광객을 다룰 수 없을 때 일어난다. 관광지주민이 관광에 대해 부정적인 시각을 갖고 관광객행동에 대해 의심을 품게 된다. 관광객행위는 사회구조가 상이하기 때문이라는 점을 받아들이려는 태도보다는 그들의 행위에 대해 분노를 느끼는 단계이다.

④ **적대의 단계**(Antagonism Level)

관광지주민의 원망과 불만이 직접적으로 표출되는 단계이다. 즉 주민들은 관광객 때문에 세금이 올라가고 젊은이들이 타락하고 마을의 좋은 것이 파괴된다는 등 모든 사회적 문제를 관광객 때문이라고 여기게 되면서 관광객을 증오하는 단계이다.

그림 11-1 관광객에 대한 관광지주민의 태도·감정의 5단계

행복감의 단계 (euphoria level)	• 관광의 초기단계로 지역주민은 관광개발에 적극적임 • 관광객과 지역주민 상호 만족
↓	
무관심의 단계 (apathy level)	• 관광산업 확산됨 • 관광객과 지역주민의 접촉이 공식적·상업적임
↓	
분노의 단계 (irritation level)	• 관광산업이 포화점에 접근 • 정책입안자는 성장의 제한보다 기반시설을 늘려 해결 모색
↓	
적대의 단계 (antagonism level)	• 적대감이 노골적으로 표현 • 관광객을 모든 문제의 원인으로 봄
↓	
최종의 단계 (final level)	• 관광객행위를 묵인하나 주시하고 있음 • 잠재적인 적대감

⑤ **최종단계**(Final Level)

주민은 관광객행위에 더 이상 관여할 수 없음을 인식하고, 환경이 변화도록 허용하며 처음에 품었던 감정을 잊게 된다. 그러나 항상 관광객을 주시하고 있으며 언제라도 적대적 태도를 보일 수 있는 잠재성을 지니는 단계이다. 관광지가 수용력이 있으면 계속 번창

한다.

그러나 코헨(Cohen)은 독시(Doxey)의 모형이 단선적이라고 비판하면서 고산족은 관광객을 대할 때 처음에 행복감보다는 의심을 한다고 하였고, 맥케넬(Mckenell)에 따르면 주민들은 관광객의 존재를 오랫동안 무시하다가 지역의 풍경으로서 받아들이는데 이 경우 적대감을 거치지 않으며, 스페인에서도 주민들은 무관심하지만 관광객을 미워하지 않는다고 한다. 엔트로니쿠(Andronicou)에 의하면 키프러스인들은 전통적으로 외국인을 따뜻하게 맞이하며, 발리인들은 종교적 관습에 의해 외부인들을 환대하는 경우도 있는 것처럼 반드시 환영에서 적대감으로 수용태도가 이행하는 것은 아니라고 할 수 있다.

관광에 대한 집단 또는 개인의 태도가 각자의 이해관계에 따라 [그림 11-2]와 같이 네 가지의 형태로 나타난다고 버틀러(Butler)는 주장하였다. 관광산업에 관련된 기업인은 적극적 촉진에 가담하고 관련이 없는 주민은 개발이나 변화에 적극 반대하고, 대다수의 주민은 대세를 거스를 수 없다는 것을 알기 때문에 수동적 태도를 취하게 된다고 한다. 루키사스(Loukissas)에 의하면 중류나 하류층은 경제적 이익 때문에 관광개발의 촉진에 찬성하고, 상류층은 지역의 사회·문화적, 환경적 비용 때문에 과도하고 통제할 수 없는 개발은 반대한다고 한다.

독시(Doxey)의 모형은 시간을 두고 측정하지 않으면 감정변화를 파악할 수 없는 약점이 있고, 버틀러(Butler)의 모형은 역시 단 하나의 관광지 안의 집단과 개인의 감정을 나타낸다는 한계점을 지니고 있다. 윌리엄스는 관광개발에 따라 변하는 관광의 특성 및 영향을 [그림 11-3]과 같이 나타내었다. 관광규모가 커질수록 적대감은 증가하고, 경제적 영향은 커진다는 것을 나타내고 있다.

그러나 지역주민은 관광개발의 경제적 편익에서 소외될 수 있고, 수용태도도 반드시 행복감에서 적대감으로 바뀌지 않고, 관광산업에 대한 이해관계에 의해 달라질 수 있다.

그림 11-2 관광객 활동에 대한 주민의 태도

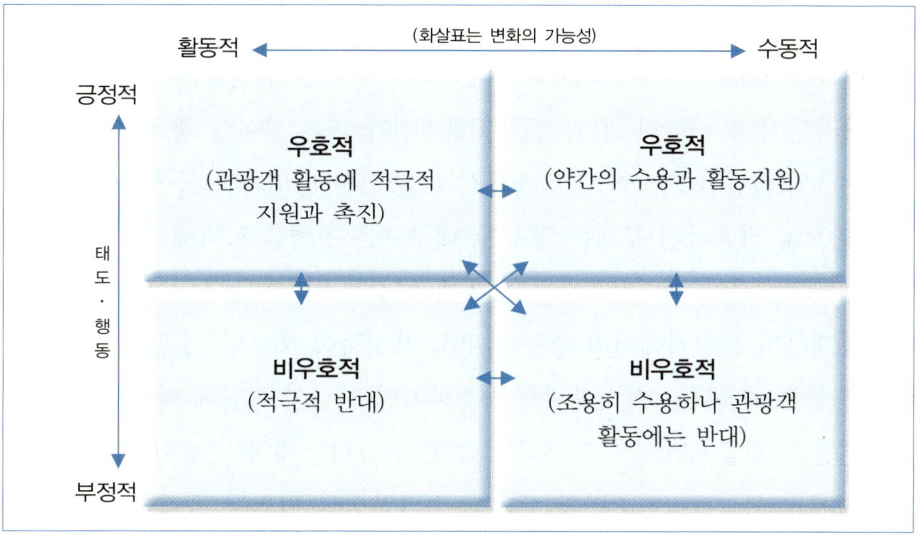

※ 자료 : Mathieson. A & Wall, G, Tourism Economics, Physical, Social Impact, Longman, 1982.

그림 11-3 관광개발에 따른 관광의 유형과 영향

※ 자료 : Duffield, B. S, Tourism : The Measure of Economic and Social Impact, Tourism Management, Vol. 3(4), 1982.

2. 전시효과

전시효과(demonstration effect)라고도 하는 것은 관광지 주민들이 관광객들의 생활양식을 모방하려는 것을 뜻한다. 관광객들은 현지인과 다른 상이한 행동을 함으로써 자신들의 생활수준의 다름을 그들에게 노출시킨다. 이러한 행위가 그들에게 노력을 부추기는 동인(動因)으로 작용하면 문제는 없지만, 대부분은 평생을 노력해도 그러한 생활수준에는 미치지 못할 것이라는 자포자기 상태에서 경제적인 열등감을 느낀다.

또한 관광객들의 관광지에서의 행동은 평소 자신들이 해오던 행동과는 다르다. 그리하여 이 행동들은 처음에는 현지인에게 생소하지만 시간이 지남에 따라 점차 그러한 행동은 현지인들의 생활패턴으로 정착되는 경향이 크다는데 문제점이 있다.

따라서 전시효과는 관광지주민의 생활상 소비양식의 변화를 초래한다. 곧 소비성향 증가, 사치풍조 조장 등과 같은 부정적 측면을 초래하여 우려의 소리가 높은 반면, 상대적으로 긍정적 측면의 경우도 있다. 관광지주민 중 기성세대의 관광에 대한 편견해소, 지역생산품의 소비증가로 인한 지역산업 발전, 지역소비재의 대체효과 등이다. 그러나 전시효과는 이러한 긍정적인 측면보다는 부정적 측면에서 더 많이 지적되고 있다. 트라비스(Travis)는 관광객의 부는 부러움을 발생시켜 물질적 욕구를 유발하고 지역민의 허탈감을 강화시킬 수 있다는 점을 지적하였다.

이러한 점은 주로 관광지주민 중 청소년들에게 많이 나타나는데, 이들이 단순한 물리적 욕구와 욕망으로서 관광객행동 중 의상착용·언어사용·소비성향 등을 쉽게 모방하는 경우이다.

전시효과는 자주 문제점으로 지적되기는 하지만, 전적으로 관광의 영향이라고 하지는 않는다. 왜냐하면 관광 이외에도 지역이나 국가가 발전하면서 지역간·국가간에 경제적·사회적·문화적 교류가 이루어지고 있기 때문이다.

참고문헌

앨빈 토플러, 유재천 역, 제3의 물결, 한국경제신문, 1996.

이미혜, 관광개발론, 대왕사, 1999.

전경수 편역, 관광과 문화, 일신사, 1994.

한국관광공사, 관광지주민의 관광의식조사, 1987.

Duffied, Brain S., Tourism : The Management of Economic and Social Impact, Tourism Management Ⅲ (4), 1982.

Mathieson, Alister and Wall Geoffrey, Tourism : Economic, Physical and Social Impacts, Longman, 1982.

Pearce Douglas, Tourist Development, Longman, 1981.

12 관광과 문화

12 CHAPTER

관광과 문화

이 장에서의 기본적 목적은 관광목적지의 주최와 이를 대표하는 사람들이 관광과 관련되어 찾아 온 관광객과 문화의 접촉에서 발생하는 여러 문제들을 어떻게 소화하며 다룰 것인가하는 부분에 주안점을 두고 있다. "문화는 곧 관광의 메카"이며 "문화는 곧 관광의 핵"으로써의 역할을 다 할 수 있도록 문화관광에 대한 관심이 매우 큰 것이 사실이다.

인간의 자연스러운 관광행위는 관광지 문화에 의해 변용(transformation)된다는 점이다.

문화의 모델을 설정할 때 행동에 게재된 다양한 차원, 즉 드러나는(overt) 것과 드러나지 않은(covert) 것, 내재적인(implicit) 것과 외재적인(explicit) 것, 언급된 대상과 언급되지 않은 대상을 고려한다. 문화는 생득적인 것이 아니라 습득된 것이라는 점이며, 문화의 다양한 측면은 상호연관되어 있다는 점이다. 그래서 한군데를 건드리면 문화는 다른 면이 영향을 받는다. 문화는 인간의 매체이다. 여기서 우리는 관광과 문화의 문제를 중심으로 관광객문화, 수입문화, 그리고 문화믹스의 현상들을 다루게 된다. 그리고 관광이 지역문화에 미치는 영향을 긍정적인 면과 부정적인 면을 다루어 본다. 여기에서 문화관광을 심도있게 다루어 보려고 한다.

제1절 관광과 문화의 이해

1. 문화의 정의

문화(culture)는 그 개념이 애매할 정도로 폭넓게 사용되는 용어인데, 흔히 문화인, 문화민족, 문화생활 등에서처럼 어떤 집단이나 개인의 지적인 수준이나 지성, 교양을 나타내는 말로써 사용되기도 하고, 기업문화, 여행문화, 불교문화 등에서와 같이 어떤 집단 내지 민족이 공유하는 의식 내지 생활양식을 나타내는 단어로 사용되기도 한다.

'문화'라는 단어는 인류학의 선구자인 영국의 테일러(E. Tylor)에 의해서 소개되었고, 하나의 전문적인 용어가 되었다. 그의 저서 「원시문화(Primitive Culture, 1871)」에서 그는 문화를 "지식, 신앙, 예술, 법률, 도덕, 관습 그리고 사회의 구성원으로서 인간에 의해 얻어진 다른 능력이나 습관들을 포함하는 복합적 총체(complex whole)"로 기술하고 있다. 테일러는 문화란 인간(human species)만이 갖는 독특한 것이고, 인간과 다른 하등동물에서 근본적인 차이가 있다면, 인간은 문화개념들로써 구성되어 있다는 것이다. 인간이 만든 모든 것이 문화라는 것을 말해주는데, 이 정의는 지나치게 포괄적이며 광의적이다.

문화의 사전적 정의를 살펴보면 "동 세대 내에 존재하거나 한 세대에서 다음 세대로 전승·전달되는 집단의 사상, 관습, 기술, 예술 등의 총체이거나 또는 어떤 특정한 시기에 특정한 민족이나 집단이 지니는 사상, 관습, 기술, 예술 등의 총체"를 의미하며(Webster's New World College Dictionary, 1996), 미국의 인류학자 크라크혼(Kluckhohn)에 따르면 문화는 "후천적·역사적으로 형성되는 외면적 내지 내면적인 생활양식의 총체이며, 집단 전원 또는 특정 구성원에 의해 공유되는 것"이다. 윌리암스(Williams)는 문화란 "삶의 방식의 총체"라고 정의하면서, 이는 문화가 사람들의 가치관(value), 태도(attitude), 행위(behavior) 또는 사고방식(way of thinking), 느낌의 방식(way of feeling) 그리고 행동의 방식(way of acting)으로 규정함을 의미한다. 로이(Lowie)는 "문화는 사회전통의 총체이며 인간에 의해 획득한 능력과 습관을 포함한다"고 하였으며, 이시다 이치로(石田一郎)는 "인간의 영위와 그 소산이 문명이며, 문화란 문명에 내재하며 문명을 성립시키는 문명의 정신 및 논리"라고 문명의 관점에서 문화를 정의하고 있다.

따라서 문화란 언어, 종교, 생계, 의식주 양식, 결혼형태, 풍속, 도시·농촌의 거주양식 등으로 이루어진 생활양식의 총체이다. 어떤 지역에 자리 잡고 오랫동안 살아온 평균적 인간집단이나 민족의 의식주, 놀이, 그리고 전래적인 조형물(장승)들은 그 구성원들에 의해서 장구한 세월 동안에 걸쳐 만들어지고 다듬어진 문화의 일부이다. 이것들을 묶어서 우리는 민속(folk-ways)이라고 한다.

따라서 문화는 민속문화와 대중문화로 구분되며, 양 문화가 갖는 특이성, 즉 이문화체험(cross cultural experience)을 추구하는 관광객에게 매력적인 목적물인 동시에 관광대상이 된다.

2. 문화의 특성

문화는 그 사회 내에 있는 사람들 욕구를 충족시키기 위해 존재하나 이러한 문화 특질들은 그 사회나 시대의 사상과 분위기에 따라 서서히 변화된다. 이와 같이 문화는 다음과 같은 수많은 특성을 지니고 있다.

① 문화는 사람이 만드는(창조) 것이다.

인간이 자연환경 속에 적응·생존하는 데에는 신체적으로 갖가지 약점을 지니기 때문에, 이를 극복하기 위하여 문화를 만드는 것으로 풀이할 수 있다.

② 문화는 사회생활을 통해 만들고 '공유'하는 것이다.

인간이 비록 문화창조능력을 지녔다 해도 그것이 문화를 이룩하는 데에는 한데 모여 사는 사회적 삶이라는 여건을 필요로 했고, 그것을 성원들이 공유할 수 있는 상상력, 언어가 있었기에 성립할 수 있었다.

③ 문화는 '습득·전승'하는 것이다.

문화는 인간이 만드는 것이지 선천적으로 본능처럼 타고난 것이 아니다. 그 말은 또 그것을 인간이 배워서 자기 것을 만들어야 한다는 뜻을 내포한다.

④ 문화에는 "짜임새 있는 틀(유형)"이 생긴다.

문화는 지식, 신앙, 예술, 도덕, 법, 관습 등 수많은 부분들로 구성되어 있다. 한 사회의 문화를 구성하는 이런 부분들은 각기 독립적으로 존재하거나 제멋대로 움직이는 것이 아니라, 상호 긴밀한 관계를 유지하면서 짜임새 있는 틀을 구성하고 있다.

⑤ 문화는 다양하며 동시에 변한다.

모든 인간사회에는 나름대로의 문화가 있다. 그러나 사회마다 그 구체적인 형식과 내용은 다양한 것이 특징이라 할 수 있다.

그러나 세대에서 세대로 이어지는 사이 사람들은 과거의 것을 받아들이면서 거기에 자기네 나름의 창의적인 변용을 가미하여 언제나 변하기 마련인 것이 문화이다.

그 외의 문화의 특징으로는 후천성, 축적성, 체계성, 전체성 등을 생각해 볼 수 있다.

제2절 관광과 문화

1. 관광문화의 제요소

관광은 현지주민과 사회 그리고 문화에도 영향을 미친다. 이 분야에 대한 연구는 그 측정방법과 결과의 주관성으로 인해 그 평가를 하기란 쉽지 않다. 그러나 이것을 정확히 이해하면 관광현상의 제 효과와 영향에 대해 다각적인 관찰을 할 수가 있다.

1) 현지문화

현지문화란 관광객을 받아들이는 사회의 문화이다. 각 지방은 나름대로의 독특한 문화를 가진다. 곧, 현지문화이다. 오랜 세월동안 윤색되고 강조되어 왔기 때문에 전반적으로 다른 문화와는 다른 문화유형을 가진다. 관광산업이 발전시키고 추구하는 것은 바로 이 독특한 '문화자원'인 것이다. 이것은 다른 것과는 비교될 수 없는 '상품'인 것이다.

그러므로 각 지방과 그의 문화 및 외적인 자원은 독특한 것이 되어야 하며 다른 곳에서는 찾아볼 수 없는 것이어야 한다. 이러한 독창성이 외래인의 현지유입을 유도하며 관광현상을 창출시킨다.

현지문화만을 볼 때에는 상대적으로 간단하다. 그러나 관광이 필요로 하는 문화의 만남이 문제로서 제기되면 이 문제는 보다 복잡해진다. 그러므로 더 많은 연구를 해야 하는 부분은 둘 다 외래문화인 관광객문화와 수입문화를 어떻게 수용해서 균형이 깨지지 않게 하는가 하는 것이다.

관광객들이 현지에 들어옴으로써 경제적 영향 이외에 사회·문화적 영향을 미친다. 대표적인 것으로는 전시효과라는 것으로 현지인이 외래객의 생활양식을 모방하려는 것을 뜻한다. 이러한 영향은 현지문화의 독창성과 개성을 해치는 일로 적정한 균형을 취하는 것이 무엇보다 중요하다.

2) 관광객문화

관광객이란 변화를 경험하기 위하여 집에서 떨어진 장소를 자발적으로 찾아가는 일시적으로 여가상태에 있는 사람이다(Smith, 1989).

관광객문화란 관광객이 여행도중 행하는 생활방식을 말한다. 생활방식으로서 관광객 개인에게는 성격상 일시적이지만 대상국가의 입장에서 볼 때에는 관광객문화는 독특성을 가진 것으로서 꽤 오래 계속되는 것이다. 관광객문화 및 그 수행자들은 쉽게 인식할 수 있으며 여러 가지 방식으로 묘사될 수 있다. 한 예로 관광소비는 현지인에게 추가적인 수입을 창출시키고 그로 인한 생활의 변화를 초래하지만, 이 변화는 지역사회의 안정을 위협할 정도의 심각한 양상으로 전개될 수도 있다. 현지인들은 관광객의 과소비형태에 노출되고, 이들과 접촉기회가 많아짐으로써 그들이 유지해 온 전통적인 생활양식에 불만을 표시하게 되며 급기야는 열등감, 부러움 그리고 외지인의 생활양식을 모방하려는 심리가 생길 뿐더러 전통적으로 유지해 온 가치에 대한 자부심마저도 상실하는 상황에 이르게 된다.

현지문화 및 관광객문화는 두 문화의 한 구석에서 그들이 상호작용을 하여 서로 의존하는 하나의 조직이 되고 각각이 다른 것에 영향을 끼치고 부분 모두를 조정하게 된다.

3) 수입문화

수입문화란 관광객의 모국문화를 말한다. 관광객은 나름대로의 현지문화를 가진 지방에 도착하지만 그들은 개인으로나 단체로 그들의 모국문화에 영향을 받는다. 그들은 자신의 '문화적 보따리'를 가지고 온다.

국제관광의 경우, 관광객과 현지인 간에 일어나는 경제적 불평등은 가진 자와 못 가진 자간의 관계이다. 다시 말해 가진 자는 못 가진 자의 생활을 관람하는 대가로 현금을 지급하는데 이로 인하여 현지인들은 경제적·문화적 열등감과 함께 박탈감도 경험한다.

관광객은 그들의 모국문화를 현지문화에 이식시킴으로써 앞에서 언급했던 많은 사회·경제적 영향을 현지문화에 미친다.

4) 문화믹스

관광은 그 본질상 3차원의 문화가 만남으로써 이루어지는 사회현상으로 보고 각각 어떻게 지역사회에 적용하는지를 설명하였다. 자파리(Jafari)는 관광의 3차원의 문화란 ① 현지문화, ② 관광객문화, ③ 수입문화이며 주민들의 이러한 문화들과 만남·충돌·동화·기피현상 등을 거쳐서 문화혼합현상이 변증법적 관계 속에 일어난다고 주장하였다.

2. 관광과 문화현상

1) 문화의 변화

문화는 그 성격 자체가 동태적인 것이어서, 실제로는 항상 변하고 있다. 그러나 변동의 속도와 성격은 모든 문화에서 똑같이 나타나는 것이 아니라 다양한 양상을 보이고 있다. 관광객과 지역주민의 접촉은 문화변동, 문화접변과 문화표류를 발생시킨다.

(1) 문화변동

어떤 사회의 문화도 불변의 상태로 머물러 있지는 않는다. 다만, 개인이 살고 있는 시기는 한정되어 있고, 그가 의지하고 있는 문화에서 전개되고 있는 변동을 의식하지 못하고 있기 때문에 점진적인 변동의 측면을 간과하기 쉽다. 그러나 시간을 좀 길게 잡아서 미래의 상황과 지금의 문화를 비교해보면 엄연한 차이가 있음을 발견할 수 있다. 이런 차이들 중에 비록 드물게는 급작스럽게 일어난 것도 있을 것이지만, 그 대부분은 오랜 시일에 걸쳐서 작은 부분들에 일어난 변동들이 축적되어 일어난 문화변동이다.

문화변동은 관광뿐만 아니라 여러 가지 요인에 의해서 일어나게 된다. 관광이 영향을 주고 있기는 하지만 직접적인 영향력을 행사하지 않고 사회가 점하는 생태학적 그리고 거주환경의 변화가 영향을 미친다. 또한 문화적응이나 문화변동을 수반하는 경우와 사회 내부에서 일어나고 있는 진화론적 변동을 사회가 그 환경으로부터 만족을 얻을 수 있도록 하기 위해 내부적으로 생물학적 사회적 요구에 따라 변화하는 적응과정에서 문화변동이 일어날 수 있다. 관광으로 인하여 상이한 문화를 가진 2개의 사회 간 접촉을 통하여 각각의 사회에 있어서의 모든 집단의 변동을 유발하는 경우가 있다.

(2) 문화접변

문화접변은 서로 상이한 문화가 계속적으로 접촉할 때 원래의 문화유형에 변화가 일어나는 것을 의미한다.

문화접변(acculturation)의 개념은 전파보다 포괄적이고 그 문화변동에의 영향력이 더 크다는 특징이 있다. 문화접변은 직접적인 접촉을 통하여 한 문화가 다른 문화에 영향을 미치든지, 서로 영향을 끼쳐 그 중 하나 또는 모두에서 변화가 일어나는 과정을 이른다. 그러므로 문화접변에는 어느 정도의 문화적 동질화 또는 수렴의 결과가 뒤따른다.

두 문화가 일정기간 동안에 접촉을 하면, 차용(borrowing)의 과정을 통해 서로 닮아가게 된다. 그러나 이 차용은 대칭적이 아니며, 접촉상황, 사회경제적 변모, 인구의 차이 등에 의하여 비대칭적 차용을 초래한다. 일반적으로 관광지는 관광객의 요구를 만족시켜야 하므로 관광객의 태도와 가치관을 수용하게 되고, 관광객의 문화를 더 많이 닮아가게 된다.

(3) 문화표류

문화표류는 지역주민이 관광객과 접촉하는 동안에 관광객의 요구에 부응하기 위하여 일시적으로 행동을 표면적으로 변화시키는 것을 말한다. 접촉기간에만 일시적으로 변화하는 현상을 의미하는데 지역사회문화를 근본적으로 바꾸지 못하고 단지 접촉기간에만 일시적 영향을 주는 경우이다.

관광지의 문화접변 또는 문화표류가 발생하는가는 관광객과 접촉하는 기간, 영속성, 강도 및 내외적 변화에 대응할 수 있는 토착문화의 강도에 달려 있다.

2) 모형문화

관광지를 방문한 관광객은 관광지의 실상을 보고 싶어 하지만, 현실적으로는 언어장벽, 일정한 관광코스, 단기간 관광일정, 관광지의 지리에 밝지 못한 점 등의 여러 가지 제약이 따르므로 욕구충족이 쉽지는 않다. 또한 관광지주민들도 자신들의 생활을 방해받는 것을 원하지 않기 때문에 관광객 공간과 관광지주민의 생활공간은 의도적으로 분리되어지기도 한다(김상무, 1991). 따라서 관광객과 지역주민의 생활공간을 의도적으로 분리하여 주민생활의 침해를 방지하고 관광객의 편의를 위해 진짜와 비슷한 공간이 만들어지기도 한다.

모형문화의 성공적인 사례는 하와이의 폴리네시안 문화센터(Polynesian Cultural Center)와 우리나라의 경우 용인의 한국민속촌 등이라 할 수 있다.

3) 문화의 상품화

문화의 상품화란 지역의 고유한 문화가 관광객에게 빈번하게 노출됨에 따라 문화가 관광객들의 취향에 맞추어지고, 상품적 가치를 더하기 위해 변형된 형태를 띠게 되는 것을 말한다. 외래관광객의 증가와 함께 예술·공예품에 대한 수요의 증가는 문화의 상품화를 가속화시키는 촉매역할을 한다. 특히 관광목적지 문화에 대한 흥미와 관심이 높을수록 문화의 상품화는 가속화되는 경향이 있다. 관광목적지에서 문화의 상품화는 다음과 같은 문화적 변동을 야기한다.

첫째, 문화의 본질을 왜곡시킨다. 관광객이 다채롭고 빠르게 움직이는 전통문화에 접하고자 하는 경우, 문화는 본질이 왜곡되고 세속화되어 간다.

둘째, 문화의 정체성(identity)을 상실한다. 문화의 본질에 대한 왜곡현상이 가속화되면 문화는 표류하게 되고 정체성을 상실하게 된다.

셋째, 문화적 변용과 발전을 유도하기도 한다. 관광객이 일상적인 생활에서 벗어나 관광활동을 하는 것은 다양한 욕구에 바탕을 두고 있지만, 이질적 문화에 대한 호기심은 관광의 욕구를 동기화하는 과정에서 중요한 역할을 한다. 따라서 관광객의 호기심을 충족시키기 위해 전통문화는 관광객의 동기를 충족시킬 수 있는 양식으로 변용되고 포장되기도 한다. 실제로 관광객은 그들의 관점에서 채색된 문화를 원하는 경향이 있으며, 관광목적지에서 체재하는 시간이 한정되어 있고, 그들이 접할 수 있는 문화의 영역은 그 지역문화의 일부분이기 때문에 한정된 시간과 공간속에서 다양한 문화를 한꺼번에 경험하고자 한다. 따라서 그들의 요구에 부응하기 위해 지역의 문화를 변용시킴으로써 문화는 변용이 된다.

이상과 같이 관광목적지에서 문화의 상품화는 주로 관광객들의 요구에 부응하려는 과정에서 발생한다. 이러한 현상은 관광목적지의 상품을 구성하는 요소로 문화적 요소의 중요성이 강조되고 있음을 뜻한다. 문화의 상품화는 전 세계적인 현상이며, 관광목적지 주민과 관광객 사이의 문화적 이질성이 낮은 선진국에서도 문화의 상품화는 뚜렷하게 나타나고 있다.

제3절 관광이 문화에 미치는 영향

1. 긍정적 영향

1) 전통문화의 보존과 발전

지역사회의 거주민은 자신들의 고유문화가 관광객을 유인하는 원동력이 되고 타 관광지와 구별되는 주요 요소라는 것을 인식하게 되면 자신들의 고유문화를 존재시키기 위해 노력을 경주할 것이다. 또한 그들의 전통적인 생활양식이나 상품이 관광객들의 눈에 많이 띄고 판매가 잘 될 때, 그러한 것들은 오래 보존되는 경우가 많다. 그리고 지역문화를 알리고, 유지·전승시키기 위해 관광객들을 위한 축제를 개최하기도 한다. 이러한 축제는 관광객을 환대하기 위한 수단으로 전통적인 상품과 문화를 선보이는 기회일 뿐만 아니라 새로운 문화의 개발을 자극하고 촉진시키는 촉매역할을 하기도 한다.

이처럼 관광객들 때문에 주민들은 자신들의 문화에 대한 새로운 인식을 통하여 주체성을 강화하고 문화의 가치를 재발견하는 등의 긍정적 영향도 있는 것이다.

2) 역사적 유물 · 유적의 보존

무지로 인하여 기존에 버려지거나 방치되어 있던 유물이나 유적지가 관광객들의 관심을 끌어 관광의 대상이 될 때, 유물이나 유적의 가치에 대한 재인식과 함께 보전과 개발의 필요성이 대두된다. 특히, 이러한 유물들을 보존할 경제적 여유가 없는 저개발국가나 저개발지역들은 관광객들로부터 획득한 관광수입과 세금으로 보존·개발을 위한 자금으로 활용할 수 있다.

3) 전통공예기술의 보전 및 발전

관광지 현지주민들에게 점차 쓸모가 없어지던 사라져가던 예술·공예품들이 관광객들의 관심을 끌면서 지역의 새로운 소득원으로 등장하게 된다. 따라서 전통공예기술을 배우려는 사람들이 나타나 전통공예학교 등이 설립되면서 사라져 가던 전통공예기술이 보존되고 발전하게 된다. 또한 시간의 흐름에 따라 예술·공예품의 형태와 재료가 새롭게 도입되면서 발전하게 되는 경향도 나타난다.

2. 부정적 영향

1) 지역의 고유문화 파괴

문화적 측면에서는 관광이 고유문화의 발굴·보존·전승을 유도하는 긍정적 요소를 내포하고 있는 반면, 외래문화의 잘못된 유입은 지역사회의 고유문화를 파괴 내지 변질시킬 수 있다. 이를테면 한적한 장소가 갑자기 관광지가 되면 그 지역에 문화적 충격이나 항복 등 문화동화현상이 일어나는 경우가 바로 그것이다.

관광객들이 관광지를 방문할 때 원주민의 생활양식은 낯선 것으로 받아들여질 수 있고, 원주민들은 동물표본으로서 무시당하고 있다고 느낄지 모르며, 소외감을 겪을지도 모른다. 또한 그들은 갑자기 그들의 문화체제를 구식이고 무가치한 것으로 지각할지도 모르며, 이로 인해 전통문화가 희석되고 혼합될 수 있다. 지역주민은 지역의 전통문화를 부정적으로 보게 되고, 이에 따라 문화적 자존심이 손상될 수도 있는 것이다.

2) 전통예술·공예품의 타락

한 지역의 문화가 관광을 통해 외부와 접촉할 때 기존의 전통예술은 다음과 같은 변화를 겪으며 변하게 된다. 전통·종교·신화적인 예술의 디자인·기술·기능·형태 등이 감소하며, 새로운 생활양식과 기술의 발전에 따라 조잡한 생산양식으로 대치가 일어난다.

관광은 종종 예술품과 공예품의 전통적 가치를 떨어뜨리기도 하고 때로는 값싼 모조품으로 전락시키기도 한다. 이런 현상은 종종 공항 주위에서 대량으로 생산한 값싼 공예품의 판매과정에서 나타난다. 이와 같은 공항예술품은 대체로 단순성, 양적 증가, 대량생산 등의 특징을 지니고 있으며, 전통적·기능적 예술품을 '전통 기념품' 또는 '공예 기념품'으로 변화시킨다.

3) 문화재 및 유적지 파괴

수용력을 초과하는 과도한 관광객의 방문은 지역의 문화재나 유적지들의 훼손과 파괴를 불러일으킨다. 뿐만 아니라 관광객들에 의한 문화재의 밀반출(密搬出)로 인해 귀중한 문화재가 해외로 유출되는 경우도 발생하게 된다.

4) 지역 고유언어의 변화

지역의 고유한 언어는 관광객들과 세 가지 형태로 접촉하게 되면서 점차 변화되어 소멸되기도 한다.

(1) 경제적 변화

관광객의 증가는 지역주민에 의해 채워질 수 없는 고용창출을 하게 되고 궁극적으로 외부인들을 고용하게 된다. 이러한 경우 외부인들의 언어사용을 조직의 규율로 정하게 되면 원주민의 언어는 자연히 변화하게 된다.

(2) 전시효과를 통해서

관광객들의 물질적·금전적 배경, 태도 및 행동양식 등은 원주민들에게 색다른 흥미를 유발하게 되어 관광객들의 지위를 열망하는 원주민들은 그들의 언어사용을 시도하게 된다.

(3) 직접적 사회접촉을 통해서

관광산업이나 소매점 등 다양한 상황 하에서 원주민들은 관광객들과 의사소통을 위해 관광객의 언어를 사용해야만 한다.

제4절 문화관광

1. 문화관광의 이해

1) 문화관광의 정의

문화에 대한 범위 자체도 매우 광대하고, 문화관광(cultural tourism)이란 용어도 예술, 유산, 민속, 그리고 관광객을 통한 기타 문화표현들의 전 범위를 기술하는데 사용되어 왔다. 따라서 현대사회에서 관광의 한 유형으로 분류되는 문화관광의 정의를 내리는 것은 급속한 사회적·문화적 변화와 사회생활의 진보와 더불어 점점 더 어려워지고 있다. 지금까지 문화관광에 대한 학자들의 정의를 요약하면 다음과 같다.

표 12-1 문화관광에 대한 정의

연구자	정 의
세계관광기구 (UNWTO, 1985)	협의의 정의로는 예술감상관광, 축제 및 기타 문화행사 참가, 명소 및 기념물 방문, 학습여행, 순례여행 등의 문화적 동기에 의한 사람의 이동을 의미
R. E. Wood (1989)	문화에 의해서 형성되고 문화가 관광객의 경험을 유도하는 상황에 따라 규명되어지는 것
한국관광공사 (KTO, 1995)	문화적 동기를 전통과 현대의 다양한 문화를 적극적으로 체험하는 SIT의 일종
McIntosh 등 (1995)	사람들로 하여금 서로의 생활방식과 사고의 방법을 배우게 하는 모든 형태의 여행
Howard (1996)	역사적 건물과 장소, 박물관, 아트갤러리 등의 방문을 포함하며, 동시대의 그림이나 조각을 보거나 공연예술 등에 참관하는 것
Karpodini & Dimitiadi (1999)	교육관광·예술활동, 문화축제 및 기타 문화적 행사에 참가하기 위한 여행으로 유적과 기념건조물 방문, 자연, 민족, 예술, 학습여행, 순례여행과 같은 문화적 동기에 의한 이동

이상과 같은 다양한 정의들을 종합해서 간단하게 정의를 내리면 "타국이나 타 지역의 생활양식 또는 전통적 행동양식을 접하고 체험하는 관광"으로 정의를 내릴 수 있다.

2) 문화관광의 특징

문화관광을 목적으로 관광활동을 하는 문화관광객들은 과거의 문화와 역사현장을 방문하면서 새로운 지식과 경험을 축적하기를 원한다. 문화관광은 일반적으로 다음과 같은 특징들을 갖는다.

① 고학력, 고소득의 경영자층, 전문 직업인이 많다.
② 여행기간이 긴 편이다.
③ 관광대상에 대한 인식수준이 높다.
④ 소비수준이 높아 지역사회에 미치는 경제적 효과가 크다.
⑤ 관광활동이 자연조건에 큰 영향을 받지 않는다.
⑥ 접촉, 참여, 교류를 통한 지식 확대 및 인격 성장의 교육적 효과를 추구한다.

3) 문화관광의 발전배경

21세기는 문화전쟁의 시대로 문화나 정보와 환경에 대한 관심이 더욱 커질 것으로 예상되며, 관광산업에서도 이 세 가지 분야를 공동으로 함축시킬 수 있는 관광상품의 개발이 중요한 관심사가 되고 있다. 이런 관점에서 문화관광이 발전하게 된 배경은 다음과 같다.

① 정신적 풍요를 중시하는 가치관의 변화
② 교육수준 및 생활수준 상승에 따른 문화욕구 증대 및 다양화
③ 독특한 지역문화에 대한 재평가와 지역주민의 긍지와 자부심이 증대되며 발굴, 복원, 전승 노력이 활발해짐
④ 획일화, 몰개성화되어 가는 세계적 생활양식에 대한 반작용으로 독특한 지역문화에 대한 관심증대
⑤ 질적인 면이 강조되는 관광을 선택하는 추세
⑥ 정보·통신체계의 발달에 힘입어 타 문화권에 대한 인식과 관심 증대
⑦ 운송수단의 급격한 발전으로 인한 타 문화권으로의 접근 용이

⑧ 여행경험 증대에 따라 만족수준이 높아짐

⑨ 단순히 보고 즐기는 여행이 아닌, 직접적 체험을 통해 정신적 성숙을 기할 수 있는 여행의 선호

4) 문화관광의 유형

관광활동의 대상을 중심으로 문화관광은 예술관광(arts tourism), 문화유산관광(heritage tourism), 엔터테인먼트관광(entertainment tourism), 종교관광(religious tourism), 음식관광(food tourism), 축제관광(festival tourism), 민속관광(ethnic tourism) 등으로 구분할 수 있으며, 각 분야 모두 향후 관심이 증가할 것으로 예상되는 분야라고 할 수 있다(이경모, 2005).

표 12-2 문화관광의 유형

문화관광의 유형	특 징	사 례
유적관광 (heritage tourism)	과거에 대한 향수와 다양한 문화적 환경을 경험하려는 욕구에 기반을 둔 유형과 무형의 유적을 소재로 한 관광	• 이집트 피라미드 탐방 • 유럽의 박물관 순례
예술관광 (arts tourism)	미술, 조각, 연극, 기타 인간 표현과 노력의 창조적 형태를 경험하는 여행	• 파리 화랑 순례 • 반 고호 서거 100주년 기념행사
종교관광 (religious tourism)	종교적으로 중요한 성지순례, 사원 방문, 종교행사 참가를 위한 여행	• 예루살렘, 메카, 룸비니 등 성지 순례 • 부활절, 석가탄신일, 하지 등 참가
민속관광 (ethnic tourism)	살아있는 문화인 인간과의 실제적 접촉을 통해 이민족의 생활문화를 생생하게 체험하는 여행	• 태국 고산족 탐방여행 • 보르네오 통나무집 거주민 탐방여행 • 자바 인형극마을 탐방여행
축제관광 (festival tourism)	다른 나라나 다른 지역의 축제에 참여하기 위한 여행	• 외국 전통축제 참여여행 • 지역전통 축제 참여
음식관광 (food tourism)	다른 나라나 다른 지역의 민족음식, 향토음식을 맛보거나 체험하는 여행	• 식도락 여행 • 홍콩요리축제
엔터테인먼트관광 (entertainment tourism)	교육목적보다는 즐기기 위한 여행으로 대중문화나, 세계 각국의 문화를 축소시켜 놓은 테마파크 등을 방문하는 여행	• 영화촬영지 탐방 • 대중가수 콘서트 참가 • 미니어처 테마파크 방문

5) 문화관광의 매력물

문화관광의 대상이 되는 매력물은 매우 다양한 요소를 포함하고 있다. 역사·민속문화·대중문화·미술·음악·무용·산업·수공예·농사·교육·언어·문학작품·과학·행정제도·종교·식음료·역사 등 일반적으로 관광의 대상이 되는 영역을 거의 포함한다고 할 수 있다(이경모, 2005).

그림 12-1 문화관광 구성요소

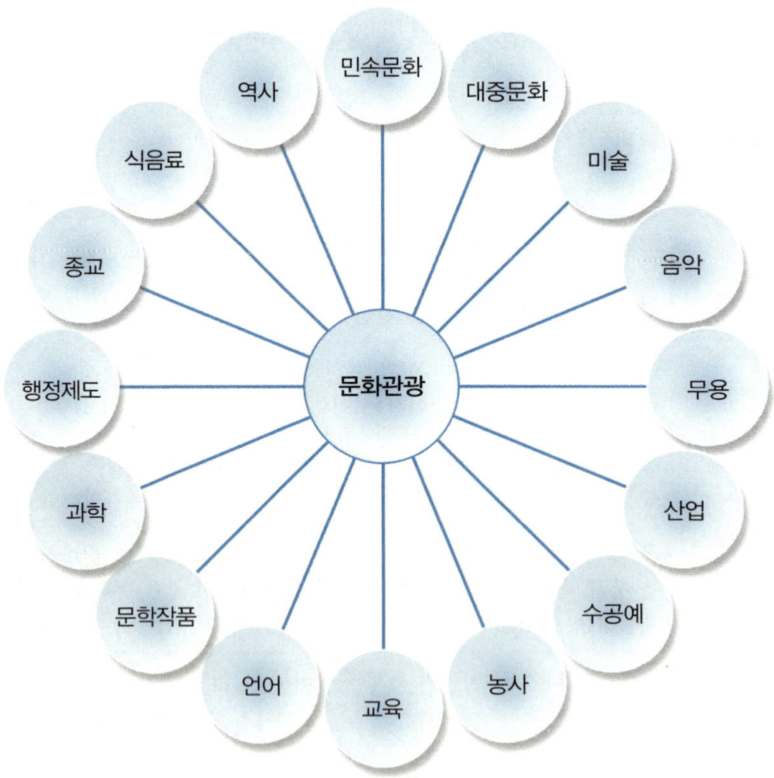

※ 자료 : 이경모, SIT 미래관광의 대안모색, 대왕사, 2005.

회화·조각·서예와 같은 미술작품들은 관광객에게 동기부여를 하기에 충분하며, 음악과 무용은 한 지역의 훌륭한 문화자원으로서 관광객들에게 큰 매력과 즐거움을 제공한다. 또한 수공예품(handicraft)은 관광상품으로서 구매는 물론, 상품들이 만들어지는 현장이나 지역을 방문하는 것도 문화관광의 매력이 되고, 문화관광의 핵심적인 경험 중 하나인 음식은 한 지역의 향토색 짙은 음식문화를 체험할 수 있는 귀중한 기회가 된다.

산업여행과 같이 한 지역의 산업과 상업 및 생산된 재화와 같은 경제기반도 문화관광의 관심대상이 되기도 하며, 쇼핑도 생활양식을 체험할 수 있는 매력이 된다. 또한 정부의 조직과 제도는 나라마다 다르기 때문에 관광객들에게 흥미를 제공하기도 한다.

참고문헌

박상수, 국제관광원론, 형설출판사, 1995.
원융희, 관광과 문화, 학문사, 1999.
유네스코 유산위원회 홈페이지, www.unesco.or.kr/whc
이경모, SIT 미래관광의 대안모색, 대왕사, 2005.
이영진, 권대웅 편, 문화와 관광, 학문사, 1999.
전경수, 관광과 문화, 일신사, 1994.
한국관광공사, 한국문화유산 관광상품화 방안, 1996.
__________, 문화관광축제의 영향 및 운영효율화 방안, 1998.
__________, 전통민속마을 관광상품화 방안, 1999.
__________, 종교유산의 관광상품화 방안, 1999.
__________, 체험관광상품 개발 활성화 방안, 1999.

관광과 환경 13

제1절 | 관광과 환경의 이해
제2절 | 관광이 환경에 미치는 영향
제3절 | 환경과 관련된 관광현상

13 CHAPTER 관광과 환경

Thomas R. Malthus(1706~1834)는 "인구의 힘이 지구가 인간을 위해서 물질을 생산해 내는 힘보다 훨씬 크다"고 보았는데 이를 관광분야에 반영한다면 "관광객의 힘이 관광지의 조절능력보다 훨씬 크다"라고 할 수 있다. 그러므로 우리는 관광과 환경의 문제를 관심 두지 않을 수 없다. 우리는 이미 오래 전부터 자연환경, 물환경, 대기환경, 지구환경이라는 쟁점(Issue)에 매우 익숙해졌다. Global Warming(지구온난화), Depletion of the ozone layer(오존층의 고갈), Acid rain(산성비), Depletion and Pollution of water(물의 오염과 고갈)이라는 용어를 자주 접하였다.

여기서 우리는 관광에서의 나타날 수 있는 환경파괴(environmental disruption)와 환경훼손(environmental damage)의 문제를 다루지 않을 수 없다.

제1절 관광과 환경의 이해

사전적 의미에서 환경이란 인간을 포함한 생명체를 둘러싸고 직·간접으로 영향을 주는 자연적 조건이나 사회적 상황으로 규정된다. 넓은 의미로는 우주를 형성하고 있는 모든 요소들의 실체 또는 어떤 한 주체를 둘러싸고 있는 유·무형의 객체를 의미하며, 인간이 주체인 경우 자연환경, 물리적 환경, 사회적 환경으로 구분하고 있다.

인간과 관련하여 환경은 2가지 역할을 담당하고 있다. 첫째, 인간생활에 불가결한 자원·원재료·공기·물·자연경관을 제공하며, 둘째, 인간활동에서 발생하는 폐기물과 폐에너지를 정화·처리하는 역할을 한다(이미혜, 1999).

관광활동에서 환경은 자연관광의 관광매력물로서 뿐만 아니라 관광산업의 토대로서 매우 중요한 위치를 차지하고 있다. 따라서 양질의 환경을 유지시키는 데 큰 관심의 대상이 되고 있다.

야생지역이나 산림보존지역이 설정되고 관광매력성 때문에 보존함으로써 관광환경의 질적 평가를 신장시키는 데 공헌할 수 있다. 매력적인 관광환경이 부재한 경우에는 관광활동은 이루어지지 않을 것이다. 다시 말해 태양·바다·모래 등의 기본적인 자연의 매력물에서부터 역사적인 지역과 인상적인 인공구조물 등의 관광객에게 요구되는 매력물에 이르기까지 모든 관광환경은 관광개발과 관광산업의 토대가 되기 때문이다.

관광과 환경의 관계는 깊고 복잡하며, 관광에 있어서 환경은 단지 제약요소가 아니라 자원이며 기회이다. 또한 관광객과 관광지 사이의 관계는 인간과 환경의 관계라고 할 수 있다.

관광산업을 '굴뚝 없는 산업'이라 한다. 이는 공해를 유발하지 않으면서 부를 획득할 수 있는 산업임을 강조하는 말이다. 그러나 관광자원이 관광행동의 대상이 되면 대상지역을 중심으로 기반시설에서부터 각종 편의시설 등을 위시한 관광시설이 필요하다. 다시 말해서 인위적인 개발이 필연적인데, 이와 같은 개발은 어떤 의미로든 자연파괴를 일으킬 가능성이 있다. 실제로 지금까지의 관광개발과정에서 자연 파괴의 사례가 빈번하게 나타나고 있는 것이 사실이다. 그러나 개발을 수반하지 않으면 자연자원의 관광가치를 충분히 확보할 수 없다는 데 문제가 있다. 따라서 어떻게 하면 자연을 훼손하지 않는 범위 내에서 관광대상으로써 부각되도록 개발해야 하는 것인지가 자연관광자원을 관광의 대상으로 할 때 첨예하게 나타나는 과제이다.

관광의 환경적 영향은 자연자원의 보전이나 자연환경의 개선이라는 긍정적인 면도 있고, 환경오염문제, 자연경관 파괴, 생태계 변화 등의 부정적인 면도 있다. 다시 말하면, 관광과 환경은 상호 공생적일 수도 있고, 서로 대립적일 수 있다는 것이다.

1. 관광과 환경의 관계

관광은 관광객이 관광지를 방문하면서 이루어지게 되는 여러 가지 총체적인 활동의 복합적인 현상으로 볼 수 있다. 이러한 현상적 측면에서 관광을 구성하는 기본요소로는 관광주체가 되는 인간과 관광객체에 해당되는 관광대상이 필요로 하게 된다. 즉 관광은 활동주체로서의 인간과 그 인간의 활동을 수용하는 객체로서의 환경 간에 이루어지는 상호작용으로 볼 수 있을 것이다.

관광지는 자연과 문화, 사회적 분위기 등 관광객을 유인할 수 있는 매력성을 지니고 있어야 한다. 오염되지 않은 빼어난 자연경관과 특이한 문화유적, 아름다운 전통이 잘 보존된 마을 등은 관광객에게 관광동기를 유발하는 중요한 요소가 된다. 따라서 한 지역의 관광개발의 성패는 바로 이러한 매력적인 환경자원의 특성을 그대로 잘 부각시키는데 달려 있다고 할 수 있다.

지역적으로 고유한 환경자원은 지역의 경제여건과 환경조건, 사회여건에 따라 개발의 방향이 다르게 결정될 수 있으나, 가장 먼저 고려되어야 할 점은 관광객이 매력적으로 인식할 수 있도록 모든 환경을 잘 보전하고 유지하는 일이다. 관광은 관광객들의 다양한 개별활동으로 이루어져 여러 가지 측면에서 환경에 대해 직·간접적으로 영향을 미치게 되는데 이러한 관계를 부도우스키(Budowski)는 환경보전을 옹호하는 것과 관광개발을 촉진하는 것 사이에 세 가지 다른 연관성이 있을 수 있다고 주장하였다. 이 관계는 관광이 자연으로부터 나온 가치에 매우 의존적이기 때문에 특히 중요하며, 구체적으로 살펴보게 되면, 첫째, 관광이 자연환경에 편익을 안겨줄 때 관광과 자연환경은 공생의 관계를 지니게 된다. 둘째, 관광이 자연환경에 대해 피해를 줄 때 관광과 환경은 갈등적인 관계를 지니게 된다. 셋째, 관광이 환경에 아무런 영향을 미치지 않을 때 관광과 환경은 양립의 관계를 가지게 된다는 것이다.

1) 양립적인 관계

이 경우는 관광과 환경은 서로 분리된 채로 거의 접촉이 없이 상호영향을 미치지 않는 존재상태를 말한다. 이러한 상황은 대량관광의 양적 성장으로 인해 자연환경에 대한 영향이 날로 증가하게 되어 이러한 추세가 앞으로도 지속된다고 보기에는 무리가 있다고 본다.

따라서 이러한 형태보다는 관광과 자연환경이 공생의 관계나 갈등적인 관계로 나타나는 경향이 강하게 된다.

2) 공생적인 관계

관광은 특별히 양질의 자연환경을 유지시키는데 큰 관심을 가지고 있으며, 관광은 단순히 자연환경의 지속 이상의 직접적 보호, 보전을 도와주고 있다. 관광과 자연환경이 공생을 이룰 때, 자연환경은 관광으로부터 편익을 가지게 된다. 이러한 관계는 대부분 환경에 대한 세 가지 유형의 편익 중 하나에 속하게 되는데, 이것은 보전과 재생의 편익이 될 수 있다.

첫째, 관광은 기존의 사적, 역사적 건조물 및 기념물 등의 복원을 자극한다. 케이프코트의 경제적 연구에 있어서 고풍스러운 촌락이 지역의 중요한 관광자원이고, 등대, 항구, 어항부두, 옛 저택의 전체적인 개조와 재건으로 지역에 매력을 부가시킨다는 것을 지적하고 있다. 18세기 영국식민지였던 버지니아의 수도 윌리암스버그(Williamsburg)는 거의 황폐했었지만 보존과 재부흥과정에 의해 다시 활성화된 예이다. 윌리엄스버그는 또한 당초의 건축물이 수리될 수 없을 정도로 황폐했었던 것을 과거의 상태로 재건한 교훈이 되고 있다. 뉴코움(Newcomb) 및 콘라드(Konrad)는 레크리에이션자원으로서 과거의 유물에 대해서 귀중한 연구를 실시했다.

둘째, 관광은 완전히 새로운 관광시설 가운데 옛 건축물이나 유적의 변형을 자극한다. 많은 관광리조트에 있어서 옛 지하실이나 창고가 많은 경우, 본래의 구조상의 특징을 유지하면서도 고풍스러운 바, 데스크, 레스토랑으로 개조되고 있다.

이러한 보전형태는 영국에서 장려되고 있다. 미들톤(Middleton)은 그것의 특징과 매력이 쇠퇴한 거리나 촌락에 대해서 재생이나 활성화를 수반하게 되며, 또한 다수의 관광객 유입수의 상승으로 기존의 혼잡스러운 주유여행에 변화를 가져온다는 것을 제기하고 있다. 혹시 이와 같은 방법에 관광이 이용된다고 한다면 역사적 도시의 고유한 특징이 확인된다는 것을 보증하기 위해 그리고 관광시장의 어떤 부문에 적절한 지도가 이루어져야 하는지를 결정하기 위해서 보전그룹과 공공기관과의 관광관련 조정이 필요하게 된다.

셋째, 관광은 자연자원보전의 촉진작용을 한다. 아프리카 국립공원의 설치는 보전을 유발하는 관광능력의 좋은 예가 되고 있다. 탄자니아는 1961년 독립국이 되었다. 아프리카 야생동물은 일단 유럽의 규제·관리가 완화된다면 전멸에 이르게 될 것이라고 예언되고 있다. 그와 같은 불안은 근거가 없고, 탄자니아 국립공원이나 동아프리카의 기타 지역에서는 동물의 개체수와 세력에 있어서 상당한 증가가 이루어졌다. 관광이 외화획득에 기여한다고 하는 동아프리카 정부의 의한 인식이 높음에 따라서 관광객에게 매력이 되는 천연자원, 특히 야생동물의 보전에 대한 필요성에 대해서 상당히 이해가 깊어졌다. 과거 20년간 아프리카의 사바나에 설치된 다수의 공원은 경제적, 정치적, 사회적 압력의 존재에도 불구하고 국립공원이 설치되고 있다. 그리고 그들은 경제발전의 수단으로서 관광장소가 되고 있다. 8만 평방마일(207,200km^2) 이상이 동남아프리카의 국립공원으로서 보유되고 있고, 세계 최후로 최대의 야생동물군을 보호하는 것이다.

3) 갈등적인 관계

관광으로 인해 많은 자원이 통제되지 않고 지나치게 이용되면서 관광지의 매력물이 훼손으로 질적으로 낮아지기도 하며, 수질과 대기의 오염으로 질을 악화시키고 농경지를 변형시키키거나 훼손시키며 야생동물과 식물에 피해를 입히는 등 환경파괴를 초래할 수 있게 된다. 또한 관광개발로 인해 교통혼잡, 주차장 부족, 대기오염과 소음공해 등으로 지역의 생활환경에도 많은 부정적인 문제를 유발하기도 한다. 따라서 일정한 관광지에 적절한 공간을 확보하고 관광으로 인한 갈등을 최소화하기 위해서는 보다 세밀하고 계량적으로 한계수용력을 평가하여 관광개발을 계획하고 이에 대한 정책을 수립하는 노력이 필요하다.

2. 환경영향평가와 관광수용력

1) 환경영향평가

환경영향평가제도란 대규모의 개발사업이나 중요한 시책의 프로그램을 시행하는 과정에서 나타날 수 있는 환경영향을 미리 예측·분석하여 이를 최소화하는 방안을 강구하는 계획기법이자 의사결정도구이다.

환경영향평가에서 다루게 되는 평가분야·항목은 자연환경과 생활환경 및 사회경제환경 등 3개 분야에 23개 항목이 있다.

환경영향평가제도는 그 본질이 '규제'에 있기보다는 사업자가 개발계획을 수립하면서 환경영향을 예측·분석해 스스로 환경의 악영향을 줄일 수 있는 계획을 수립하고 저감방안(reduction plan)을 제시하는 의사결정제도이기 때문에 사업자 스스로 하는 것이 원칙이다. 그러나 사업자가 환경영향평가를 할 수 있는 전문능력·인력을 갖추지 못한 경우가 대부분이기 때문에 평가대행기관에게 의뢰하여 환경영향평가를 수행할 수 있도록 하고 있다.

환경영향평가서는 개발사업의 시행으로 인한 환경영향을 사전에 예측하여 환경에 미치는 악영향을 줄이기 위한 '사전예방책'이며 환경개선을 위한 제도이므로 개발사업의 실시계획승인 등 기본결정이 이루어지기 전에 작성·협의하도록 되어 있다.

표 13-1 환경영향평가 분야 및 항목

분 야	항 목
자연환경	기상, 지형, 지질, 동·식물, 해양환경, 수리, 수문
생활환경	토지이용, 대기질, 수질, 토양, 폐기물, 소음, 진동, 악취, 전파방해, 일조장애, 위락·경관, 위생·공중보건
사회경제환경	인구, 주거, 산업, 공공시설, 교육, 교통, 문화재

2) 관광수용력

관광수용력(tourist carrying capacity)이란 자원을 훼손시키지 않고, 관광객의 만족도를 저하시키지 않으며, 지역의 사회·경제·문화적으로 악영향을 미치지 않는 범위 내에서 최대한 관광객을 수용할 수 있는 한도를 말한다. 결국 관광수용력의 관리는 물리적·환경적 요소와 방문자체험 사이의 균형을 유지하기 위함이다. 이와 같은 관광수용력은 생태학적 수용력과 물리적 수용력 및 사회적 수용력 등 3가지 차원에서 접근할 수 있다.

(1) 생태학적 수용력

생태학적 수용력(ecological capacity)이란 생태가 파괴되기 전까지의 최대한 이용자의 수용능력을 말한다. 즉 일정수준 이상의 관광객이 입장하면 생태학적으로 악영향을 받는 것을 말하는데, 이를 방지하기 위해서는 제한적 입장 또는 일정기간 자연휴식년제를 검토할 필요성이 있다.

(2) 물리적 수용력

물리적 수용력(physical capacity)이란 지역에서 수용할 수 있는 이용자의 최소한의 수를 말한다. 즉 지역의 공간적·시설적 한계를 말하는 것으로, 예를 들면 도로·주차장의 수용능력과 시설이용 및 화장실 사용의 대기시간 증가들을 말한다.

(3) 사회적 수용력

사회적 수용력(social capacity)이란 관광객이 일정수준 이상이 오게 되면 혼잡과 치안·쓰레기 등의 사회적 문제가 야기되는데, 이에 대한 한계수용력을 말한다.

제2절 관광이 환경에 미치는 영향

1. 긍정적 영향

1) 자연자원의 보호

관광은 자연자원의 복구와 보호, 보전에 기여한다. 관광은 자연적 관광자원을 유지·복구·설립하는데 필수적이다. 매력적 환경의 부재하에서는 관광활동은 존재하지 않는다. 따라서 매력물의 보전을 위해 야생지역이나 산림보존지역이 설정되고 국립공원과 천연기념물, 그리고 야생동물 보호구역 등의 지정을 통하여 자연자원을 보존함으로써 관광환경의 질적 평가를 신장시키고 매력성을 높이는 데 공헌할 수 있다. 또한 야생동물과 야생식물의 보호를 통해 생태계의 파괴를 막을 수 있다. 공기·태양·산·강·바다 등의 자연환경은 기본적인 관광매력물이며, 이러한 모든 관광환경은 관광개발과 관광산업의 토대가 된다. 따라서 관광은 제도적으로 자연자원을 보호하고 보전하게 된다.

2) 계획적이고 체계적인 개발

관광개발은 무분별하고 무계획한 자연자원의 이용에 대하여 제한하고 규제하며, 정책적이고 장기적인 계획을 통해 계획적이고 체계적인 개발을 할 수 있게 한다. 또 자연파괴를 줄일 뿐만 아니라 지속가능하며 환경친화적인 개발을 가능하게 한다.

3) 매립지와 불모지의 재활용과 개발

관광개발은 부득이하게 환경파괴를 유발한다. 이러한 개발의 부정적 영향인 자연파괴를 최소화하고 환경친화적인 개발을 위해서는 지형이 쓸모없고 버려진 땅이라 생각되어 왔던 쓰레기 매립지와 불모지의 개발에 많은 관심을 가지기 시작했다. 이러한 개발들은 쓸모없고 가치 없는 지역을 유용하고 가치가 높은 지역으로 바꾸어 놓았다. 또한 매립지와 불모지는 항상 자연경관과 미관을 해치는 불필요한 것으로 생각해오던 것을 개발의 대상으로 인식하게 만들었으며 바람직한 개발의 방향을 제시하는 좋은 예라 할 수 있다.

4) 자연보호에 대한 관심과 자극

관광수요의 증가와 과도한 개발로 인한 자연환경의 손상, 자연환경의 파괴, 산불발생 등으로 자연자원의 훼손이 따르게 된다. 이렇게 발생된 환경오염과 파괴는 관광지의 매력을 감소시켜 관광수입의 감소를 가져오고 생활의 질을 저하시킨다. 체감하는 불편과 피해들은 사람들로 하여금 자연보호에 대하여 더 많은 관심을 가지게 하고 자연보호와 관련된 활동을 하도록 자극한다.

5) 환경교육

도시화로 아파트 밀집지역에서 자란 청소년들은 이들의 생활터전인 자연을 접하면서 생활할 수 있는 기회가 매우 부족하다. 그들에게 자연으로부터 받는 혜택을 알게 하고 앞으로도 계속적으로 그 혜택을 누리기 위해서는 어떻게 보호·보존·보전해야 하는지를 올바르게 교육하는 것은 매우 중요한 일이다. 청소년들 뿐만 아니라 일반인들에게도 자연과 환경의 중요성을 인식시키는 일 또한 매우 중요하다.

2. 부정적 영향

1) 환경오염

환경오염은 관광의 대표적인 부정적 영향이다. 관광수요의 증가로 인해 하수폐기물의 양이 증가하게 되고 부적절한 처리로 수질오염의 원인이 된다. 하수와 리조트 조경을 위한 비료 및 농약, 제초제의 사용으로 인한 수질오염은 많은 관광지에 중요한 문제가 되고 있다. 또한 수질오염은 관광객 이용시설이나 편의시설 설치 등과 함께 관광지역 내 급수가 부족해지는 문제를 발생시켜 지역 내에 사는 야생생물과 인간에게 공급되는 물의 양을 감소시킨다.

교통의 발달은 대기오염과 소음공해의 주요 원인이 된다. 예를 들어 차량의 증가는 관광지역의 대기와 소음공해의 원인이 되고, 항공기는 온실가스를 배출하고 화학물질은 산성비의 원인이 되는 것으로 추정되고 있다.

2) 생태계의 파괴

수질오염의 영향으로 부영양화(eutrophication)를 들 수 있는데, 부영양화는 수중의 산소수치를 높여 물고기 수, 종의 구성, 성장률을 바꾸어 놓는 등 수중 동·식물에 악영향을 미친다. 또 관광은 꽃과 식물류 등의 채집으로 종의 구성에 변화를 유발하고, 산이나 공원 등의 화재발생, 그리고 관광객들의 쓰레기의 투기로 토양의 영양상태를 변화시킬 수 있다. 관광객을 위한 보행로나 도로의 설치 등으로 야생동물의 이동로가 바뀌게 되고 식생군의 변화를 일으킨다. 또한 야생동물 서식지를 관광객들이 방문하게 되면서 번식의 장애와 서식지의 변화가 발생되어 생태계의 큰 변화를 일으키기도 한다.

3) 야생동물의 멸종위기 초래

무차별한 사냥과 낚시, 모피와 상아·장식물·뿔 등의 기념품의 수요증가 그리고 보양을 위한 야생동물의 밀렵행위 등으로 인해 야생동물의 멸종위기를 초래하는 문제가 발생하기도 한다. 또 자동차 교통의 증가로 많은 야생동물들이 죽어가고 있으며, 관광개발과 환경오염으로 인한 자연환경의 파괴는 야생동물의 먹이를 감소시켜 먹이를 찾지 못해 야생동물들이 죽어가게 되는 심각한 문제를 일으킨다.

4) 관광매력의 감소

관광객은 매력적인 환경이 없으면 그곳으로 관광활동을 떠나지 않은 것이다. 아름다운 경관은 자연자원 그 자체로서 관광매력을 가지고 있다. 아름다운 풍경에 매료되어 유인된 많은 관광객들을 수용하기 위해 편의시설과 기반시설의 건설은 필수적이다. 관광객들의 증가에 따라 이루어지는 관광개발은 과도한 개발로 이어져 이로 인한 자연환경의 손상, 자연환경을 파괴하는 파괴주의의 발생, 부주의로 인해 발생하는 산불발생 등의 자연자원의 훼손이 따르게 되고 발생된 환경오염은 관광지의 매력을 감소시키는 결과를 가져오게 된다.

표 13-2 관광이 환경에 미치는 부정적 영향

유 형	환경에 미친 영향	결 과
혼잡	환경스트레스 동물형태의 변화	질적 환경의 저하 산책로 파괴
소음	자연의 소리방해	방문객과 야생동물의 피해
동력선	야생동물의 혼란 소음공해, 오일방류	산란기간의 파괴 환경오염 극대화
쓰레기	자연경관 손상	미관과 위생저하
무분별한 화기사용	산림화재	자연경관 손상 산림침식
장작채집	미생물 등 자연서식지 파괴 산림황폐화	생태계 변화 산림침식
동물먹이 제공	동물형태의 변화	먹이공급 파괴
기념품 수집	자연미관 상실 순환파괴	황폐화 산호초 파괴

※ 자료 : 이미혜, 관광개발론, 대왕사, 1999. p. 473.

제3절 환경과 관련된 관광현상

1. 환경문제의 인식과 활동

오늘날 인간의 생존을 위협하고 있는 환경문제는 단순히 자연계 내의 문제뿐만 아니라 사회적 차원의 요인에 의한 것으로 보고 있다. 환경문제가 전문가나 일반에게 본격적인 관심사가 된 것은 1960년대와 1970년대 초 미국과 일본 등 일부 선진국에서였지만, 그 후 환경문제는 선진국·후진국을 가릴 것 없이 전 세계적인 문제가 되었다. 이에 따라

UN을 비롯한 국제기구에서도 환경문제가 주요 의제로 다루어지기 시작했으며 그것을 해결하기 위한 국제적 노력도 가속화되고 있다.

IUCN(International Union for the Conservation of Nature and Natural Resources, 1960, 1971)는 제15차 총회에서 환경의 중요성에 대한 회원국가들의 인식을 촉구하면서, 오염되지 않은 자연환경을 계속적인 관광발전을 위한 미래의 자산으로 보고, 이에 대한 위협행위 근절과 파괴행위에 대한 감시기능을 충실히 할 것을 표명하는 합의문을 채택하고, 제22차 총회에서는 자연관광자원의 보존을 위한 권역제의 방안을 제시하였다. 1972년 UN은 스톡홀름에서 개최된 UN인간환경회의에서 '하나뿐인 지구'를 캐치프레이즈로 제창하고 환경문제를 광범위하게 다루기 시작했다. 1982년 세계관광기구와 UN 환경프로그램(United Nations Environment Program : UNEP)은 공동선언에서 자연적·문화적 환경과 생활의 질 보호측면으로 환경을 인식하고 있고, UNWTO는 1985년 관광권리장전과 관광객 윤리강령을 선포하면서 현재 및 미래세대의 이익을 위하여 정부가 관광환경을 보호하도록 하고, 1989년 개발로 인해 발생하는 문제 측면으로 환경을 인식하면서, 관광개발에 앞서 수용력 진단의 필요성과 환경보전과 문화유산의 보호를 통한 인류생활의 질적 향상에 도움이 되어야 한다고 하고 있다(임주환 외, 1998).

1992년 유엔환경개발회의(UNCED)에서는 리우선언을 채택하여 환경적으로 건전하고 지속가능한 개발에 대한 범세계적인 공감대를 형성하였다.

2. 지속가능한 개발(Sustainable Development)

1) 지속가능한 개발의 이해

1992년 리우 '지구정상회의' 이래 지속가능한 경제개발이라는 개념이 환경에 관한 기준으로 등장하였다. 대량생산, 대량소비, 풍요로운 사회 등 현대인의 끝없는 욕망을 다른 무엇으로 대체하지 않고서는 지금의 지구적 삶을 온존시킬 수가 없다는 위기감 앞에서 인간은 새로운 패러다임을 찾게 되었다. 특히 '지속가능한 개발'이라는 이 패러다임은 현대문명의 혜택을 적어도 현재와 같은 수준에서 유지하던지, 아니면 더 나아가 가능한 한 최대한으로 누리려 하는 입장을 효과적으로 반영하고 있다는 점에 주목할 필요가 있다.

본래 지속가능성이란 "생태적으로 건전하고 지속가능한 개발"이라 해서 개발에 일차적인 관점을 두지만, 그 개발이 지속가능한 것이어야 한다는 단서를 마련한다는 의미가 담겨 있다. 1987년에 「인류의 미래(Our Common Future)」란 책이 출판되었는데, 그 책이 정의한 바에 의하면, 개발이 생태계에 미치는 영향을 가능하면 줄이고, 현재의 세대가 누리는 생활수준을 후대에서도 누릴 수 있는 방안을 모색해야 한다는 의미이다. 예를 들면 우리는 더 나은 생활수준을 요구하는데, 더 나은 생활수준을 위해서는 성장은 지속되어야 하고, 가구의 소득도 또한 성장하여야 한다는 요구가 제기된다(장병권, 1998).

2) 지속가능한 개발의 동향

1980년 세계 자연보전연맹(IUCN : International Union for the Conservation of Nature and Natural Resources)회의에서 '지속가능한 개발(sustainable development)'개념이 처음으로 제안되었다. 그 이후 "환경적으로 건전하고 지속가능한 개발(ESSD : Environmentally Sound and Sustainable Development)" 규범은 1980년대와 1990년대를 지배하는 원리로 자리잡았다. "미래 세대의 욕구를 충족시킬 수 있는 능력과 여건을 저해하지 않으면서 현세대의 욕구를 충족시키는 개발"로 정의되는 지속가능한 개발은 1992년 유엔환경개발회의(UNCED)의 리우선언을 통해 국제적으로 공론화되고 그 실행계획으로 '의제 21(Agenda 21)'이 채택되었다. 이에 따라 세계 각국은 '의제 21'에 기초하여 모든 산업분야의 지속가능한 개발을 위하여 국가 및 지역 수준의 전략을 수립하고 있다.

관광분야에서는 1996년 세계여행관광위원회(World Travel & Tourism Council)와 세계관광기구(World Tourism Organization), 그리고 지구협의회(Earth Council) 등의 3개 국제기구가 지속가능한 개발 개념 하에 지속가능한 관광을 실현하기 위한 계획안으로 "여행과 관광산업에 대한 의제 21(Agenda 21 for the Travel & Tourism Industry)"을 공동으로 채택하였다. 오랫동안 무공해 산업으로 각광받으면서 양적으로 팽창해 온 관광산업이 관광으로 인해 발생한 부정적인 사회·문화적, 환경적, 경제적 영향에 대한 지각과 비판이 이루어지면서, 기존의 대규모 개발규범이나 관리방식이 아닌 새로운 접근법을 요구하게 된 것이다. 이로써 지속가능한 개발이라는 새로운 환경 패러다임 하에서 현명한 이용을 꾀하는 대안적 관광에 대한 논의가 시작되었다. 1990년대에 들어와 학자들 간에 관광의 지속가능성에 대한 비판과 제안이 활발히 이루어지는 한편, 세계관광기구를 비롯한 많은 국제기구들이 지속가능한 관광을 정착시키기 위해 관련원칙과 지침을 제안하고 있다.

3. 내셔널 트러스트(National Trust)

내셔널 트러스트(national trust)는 다른 자연환경 보존운동과는 달리 보존가치가 높은 토지, 경관지, 건축물을 매입하여 미래세대가 영구히 보존을 할 수 있도록 하는 것이다. 순수 시민단체로서 내셔널 트러스트는 시민으로부터 토지를 기부 또는 증여토록 하거나, 시민들의 성금으로 직접 자산을 매입하여 영구히 보존하고 있다. 이러한 추진이념 및 방식은 시민이 주체가 되어 주요 경관지역, 문화재, 해안과 같이 환경적으로 중요한 지역을 영구히 보존하는 실천적 시민 환경보전 운동이라 할 수 있다.

산업혁명 이후, 영국에서는 무계획적이고 무분별한 개발의 병폐에 저항하기 위하여 많은 단체들이 세워졌다. 이들 중의 가장 저명한 단체는 1865년에 최초로 설립된 단체인 영주관(領主官)보존협회(Commons Preservation Society)와 1877년에 설립된 고건축물 보호협회(Society for the Protection of Ancient Buildings)가 있다. 1867년까지 철도의 확산, 주택건설 붐, 그리고 매우 높은 농업생산성으로 인하여 개발 대상지역의 토지가격이 대폭 상승되었고 결국 이러한 추세는 남아 있는 영주관(領主官)의 공유지를 사유지로 바꾸려는 압력들을 가중시키는 결과를 가져왔다. 이는 주로 런던 주변 지역에 거주하는 영주들이 영주관(領主官)과 주변 산림지역을 사유지로 전환할 것을 요구하면서 이를 보존하려는 영주관(領主官) 보존협회와 심각한 갈등을 빚게 되었다.

이러한 갈등이 지속되는 상황에서 1884년 Hampstead Heath지역 개발을 계기로 영주관(領主官)을 보호하기 위한 법안 마련에 핵심적 역할을 수행하고 있는 로버트 헌터(Robert Hunter) 변호사와 주택 개량사업에 적극적으로 활동하고 있는 사회사업가 옥타비아 힐(Octavia Hill) 여사가 직접 토지를 매입·보호하려는 특별위원회를 영주관(領主官)보존협회 내에 설치하여 Heath 지역 개발을 방지하는 운동을 전개하였고, 론슬리(Rawnsley)는 1883년에 호수 지역보존협회(Lake District Defense Society)설립하여 호반지역의 개발을 적극적으로 반대하는 운동을 하고 있었으며, 1885년에 이들 3인이 모여 개발 대상지역을 매입하여 보호하는 활동을 하면서 추후 초대 National Trust 회장이 된 웨스터민스터(Westminster) 공작과 함께 파괴될 위험에 처해 있는 영국 Keswick 남쪽에 위치한 Lodore 폭포의 매입을 추진하면서 좀더 강력한 형태의 조직결성의 필요성을 제기하였다. 이것이 트러스트가 태동하게 된 직접적인 계기이다.

미국 매사추세츠에서 영국을 방문한 청년 정원 건축가 찰스 엘리어트가 이러한 아이디어를 듣고 1891년에 미국 매사추세츠주 주민들의 이익과 즐거움을 위한다는 명분을 내걸고, 역사·문화유산을 본존하고, 뛰어난 경관을 보호할 목적으로 비영리단체인 "The Trustees of Public Reservations"을 설립하였다. 이 단체가 단지 매사추세츠주 주민들만 위한 조직이기에 내셔널 트러스트라는 명칭을 쓰지 않았지만, 결과적으로 고찰해보면, 내셔널 트러스트의 발상은 영국에서 태동되었으나, 실천적 근간은 미국에서 시작되었다고 볼 수 있는 것이다.

이후 영국에서는 힐여사가 영주관 및 정원 신탁(The Commons and Gardens Trust)이라는 공공신탁(Public Trust) 제도를 제시하였으나, 헌터가 미국 매사추세츠의 제도를 근간으로 "The National Trust" 설립을 제창하여 1894년 7월에 첫 공공회의를 개최하고 1895년 1월에 내셔널 트러스트의 근간인 "The National Trust for Places of Historic Interest or Natural Beauty"라는 단체를 정식으로 결성하였다.

1895년에 내셔널 트러스트가 창설된 이래, 영국의 내셔널 트러스트는 발전을 거듭하여 회원 수와 토지소유권 확보의 성장추세는 괄목할 만하다. 초기에는 상대적으로 더디게 토지 매입이 이루어져, 재단설립이 20년 지난 시점에도 재단은 단 6000에이커만 소유하였지만, 1960년 이후 참가회원 수와 더불어 기하급수적으로 늘어나고 있다. 1977년부터 3년마다 세계 내셔널 트러스트 대회가 개최되고 있으며, 1995년 네덜란드 아넴에서 개최된 제7회 대회는 내셔널 트러스트 탄생 100주년 기념대회로 영국, 스코틀랜드, 아일랜드, 오스트리아, 미국 외에 캐나다, 뉴질랜드, 피지, 프랑스, 일본, 짐바브웨, 말레이시아, 미얀마, 영국령 버뮤다 섬, 미국·영국령의 버진 아일랜드 등 세계 20여 나라에서 33

개 단체가 참가하여 내셔널 트러스트의 중요성을 세계적으로 확산시키고 있다. 내셔널 트러스트는 이제 새로운 100년을 위한 시작을 세계적으로 준비하고 있다. 미네르바라고 일컫는 "생애 환경교육의 새로운 캠페인"을 2095년까지 전개하여 실천적 이념의 환경을 확산시킬 전망이다.

한편, 우리나라에는 공동체와 운명을 같이하는 재산으로 구성원 모두가 동의하더라도 개인소유 또는 처분의 대상이 될 수 없는 것을 말하는 공유재산을 마을이나 공동체가 함께 보존하는 관습이 있었다. 이는 영국에서 시작한 내셔널트러스트운동의 이념과 맥을 같이하고 있다.

우리나라에서 내셔널트러스트 방식, 즉 시민의 자발적인 발의에 의하여 형성된 시민운동은 1990년대 초반에 시작되어 녹색연합, 도시연대, (사)한국내셔널트러스트, 무등산보호단체협의회 등 20개(자연유산 16, 문화유산 4) 단체가 운동을 펼쳐나가고 있으며, '무등산공유화운동', 대전의 '오정골 선교사촌 지키기운동', '반환경적 전력매입운동', '강화도 남단갯벌 내셔널트러스트운동' 등 전국적으로 내셔널트러스트 보존활동을 벌이고 있다. 또한 일반시민들의 정성을 모아 (사)한국내셔널트러스트에서 영구보존이 가능하게 된 곳으로 시민유산 1호 강화 매화마름 군락지, 시민유산 2호 최순우 옛집, 시민유산 3호 동강 제장마을이 있으며, 2006년 12월에 시민유산 4호 나주근대한옥, 시민유산 5호 권진규 아뜰리에가 선포되었고, 2006년 3월에 「문화유산과 자연환경자산에 관한 국민신탁법」이 제정되어 내셔널 트러스트운동의 법적인 기반이 마련되어, 앞으로 활발한 활동이 기대되고 있다. 하지만 현재까지는 초보적 수준에 머물고 있다.

4. 생태관광(Ecotourism)

1) 생태관광의 개념

생태관광(ecotourism)이란 용어는 1965년 헤저(Hetzer)가 『Links』라는 잡지에 관광이 개발도상국에 미치는 영향을 비평하는 글을 기고하면서 그 대안으로 '생태적 관광'(Ecological Tourism)을 제안하면서 처음 등장하였다. 현재 사용하고 있는 '생태관광'(ecotourism)이란 용어는 1983년 Ceballos Lascurain이 미국 홍학 번식지인 유카탄 북부의 습지보전을 위한 운동을 전개하면서 처음 사용하였다. 그는 ecotourism이란 "훼손되지 않았거나 오염되지 않은 자연지역에서 그 지역에서 발견되는 문화적 현상들 뿐만 아니라 야생의 동식물 또는 경치 등을 즐기고 연구하며 감상하는 관광"으로 정의하였다. 그 이후, 많은 학자들과 국제기구 혹은 국가수준에서 생태관광의 도입 가능성과 전략을 논의하고 개념을 정의하였다. 그러나 생태관광의 정의에 관한 국제간, 학자간 합의는 이루어지지 않았다.

일반적으로 생태관광의 다양한 정의에는 "비교적 훼손되지 않은 자연지역", "환경교육 기회 제공을 통한 환경의식 제고", "지역사회 고려"라는 3요소의 중요성이 공통적으로 강조되고 있다. 이와 관련하여, 더글라스와 데레트(Douglas & Derrett)는 생태관광의 특징으로 ① 환경에 기초한(Environmentally based), ② 생태학적으로 건전한(Ecologically sound), ③ 교육적인(Educative), ④ 윤리적인(Ethical) 등 '4E'를 제시하였다.

그림 13-1 생태관광의 개념

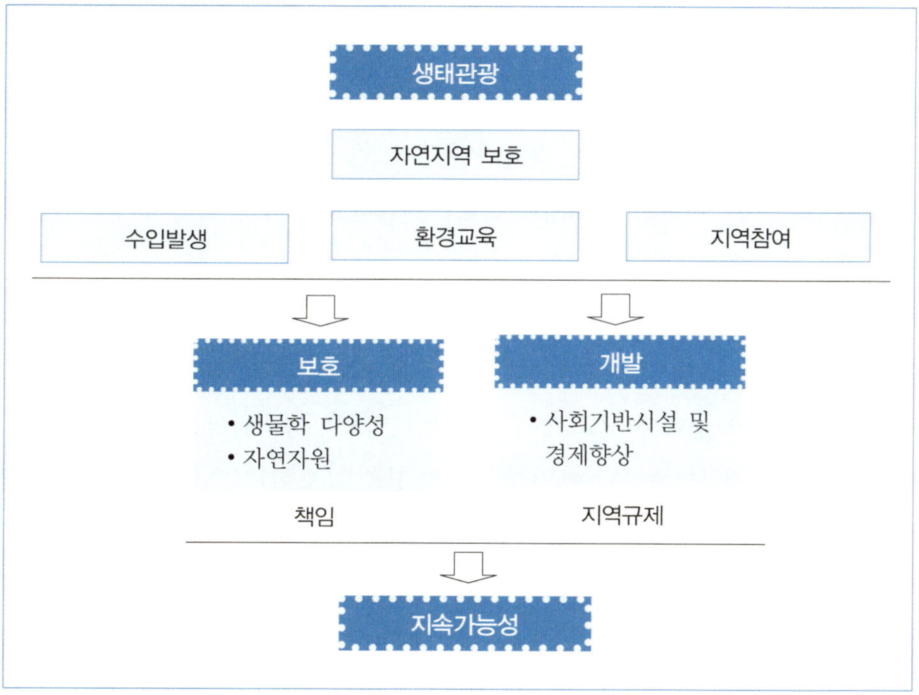

※ 자료 : Ross & Wall, 1999.

생태관광의 정의와 특성들을 종합해 볼 때, 생태관광의 목적은 ① 관광객들을 교육시킴으로써 그들에게 자연보호와 환경의 중요성을 인식시키며, ② 생태계의 균형을 유지하여 자연과 사회문화 환경의 질을 보전하고, ③ 지역주민에게 고용기회를 창출하는 등의 경제적인 혜택을 주어 지역경제에 기여하며, ④ 개발과 보전의 균형을 유지시킴으로써 지속가능한 관광이 되도록 하는 것이라고 할 수 있다. 만약 이런 목표들이 달성되면, 생태관광은 자원개발과 자원보호 사이의 긴장과 충돌완화에 많은 기여를 하게 될 뿐만 아니라, 지속가능한 관광으로 자연자원을 인류 대대로 사용하고 즐길 수 있게 될 것이다(이경모, 2005).

2) 유사관광과의 관계

생태관광과 유사하게 자연자원을 이용하는 자연관광(nature-based tourism), 모험관광(adventure tourism), 야생관광(wildlife tourism)과 지속가능한 관광(sustainable tourism) 등은 개념적으로 중복되기도 하지만 생태관광과 구별되는 특성을 가지고 있다(이경모, 2005).

자연관광은 자연지역에서 행해지는 관광으로 동·식물과 같은 살아 있는 생물체뿐만 아니라, 자연환경 중 바위나 지형과 같은 비생물체에 대한 연구 또는 감상을 목적으로 한다. 자연관광의 목표중 하나가 자연지역을 보호하는 것이기 때문에 생태관광과 같은 개념으로 여겨지기도 한다. 그러나 자연관광은 개발되지 않는 자연지역 또는 야생지역을 즐기려는 목적으로 행해지는 관광으로, 환경에 대한 해석과 교육이 생태관광보다 결여된다는 점에서 구분된다.

모험관광은 자연지역에서의 모험활동에 중점을 두고 있으며, 육체적·정신적인 도전과 교육 및 자연과의 교감 등을 포함한다. 모험관광과 생태관광과의 차이점은 모험관광은 자연환경 내에서 모험적인 요소가 주제가 되는 반면, 생태관광은 자연을 단순히 즐기고 감상하는 요소로만 보는 것이 아니라 자연환경을 보호하려는 것에 더욱 중점을 두고 있다는 것이다.

야생관광이란 자연지역에서 동식물 등과 같은 살아 있는 생물체를 탐구·관찰하는 관광의 형태를 말한다. 생태관광이 야생관광과 다른 점은 생태관광은 순수하게 야생생활만을 관찰하는 것보다는 더 넓게 초점을 맞추고 있다는 것이다. 생태관광에서는 모든 경치와 환경들이 관광을 위한 우선적인 관심의 대상이 되며, 환경의 범위는 야생관광보다 포괄적이라고 할 수 있다. 이러한 생태관광과 유사관광의 개념 및 특성을 정리하면 〈표 13-3〉과 같다.

표 13-3 생태관광과 유사관광의 특성 비교

구 분	특 징
생태관광 (ecotourism)	• 관광객을 교육시켜 환경의 중요성을 인식시키는 의미를 지님 • 생태계 균형유지를 통해 지역의 자연환경 보전 • 개발과 보전의 균형을 통해 궁극적으로 지속가능한 관광실현
자연관광 (nature-based tourism)	• 자연환경에서의 활동을 통한 위락 추구 • 관광활동이 반드시 관광지 환경보전에 기여하지는 않음 • 야외감상과 같은 단순한 의미로 언급되기도 함 • 윤리적 측면을 강조하거나 원칙준수가 필수적으로 요구되지 않음
모험관광 (adventure tourism)	• 자연지역에서 행하는 모험활동에 중점을 둠 • 자연환경 보호나 교육적인 면이 부각되지 않음 • 생태관광과 비슷한 개념의 관광 중에서 지속가능성이 결여된 편
야생관광 (wildlife tourism)	• 자연지역에서 동식물을 탐구·관찰 • 자연관광보다 환경의 포함범위가 적음 • 자연보호나 교육적 요소를 추구하는 경향이 있음

※ 자료 : 이경모, SIT 미래관광의 대안모색, 대왕사, 2005.

3) 생태관광의 효과

생태관광은 지역사회와 환경에 이익을 가져다 줄 수 있다. 지역사회는 지식·서비스·시설·상품을 제공하여 생태관광객의 경험의 질을 높여 줄 수 있다. 생태관광이 지속가능하기 위해서는 지역사회와 관광객 그리고 자연환경의 3요소간의 협력이 매우 중요하다. 이를 위해서는 생태관광이 지역사회와 자연환경에 미치는 영향을 분석하여 긍정적인 효과를 극대화하고 부정적인 효과는 최소화하는 노력이 필요하다. 생태관광의 효과는 사회적, 경제적, 환경적 측면에서 긍정적 효과와 부정적인 효과로 구분하여 살펴볼 수 있다.

첫째, 환경적으로는 환경과 인간이 상호 공존하는 유기체가 되도록 도모함으로써 자연에 대한 인식을 높여 자연의 보호에 필요한 예산의 증가, 자연보호 시스템이 발달되고 자연자원의 정화노력이 증가하게 된다. 그러나 생태관광의 활성화는 필연적으로 자연자원 사용증가로 인한 인프라 건설과 소음을 유발하고 야생동식물의 생물학적 변형을 초래하게 된다.

둘째, 경제적으로 지역사회는 생태관광객에게 서비스를 제공하여 수입의 증가 및 지역주민의 채용기회 유발 등의 지역경제 활성화요인들을 가질 수 있게 되며, 이러한 경제활동을 통해 벌어들인 수입 중 일부는 다시 자연보호를 위해 쓰이게 된다. 그러나 생태관광은 소규모로 이루어지기 때문에 기대만큼 수입이 크지 않으며, 지역사회의 자본과 기술부족으로 경제적 이익을 얻기가 용이하지 않다는 단점이 있다.

셋째, 사회적으로는 지역의 자연자원과 문화의 독특함과 가치를 외부인들이 인정해 줌으로써 지역구성원들의 자부심이 강화되고, 지역사회의 결속력이 강화되는 효과가 있다. 그러나 생태관광객 증가에 따른 외부문화의 전파는 지역의 전통문화 파괴를 가져오게 된다. 또한 일부 집단만이 생태관광의 혜택을 받음으로써 이익의 공정분배가 실패하게 되고 이로 인해 지역사회는 분열하게 된다. 생태관광이 지역사회에 긍정적인 영향과 부정적인 영향을 정리하면 〈표 13-4〉와 같다.

표 13-4 생태관광의 효과

부문별	긍정적 효과	부정적 효과
사회적 측면	• 지역사회의 결속력 강화 • 일부의 지역사회 환원 • 문화와 자연자원의 독특함과 가치에 대한 외부인의 인정(지역 구성원 자부심 강화)	• 외부문화 수용으로 전통문화·예절 상실 • 약자 그룹에 대한 이익의 공정분배 실패 • 개인·가족·소수민족 및 사회경제 그룹 등의 이익경쟁과 이익공유 거부
경제적 측면	• 고용기회 증가(가이드, 건축, 보호 지역의 소매점, 레스토랑 등) • 지속적인 경제적 이익 유발 • 가정에 이익분배와 삶의 질 향상	• 산발적인 소규모 이익 • 수입혜택이 지역 상류층, 정부기관, 외지 오퍼레이터 등에 치중됨 • 소수의 개인·가족만 직접적인 혜택 • 자본과 적절한 기술부족으로 경제적 이익을 얻기가 용이하지 않음
환경적 측면	• 자연에 대한 인식·태도 변화 • 자연보호 시스템 발달 • 자연자원 보호·관리예산 증가 • 자연자원 정화노력 증가(강의 수질개설, 해변청소 등)	• 인프라 건설로 환경 악화(도로·건물·캠프) • 소음발생 • 야생동식물의 생물학적 변형 유발 • 자연자원 사용의 증가

※ 자료 : 이경모, SIT 미래관광의 대안모색, 대왕사, 2005.

참고문헌

강미희, 생태관광객의 여행 동기 및 태도, 서울대학교대학원 박사학위 청구논문, 1999.

김홍운·김사영, 관광개발론, 형설출판사, 1996.

이경모, SIT 미래관광의 대안모색, 대왕사, 2005.

이미혜, 관광개발론, 대왕사, 1999.

임주환, 관광개발론, 백산출판사, 1998.

장병권, 국민관광론, 기문사, 1998.

최영국, 바람직한 생태관광의 모색과 방향, 환경과 조경, 제125호, 1998.

한국관광공사, 한국의 생태관광, 1998.

D. B. Weaver, Alternative to Mass Tourism in Dominica, Annals of Tourism Research, Vol. 18, No. 3. 1991.

Dimanche, F. and G. Smith, Is ecotourism an appropriate answer to tourism's environmental concerns?. Journal of Hospitality & Leisure Marketing, 3(4), 1996.

Gilbert, J. Ecotourism means business. GP Publications, Wellington, New Zealand, 1997.

Ross, G. F. Resident perceptions of the impact of tourism on an Australian city. Journal of Travel Research, Winter, 13~17, 1992.

Sadler, B. Sustainable development, northern realities and the design and implementation of regional conservation strategies. In Achieving sustainable development through northern conservation strategies. University of Calgary Press, Calgary Alberta. Quoted in Wight, P. 1995. Sustainable ecotourism: Balancing economic, environmental, and social goals within an ethical framework. Tourism Recreation Research, 20(1), 1990.

Wallace, D. R. Ecotourism. Landscape Architecture., 82(8), 36, 1992.

WCED. Our common future. Oxford University Press, New York, 1987.

Western, D. Introduction; Definition of ecotourism. In Ecotourism: A guide for planners and managers. Volume 1. K. Lindberg and D. E. Hawkins. eds. The Ecotourism Society. North Bennington, Vermont, 1993.

Wight, P. Sustainable ecotourism: Balancing economic, environmental, and social goals within and ethical framework. Tourism Recreation Research, 20(1), 1995.

관광과 기술 14

제1절 | 기술의 발전과 관광
제2절 | 기술이 관광에 미치는 영향

14 CHAPTER 관광과 기술

기술은 전자, 통신, 기계, 우주, 생명 등의 분야에서 획기적인 발전을 이루었다. 우리는 이제 휴대폰으로 신문과 메일을 받아서 볼 수 있으며 서로 상대방의 얼굴을 보면서 전화도 할 수 있게 되었다. 서울에서 부산까지 3시간이면 갈 수 있게 되었고 세계 일주도 더 이상 꿈이 아니다. 기술의 엄청난 발전으로 인간의 생활은 편리해지고 풍족해졌다. 우리는 이미 BT(biotechnology) 생명공학, CT(culture technology) 문화기술, ET(environment technology) 환경기술, IT(information technology) 정보기술, MT(management technology) 경영기술, NT(nano-technology) 나노기술, ST(space technology) 우주기술 등의 기술분야에 많은 진보를 가져오고 있다. 이에 따라 관광분야에서도 무척 많은 변화를 가져왔다.

이 장에서는 기술발전에 따른 관광의 상황들을 점검하고 대처하면서 기술이 관광에 미치는 영향에 대해서 알아보려고 한다.

제1절 기술의 발전과 관광

인간의 문명역사를 돌이켜 볼 때, 오늘의 사회는 가히 기술혁명의 시대에 있다고 할 수 있다. 산업혁명 이후 약 200년의 역사는 과거 어느 시대의 역사와도 비교할 수 없을 만큼 획기적인 생산기술의 발전을 이룩했으며, 이는 비단 물질생산 방식에 있어서 뿐만 아니라 사회전체의 존재양식까지도 크게 바꾸어 놓았다.

이같은 기술환경의 변화는 관광기업의 발전과도 밀접한 관계를 갖는다. 지난 1950년대부터 시작된 교통기술의 발달은 관광산업의 발전에 큰 전기를 마련해 주었다. 그 중에서도 제트엔진 항공기의 개발은 관광산업에 있어서 제1기의 기술혁명으로 일컬어진다. 최근 들어 전개되고 있는 컴퓨터기술과 통신기술의 발달은 관광산업 발전에 또다른 전기를 마련해 주고 있다. 이른바 정보기술로 통칭되는 오늘의 기술변화는 관광산업에 있어서 제2기의 기술혁명으로까지 받아들여진다.

따라서 다음에서는 교통기술, 컴퓨터 통신기술과 관광의 관계에 대해 살펴보기로 한다.

1. 교통기술

관광은 문자 그대로 인간의 이동을 전제로 하는 만큼 오늘날과 같이 관광이 발전한 데는 무엇보다도 교통기술의 발달이 크게 기여해온 것이 사실이다. 산업화 이전의 시대를 돌이켜 볼 때 인간의 이동은 매우 오랜 기간 동안 극히 제한적인 교통수단에 의존해 왔다. 도보에 의한 이동이 가장 일반적인 형태였다고 할 수 있으며, 말이나 낙타와 같은 동물을 이용하는 것이 도보에 의한 것보다는 좀더 개선된 방법이었다. 그 외에도 강이나 바다를 통한 배(노나 돛을 이용한)의 이용은 매우 발달된 모습 중의 하나였다.

이러한 인간의 이동역사에 획기적인 변화를 가져온 계기는 역시 산업혁명에서 찾을 수 있다. 19세기 초 증기기관의 발명이후 철도를 이용한 대규모의 이동이 이루어지기 시작하였으며, 이후 자동차, 항공기 등과 같은 신속하고 안전한 교통수단의 개발이 오늘의 대중관광시대를 여는데 커다란 기폭제가 되었다.

교통기술의 발전은 관광의 범위를 남극이나 북극과 같은 오지와 심해, 그리고 우주공간으로 확대시키고 있다. 또한 시간적 거리와 경제적 거리를 단축시켜 관광의 대중화를 앞당겼다.

최근에는 교통수단들이 '쾌적성'과 아울러 '독특함', '즐거움', '신기함' 등을 갖춤으로써 교통수단 자체가 관광의 대상이 되고 있다.

다음은 오늘날 대표적인 교통수단인 철도, 자동차, 항공기와 해상교통의 기술발달과정과 관광발전에 미친 영향을 구체적으로 살펴보고자 한다.

1) 철도기술

철도가 처음 개설된 것은 1825년으로 영국의 스톡톤과 다링톤 사이를 연결하는 증기기관에 의한 석탄수송용 철도가 그 효시였다. 이후 1830년에 영국의 리버풀과 맨체스터를 연결하는 승객용 철도가 최초로 개통되었으며, 이를 기점으로 하여 유럽과 미국에서 철도는 가장 오랫동안 중요한 교통수단의 역할을 담당해 왔다.

이같은 철도이용의 붐은 제2차 세계대전 전후에까지 이어졌으며, 1950년대 후반 자동차나 제트항공기와 같은 새로운 교통수단이 소개되면서 사양화되기 시작하여, 대부분의 나라에서 화물수송의 역할만을 담당하게 되었다.

철도는 관광의 교통수단으로서 관광의 발전에 기여하였을 뿐만 아니라 여행업의 등장에도 중대한 역할을 하였다. 1841년 7월 5일 영국의 토마스 쿡(Thomas Cook)은 승객당 1실링을 받고 모두 570명의 승객을 모아 영국의 라이체스터에서 러보로우까지 약 12마일의 거리를 철도를 이용해 수송했다. 이것이 역사상 첫 번째 패키지 여행상품이라고 할 수 있으며, 이를 계기로 1845년 토마스 쿡은 세계 최초의 여행사를 설립하게 되었다.

우리나라에서는 1899년 제물포에서 노량진까지 약 33.2km의 경인철도의 개통 이후 철도역을 중심으로 부산, 신의주, 평양철도호텔 등이 설립되어 관광숙박업의 설립되기 시작하였으며 새로운 관광지들이 개발되기도 하였다.

이처럼 여객운송에 있어서 중추적인 역할을 담당하던 철도는 1970년대 이후 고속도로의 개통, 도로망의 확충과 더불어 자동차의 대중화로 인해 여객운송에 있어 사양화되었다.

그러나 기술의 획기적인 발전으로 인해 평균 시속 300km를 달릴 수 있는 일본의 신칸센, 프랑스의 TGV, 독일의 ICE, 스페인의 AVE 등 고속전철의 등장은 고속도로와 항공망이 포화상태에 다다르면서 새로운 교통수단으로 부상하고 있다.

우리나라에서도 고속철도(KTX)가 도입되면서 1박 이상의 숙박관광지였던 경주가 당일관광지가 되는 등 전국이 당일생활권이 되면서 국내관광에 있어서 획기적인 전환점이 되고 있다.

2) 자동차기술

자동차는 다른 어떤 교통수단보다도 여행노선이나 목적지, 시간선택에 있어서 매우 자유롭기 때문에 그 인기가 급상승하였으며, 가족을 단위로 하는 여행에 필수적인 수단이 되었다.

이러한 자동차는 18세기 말부터 19세기 초에 이르기까지 자동차 개발을 위한 수많은 시도가 이루어졌는데, 오늘날과 같은 자동차의 발명은 1885년과 1886년 사이에 독일의 벤츠(Benz)에 의해서 달성되었다. 그 후 포드(Ford)가 대량생산체제를 갖추어 저렴한 자동차를 보급하면서 자동차를 이용한 이동이 매우 급속하게 증가하는 계기가 되었다.

하지만 실제로 여행을 위한 자동차의 이용이 대중화된 것은 제2차 세계대전 이후로 대량생산된 자동차와 충분한 가솔린으로 여행비용이 보다 저렴해지면서부터였다.

자동차의 이용이 이처럼 붐을 이루면서 1950년대와 1960년대에는 고속도로를 중심으로 하여 각종 레스토랑, 모텔 등이 들어서기 시작하여, 자동차대여업(rent-a-car) 등 새로운 관광사업의 발전에 기여하게 되었다. 마찬가지로 다양한 관광지들이 고속도로를 배경으로 하여 조성되기 시작하였으며, 각종 주제공원들이 들어서기도 하였다.

또한 오늘날 다양한 레저용 차량(RV)들이 개발되어 자동차를 이용한 여행이 더욱 활성화되었으며, 자동차야영장업(auto camping)과 같은 새로운 관광사업이 등장하였을 뿐만 아니라, 자동차를 이용한 트래킹(tracking)과 모터 파크(motor park) 등이 새로운 관광목적지로 부상하고 있다. 바야흐로 자동차 여행의 전성시대를 구가하게 되었다.

3) 항공기술

항공교통기술의 발달은 가장 신속한 인간의 이동을 가능케 하였으며, 국내관광은 물론 국제관광의 활성화를 가져온 실질적인 계기가 되었다. 특히 미국의 경우에는 국내이동에 있어서도 다른 어떠한 대중교통수단보다도 높은 이용률을 보여주고 있으며, 1980년대 후반부터는 교통수단별 이용비에 있어서 90%를 상회하고 있다.

인간의 하늘을 날려는 시도는 꽤 오래 전부터 있었다. 하지만 오늘날과 같은 항공기의 역사적 기원으로는 1903년 12월 미국의 라이트(Wright)형제에 의해 시도된 12초 동안의 비행을 꼽는다. 이후 급속한 발전을 가져와 1950년대 후반에 이르러 제트엔진이 개발되면서 1969년에는 보잉사에 의해 시속 600마일의 속도로 490명의 대규모 수송능력을 갖춘 보잉(Boeing)747이 개발되었다. 이후 1976년에는 초음속 능력의 콩코드(Concorde)가 영국과 프랑스의 합작으로 개발되었으며, 최초 시속 1,400마일의 속도를 갖춰 비행속도면에서 획기적인 발전을 이루었다.

이러한 항공기의 발달은 국제관광의 비약적 증가를 가져와 전 세계 국제관광객의 70% 이상이 항공기를 이용하고 있는 것으로 나타났다. 또한 항공기는 관광자원으로 가치는 우수하나 접근성이 양호하지 못하여 개발하지 못한 많은 섬이나 지역이 전적으로 항공운송 서비스의 개시로 여행시간의 단축, 항공요금의 하락 등으로 경제적 거리와 시간적 거리가 단축되면서 세계적인 관광휴양지로 개발된 사례를 찾아 볼 수 있다. 남태평양의 '괌'과 '사이판', 태국의 '푸켓', 말레이시아의 '랑카위', 인도양 서부의 '세이셸', 인도양의 섬나라 '마우리티우스', 인도양의 공화국 '몰디브', 한국의 제주도 등이 항공운송 서비스의 개시로 대륙에서 수천마일 이상 떨어져 있던 오지의 섬이 유명한 관광지로 자리매김하게 된 것이다. 이처럼 항공기의 발달은 <표 14-1>과 같이 관광의 발달과 상호 유사성을 가지는 것으로 나타났다.

향후 항공기술의 발달은 공상과학에서나 가능했던 우주관광을 실현시킬 것이다. 이를 위해 미항공우주국(NASA)을 비롯한 미국의 보잉 및 맥도널 더글러스, 일본의 JRS와 가와사키중공업 등이 20여명의 승객을 싣고 지구궤도를 3시간 정도 비행할 수 있는 미래형 우주민항기 개발사업에 몰두하고 있다. 따라서 가까운 미래에 일반인들을 달까지 수송해 달 표면을 걷는 체험을 제공하는 달 관광이 실현될 것이다.

표 14-1 항공기의 발달과 관광의 변화

시 기	주요항공기 기종·속도	관광범위	항공시장	관광정보 입수
1929	• 기종 : Ford, Jokker, Tri motors • 속도 : 100~125(MPH)	국내여행과 근거리 여행	• 유한계층 • 상용관광객	항공사, 여행사, 우편, 전화 문의
1949	• 기종 : DC-B, DC-10 • 속도 : 250~300	국내여행과 인접국가 여행	• 중산층 • 상용관광객 • 정기노선개설	전화문의 증가
1969	• 기종 : DC-8, DC-9, B-707 • 속도 : 500~600 • 제트여객기의 등장	국내 장거리여행과 대륙간 여행	• 항공승객 증가 : 관광객, 주말여행자, 해외여행자	전화문의, 컴퓨터 이용
1979	• 기종 : B-747, 콩코드 • 속도 : 500~1,300 • 아음속(마하 0.8~0.9)의 초음속 여객기 동시 취항 • 광동체 여객기 등장	대륙간 여행과 무착륙여행	• 대중교통수단으로 정착 • 다양한 항공 요금 • 여행상품 보급 • 항공시장 다변화 • 여행가격안정	전화, 컴퓨터, 팩스 이용
1989	• 기종 : 제2세대 항공기 싱입화 • SST(마하2 이상) • STOL(이착륙시 단축활주로 이용 가능 항공기	대륙간 여행과 초장거리여행	• 대중교통수단으로 확대 • 안정된 항공 요금 • 여행대중화 • 항공시장 다변화	전화, PC통신, Fax 이용, CRS, 여행정보 은행
2009	• 기종 : 제3세대 항공기 등장 • SST(수소연료이용) • VSTOL(수직상승여객기)	대륙간 여행과 세계일주, 우주여행	• 초기단계의 우주여행	Home Video 이용

※ 자료 : 김창수, 관광교통론, 대왕사, 1998를 토대로 저자 재작성.

4) 해상교통기술

기원전 3,200년경 이집트인들이 돛단배를 발명함으로써 인력에 의존하던 해상교통은 자연의 힘을 이용함으로써 연안으로의 항해가 가능해졌다. 페니키아인은 목선으로 물자교역을 위한 에게해를 중심으로 한 연안항해를 통해 크게 번영하였으며 이후 그리스·로마시대에는 지중해를 중심으로 더욱 해상교역이 발달하였다.

15세기에는 나침반이 발명되어 '대항해 시대'를 맞이하였다. 새로운 세계에 대한 탐험 욕구는 콜럼버스와 마젤란과 같은 이들로 하여금 범선을 이끌고 대양을 넘어 신대륙의 발견으로 이루었다.

산업혁명으로 인한 증기선의 등장은 더 이상 자연에 의존하지 않고 대양에로의 항해가 가능하도록 만들었다. 1818년 미국의 블랙볼 라인(Black Ball Line)사가 최초로 대서양을 항해하는 정규여객선을 투입한 이래 19세기 후반부터 20세기 중반까지 일정한 스케줄과 루트를 따라 항해하는 원양선행승객을 운송하는 호화여객선인 라이너가 활황을 누리게 되었다.

이 시대에서 특징적인 사실은 몇몇 선사들이 선박에 의한 최초의 세계일주관광을 실시하였으며, 겨울에는 기온이 따뜻하고 경치가 수려한 카리브해와 지중해를 방문하여 겨울을 지내도록 하는 피한용 객선이 등장하였다.

증기선의 시대에는 선박건조에 있어 아주 중요한 혁신이 이루어졌는데, 그것은 목제선체에서 철제 선체로의 전환, 외륜(paddle wheel)에서 프로펠러에로의 대체, 증기기관에서 스팀 터빈(steam turbin) 및 그 후의 디젤엔진으로 대체되는 발전이 있었다.

1958년 최초로 제트상업항공기에 의해 논스톱으로 대서양운항이 가능해지자, 해상관광운송업체는 심각한 타격을 입게 되었다. 항공기의 속도와 대량운송능력의 증가 그리고 운임의 저렴화는 더욱더 해상교통을 궁지로 몰아넣어 대양간의 여객운송은 침체로 이어지게 되었다.

그러나 휴양과 더불어 동적 관광을 동시에 즐기는 크루즈관광은 바다와 해안을 동경하는 시대적인 관광패턴을 배경으로 보다 본격화되고 있다. 특히 거대한 레저 랜드라고 불려지는 20만 톤급의 초대형 유람선이 노르웨이 해운주식회사에서 신규건조를 위해 검토되고 있는 등 해안탐방을 위한 유람관광사업은 끊임없이 연구·발전되고 있다. 이러한 크루즈선박들은 이동을 위해 해상교통수단일 뿐만 아니라 선박 자체가 떠다니는 호텔 또는 거대한 레저 랜드로서 매력적인 관광대상이 되고 있다.

해상교통기술의 발전은 관광의 범위를 해상뿐만 아니라 해저로 확대시키고 있다. 관광용 잠수정의 도입은 1980년대 전반 해저가스·석유개발에 사용되던 잠수정을 관광잠수정으로 운항하면서부터이다. 그 이후 캐나다·스코틀랜드·일본 등은 관광잠수정을 직접 설계·제작하여 본격적으로 해양관광사업으로 등장하게 되었다. 우리나라는 1988년 대륙해저관광사에서 제주도 서귀포 앞바다에 관광용 잠수정을 취항하여 새로운 관광상품으로 인기를 끌고 있다.

2. 정보기술

최근 들어 관광기업에 적응해야 할 새로운 기술환경의 변화로서 대두되는 것이 정보기술이다. 정보기술은 앞 절에서 살펴본 교통기술과는 또 다른 특징을 가지고 있으며 관광기업의 새로운 적응전략을 필요로 한다.

1) 항공사와 정보기술

항공산업은 기술발전 특히 정보기술의 발전에 가장 많은 혜택을 받은 분야이다. 물론 기술발전의 대부분이 항공기 설계와 제작에 맞추어져 있었으나, 항공사의 운영의 효율성을 향상시키는데 정보기술은 커다란 영향을 미쳐왔다(최병길, 2004).

1950년대 초반부터 항공이용이 대중화되면서 점차 항공사 영업규모가 확대되고 항공노선 구조도 복잡해지면서 정보기술의 응용이 항공사 영업에 결정적으로 중요한 역할을 담당하게 되었다. 즉 항공편, 운임, 좌석, 승무원, 탑승자, 수화물 등에 대한 수많은 정보를 효율적으로 유지·관리하기 위한 시스템을 요구하게 되었다.

이를 위해 개발된 시스템이 항공예약시스템(Computer Reservation System : CRS)이다. 세계 최초의 CRS는 American Airline과 IBM이 공동으로 항공권 예약, 발권, 일정, 좌석관리, 탑승자기록 등을 처리하기 위하여 수년간의 노력 끝에 1964년에 개발한 SABRE(Semi-Automated Business Research Environment)이다. 이후 1970년대까지 Delta, Continental, Northwest, Western, PanAm, Eastern and United Airlines가 Sabre의 기능과 유사한 시스템을 자사의 실정에 맞게 개발하여 이용하였다. 1976년에는 어느 특정 항공사만이 아닌 모든 주요 항공사가 접속할 수 있는 예약시스템인 Apollo, SABRE, PARS가 탄생하였다.

표 14-2 GDS 제휴 항공사

GDS	항공사	점유율
SABRE	American Airline	100.0%
GALILEO	United Airlines	38.0%
	British Airways	15.0%
	Swiss Air	13.0%
	KLM Royal Dutch Airlines	12.0%
	US Airs	11.0%
	Alitalia	8.7%
	Olympic	1.0%
	Air Canada	1.0%
	TAP Air Portugal	1.0%
	Austrian Airlines	0.1%
	Air Lingus	0.1%
AMADEUS	Lufthansa	29.2%
	Air France	29.2%
	Liveria	29.2%
	Continental Airlines	12.4%
WORLDSPAN	Delta Airlines	38.0%
	Northwest Airlines	32.0%
	Trans World Airlines	25.0%
	Abacus	5.0%

※ 자료 : 최병길, IT 혁명과 관광, 2004.

컴퓨터예약시스템은 초기에는 항공좌석의 예약업무를 위해 개발된 것이지만, 현재는 항공사의 비행관련 사항(스케줄, 노선, 요금)뿐만 아니라, 호텔 및 렌터카 예약, 철도정보, 여행보험, 관광업체간 전자결제 등 다양한 관광정보를 포함하고 있는 부가가치통신망이다. 대형 컴퓨터예약시스템은 타 항공사, 호텔, 여행사 등과의 전산망을 연계하여 관광상품 공급체계의 일대 혁신을 가져왔으며, 이를 통하여 여행사의 재무분석, 판매 및 관리기능까지 지원해주고 있다.

컴퓨터예약시스템은 항공사가 어떻게 운영하고 있느냐에 따라 두 개의 범주로 분류할 수 있다. 여행사와 연계된 컴퓨터 예약시스템이 어느 특정 항공사에 속하지 않고 다수 항공사가 예약을 취급하는 시스템을 사용하는 벤더(vender) 항공사와 그렇지 않고 자사만 사용하는 비벤더(non-vender) 항공사로 구분되었다. 벤더 항공사에 가입된 컴퓨터 예약시스템은 이후 범세계유통시스템(Global Distribution Systems : GDS)으로 발전했고, 비벤더 항공사에 가입된 컴퓨터예약시스템은 원래의 의미대로 컴퓨터예약시스템(CRS)으로 불리게 되었다. SABRE를 제외한 모든 GDS는 현재 다수의 항공사들과 제휴를 맺고 있으면서, 전자유통을 통해 다양한 여행상품을 판매하고 있다.

2) 호텔과 정보기술

호텔이 과거 이용한 정보기술에는 텔렉스, 전화, 팩시밀리, 우편 등이 있다. 그러나 체인호텔의 확대와 함께 예약업무가 증대함으로써 기존의 정보기술로는 수용할 수 없는 많은 문제가 발생하였다. 따라서 호텔예약업무의 성격상 여러 곳에서 발생된 데이터를 한 곳에서 신속·정확하게 처리할 수 있도록 컴퓨터를 활용한 호텔정보시스템(Hotel Information System : HIS)을 도입하여 이용하게 되었다.

호텔정보시스템의 구축은 객실예약관리, 객실관리, 식당관리(메뉴계획업무), 행사이용안내, 각종 여행정보안내, 시장조사, 촉진·선전활동, 회계·원가관리, 시설물관리 등 제분야에 있어서 경비절감을 가져온다. 또한 관리면의 질적 향상, 조직의 간소화, 사무처리의 질적·능률적 향상을 가져오며, 계획적 서비스에 의한 기회손실의 방지효과를 들 수 있다.

호텔운영에 있어서 정보기술의 이용은 마케팅·유통·예약·판매, 커뮤니케이션, 고객관리, 객실관리, 백오피스, 식음료관리, 에너지관리, 안전 등의 부문으로 확산되고 있다. 호텔운영에 있어서 확산되고 있는 정보기술의 역할을 요약하면 [그림 14-1]과 같다.

그림 14-1 호텔운영에서 정보기술의 역할

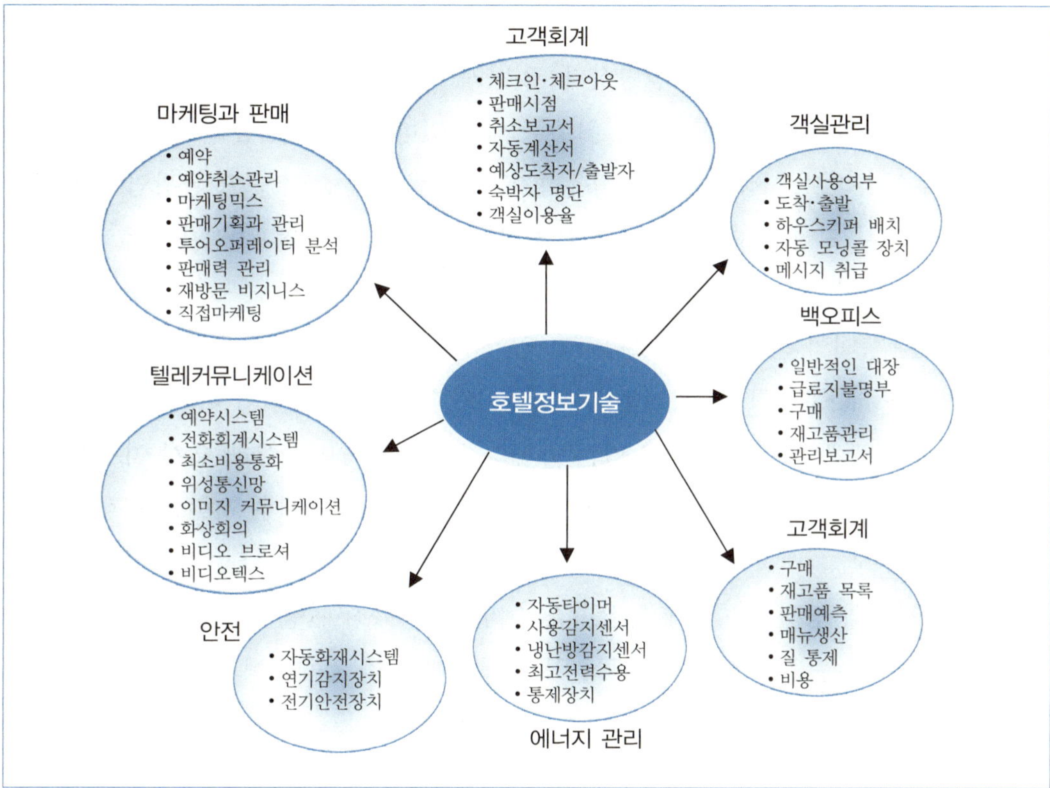

※ 자료 : Poon, A., Tourism, Technology and Competitive Strategies, C.A.B. International, 1993.

3) 관광지정보시스템(DIS)

관광지정보시스템(Destination Information System: DIS)은 정보기술을 이용하여 효과적으로 관광지정보를 관리하고 이를 수요자에게 제공하기 위한 목적으로 개발된 시스템으로 관광지관리시스템 또는 관광지마케팅시스템이라고도 알려져 있다(최병길, 2004).

관광지정보시스템(DIS)은 관광 전에 거주지나 그리고 관광 중에 관광지에서 동시에 이용이 가능하도록 되어 있다. 관광지에 있는 관광정보센터 터미널을 이용하거나 관광지 이외에 지역에서도 전자통신수단을 이용하여 접근이 될 수 있도록 만들어진 이 시스템은 관광정보와 유통에서 효율성을 크게 증대시켰다. 이용자들은 보다 정확하고 상세한 정보수집이 가능하고 정보제공자들은 정보요구자의 여러 형태의 질문에 쉽게 응답

할 수 있도록 구성되었기 때문이다.

DIS는 관광지정보가 오프라인에서 온라인으로 빠르게 옮겨 가면서 만들어 놓은 많은 공백을 메워줄 수 있는 역할을 담당한다. 일반적으로 GDS는 대규모 체인호텔을 통해 비교적 높은 상품들에 대한 정보제공 위주로 되어 있다. 그러나 비용이나 정보기술상의 문제점으로 독자적으로 정보기술을 이용하지 못하는 많은 중·소규모 관광업체의 정보를 정보센터에서 모아 DIS가 종합적으로 처리하게 되면 이들 정보를 매우 효과적으로 관리 및 제공할 수 있게 된다.

DIS는 모든 형태의 관광정보를 포함하고 있기 때문에 특수한 관광상품의 경우에도 이를 이용하면 보다 쉽게 정보유통이 이루어질 수 있다. 또한 관광지역 내의 박물관, 공원, 해수욕장 등 관광객이 관심을 갖고 있는 공공정보 교환도 DIS를 통해 쉽게 이루어질 수 있으며, 상업용으로 제공되는 정보에 대한 비용이 무료이거나 매우 저렴한 가격에 제공될 수도 있다.

DIS는 관광지의 경쟁력을 크게 향상시킬 수가 있다. 특히 관광산업은 중·소규모 형태로 운영되는 수많은 업체들로 구성되어 있기 때문에 이들 업체들에게는 정보기술을 이용하여 마케팅활동을 강화시키는 기회가 될 것이다.

그림 14-2 관광지정보의 전자 유통채널

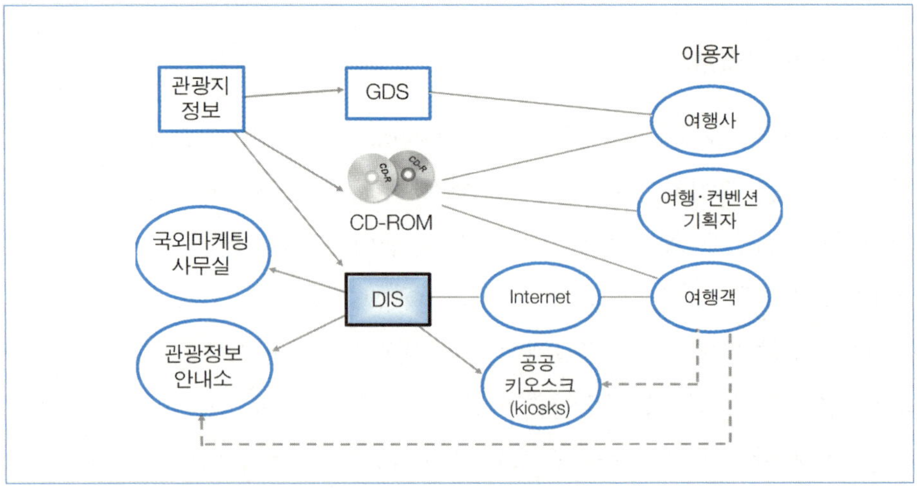

※ 자료 : Sheldon, 1997, 최병길, IT혁명과 관광에서 재인용

제2절 기술이 관광에 미치는 영향

1. 긍정적 영향

1) 신상품 개발

새로운 상품의 창출은 관광부문에 있어서 기술의 영향 가운데 가장 중요한 분야의 하나이다. 교통과 정보기술의 발달은 관광매력성을 가지고 있으나, 정보가 부족하고 접근하기가 어려워 개발되지 못했던 지역을 새로운 관광지로 개발하여 새로운 여행상품으로 등장시키게 되었다.

또한 소비자들이 직접 컴퓨터 예약시스템을 이용하면 보다 양질의 정보를 쉽게 구할 수 있을 뿐더러 재고가 불가능하다는 서비스상품을 시간에 임박해서 값싸게 처리하게 되어 소비자는 물론 공급자 모두에게 혜택을 가져다주게 된다.

관광상품은 복합상품이기 때문에 여러 가지 형태의 다양한 상품을 만들어 낼 수 있다. 정보기술을 이용하면 보다 많은 정보를 손쉽게 수집하고 분석할 수 있기 때문에 다양한 형태의 서비스상품 생산이 가능한 것이다.

2) 생산성 향상

대량생산시스템만큼 적은 비용으로 상품을 생산할 수 있는 방식은 없을 것이다. 대중관광시대의 휴가상품 역시 낮은 생산비용 때문에 소비자들은 값싸게 이들 상품을 구입할 수가 없었고, 대신에 이들은 어느 정도 자신의 개성을 포기할 수밖에 없었다. 그러나 뉴투어리즘(new tourism)의 시대에 접어들면서 사람들은 자신의 특성이나 개성이 관광상품의 구매형태에서도 표출되기 시작하였다.

새로운 정보기술은 대중관광시대의 생산비용으로 뉴투어리즘 시대의 소비자가 원하는 상품을 만들어낼 수 있는 기능을 제공하고 있다.

3) 새로운 서비스 창출

기술의 발달은 소비자에게 새로운 서비스의 제공을 가능하게 하였다. 정보기술에 의해 CRS가 만들어졌고, 자동화된 기계에서 항공티켓을 구매할 수 있고, 화상회의도 가능하게 만든 것이 기술발달의 결과이다. 여행사는 위성통신을 이용하여 고객이 요구하는 시점에서 항공티켓을 바로 고객에게 전달할 수 있어 항공권의 발권이 용이해졌을 뿐만 아니라 고객에게 이를 전달하는 비용을 크게 절감할 수 있게 되었다. 자동발권기(automated ticket machine : ATM)를 이용하면 고객은 직접 항공편이나 요금, 스케줄 등을 탐색하여 예약이나 구매를 할 수가 있다.

4) 새로운 업종의 등장

기술의 발달은 기존의 관광업을 발전시킬 뿐만 아니라 새로운 업종을 등장시킨다. 인터넷의 발달로 인하여 인터넷여행사, 인터넷카지노, 호텔예약업, 관광정보업 등이 등장하였다.

5) 관광의 범위확대

기술의 범위는 새로운 업종을 등장시켰을 뿐만 아니라 관광의 범위를 확대시키고 있다. 우주항공기술의 발달은 우주공간을 대상으로 하는 우주관광, 심해잠수기술이 발달함에 따라 해저2만리와 같은 심해관광, 통신기술의 발달은 가상현실 기술을 발전시켜 사이버관광을 등장시켜 관광의 범위를 우주, 심해, 그리고 가상공간으로 확대시켜 나가고 있다.

2. 부정적 영향

위에서 살펴본 것처럼 기술의 발달은 관광사업의 발전을 가져 온 것이 사실이다. 교통기술의 발달로 활성화된 인간의 이동은 결국 관광산업의 발전에 큰 원동력의 되었으며, 무엇보다도 제트엔진항공기의 개발은 오늘의 국제관광시대를 여는 기폭제가 되었다는 사실이다. 또한 최근에 전개되고 있는 정보기술의 발달은 관광산업이 고객에게 제공하는 서비스의 질을 크게 향상시킬 수 있었으며, 새로운 서비스의 개발도 가능케 해주고 있다.

하지만 기술의 발달이 관광에 긍정적인 영향만을 미친 것은 아니다. 이제부터 기술이 관광에 미치는 부정적인 영향들을 살펴보겠다.

1) 기존 관광지의 쇠퇴

새로운 교통기술의 발달과 교통로의 등장은 기존에 접근이 어려운 잠재적인 관광지를 새로운 관광지를 개발하기도 하지만 기존의 관광지를 쇠퇴시키기도 한다.

2) 관광수입의 감소

교통수단이 발달함에 따라 이동시간이 단축되어 당일여행이나 단기여행이 주를 이루기 때문에, 관광지에서의 지출이 감소되고 체재기간이 짧아져 관광지의 관광사업을 쇠퇴시킨다. 뿐만 아니라 자가용 승용차의 보급은 관광지 체재에 필요한 물품을 출발지에서 미리 준비함으로써 관광지의 경제에 미치는 영향이 감소하게 된다.

3) 환경오염

자동차 등과 같은 교통수단의 배출가스는 대기오염의 주범이 되고 있으며 심각한 소음공해를 일으키고 있다. 또한 정보기술의 발전은 지금까지 잘 알려지지 않았던 관광지에 대한 정보를 제공함으로써 관광객들이 몰려들어 혼잡과 환경을 파괴하기도 한다.

4) 기존 관광사업 위협

컴퓨터·통신의 발달로 새롭게 등장한 관광정보업, 인터넷 여행사, 인터넷 카지노의 등장은 기존 여행사, 카지노 등에 위협이 되고 있다. 뿐만 아니라, 항공기의 발달은 다른 교통수단인 철도와 여객선의 사양화를 가져오며, 자가용 승용차, 렌터카의 보급은 대중교통의 사양화를 가져오고 있다.

5) 관광시장의 축소

컴퓨터·인터넷 기술의 발달은 잠재관광객들의 야외활동을 감소시켜 전체적으로 관광시장을 축소시키게 될 것이다.

참고문헌

김상무 외, 관광사업경영론, 백산출판사, 2000.
김창수, 관광교통론, 대왕사, 1998.
김천중, 관광정보시스템, 대왕사, 2000.
김홍운·김사영, 관광학원론, 형설출판사, 1999.
문화체육관광부, 관광동향에 관한 연차보고서, 2001~2014.
양위주, 장희정, 관광학, 형설출판사, 1998.
이연택, 관광기업환경론, 법문사, 1993.
정석중·이미혜, 해양관광론, 대왕사, 2004.
최기종 외 2인, 관광정보시스템론, 백산출판사, 2000.
최병길, IT 혁명과 관광, 백산출판사, 2004.
한국관광연구원, 관광안내정보 시스템 구축방안, 1999.
A. Poon, Tourism, Technology and Competitive Strategies, C.A.B. International, 1993.

관광의 미래 15

15 CHAPTER 관광의 미래

제1절 미래의 관광시장

세계적으로 저명한 연구소들은 21세기 유망산업으로 정보·통신, 환경관련 산업과 함께 레저, 생활문화, 오락, 관광·여행산업을 거론하고 있다. 또한 앨빈 토플러, 존 나이스비츠 등 세계적인 미래학자들도 관광관련 산업이 세계 최대산업이 될 것이라고 예측하고 있다. 이러한 예측들을 통해 볼 때 관광은 이미 석유, 자동차 산업과 함께 20세기 최대의 산업으로 성장하였으며, 21세기에도 환경, 정보통신산업과 함께 세계최대의 산업으로 입지를 더욱 강화할 것으로 보인다(한국관광연구원, 1997).

세계관광기구(UNWTO)는 2020년 관광전망에서 21세기에는 휴대폰이나 구찌의 구두, 롤렉스 시계가 아닌 관광지를 방문한 것이 가장 귀중한 패션 액세서리가 될 것이고, 디자이너 브랜드의 의류가 아닌 우주복을 즐겨 입게 될 것이다. 휴가 때에는 집에서 멀리 떨어진 남들이 가보지 못한 오지나 우주를 탐험하게 될 것이라고 한다. 그 결과 여행기간이 늘어나서 1995년 전체 여행 중 18%였던 장기여행은 2020년에는 24%로 증가하게 될 것이다.

세계관광기구에서는 향후 관광환경의 변화에 대해 세계화에서 지역화로의 변화, 기술의 발전에 따른 여행의 편의성 증대, 관광객 성향의 양극화, 아시아 관광시장의 성장, 관광상품에서 3E의 중요성 증대와 소비자운동의 영향력 증대 등을 예측하였다.

1. 세계화에서 지역화로의 변화

정보통신기술의 발달은 시간과 공간의 개념이 극소화되면서 인간활동의 범위를 시간적·지역적 제한을 벗어나 전 지구적인 공간으로 확산시키는 세계화를 가져왔다.

세계화(globalization)란 세계가 하나로 되어가는 현상으로 국제화 단계를 넘어서 지구 전체가 경제적으로 하나의 큰 시장으로, 정치적으로도 하나의 큰 체계로, 사회·문화적으로도 하나의 큰 무대로 통합되는 현상이다. UR(우루과이 라운드)가 점차 정착됨에 따라, 앞으로는 자유무역이 전세계적으로 확산이 되어 모든 제품과 서비스가 국경의 제약 없이 자유롭게 거래되는 하나의 큰 시장이 될 것이다. 전 세계시장을 무대로 생산·투자 활동을 함으로써 국제기업에서 다국적 기업으로, 급기야는 국적이 없고 국가를 초월하는 초국적 기업이 등장하게 되었다. 또한 정보통신기술의 발달은 세계 곳곳의 문화가 국경의 제한을 넘어서 상호 교류됨에 따라 문화의 동질화 현상이 발생하면서 문화적 기반이 취약한 국가들은 고유문화의 훼손을 겪고 있다.

최근에는 이러한 세계화에서 지역화(localization)로 변화하고 있다. EU(유럽공동체), NAFTA(북대서양 자유무역지대), ASEAN(동남아시아국가연합) 등 지역별로 경제통합현상이 활발하게 일어나면서 지역적 폐쇄성이 나타나고 있다. 문화적인 측면에서도 자국의 문화를 보호하고 보존하려는 국수주의적인 성격이 강화되고 있다.

관광산업에서 현대성(modernity)에 중심을 둔 국제화와 함께 고려해야 하는 것은 정체(identity)성에 중심을 둔 지역화라고 할 수 있다. 특히 정체성을 확보하기 위하여 민족성·종교·사회구조가 뚜렷한 국가들일수록 이들이 지닌 문화적 특징을 보존하고 강조하여 관광과 연계시키고자 노력하고 있다. 정체성에 중심을 둔 지역화는 틈새시장을 취급하는 업체들에 의해 주도될 가능성이 높고, 이들은 특정 세분시장의 욕구와 선호에 대응하여 이에 적합한 상품과 서비스 체험을 제공함으로써 사업을 영위할 것이다. 또한 지역의 정체성에 관심을 갖고 대안관광을 찾는 수요는 대부분 높은 교육수준 계층, 고소득 계층, 다수의 여행경험을 지닌 계층, 환경에 대한 인식수준이 높은 계층, 사회·문화 전통에 관심이 있는 계층 등이다(이경모, 2005).

이러한 국제화와 지역화는 서로 충돌되는 것이라기보다 공존하며 보완되기 위하여 국제화된 사고와 지역화된 행동(thinking global, acting local)이 필요하다.

2. 아시아 관광시장의 성장

세계경제의 중심이 미국과 유럽에서 아시아로 이동하고 있다. 이미 아시아 국가들의 경제력이 세계의 25%에 육박하고 있다. 앨빈 토플러(Alvin Toffler)는 '부의 미래'에서 '2003년은 아시아 시대가 개막된 분수령이었다'고 피력했다. 중국, 한국, 싱가포르, 대만의 GDP가 유럽 5개국(독일, 프랑스, 영국, 이탈리아, 스페인)과 어깨를 나란히 했으며, 일본과 인도를 포함한다면 EU 25개국을 모두 합친 규모보다 3조 달러 가량 더 많다. 이는 미국(약 12조 달러)보다도 큰 경제규모다.

아시아 시대를 이끄는 원동력은 친디아(Chindia; 중국 + 인도)이다. IMF와 골드만삭스는 2040년 세계 5대 경제 강국으로 중국, 미국, 인도, 일본, 멕시코를 꼽았다. 중국이 미국을 제치고 세계 1위 대국으로 올라서며, 인도가 세계 3위의 새로운 경제대국으로 부각될 것으로 내다봤다.

표 15-1 지역별 세계 인바운드 관광객 전망

(단위 : 백만명)

구 분	추 이			예 측		
	1985	1990	1995	2000	2010	2020
아프리카	9.7	15.1	20.4	27.4	47.0	77.3
미주	64.3	93.6	110.5	130.2	190.4	282.3
동아시아/태평양	31.1	54.6	81.4	92.9	195.2	397.2
유럽	211.6	282.9	335.6	393.4	527.3	717.0
중동	7.5	9.0	13.5	18.3	35.9	68.5
남아시아	2.5	3.2	4.2	5.5	10.6	18.8
누계	326.7	458.2	565.5	667.7	1,006.4	1,561.1
역내지역(a)	265.9	378.2	463.3	544.1	790.9	1,183.3
장거리지역(b)	60.8	80.0	102.2	123.7	215.5	377.9

※ 자료 : UNWTO, Tourism 2020 Vision

이러한 아시아 지역의 경제성장은 관광의 성장으로 이어질 것으로 전망된다. 그 중에서도 특히 경제가 회복단계에 있거나 신흥 관광국으로 부상하고 있는 나라들의 빠른 성장이 예상된다. 2020년에는 이 지역의 10대 관광국에 총 3억 4천 4백만 명의 관광객이 방문할 것이며, 이들 국가들이 동아시아·태평양 인바운드 관광의 86%를 점유할 것으로 전망된다. 여기에 일본과 대만을 더한다면 점유율은 91% 이상으로 늘어날 것이다.

중국은 장거리 휴가여행자 및 상용관광객의 증가와 막대한 중국계 교포 등을 기반으로 동 지역 최대의 인바운드 국가로 부상할 것이다. 태국, 인도네시아, 말레이시아, 호주, 베트남 및 필리핀 등도 역내 및 장거리 휴가여행자를 대량 유치하게 될 것이다.

표 15-2 동아시아·태평양의 10대 관광국

국 가	2020년 관광객수 (백만명)	연평균 성장률 (1995년~2020년)
중국	130.0	7.77
홍콩 특별행정구(중국)	56.6	7.09
태국	36.9	6.91
인도네시아	27.4	7.66
말레이시아	25.0	4.96
호주	17.6	6.40
싱가포르	15.4	3.55
베트남	13.5	9.65
필리핀	11.3	7.72
한국	10.3	4.11

※ 자료 : UNWTO, Tourism 2020 Vision

향후 동 지역의 주요 아웃바운드 송출국가로는 중국, 일본, 한국, 호주 등을 꼽을 수 있다. 중국의 아웃바운드 관광은 연평균 12.3%(세계 평균의 약 3배)가 성장, 2020년도에 약 1억명이 해외로 여행함으로써 세계 4대 관광송출국으로 등장할 전망이다. 일본은 '95년부터 연평균 7.5%, 2000년부터는 8%대의 성장세를 유지하여, 2020년에 총 1억 4천 2백만 명이 해외를 방문할 것이다. 한국은 1995년부터 2020년까지 연평균 6.3%의 성장률을 기록하여 2020년에 총 2천 2백만 명의 해외여행자를 배출할 전망이다. 호주는 연평균 5.6%가 성장하여 2020년에 총 1천 5백만 명이 해외여행을 할 것으로 예측된다.

3. 관광의 편의성 증대

정보통신기술의 발전은 인류생활에 엄청난 변화를 가져오고 있다. 특히 인터넷 여행정보의 활용과 쌍방향 커뮤니케이션이 활성화되어 여행목적지와 호텔 및 기타 시설에 대한 정보취득과 상품구매가 용이해지면서 관광의 편의성이 획기적으로 증대되고 있다.

정보통신기술의 발전은 e-ticket을 통한 티켓이 필요없는 티켓리스(ticketless)여행, 여권정보와 여행자정보의 등록으로 항공권·출입국수속·검역·세관수속 뿐만 아니라 거래은행의 승인으로 현금카드로서의 기능도 가질 수 있는 스마트카드(smart card)의 등장 등은 여행의 편의성을 더욱 증대시키고 있다.

교통분야의 기술발전도 관광의 편의성을 증대시키고 있다. 초음속 항공기는 물론, 대륙간 이동에 이용될 우주왕복선 개념의 항공기 등 노선의 수요특성에 적합한 좌석과 시설을 제공할 수 있는 다양한 항공기종의 개발이 예상되고 있다. 철도의 경우 시속 500km의 자기부상열차가 개발되고 있고, 크루즈선박도 요금의 대중화와 운항속도 향상을 위해 5천명~1만명이 탑승하는 대형 여객선이 개발·운영되고 있어 다양한 분야에서 교통기술의 발전이 진행되고 있다.

또한 기술의 발달, 효율적 시간사용, 공간의 제한, 레저용품과 관광상품의 기능개선으로 인해 과거에 어려웠었던 유형의 여행도 최근 들어 편의성이 증대되고 있다.

4. 관광활동의 변화

1) 관광활동형태의 변화

과거 세계의 관광활동은 인공구조물이나 명승지·유적지 등 관광상품목적으로 조성된 매력물을 방문하여 감상하는 정적인 형태가 주류를 이루었다고 할 수 있다. 따라서 관광객 각 개인의 체험을 중요시하기보다는 모든 관광객에게 일률적으로 제공되는 매력물을 중심으로 관광활동이 이루어졌다.

그러나 소득향상과 교통수단의 발달 등으로 인해 더욱 빈번한 관광기회를 찾게 되었고, 기회가 많아질수록 서로 다른 지역의 문화를 직접 체험해 보고자 하는 욕구가 강해지게 되었다.

이로 인해 감상·관람·안내에 의한 설명청취 등의 정적이고 수동적인 관광활동에서 고유문화의 직접체험, 관련지식의 습득과 학습, 스포츠활동 및 경기참여 등의 적극적 관광활동을 추구하는 관광객이 증가하게 되었으나, 우리나라의 경우 수요에 비해 관광상품의 공급이 다양하지 못한 것이 사실이다.

2) 관광활동의 양극화

향후의 여행상품은 편안함을 추구하는 수요와 모험·교육지향적인 수요를 위한 상품으로의 양극화 현상이 심화될 것으로 예상된다.

편안함을 추구하는 전자는 해변 리조트와 같은 곳에서의 휴식을 동기로 하는 수동적인 여가형태로서 휴식과 안정, 긴장완화 및 스트레스와 업무가 전혀 없는 수동적인 생활로서 복잡한 현대생활의 일상탈출을 목적으로 하는 여행이라고 할 수 있다. 이에 비해 후자인 모험·교육지향적인 여행은 문화·스포츠·모험·생태 등 교육적인 요소를 포함하는 적극적 형태의 관광활동을 의미하여, 대부분 교육과 학습효과가 동반되고, 새로운 것에 대한 경험과 적극적인 참여 및 견문확대 그리고 인적 교류 등이 특징으로 나타나는 여행이다. 여기에는 사업활동을 수행하기 위한 겸목적 관광활동도 포함된다(이경모, 2005).

5. 관광상품에서 3E의 중요성 증대

UNWTO는 미래의 관광상품은 3E's(entertainment, excitement, education)요소를 가져야 인기 있는 상품이 될 것으로 예측하였다.

정보통신기술의 발달은 소비자들이 가격이나 품질의 비교보다는 구매의사결정에서 즐거움(entertainment)과 참여감을 추구하고 나아가 그들의 욕구를 가장 즐겁게 채워줄 수 있는 상품을 추구하게 만들고 있다. 엔터테인먼트는 항공, 통신, 호텔, 패션, 식당, 심지어 은행업까지 침투하고 있다. 싱가포르항공은 크리스월드라는 기내 엔터테인먼트 시스템을 일등석에서 일반석까지 최신 닌텐도게임, 영화, 코미디, 과학, 스포츠, 뉴스, 예술 등 풍성한 프로그램을 제공하고 있으며, 버진 애틀랜틱 항공은 모든 좌석에 비디오 스크린과 지압마사지 같은 서비스를 제공하여 많은 인기를 끌고 있다. 엔터테인먼트 요소를 갖춘 식당, 항공사를 이용하는 관광상품이나 정보제공뿐만 아니라 고객에게 재미를 줄 수 있는 있는 홈페이지를 갖추거나 여행일정 수립에 고객이 참여할 수 있는 엔터테인먼트적인 요소를 갖춘 여행사가 인기를 끌게 될 것이다.

관광경험이 증가하면서 다양한 인간의 감정, 특히 흥미를 자극할 수 있으며, 일상생활에서 탈출할 수 있는 자연환경, 몰입할 수 있는 지적·육체적·정서적 위기와 도전정신, 재미·학습·자기계발의 기회를 제공하는 모험관광(adventure tourism)과 같이 흥미로움(excitement)을 자극할 수 있는 관광상품이 인기를 얻게 될 것이다. 신체적 모험뿐만 아니라 자기계발 목적의 지적모험(intellectual adventure), 갬블링이나 쾌락주의와 같은 감정모험(emotional adventure), 영적 깨달음을 위해 여행하는 영적 모험(spiritual adventure)과 같은 비신체적 모험관광도 등장하게 될 것이다.

새로운 관광소비자들은 관광활동을 소비로 인식하기보다는 여행자 자신에 대한 투자로 인식하여 외국어 습득과 같은 능력향상, 스킨스쿠버나 스키 강습과 같은 스포츠 교육활동, 특정지역 원주민의 문화를 이해하고자 하는 문화·교육성격 활동 등 교육적 요소(education)를 지닌 관광상품에 대한 관심이 증가할 것으로 보인다.

이러한 3개의 요소들을 포함한 개별관광상품(오락관광, 모험관광, 교육관광)도 유망하겠지만 이들 요소들이 결합된 겸목적 관광상품들도 등장하게 될 것이다.

6. 소비자운동의 영향력 증대

종래의 소비자운동은 대부분 소비자 불만처리와 소비자와 기업간의 불평등한 관계를 해소하는데 중점을 두어 왔으나 앞으로는 소비자의 권리뿐만 아니라 인간 전체와 환경을 지키고자 하는 새로운 소비자운동인 컨슈머리즘(consumerism)이 활발해 전개될 것이다.

오랫동안 무공해 산업으로 각광받아온 관광에 대해서도 대규모 개발과 과도한 이용으로 인한 환경적 폐해와 대량관광에 의한 지역사회에 대한 사회·문화적 폐해에 대한 소비자들의 지각과 비판이 이루어지면서, 기존의 대규모 개발규범이나 관리방식이 아닌 새로운 접근방법의 도입을 요구하고 있다. 이러한 요구에 부응하여 관광이 환경에 미치는 부정적인 영향을 최소화하면서 자연환경을 활용하는 지속가능한 관광(sustainable tourism), 생태관광(eco-tourism), 책임있는 관광(responsible tourism), 윤리관광(ethical tourism) 등의 대안관광(alternative tourism)이 더욱 활성화될 것이다. 관광기업들도 환경에 책임을 갖는 기업 내부의 환경프로그램 시행이 증가하고 있다.

도덕적으로 건전한 관광에 대한 소비자들의 요구도 강화될 것이다. 관광목적지의 환경과 지역문화를 보존·발전시키고자 하는 소비자들의 환경의식과 문화인식이 높아질 것이다. 카지노에 의한 도박중독, 섹스관광에 의한 매춘 문제 등 관광윤리와 관련된 문제 해결을 위한 소비자운동이 활발하게 전개될 것으로 예상된다.

제2절 2020년의 관광

1. 세계관광의 주요전망 및 이정표

세계관광기구는 관광환경의 변화를 반영하여 2000~2020년까지 세계관광의 주요 전망을 예측하였다(〈표 15-3〉 참조). 세계관광객수는 2010년 10억 명을 돌파하며, 2015연도에는 12억 명, 2018년에는 14억 명, 2020년에는 15억 명을 돌파할 것으로 예측하였다. 동아시아/태평양 지역의 관광시장 성장이 활발하여 2010년에는 미주지역을 제치고 세계 2위의 인바운드 시장으로 부상할 것이며, 2015년경에는 우주관광의 시대가 열릴 것으로 예측하였다.

표 15-3 세계관광의 주요 전망 및 이정표

연 도	주요전망
2000	• 연간 외래객 5천만 명 유치하는 국가가 3개국으로 확대(프랑스, 미국, 스페인) • 지중해 연안국의 연간 관광객 2억 명 돌파
2001	• 아프리카 남부의 관광객수 1천만 명 육박(1990연도의 5배) • 동아시아/태평양 인바운드 관광객 1억 명 돌파
2002	• 세계관광객수 7억 명 돌파 • 중동지역 외래관광객 사상 최초로 2천만 명대 진입 • 동아시아/태평양지역의 해외여행자수 1억 명 초과
2003	• 북미 및 중/동부유럽 인바운드 관광객 각각 1억 명 돌파 • 북유럽 인바운드 관광객, 사상 최초로 5천만 명 상회
2004	• 카리브해 제국, 인바운드 관광객 2천만 명 유치 • 서유럽 아웃바운드 관광객 2억 명 기록
2005	• 세계관광객수 8억 명 돌파 • 유럽인구의 노령화 심화(60대 이상 인구가 20대 이하 인구를 상회)
2006	• 동북아시아 아웃바운드 관광객 1억 명 돌파
2007	• 지중해 동부 유럽제국, 사상최초로 인바운드 관광객 2천만 명 유치 • 중동지역을 방문하는 북미주관광객 1백만 명 돌파
2008	• 세계관광객 9억 명 돌파 • 대양주 인바운드 관광객 1천만 명 육박 • 지중해연안국, 인바운드 관광객 2억 5천만 명 유치 • 아프리카대륙으로의 북미주 관광객 1백만 명 돌파
2009	• 세계 장거리 해외여행자수 2억 명대 진입(14년만에 배증) • 중국, 외래관광객 5천만 명 유치 • 발칸제국 인바운드 관광객 5천만 명 도달 • 유럽의 인바운드 및 아웃바운드 부문 공히 관광객수 5억 명 돌파 • 동북아시아 인바운드 및 아웃바운드 관광객이 사상 최초로 각각 1억 명대에 진입 • 남아시아로의 인바운드 관광객 1백만 명대 진입 • 600개의 좌석을 보유한 A3 기종 항공기 등장
2010	• 세계관광객 10억 명 돌파 • 남아시아 인바운드 관광객 1천만 명 도달(11년만에 배증) • 동아시아/태평양 지역이 미주지역을 제치고 세계 2위의 인바운드 시장으로 부상(1위는 유럽) • 서유럽 인바운드 관광객 1억 5천만 명 도달 • 중동지역 아웃바운드 송출규모, 사상최초로 2천만 명 육박
2011	• 인도양 제국의 인바운드 관광객 1억 명 돌파(10년만에 배증) • 남아시아 아웃바운드 관광객, 사상 최초로 1천만 명 초과

연 도	주요전망
2012	• 남부유럽 인바운드 관광객, 1천 5백만 명 육박 • 유럽의 아웃바운드(장거리 해외여행) 관광객, 1억 명 돌파
2013	• 세계 해외여행자 11억 명 돌파 • 북미주 역내 해외여행자 1억 명 돌파
2014	• 유럽의 세계 인바운드 관광객 점유율 50% 이하 하락
2015	• 세계 해외여행자수 12억 명 기록 • 우주여행시대 개막 • 태평양제도 인바운드 관광객 1천만 명 도달 • 동북아시아 아웃바운드 관광객 2천만 명 기록(9년만에 배증) • 동남아시아 아웃바운드 관광객 5천만 명 돌파 • 중부/동부유럽 아웃바운드 관광객수 1천만 명 육박
2016	• 세계관광객수 13억 명 돌파 • 중동 인바운드 관광객 5천만 명 돌파(11년만에 배증) • 중국, 외래관광객 1천만 명 유치 • 동남아시아 인바운드 관광객 1천만 명 육박 • 아프리카 아웃바운드 관광객 5천만 명 기록(12년만에 배증) • 세계 역내관광객 총규모 10억 명 도달(18년만에 배증)
2017	• 프랑스 인바운드 관광객 1억 명 육박
2018	• 세계관광객수 14억 명 돌파 • 아시아인의 유럽 방문자수가 미주지역 방문자수를 초과
2019	• 1,000개의 좌석을 보유한 단엽(single wing) 여객기 등장
2020	• 세계관광객수 15억 명 돌파 • 미국 인바운드 관광객 1억 명 육박(미국 방문 상위 7개국 관광객이 총 5천만 명을 초과) • 남아프리카 아웃바운드 관광객이 10년만에 2배 증가 • 동아시아/태평양 지역의 아웃바운드 관광객이 4천만 명을 기록(2002년의 4배)

※ 자료 : UNWTO, Tourism 2020 Vision

2. 2020년 세계관광

세계관광기구(UNWTO)에 따르면 2020년의 국제관광객은 16억 명, 일일 평균 관광수입은 2조~50억 달러에 이를 것이다. 이는 1998년 통계인 국제관광객수 6억 3,513만 명의 약 2.5배, 관광수입 4,393억 달러의 5배로, UNWTO는 앞으로 20년간 국제관광객수와 관광수입이 연평균 각각 4.3%, 6.7%씩 증가할 것으로 예측하고 있다. 결과적으로 관광은 세계 최대의 산업으로 부상할 뿐만 아니라, 전대미문의 거대산업으로 성장하게 될 것으로 기대된다.

표 15-4 2000~2020년간 세계 인바운드 관광객수

연 도	2000	2010	2020
관광객수	668백만 명	1,006백만 명	1,561백만 명
연평균 성장률	3.4%	4.2%	4.5%

※ 자료 : UNWTO, Tourism 2020 Vision

1998년 외래관광객을 가장 많이 유치한 나라는 프랑스, 스페인, 미국, 이탈리아의 순이었으나, 2020년에는 중국이 1억 3천 7백만 명의 관광객을 유치하여 세계 1위의 관광지로 부상하게 될 것이다.

미국은 1억 2백 4십만 명, 프랑스 9천 3백 3십만 명, 스페인 9천 1백만 명, 홍콩이 5천 9백 3십만 명의 관광객을 유치하여 중국의 뒤를 따르게 될 것이며, 러시아도 성장가도에 진입하여, 세계 최대관광지 10위권 안에 포함될 것이라고 예측하고 있다. 최근 인기를 얻고 있는 태국, 싱가포르, 인도네시아, 남아프리카 등도 적지 않은 관광객을 유치할 것이나, 10위 대열에는 포함되지 못할 것으로 전망하고 있다.

아웃바운드 측면에서는 1억 6천 3백 5십만 명의 독일인이 해외여행을 함으로써 세계 제1의 관광객 송출국은 독일이 될 것이다. 일본은 1억 4천 1백 5십만으로 2위를, 미국이 1억 2천 3백 3십만 명으로 3위를, 중국이 1억명으로 4위를, 영국이 9천 6백 1십만 명으로 5위를 기록하게 될 것으로 전망하고 있다.

이와 함께 여행의 형태측면에서는 장거리 여행과 장기여행의 비중이 점차 늘어나 95년의 18%에서 2020년에는 24%가 될 것으로 UNWTO는 전망하고 있다.

표 15-5 2020년 세계최대의 관광목적지

순 위	국가명	관광객 (백만명)	1995~2020 연평균 성장률(%)
1	중국	137.1	8.0
2	미국	102.4	3.5
3	프랑스	93.3	1.8
4	스페인	71.0	2.4
5	홍콩	59.3	7.3
6	이탈리아	52.9	2.2
7	영국	52.8	3.0
8	멕시코	48.9	3.6
9	러시아	47.1	6.7
10	체코	44.0	4.0

※ 자료 : UNWTO, Tourism 2020 Vision

제3절 관광의 새로운 조류

1. 대안관광

대안관광(alternative tourism)은 대중관광(mass tourism)에 대한 또 하나의 관광 내지 다른 형태로서의 관광을 말하는 것으로 관광의 대중화에 따라서 관광지에서 생겨가는 폐해(자연·문화재·경관 등의 파괴, 소음, 교통체증, 획일성 등)를 될 수 있는 대로 적게 하여, 관광의 효과를 그 지역에 미치게 함으로써 관광객도 충분히 만족할 수 있는 관광형태의 총칭으로 사용되고 있다.

대안관광은 접근하는 시각에 따라 두 가지 형태로 분류할 수 있다. 관광지의 무분별한 개발에 의한 환경파괴와 공해 그리고 지역사회의 부정적인 영향 등 관광지의 입장에서 대중관광의 폐해를 개선하려는 대안관광의 형태와 대중관광의 몰개성적이며 획일성을 탈피하여 개성과 다양성을 추구하는 유형으로 분류할 수 있다. 지속가능한 관광(sustainable tourism), 생태관광(eco-tourism), 녹색관광(green tourism), 연성관광(soft tourism), 적정 관광(appropriate tourism), 책임있는 관광(responsible tourism), 저영향 관광(low impact tourism) 등은 관광지의 입장에서 대중관광의 부정적인 면을 개선하려는 대안관광의 형태이다.

대량관광의 획일성에서 벗어나고자 하는 관광객들의 욕구변화를 반영한 대안관광은 특별관심관광(SIT : special interest tour)이다. 특별관심관광이란 "특정관심사를 개발하고자 특정주제와 관련된 지역이나 장소를 방문하는 개별관광객 또는 단체관광객의 전문화된 관광"이다(UNWTO, 1985).

표 15-6 대안관광의 종류

개 념	내 용
sustainable tourism	지속가능한 개발(장래 세대의 요구를 충족시키는 능력을 상실함이 없이 현재 세대의 요구를 충족시키는 개발)이라는 개념에 의거한 관광형태를 말하는 것으로, 지속가능한 관광이란 환경과 관광개발은 서로 상반되는 것이 아니라 상호의존적인 것으로 파악하여, 환경을 보존함으로써 장래에 이르는 관광개발을 실현시킬 수 있다고 하는 개념
eco-tourism	자연환경의 보존을 강조하고 있는 관광형태로, 대량관광의 폐해를 반성하여, 종래에는 그다지 중요시되지 않았던 자연환경의 보존이라는 점을 강력히 주장하고 있는 것이 특징으로서, 1980년대 후반에 제창됨. 생태관광의 뜻은 "환경에 부드러운 관광"이지만 단순히 자연환경을 관광대상으로 할 뿐만 아니라, 관광행동을 위하여 지출되는 금전이 관광대상이 되는 자연자원의 보존을 위해 사용되는 관광형태를 가리키는 개념
green tourism	농촌에서 체재하는 형태의 관광활동으로, 도시생활에서 잃어버린 자연·전통문화와 신선한 농산물과 향토요리 등을 체험하는 형태의 관광, 지역에 따라 농촌관광(rural tourism), 농업관광(agri-tourism)으로 불리기도 함. 촌락의 형태에 따라 어촌관광(blue tourism), 산촌관광(white tourism) 등으로 세분하기도 함
soft tourism	지역주민과 찾아온 손님간의 상호이해, 지역 문화적 전통을 존중하여, 가능한 한 환경보존을 달성하도록 하는 관광
appropriate tourism	사회적·문화적 그리고 자연적 환경에의 마이너스 영향을 피하고, 플러스의 영향을 촉진할 수 있는 관광의 형태로 소그룹 또는 적은 인원수의 사람들에 의한 관광으로서 대규모 개발을 억제하고, 지역사회의 가치관과 문화의 존중·유지를 위하여 노력할 수 있는 관광
responsible tourism	문화적·전통적 가치관과 자연환경을 파괴하거나 여러 가지의 희귀한 자원의 과도한 이용이나 남획을 하지 않도록 하는 관광형태
low impact tourism	매스 투어리즘의 반성으로 자연환경에의 과도한 부담이나 자연자원의 과잉이용을 하지 않고 한정된 자연환경과 자연자원을 유효하게 지속적으로 이용한다는 생각에서 제기된 개념

※ 자료 : 長谷政弘, (社)韓國國際觀光開發研究院 譯, 觀光學辭典, 白山出版社, 2000.

그림 15-1 GIT·MIT·SIT의 순환개념

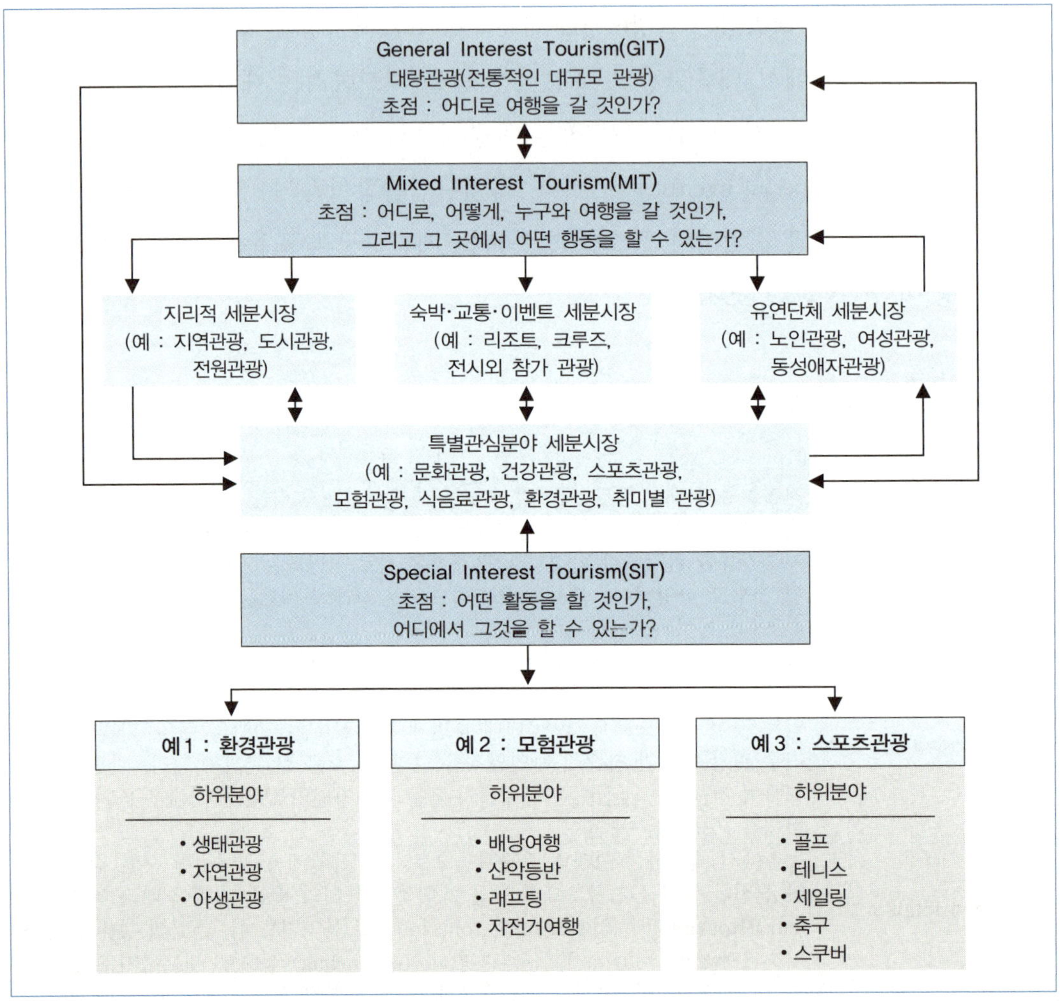

※ 자료 : Trauer(2005), 이경모(2005)에서 재인용

이러한 특별관심관광은 관광객들이 관광경험의 증가, 야외활동 중요성 인식, 환경문제 인식, 교육수준의 향상 등으로 기존의 진부하고 획일적인 관광행태나 관광활동에서 벗어나 무엇인가 새롭고 적극적인 활동을 추구하게 되면서 등장하게 되었다. 여기에 예술·문화·종교·자연·과학·스포츠 등 개인이 관심을 갖는 분야가 여가활동의 증가와 함께 매우 다양해지면서 관광상품 공급업자도 체험중심과 활동중심의 관광상품 및 프로

그램을 제공함으로써 특정분야와 관련된 관광을 활성화되는 계기를 마련하였다.

관광객들은 관광경험이 풍부해지고 자신감이 쌓일수록 안전한 관광보다 모험적인 관광을 추구하며, 관광의사결정에 있어서도 관광지 중심이 아니라 관심분야의 활동을 중심으로 관광목적지를 선택하게 된다. 이러한 변화과정은 관광목적을 중심으로 설명하면 일반관심관광(general interest tourism)의 단계에서는 여행목적지가 중심적으로 고려되지만, 혼합관심관광(mixed interest tourism) 단계에서는 여행목적지와 여행목적지에서의 활동이 함께 고려되고, 특별관심관광(special interest tourism) 단계에서는 관심분야의 활동이 중심이 되어 여행목적지가 고려되는 양상을 보인다(이경모, 2005).

이러한 대안관광은 대중관광의 문제점을 해결하기 위한 대안으로서의 다음과 같은 한계가 지적되기도 한다(Douglas et al., 2001).

- 대안관광은 대량관광의 부정적인 영향을 더 넓은 지역으로 확산시킬 뿐이다.
- 관광산업이 지역사회에 의해 통제될 수 있고, 자생할 수 있다고 제안하는 것이 현실적이지 못하다.
- 대안관광이란 개념은 엘리트와 중산층에 해당된다.
- 대안관광의 개별운영으로 인한 경제성은 관광을 지속적으로 실행하기에는 적당하지 못하다.
- 대안관광은 교육과 마케팅 캠페인 인식을 통해 비현실적인 믿음을 심어 준다.
- 대안관광은 여행경비를 증가시키기 때문에 불공정하다.
- 관광의 증가가 예상됨에도 불구하고 대안관광의 지지자들이 환경이 유지된다고 하는 것은 비현실적이다.
- SIT는 다양한 경험과 정보를 갖고 있는 관광객들에 의해 전통적인 대량관광 매력물로부터 아무 것도 지니고 있지 않은 상태로 이동하는 위험도가 높은 전략이다.
- 대안관광이 지역사회의 산업쇠퇴와 지역개발에 대한 해결책인 것처럼 보인다.
- 대안관광은 비도덕적인 운영자들에 의해 점유될 수 있다.

2. 신관광(New Tourism)

신관광(new tourism)이란 기존의 대중관광(mass tourism) 즉 구관광(old tourism)에 대립되는 개념으로 1980년대부터 등장하기 시작하였다. 즉 대중관광에 대한 대안으로 다양한 형태의 관광이 제시된 시점을 기점으로 신관광의 시대로 구분하기 시작하였다.

대중관광은 제2차 세계대전 이후 정치, 경제, 사회 및 기술적 진보에 따라 제품의 표준화, 분업화, 규모의 경제 등을 통해 다수의 고객에게 고정된 가격으로 표준화된 서비스로 패키지 여행상품의 판매가 이루어지는 현상을 말한다. 따라서 대중관광의 성격은 상품의 표준화(standardization)와 경직성(rigidity), 그리고 대량판매에 있다. 이러한 대중관광은 저렴한 가격으로 특권층의 전유물이던 관광의 대중화에 많은 기여를 하게 되었다.

그림 15-2 관광의 라이프사이클

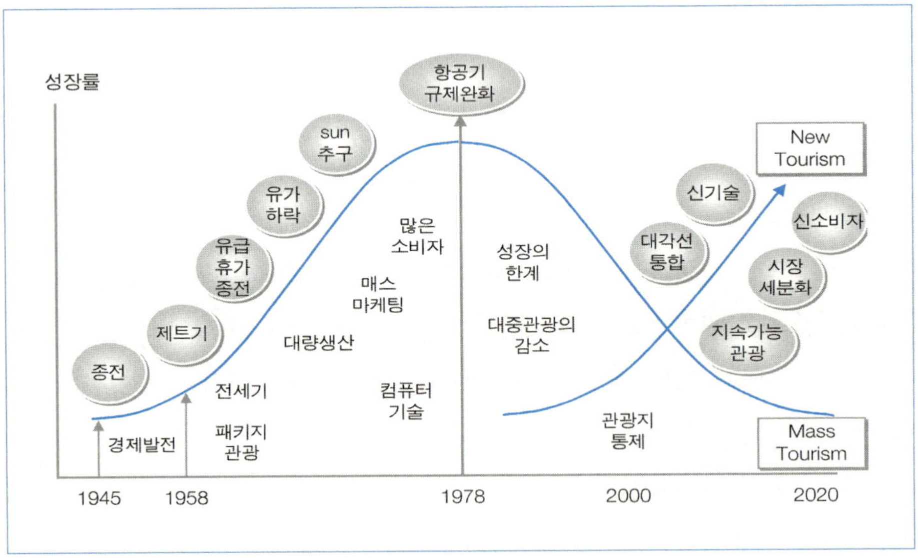

※ 자료 : Poon, Auliana, 1993, 최병길, IT혁명과 관광, 2004에서 재인용

그러나 대중관광시대를 통해 많은 사람들이 충분한 관광경험을 하게 되면서 점차 사람들은 다른 사람과는 다른 여행을 즐기고자 하는 욕구가 증대되기 시작하였다. 경제성장에 따른 실질소득의 증가 및 여가시간의 증대, 그리고 관광경험 인구가 크게 증가하면

서 관광에 대한 인식이 단순히 일상적인 생활에서의 탈피만을 위한 것이 아니라 다른 사람들이 보지 못했던 것을 보거나 과거에 경험하지 못했던 것을 추구하는 방향으로 바뀌어졌다. 소비자로서 관광객의 변화는 그들의 가치관이나 태도에서서도 찾아볼 수 있다. 관광경험의 인구의 증가, 높은 교육을 받은 인구의 증가로 인해 환경을 고려하는 관광이 새롭게 자리를 잡기 시작하였고, 관광지 문화에 대한 이해가 높아졌으며 관광을 일상생활의 연장으로 인식하는 경향이 크게 확산되었다. 이와 같은 관광객의 변화는 기존의 구관광시대의 소비자와는 확연히 구별되는 특징을 나타내고 있다.

그림 15-3 뉴투어리즘 시대의 관광객이 갖는 특성

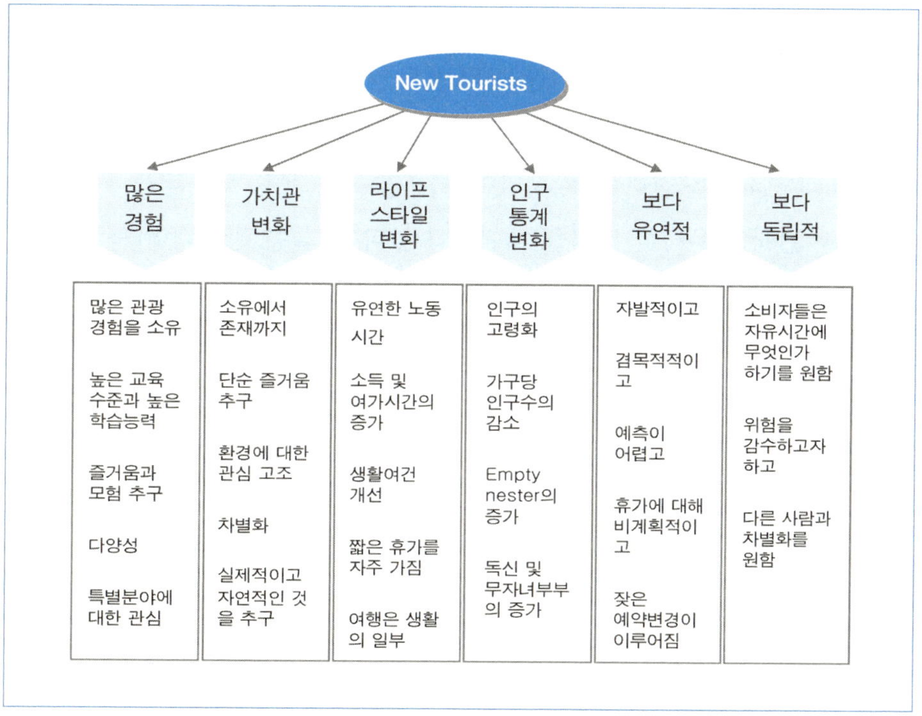

※ 자료 : Poon, 1993 최병길, IT혁명과 관광, 2004에서 재인용

이러한 소비자의 변화에 대응하는 관광기업들도 기술의 발전에 따라 새로운 생산방식과 마케팅 전략을 도입하기 시작하였다. 제조업에서 사용되는 가변생산방식의 도입으로 저렴한 가격으로 다품종 소량생산이 가능해졌다. 구관광시대의 소품종 대량생산과 획일

화에 따른 대량판매 전략과는 달리 상품생산의 가변성(flexibility), 시장세분화, 세분화된 고객을 위한 상품의 전문화(specialization), 그리고 고객화(customization)가 뉴투어리즘의 특징이다.

3. 탈관광(Post-tourism)

탈관광 추세(post-tourism trend)란 관광의 행태가 바뀌어 점차 우리 일상의 생활과 유사해져서 가는 경향을 말한다(김사헌, 2006). 현대사회에서는 이제 관광에서만 독특하게 향유되던 고유성이 해체되고 그냥 일상생활 혹은 일상적 여가와 같은 몰고유적 취향(inauthentic taste)이 지배적 경향이 되는 현상이 특정 세대를 중심으로 나타나고 있다.

디지털 코쿤족(digital cocooners)이라 불리는 이들은 고생을 하며 오지 여행을 하기보다는 편안하게 집안 거실 혹은 폐쇄된 공간 속에 칩거하며, 각종 첨단매체를 이용하여 가상체험(virtual reality)을 한다든가, 서바이벌 게임 혹은 유료 낚시터를 이용하는 등 동네나 집안에서 관광과 유사한 경험을 체험하고 있다. 이들은 관람객이 북적거리는 박물관을 찾아 시간을 허비하며 찾아가 관람하기보다는 차라리 집안에 편히 앉아서 인터넷으로 디지털 박물관에 접속하여 3차원 영상으로 보다 여유있고 세밀하게 미술품이나 유물들을 관람하고자 한다. 학자들은 이런 현상을 두고 관광과 여가간의 의미론적 경계가 허물어져 버리고 마침내는 서로 유사해져가 가고 있다고 보고 있다.

4. 관광트렌드 변화

1) 미래주의와 관광트렌드의 중요성

최근 관광트렌드가 전례 없는 방식으로 결합하고 상호작용하면서 관광산업에 유례없는 위협과 기회를 동시에 안겨주고 있다. 이러한 변화는 기업중심의 공급환경 변화에 의해서도 촉발되지만 관광객의 형태변화에 의해서도 유발되면서 다면적이고 복합적인 양상으로 전개되고 있다.

하루가 다르게 급변하는 관광트렌드 변화에 따라 민간부문은 말할 것도 없고 정부부문에서도 새로운 관광정책을 모색하기 위해서는 끊임없이 미래 트렌드 변화에 촉각을 세우고 이에 대한 대응태세를 갖추는 미래주의 전략이 시급하다. 그러나 지금까지 관광정책은 현안대응에 급급한 나머지 미래트렌드 변화에 기반한 장기적이고 미래지향적인 전략방향 제시가 부족했다.

2) 핵심관광트렌드 변화

그림 15-4 10대 핵심관광트렌드

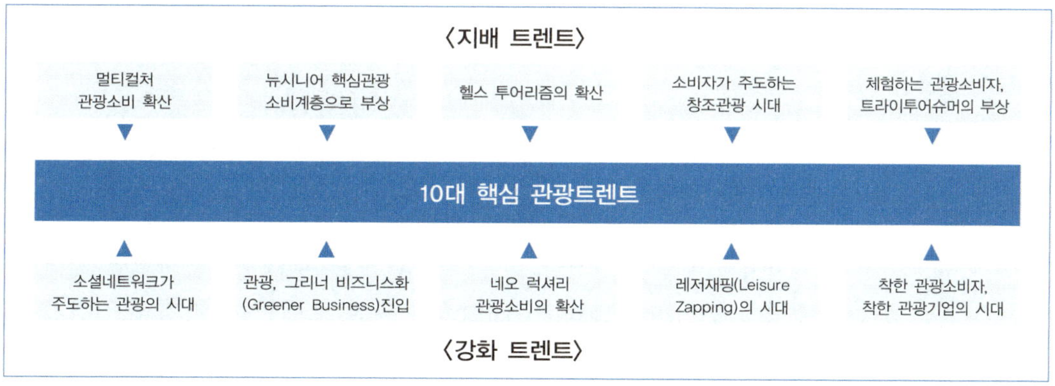

향후 전개될 10대 핵심관광트렌드는 다음과 같다.

(1) 멀티컬처 관광소비 확산

최근 한국이 글로벌 다문화사회로 급속하게 진입하고 있는 점은 관광산업에 있어서도 많은 시사점을 던져주고 있다. 멀티컬처(Multi-Culture)관광소비 확산현상은 '다문화적 가치를 통한 관광', '멀티컬처에 기반한 새로운 글로벌 관광코리아의 준비', '시크한 코리안 이미지 형성'이라는 트렌드 가치를 내포한다. 다문화 사회가 한국관광에 던져주는 메시지는 한국적인 것이 최고라는 식의 맹목적인 국수주의, 민족주의, 애국주의를 의미하는 것은 아니므로 개방형의 관광정책 수립이 중요하다는 점이다.

(2) 핵심 관광소비계층으로 뉴 시니어 부상

이제 나이의 장벽은 허물어지고, 의학기술의 발달과 가치관의 변화로 나이의 개념과 기준이 빠르게 변화하고 있다. 뉴 시니어 시대의 소비계층은 웰빙, 헬스케어에 관심이 많은 세대로 의료관광, 헬스관광 등에 대한 폭넓은 기반을 확보하는 것이 중요하다. 뉴 시니어(New Senior)가 핵심 관광소비계층으로 부상하는 현상은 '관광의 새로운 도전에 따른 시니어 관광의 본격화', '소극적 실버관광을 넘어 본격적 실버복지관광 시대로의 도래'라는 트렌드 가치를 지닌다. 뉴 시니어가 핵심 관광소비계층으로 등장하는 트렌드에 맞게 새로운 관광정책 방향전환이 필요하다.

(3) 헬스투어리즘 확산

최근 건강과 웰빙에 대한 관심 증대로 여행과 관광시장에도 변화의 바람이 불고 있다. 이제 단순히 보고 즐기기 위한 관광에서 벗어나, 관광 또는 여행을 통해 삶의 의미를 되돌아 볼 수 있는 관광상품을 적극적으로 개발하는 움직임이 관광업계에 확산되고 있다. 건강을 생각하는 헬스 투어리즘(Heath Tourism)의 확산 트렌드는 '여행과 건강을 한꺼번에 즐기는 웰빙관광의 확산', '웰빙관광과 휴양문화의 조화' 등의 트렌드 가치를 지니고 있다. 향후 건강과 웰빙을 생각하는 여행이 증가하는 트렌드에 대응하기 위해서는 웰빙관광에 대한 사회적 인식전환, 헬스 투어리즘 관련 소재의 발굴과 연계한 상품개발 및 테마별 종합관광정보의 제공, 한국형 치유관광상품의 개발, 한국적 자연을 소재로 한 에코힐링 관광콘텐츠의 발굴, 그리고 뷰티관광산업에 대한 중요성 인식 및 투자확대 등이 필요하다.

(4) 창조관광 시대의 전개

관광산업은 문화적 상상력과 창의성에 바탕으로 두고 관광객의 다양한 요구를 중축시키는 것이 중요하다는 점에서 대표적인 창조산업이며, 현명한 관광소비시대에 대응해야 한다. 관광객의 영향과 역할 증대에 가장 큰 영향을 미치는 것이 관광객 자신이 지식이며, 관광객이 지니고 있는 지식의 양과 질에 의해서 관광행태에 다양한 변화가 일어나고 있다. 소비자가 주도하는 창조관광(Creative Tourism)의 시대의 도래는 '크리투어슈머의 확산', '당신의 당신을 위한 당신에 의한 관광', '현명한 관광소비의 시대', '온라인 관광·지적관광·감각적 관광·합리적 관광의 부상'이라는 트렌드 가치를 지닌다. 소비자가 주도하는 창조관광시대의 진입에 따른 관광정책의 방향은 크게 관광소비자 주권강화에 대응한 관광소비자 보호정책의 강화, 관광상품 및 서비스 품질 관리정책 강화, 소비자의 세분화된 니즈에 대응한 창조형 특화관광상품 개발 강화, 그리고 크리슈머에 대한 지원정책 등이 필요하다.

(5) 트라이투어슈머의 부상

체험하는 소비자가 구매하는 것은 자신의 경험이다. 체험을 중시하는 소비자는 구매실패를 두려워하지 않고 계속해서 시도를 한다고 하여 '시도하다(Try)'와 '소비자(Consumer)'를 합성한 트라이투어슈머(Tritoursumer)라 불리기도 한다. 체험소비하는 관광분야에서 체험관광(Experiential Tourism)을 의미하는데, 체험관광은 타문화의 잠재성을 만날 기회를 제공하고 또한 공유하게 한다는 점에서 매우 중요한 의미를 지닌다. 체험관광은 개인적 지식을 습득하게 함은 물론 새로운 활동에 깊은 관여를 하도록 유도하므로 방문한 관광객에게 한 지역(혹은 국가)의 문화에 대한 이해를 돕고 방문 기대나 만족을 향상시키기 위해서는 소중한 문화 및 자연유산에 대한 이해가 중요하다. 체험추구 관광소비자인 트라이투어슈머(Tritoursumer)의 부상은 '체험기반 가치소비 관광의 확산', '감성기반 체험관광의 확산', '스토리텔링 관광의 확대', '디자인과 스타일(문화, 이미지, 상징의 조합) 관광의 주도' 라는 트렌드 가치를 지닌다. 앞으로 체험하는 관광소비자, 트라이투어슈머의 증가에 대응하기 위해서는 관광소비자의 만족도 제고, 체험관광상품의 개발, 한국적 문화소재에 기반한 문화체험상품의 개발, 체험프로그램 확충 및 수용태세 강화정책 등이 필요하다.

(6) 소셜네트워크 관광시대의 도래

소셜네트워크(Social Network)가 주도하는 관광시대에서는 관광소비자들이 모바일에서 웹과 어떻게 다른 형태를 보일 것인가를 포착하는 것이 매우 중요하다. 소셜네트워크가 주도하는 관광의 시대는 '미디어융합에 따른 모바일 기잔 관광비즈니스 개발경쟁 가속화', '온라인 네트워킹을 통한 생산적 여가관광활동의 증가'라는 트렌드 가치를 지닌다. 소셜네트워크가 주도하는 관광의 시대에 대응하기 위한 정책방향으로는 통합되는 제3세대 미디어 환경에 맞는 다양한 관광정보는 콘텐츠의 개발, 관광정보 콘텐츠에 대한 R&D 강화, 모바일 환경변화에 따른 소비자의 트렌드 변화 및 관광행태 변화에 대한 연구가 시급하다. 모바일 정보통신시장이 하드웨어와 소프트웨어 모두에서 빠르게 변화하고 있기 때문에 정부의 관광정책이 이에 신속하고 유연하게 대처할 수 있도록 변화해야 하고, 이를 위해서는 문화미디어, 그리고 관광정책의 통합, 관광콘텐츠 개발 관광벤처기업의 육성, 국제협력을 통한 콘텐츠 경쟁력 제고, 모바일 관광콘텐츠를 생산하는 고급인력 육성 등이 필요하다.

(7) 관광산업의 새로운 그리너(Greener) 비즈니스 도약

환경비용이 국제적 강제사항이 되면서 각국 정부는 환경정책을 펼치게 될 것으로 보임에 따라 기존 제품의 친환경적인 개선정도가 아닌 근본적으로 환경을 푸르게 유지시킬 수 있게 해주는 그리너 비즈니스가 부상하게 될 것으로 보인다. 친환경제품 속성에 더하여 새로운 가치 알파를 추구하는 '알파그린' 소비자가 점차 두각을 나타낼 전망이므로 관광기업도 친환경 관광상품은 기본이고 고객이 진정으로 원하는 차별적 가치를 제공하는 알파그린의 시대에 대비해야 한다. 관광산업이 그리너 비즈니스(Greener Business)로 도약하는 트렌드는 '그린관광 비즈니스의 부상', '녹색관광 서비스산업의 부가가치 상승', '그리니엄 관광소비', '에코럭셔리 관광소비 확산'이라는 트렌드 가치를 지닌다. 관광산업이 녹색비즈니스의 주요 산업으로 발전하기 위해서는 성장가능성이 높고, 파급효과가 높은 분야에 대한 발굴, 활용 가능한 녹색기술에 대한 모니터링 및 기술이전 강화, 녹색관광자원의 개발역할 강화 등이 필요하다.

(8) 네오 럭셔리 관광소비의 확산

고가·고품격을 핵심으로 하는 럭셔리 소비가 세계적 경제불황으로 타격을 입은 가운데 VIP시장의 분화가 시작하고 있다. 경기회복과 더불어 억눌렸던 호화소비욕구가 분출되면서 VIP시장의 분화가 한층 강화될 것으로 보인다.

럭셔리 관광에 대한 관심이 증가함에 따라 의료관광, MICE, 요트 등 고부가치를 창출하는 여가시장이 확대될 것이므로 이에 대한 적극적인 제도적 기반마련이 중요하다. 네오 럭셔리(Neo Luxury)관광소비의 확산트렌드는 '고급여행관광, 일상속으로', '메스티지 관광시장의 확산'의 트렌드 가치를 지닌다. 네오 럭셔리 관광소비의 확산, 합리적 명품 관광소비계층의 증가에 대응하기 위해서는 고부가가치 관광시장의 확대에 대비한 제도적 기반 구축, 안심관광소비에 대한 제도 정비, 예술공연 등 고급문화와 연계한 관광상품의 개발, 명품관광콘텐츠의 개발 등의 정책강화가 필요하다.

(9) 레저 재핑 시대로 진입

일과 여가, 놀이의 경계는 그것이 사람들의 의도에 의해서건 무의식적인 측면에서건 지속적으로 허물어지고 있다. 비약적인 커뮤니케이션 기술 및 IT기술의 발전으로 이런 현상은 앞으로 더욱 다채로운 방식으로 다양하게 등장할 것으로 보인다. 레저 재핑시대에 대응하기 위해서는 일과 여가를 대하는 소비자에 대한 태도에 주목해야 한다. 특히, 레저재핑(Leisure Zapping)의 시대라는 트렌드는 '블레저 계층의 확산', '일과 여가, 여가와 관광의 영역 모호화 현상의 가속화', '창조적 계층이 주도하는 여가시장 확대'라는 트렌드 가치를 내포하고 있다. 레저재핑시대의 관광정책방향은 일과 여가를 대하는 소비자에 대한 태도에 주목하여 관광소비자를 세부적으로 재분류하고 재정의해야 하고, 기존에 일과 여가를 분리하던 사고방식에서 탈피하기 위한 환경조성, 여가와 관광의 영역이 무너지는 현상과 더불어 발생하는 관광의 산업적 영역 확대에 따른 정책수립, 정주권내 관광활동에 대한 정책적 배려, 일과 여가의 융합에 대응해서 새로운 관광환경으로서 제3의 공간에 대한 관광자원화 정책, 그리고 도심엔터테인번트의 공간으로서 도시관광 개념의 재정립이 필요하다.

(10) 착한 관광시대의 도래

이제 관광기업도 단순히 돈을 버는 것보다 어떻게 돈을 버느냐가 중요한 시대가 되었다. 착한 소비로 대별되는 소비시장의 변화에 따라 관광기업의 사회적 책임도 강조되고 있으며, 특히 착한 소비는 기업들로 하여금 착한 관광상품을 만들도록 강요받고 있는 상황이다. 사회적 책임의 증가에 따라 관광분야에 있어서도 관광기업 뿐만 아니라 관광소비자에 이르는 모든 단계에서 착한 관광을 강조하고 있다. 착한 관광소비자, 착한 관광기업의 시대 트렌드는 '사회적 책임관광의 확산', '관광기업의 사회적 책임 요구의 증대', '공정관광의 확산', '아름다운 여행소비의 시대'라는 트렌드 가치를 내포한다. 관광기업에 대한 사회적 책임경영, 관광객의 입장에서는 사회적 책임관광의 확산에 대응하기 위해서는 사회적 책임관광에 대한 공감대 형성, 상품단계별·주제별 사회적 책임관광 가이드라인 개발, 공정관광기업에 대한 인센티브 제공 등이 필요하다.

5. 새로운 형태의 관광

1) 서비스 투어리즘(Service Tourism)

의료·교육·관광 등 해외에서의 서비스를 쇼핑하는 서비스 투어리즘이 점차 확산될 것이다. 국내에서 얻지 못하는 수준 높은 서비스를 구입하거나 체험하기 위해 해외로 여행이 증가하는 것이다. 현재 우리나라는 영어교육을 위한 단기유학이 선두에, 레저·예술 서비스를 위한 해외여행이 그 뒤, 그리고 의료서비스가 그 다음을 잇는 모양새로 서비스 투어리즘의 전조가 형성되고 있다. 이러한 흐름은 세계적인 현상이다(LG 경제연구원, 2005).

최근 젊은 세대 사이에서는 스킨스쿠버, 스키, 번지점프, 패러글라이딩 등 해외에서 즐기는 레저상품이 인기이다. 계절이 관계없이 레포츠를 즐기려는 소비자의 욕구는 레저 투어리즘을 더욱 강화시켜 줄 것이다. 조만간 대학가에서도 배낭여행과 더불어 스릴과 모험을 즐기는 익스트림 스포츠 투어가 유행할 것이다.

서비스 투어리즘 분야에서 가장 각광받고 있는 분야는 의료서비스이다. 미국뿐만 아니라 아시아 각지의 유명 병원들은 저마다 의료 허브를 꿈꾸며 고객들을 유치하고 있다.

남아프리카 공화국에서는 성형수술과 관광을 연계한 상품을 판매하고 있는데 유럽이나 미국에서 성형수술하는 가격정도로 성형수술과 사파리관광 및 수술 후 쉴 수 있는 별 5개급 호텔을 제공하고 있다. 연간 30만 명의 외국인 환자를 유치하는 태국의 범룽랏 병원은 홈페이지를 14개 국어로 운영할 뿐만 아니라 환자 가족들에게는 인근 호텔 숙박권까지 패키지로 판매한다. 샴 쌍둥이 분리수술로 주가를 올린 싱가포르의 래플스 병원, 아예 의료특구로 지정된 일본의 나가노현, 중국 상하이가 추진하는 국제의료특구, 하버드대학과 공동으로 추진하는 두바이의 메디칼 시티도 주목해야 할 곳이다. 아랍에미리트와 인도도 의료 허브를 차세대 역점 사업으로 꼽았다.

우리나라에서도 외국인을 대상으로 한 보건관광상품을 개발하기 위하여 한국보건산업진흥원에서 보건관광사업체 지정제도를 도입하여 한방병원과 한의원을 중심으로 운영하고 있다.

2) 서포팅 투어리즘(Supporting Tourism)

빈곤과 기아, 환경파괴와 역사유적의 훼손·파괴를 그저 견학만 하는 것이 아니라, 그 개선과 보전을 도모하는 관광이다. 사막녹화를 위한 식수작업이나 사적의 수복작업 등에 참여하는 투어, 작업에는 참가하지 않지만 여행대금의 일부가 여행지의 야생생물의 보호나 사적보전을 위한 기금이 되는 투어 등이 있다. NGO(non-government tourism) 주최의 투어가 많으며 발런티어 투어리즘(volunteer tourism)이라고도 한다.

3) 허구관광(Fictional Tourism)

이동을 하지 않는 관광을 뜻하는 허구관광은 일본에서 만들어진 용어이다. 여행체험에 있어서의 의식변화에 착안하여, 컴퓨터나 종교적 의례, 샤머니즘이나 약물(drug)사용 등 이동을 수반하지 아니한 의사적(擬似的)인 이동에 관하여 연구하고자 이케다(池田光穂) 교수에 의하여 제창되었다. 이때부터 관광에서의 이동이라는 개념을 상대화시킴으로써 관광현상의 문화적 연구를 더욱 깊게, 그리고 광범위하게 할 수 있게 된 것이다. 인터넷 등의 컴퓨터 공간에서는 가상관광(假想觀光; virtual tourism)이라 한정하여 부른다

(長谷政弘, 1997).

4) 공정여행(Fair Travel)

여행에 대한 소비자 욕구변화를 반영하면서 새롭게 시장을 형성해가는 여행공급자가 증가하고 있다. 이들은 모두 소위 '공정여행'을 지향한다. 공정여행은 학계를 비롯하여 여행공급자 간에도 개념과 명칭에 대해 논란의 여지가 있다. 그러나 공정여행을 지향하는 새로운 여행자그룹들은 여행의 내용과 형식에서 공통적인 가이드라인을 가지고 있다.

첫째, 공정여행은 탄소배출과 쓰레기를 줄이는 방식의 여행을 지향한다. 해외여행의 경우 항공기를 이용하거나 호텔 등 숙소에서 냉난방 이용이 불가피하다. 이동하고 먹고 자는 과정에서 소비되는 에너지, 버려지는 쓰레기가 막대하지만 여행자들은 마치 자신에 의해 환경이 파괴되는 일상에 무감하다. 공정여행은 여행비 중 일정한 금액을 환경단체에 기부하는 등 탄소상쇄프로그램을 함께 진행한다. 여행과정 중에 과도한 에너지 사용을 자제하도록, 쓰레기를 줄여 우리의 지구를 살리고 환경을 생각하는 여행이 되도록 여행자에게 호소한다.

둘째, 역사와 문화가 함께하는 여행을 지향한다. 여행명소 앞에서 사진찍기 바쁜 나머지 그 명소에 숨겨진 의미와 역사, 문화를 지나치는 경우가 많다. 공정여행은 유적지나 생태탐방로를 걸으며, 방문지역의 민가를 들러 자연환경과 역사를 둘러보고 지역의 독특한 문화를 배우며 체험하는 여행을 만들어간다. 그래서 공정여행 그룹에게는 여행할 지역에 대한 산전학습까지 여행과정에 포함시켜 진행하는 게 일반적이다.

셋째, 지역경제에 도움이 되는 여행을 지향한다. 대중관광이 갖는 약점 중의 하나는 여행지에서 쓰는 돈이 지역주민이나 경제에 도움이 되지 못하고 외부의 거대자본에게 집중된다는 점이다. 심지어 자연경관이 수려한 지역을 사들어 호화리조트를 짓고 자연경관의 조망권을 돈 많은 여행자에게만 독점적으로 허용하는 경우도 있다. 그곳에 살던 원주민은 쫓겨나 거주권을 박탈당하고 여행자가 호텔과 리조트에서 쓰는 돈은 지역 원주민의 고용에도 지역주민의 생활향상에도 도움이 되지 못한 채, 대자본의 이익으로 돌아가는 것이다. 공정여행은 숙소와 식당을 찾을 때도 가급적 현지 주민이 운영하는 곳을 이용한다. 그것은 지역경제에도 도움이 될 뿐 아니라 방문지역의 문화와 사람을 직접 체험하는 이중의 효과가 있다.

공정여행은 여행을 떠나기 전부터 여행지역에 대한 사전학습, 역사와 문화, 생태와 환경 등 내용을 채우는 여행, 일정에 쫓기기보다는 프로그램 하나하나에서 여행자의 체험과 참여를 촉진하는 진행방식 등 기존의 대중관광과는 구별되는 특징이 있다. 공정여행은 내용과 형식, 사전준비부터 사후 평가에 이르기까지 전 과정에서 여행자의 지식과 경험, 사회적 이해와 관계의 폭을 넓히는 배움 속의 여행이라 할 수 있다.

5) 슬로우투어리즘(Slow Tourism)

슬로시티(Citta Slow) 운동은 느림의 미학(slow is better) 즉 자연친화적 환경 속에서 지역 고유의 먹거리와 전통문화를 느끼며 삶의 질적 향상을 추구하고, 현대인들의 인간다움 회복 및 마음의 고향을 제공하고자 하는 운동으로 1999년 이탈리아에서 현대사회의 상징인 패스트푸드에 대한 저항으로 시작되어, 유럽을 비롯한 16개국 111개 도시가 슬로시티 국제연맹에 가입(2009.2)되어 있다.

우리나라는 전라남도 완도군(청산면), 장흥군(유치면·장평면 우산마을), 신안군(증도면), 담양군(창평면) 등 4개의 기초자치단체가 아시아 최초로 슬로시티로 인증되었고(2007.12), 그 뒤를 이어 2009년에는 하동군(악양면), 예산군(대흥면·응봉면)이 인증되었다.

도시화, 산업화로 인하여 우리 주변에서 갈수록 원풍경이 사라져 가고 있는 가운데 비교적 자연경관 및 전통자원이 남아 있다고 할 수 있는 이들 지역의 슬로시티 지정은 그 의미가 적지 않으며, 이들 지역이 보유하고 있는 지역성, 청정성, 전통성 등의 잠재력을 극대화시킨다면 지역의 브랜드 가치를 높이는 데도 크게 기여할 것으로 기대된다.

슬로시티로 지정된 지역의 공통된 특징은 지역의 자연과 전통문화가 비교적 잘 보전되어 있고 먹을거리, 볼거리 등 생활양식에서 느림의 철학을 배울 수 있어 지역민에게는 자긍심을 느끼게 하고 도시민에게는 마음의 고향 같은 이미지를 제공하고 있다는 점을 들 수 있는데, 이처럼 인증된 슬로시티 지역을 활용한 체류형·체험관광을 통해 '느리고 여유있는 삶'의 가치를 체득할 수 있는 새로운 개념의 관광문화를 정착시키고 관광자원화하는 것은 매우 중요하다.

슬로시티의 환경, 경제, 사회 즉 3E 측면에서의 지속가능성(sustainable)이 강조되고, 특히 슬로노믹스(slownomics = slow + economics)적 관점에 입각하여 지역주민의 경제적 지속가능성의 확보수단으로서 슬로시티를 새로운 관광목적지로서 슬로시티를 관광자원화하기 위해 정부는 2009년에 6개 지자체에 47억 원을 지원하였다.

6) 의료관광(Medical Tourism)

의료관광은 의료서비스와 휴양, 레저 등 관광활동이 결합된 새로운 형태의 관광을 의미한다. 의료관광은 관광객의 체류기간은 2배 이상 길고, 지출 비용 또한 수백만 원에서 수천만 원에 이르고 있다. 특히 미용이나 성형, 건강검진, 간단한 수술 등으로 방문하는 경우 관광상품을 연계하여 체류하기 때문에 체류비용을 더욱 증가시키는 고부가가치 관광산업이라고 할 수 있다. 또한 21세기 웰빙 및 건강추구형 라이프 스타일의 변화에 따른 의료관광은 확내될 것으로 예상된다. 또한 이를 추구하는 국가는 의료허브를 지향하고 있으며, 선진국 수준의 의료서비스와 휴양시설을 갖춘 아시아 지역의 관광지에서 활발히 이루어지고 있다.

7) 다크투어리즘(Dark Tourism)

다크투어리즘이라는 용어는 Lennon and Foley에 의해 처음 쓰여졌는데, 그들은 다크투어리즘의 의미를 실제적이고 상업화된 죽음과 재앙의 장소가 관광객에 의해 봉정(奉呈)되고 소비되는 현상이라고 묘사하였다(1996). 그들의 책 '죽음과 재앙의 매력성(The Attraction of Death and Disaster, 2000)'에서 다크투어리즘을 휴양과 관광을 위한 일반 여행과는 달리 재난과 참상지를 보면서 반성과 교훈을 얻는 여행의 형태로 정의하고 있다(류주현, 2008). 우리나라의 경우 다크투어리즘을 역사교훈 여행으로 정의하고 있다.

다크투어리즘의 유형에 대한 다수의 개념들은 주로 죽음과 재난과 관련하여 다크투어리즘을 동기(Seaton, 1996), 매력물이 위치한 장소(Miles, 2002), 수요와 공급(Shapley, 2005)의 차원에 의해 연구되고 있다(한숙영·조광익, 2009).

SF가 본 미래관광/2084년-토탈리콜

인류의 상상력은 오랜 기간 공간을 대상으로 발휘됐다. 미지의 땅에 대한 여행기들로 호기심을 충족시켜온 인류는 현대에 이르러 더이상 탐사할 공간이 남아 있지 않은 상황과 맞닥뜨리게 됐다. 벽에 부딪친 상상력이 새로 발견한 것은 시간. 가상현실은 미래라는 "시간"을 도구삼아, 인공 현실이라는 새로운 "공간"에 뛰어드는 소재라는 점에서 상상력에 더없이 좋은 재료다. 1989년 재론 래니어에 의해 처음 쓰이기 시작한 용어 가상현실(Virtual Reality)은 이듬해 히트작 "토탈 리콜"을 통해 SF영화가 가장 즐기는 소재가 됐다.

폴 버호벤 감독 최고작으로 꼽히는 아놀드 슈워제네거 주연 "토탈 리콜"은 2084년 지구에 사는 평범한 남자 더글라스가 자기 현재 삶이 타인의 기억을 이식한 가짜라는 것을 깨달으면서 시작된다. 자기가 원래 화성 식민지 저항세력의 일원이었다는 것을 알아챈 그는 화성 지배세력에 맞선다.

이 영화는 어느 게 진짜 현실인지를 끝까지 장담할 수 없게 하는 정교한 이야기에 화려한 특수효과로 이후 나온 가상현실 영화들에 큰 영향을 끼쳤다. 장자의 "호접몽" 모티브에서 자크 라캉의 정체성 이론까지를 넘나드는 주제의식은 할리우드 대중영화로선 최상급이다.

흥미로운 것은 "리콜"(회상)이라는 가상현실 회사. 더글라스가 화성 여행을 가상현실로 체험하기 위해 이곳을 찾자 담당자는 그의 취향에 따라 내용을 구성한다. 즉 가상현실 속에서 그가 사랑을 나눌 여성의 몸매와 성격까지 맞춰주는 것이다.

영화 속에서처럼 기억을 선택적으로 주입하거나 삭제하는 기술은 아직 요원하지만, 가상현실에 대한 상상력은 이미 상당 부분 현실이 되어 있다. 입체감이나 해상도에서 점점 현실에 가까워지고 있는 컴퓨터그래픽, 머리가 움직이는데 따라 영상 변화를 출력해서 2차원 컴퓨터 화면을 3차원으로 착각하게 하는 아이폰(eye-phone), 압력을 전하는 센서가 장착되어 촉감을 재현하는 파워 글러브 등의 도구들은 영화 속 이야기가 상상만은 아님을 예고한다. 현재 모의 시체를 통한 수술 연습 같은 의료나 건축 분야에서 가상현실 기술은 활발히 응용되고 있다.

가상현실에 대한 탐닉은 기본적으로 "현실"에 대한 불만에서 출발한다. 더글라스에게 리콜사 직원은 "기막힌 시간을 보내겠군요. 돌아오고 싶지 않을 거예요"라고 말한다. 가상현실의 인력은 떠나고만 싶은 현실 척력의 그림자인 것이다.

〈조선일보 2001.01.18〉

제4절 새로운 관광사업

미래에는 우주항공기술과 컴퓨터, 통신기술이 발전함에 따라 우주관광이 실현되고 인터넷을 통한 관광사업이 유망할 것으로 전망되고 있다.

1. 우주관광

공상과학에서나 가능했던 우주관광은 여행상품이 지녀야 하는 이국적이고 모험적인 요건을 모두 충족시키는 인류사상 최대의 관광상품이 될 것이다.

우주관광 시장에서는 10개 가까운 기업들이 벌써부터 열띤 경쟁을 벌이고 있다. 전직 미 항공우주국(NASA) 관리들이 '89년 설립한 루너코프는 일반인들을 달까지 수송해 달 표면을 걷는 체험을 제공하는 달관광상품을 개발중이고, 디즈니 MGM스튜디오와 유니버설 스튜디오, 올랜도 월트디즈니월드 등은 미래 우주여행과 연계한 대규모 테마파크 사업을 준비하고 있다. 본격적인 우주여행을 위해서는 무엇보다도 일반인들을 저렴한 비용에 실어 나를 수 있는 우주항공기의 등장이 요구되고 있다. 이를 위해 NASA를 비롯한 미국의 보잉 및 맥도널 더글러스, 일본의 JRS와 가와사키중공업 등이 20여 명의 승객을 싣고 지구궤도를 3시간 정도 비행할 수 있는 미래형 우주민항기 개발사업에 몰두하고 있다. 우주로켓 기지사업을 담당하는 일본 다네가시마사는 20년 뒤 지구상에서 발생하는 로켓발사량의 75%를 우주관광 산업이 점유할 것으로 전망했다.

미국에서 실시된 레저여행 국민의식 조사에 따르면 조사대상자의 40%가 "우주여행을 위해서라면 10,000달러를 기꺼이 쓸 수 있다"고 응답했으며, 일본 로켓학회가 실시한 조사에서는 50대 이하 일본인의 80%가 우주여행을 희망하고, 전체 대상자의 70%가 "3개월치 월급에 해당되는 비용을 감수할 수 있다"고 응답했다.

2. 우주호텔

지구를 내려다 보면 우주의 장관을 즐길 수 있는 우주호텔 건설계획이 구체적으로 추진 중에 있다. 이 우주호텔들은 현재 우주정거장처럼 지구궤도상에 위치하거나, 달이나 화성에 위치하여 관광객들을 유치할 것으로 보인다.

호텔체인업체 힐튼 인터내셔널사는 달에 5천 명을 수용할 수 있는 높이 3천 25m의 돔형 호텔건설을 추진하고 있다. 미항공우주국(NASA)과 협력해 호텔을 설계 중인 달 호텔은 태양열로 에너지를 공급받게 되며 해변과 농장까지 갖출 것이라고 한다(한국일보, 1998. 4. 20).

미국의 윔벌리, 앨리슨, 통, 구(W A T & G)社도 오는 2017년 개장하는 우주호텔 건설계획과 설계도를 공개했는데, 패키지 여행객 100명을 수용하는 이 호텔에는 야채 재배를 위한 수경정원, 근육약화 방지를 위한 체육관, 궤도비행중 관광객들이 우주유영을 경험할 수 있는 시설 등이 건설되며, 인근 우주정거장으로의 '1일 소풍'도 이루어질 것이라고 한다.

그리고 독일과 미국의 합작기업인 다임러 크라이슬러사는 지구 500km 상공 우주에 호텔을 건설, 2020년에 개관할 계획이다. '갤럭티가'로 명명된 이 우주호텔은 여러 개의 링이 중심축을 둘러싸고 있는 형태로 축의 상단부에는 구조캡슐이 중심축과 링을 연결하는 통로에는 식당이 들어서며 링에는 4명까지 잘 수 있는 수십 개의 침실이 배치된다. 링은 지름이 147m나 된다(동아일보, 1999. 10. 4). 일본기업들도 우주호텔을 계획하고 있다. 시미즈그룹은 한번에 64명의 관광객을 맞을 수 있는 우주호텔 건설을 준비 중이며, 가와사키그룹은 지구와 우주호텔을 정기적으로 오가는 우주왕복선을 설계 중이다.

힐튼의 우주호텔건설 발표 이후, 6,000여명의 독일인이 1인당 8만 마르크(약 5,200만원)나 되는 우주관광을 위해 예약한 것으로 알려졌다. 한편, 전문가들은 우주여행이 5만 달러 이하의 패키지 상품으로 제공될 때 시장성을 갖게 될 것이라고 한다.

3. 인터넷 관광업

21세기에는 인터넷이 대중화되어 인터넷을 이용한 관광사업들이 많이 발생하게 될 것이다. 인터넷 관광업체들이 크게 증가하고 있는 이유는 정보로 이루어진 무형상품이어서 전자상거래에 적합하고, 고객들이 24시간 동안 정보를 검색할 수 있으며, 동일조건과 상품의 가격을 비교하기에도 쉽고 바뀐 정보를 수시로 볼 수 있어 인쇄물보다 정확하기 때문이다.

현재 가장 성행하고 있는 사업으로는 인터넷 여행사, SOHO 여행업, 인터넷 카지노, 사이버 여행사 등이 유망한 사업으로 들 수 있다.

1) 인터넷 여행사

특히 여행업계는 가까운 장래에 사이버업체들을 추축으로 재편될 것이다. 인터넷여행사는 1990년대 초 처음 등장한 이래 1998년 말 현재 세계여행시장에서 약 10%를 점유하고 있다.

인터넷 여행업이 가장 빠르게 성장하고 있는 미국의 경우 2001년께 사이버업체들이 여행시장의 30%를 장악할 것으로 추정되고 있다. 사이버여행업체들이 급증하면 기존의 소매여행업체들은 입지가 위축될 전망이다. 소매여행업체들은 새로운 정보시스템을 구축하거나 전문테마여행업체로 변신할 것으로 보인다.

결국 여행업계는 대형 도매업체와 초소형 소매업체로 양분될 것으로 전망된다.

(1) SOHO형 관광업

개인 창업자가 집이나 작은 사무실에다 컴퓨터를 설치한 뒤 여행컨설팅업이나 민박사업을 벌리는 SOHO(Small Office Home Office)관광업도 늘어날 것이다. SOHO 관광업은 적은 투자비용으로 창업이 가능해 명퇴자들이 선호하고 있다.

(2) 가상체험(Virtual Reality)

사이버공간에서 원하는 관광지를 경험하게 되는 사이버 관광(가상체험)이 등장하게 될 것이다.

가상체험은 사전평가가 불가능한 관광상품을 사전평가가 가능하도록 할 수 있다. 그리고 세계 유명관광지 뿐만 아니라 현실에서는 여행하기 어려운 우주여행, 심해여행, 그리고 인체여행 등도 가능하게 할 수 있다. 이러한 가상체험은 대용량의 자료를 처리할 수 있는 소형컴퓨터와 이를 이용할 수 있는 소프트웨어의 개발에 따라 더욱 각광을 받을 것으로 예상된다.

(3) 기타 관광업체

현재 인터넷상에서 많은 방문자를 보유하고 있는 사이트 중 하나가 호텔예약 서비스를 제공하는 웹사이트들이다. 1997년 1억 달러 규모에 불과하던 인터넷을 통한 호텔 예약규모가 2002년에는 31억 달러에 이르러 웹 예약을 통한 호텔수입이 온라인상에서 이루어지는 전체 여행관련 매출의 4분의 1 정도에 이를 것이라고 전망되고 있다.

항공사들도 인터넷을 도입하고 있다. 컴퓨터와 통신기술의 발전으로 Electronic-Ticket의 보급과 인터넷을 통한 항공권 판매가 늘어나고 있다. 심지어 미국의 델타항공은 인터넷을 이용하여 항공권을 예약하지 않는 고객에게는 정규 요금 외에 2달러의 요금을 더 받고 있다.

참고문헌

김사헌, 국제관광론, 백산출판사, 2006.

박상수, 국제관광원론, 형설출판사, 1995.

심원섭, 관광트렌드 변화와 정책방향, 한국관광정책, 2010년 가을호, 2010.

이경모, SIT 미래관광의 대안모색, 대왕사, 2005.

최병길, IT 혁명과 관광, 백산출판사, 2004.

한국관광공사, 「동아시아·태평양 관광비전 2020」, 관광시장정보, 가을호, 1999.

__________, 환경적으로 지속가능한 관광개발, 1997.

__________, 「2000년대의 관광산업」, 관광정보, 1994.

한국관광연구원, 한국여행업발전방안, 1997.

한국관광연구원, 관광 1&1 정보 8월호, 1998.

LG 경제연구원, 2010 대한민국 트렌드, 한국경제신문, 2005.

Michael J. Wolf, 이기문 역, 오락의 경제, 리치북스, 1999.

Robert W. McIntosh, Charles R. Goeldner, J.R. Brent Ritchie, TOURISM Principles, Practices, Philosophies, 8th ed., John Wiley & Sons, Inc., 2000.

저자약력

김광근(대구대학교 명예교수)
서철현(대구대학교 경상대학 호텔관광학과 교수)
김형섭(대구과학대학교 호텔관광과 교수)
장경수(상지대학교 경상대학 관광학부 교수)
고계성(경남대학교 경상대학 관광학부 교수)
여창원(대구대학교 호텔관광학과, 대구과학대학교 호텔관광과 강사)

개정신판 관광학의 이해

2013년 2월 25일 초 판 1쇄 발행
2017년 1월 10일 개정신판 1쇄 발행

지은이 김광근 · 서철현 · 김형섭 · 장경수 · 고계성 · 여창원
펴낸이 진욱상
펴낸곳 백산출판사
교 정 편집부
본문디자인 오행복
표지디자인 오정은

등 록 1974년 1월 9일 제1-72호
주 소 경기도 파주시 회동길 370(백산빌딩 3층)
전 화 02-914-1621(代)
팩 스 031-955-9911
이메일 edit@ibaeksan.kr
홈페이지 www.ibaeksan.kr

ISBN 979-89-6183-703-3
값 25,000원